Hesco
사회·문화 도표
「all-in-one」

저자 한정윤, 강명성

Contents

CHAPTER. 1
Base : 개념편

수와 비율의 구분

✓ 개념 Check

'**수**'는 절대적인 양을 나타내는 값으로, 만약 자료에서 수가 주어진다면 해당 자료에 제시된 숫자를 그대로 읽어내면 됩니다.

반면 '**비율**'은 기준값을 100으로 놓았을 때 비곳값의 상대적 크기를 나타내는 값으로, 만약 자료에서 비율이 주어진다면 해당 비율에서 어떤 값이 기준값이 되는가에 대해 먼저 파악할 필요가 있습니다.

먼저, 수와 비율이 어떻게 활용되는지에 관해 자료를 통해 그 사례를 살펴봅시다: 아래의 자료는, 연도별로 갑국의 성별 거주민 수를 나타낸 것입니다.

구분	남성	여성	전체
t년	600명	400명	1000명
t+10년	500명	500명	1000명

만약 해당 자료에서 '갑국의 t년 남성 거주민 수는 t+10년의 여성 거주민 수보다 많다.'라는 선지가 출제된다면, 해당 선지는 옳은 선지임을 바로 판단할 수 있습니다.

이는 문제에서 주어진 정보가 '수'이기에, 주어진 정보를 그대로 읽어 나가기만 하면 되기 때문이죠.

반면에, 위 자료를 약간 변형시킨 아래의 자료를 한 번 살펴 봅시다.

구분	남성	여성	전체
t년	60%	40%	100%
t+10년	50%	50%	100%

만약 해당 자료에서 위와 동일하게, '갑국의 t년 남성 거주민 수는 t+10년의 여성 거주민 수보다 많다.' 라는 선지가 출제된다면 해당 선지는 옳은 선지일까요, 아니면 옳지 않은 선지일까요?

얼핏 보기에는, t년 남성 거주민 비율은 60%, t+10년 여성 거주민 비율은 50%이므로 전자가 후자보다 많은 것처럼 보입니다: 그러나 갑국의 t년 전체 거주민 수가 1,000명이고 t+10년 전체 거주민 수가 2,000명이라면 전자는 600명, 후자는 1,000명이 되므로 해당 선지는 옳지 않은 선지가 됩니다.

반면에, 첫 번째에서 제시했던 자료와 같이 t년과 t+10년 모두에서 갑국의 전체 거주민 수가 1,000명이라면 해당 선지는 옳은 선지가 됩니다.

해당 비율의 분모가 되는 갑국의 전체 거주민 수가 연도별로 같을 수도, 또 다를 수도 있으므로, 분모가 서로 같다는 단서가 없는 두 비율을 가지고 수의 크기를 비교하는 선지는 옳은 선지인지, 또는 옳지 않은 선지인지 알 수 없는 것입니다.

한편 두 번째로 제시했던 자료에서 't+10년과 달리 t년에 갑국의 남성 거주민 수는 여성 거주민 수보다 많다.'라는 선지가 출제된다면, 해당 선지는 옳은 선지일까요, 아니면 옳지 않은 선지일까요?

결론부터 이야기하자면, 해당 선지는 옳은 선지입니다: 그러면 여러분들은 '해당 선지도 두 비율을 가지고 수의 크기를 비교하는 선지인데, 수의 크기는 알 수 없으니 선지의 정오도 알 수 없는 것 아닌가요?'라는 질문을 던질 수 있겠죠.

물론 해당 선지도 두 비율을 가지고 수의 크기를 비교하는 선지는 맞습니다: 그러나 여기서 다뤄지는 두 비율은, 분모가 서로 같다는 단서가 분명히 존재하기에 수의 크기를 비교할 수 있는 것입니다.

t년 남성 거주민 비율과 t년 여성 거주민 비율은 모두 t년 갑국 전체 거주민이라는 분모를 공유하고, t+10년 남성 거주민 비율과 t+10년 여성 거주민 비율 역시 모두 t+10년 갑국 전체 거주민이라는 분모를 공유합니다.

그렇기에 t년과 t+10년 모두에서, '남성 거주민 비율'과 '여성 거주민 비율'을 활용해서 분자인 '남성 거주민 수'와 '여성 거주민 수'를 비교할 수 있는 것이죠.

위의 내용을 종합해 보았을 때 내릴 수 있는 결론은 다음과 같습니다: 문제에서 수치가 주어졌을 때, 해당 수치가 절대적인 수로 주어진 것인지 또는 상대적인 비율로 주어진 것인지를 판단하고, 비율로 주어진 것이면 분모에 관한 정보가 주어졌는지를 판단해야 합니다.

일반적인 관점에서 우리는 숫자를 보면 항상 그것을 '수'로 받아들이지만, 도표 문제를 풀 때에는 사실 그 숫자가 '비율'로 주어졌을 가능성을 배제하면 안 된다는 것이죠.

또한 그 숫자가 비율로 주어졌을지라도, 해당 비율의 분모에 관한 정보가 제시되어 있다면 그 정보를 활용해 분자에 들어갈 수에 관한 정보까지 얻을 수 있는 것입니다.

1. 문제에서 수치가 주어졌을 땐 그 수치가 수인지 비율인지 판단한다.
2. 만약 비율이라면, 그 비율의 분모에 관한 정보가 존재하는지 판단한다.
3. 분모에 관한 정보가 주어지지 않은 비율의 분자에 대한 크기 판단은 불가능하다.
4. 분모에 관한 정보가 주어졌다면, 해당 정보를 활용해 분자의 크기에 관한 사항을 판단한다.

2020학년도 고3 6월 모의고사 15번

다음 자료에 대한 분석으로 옳은 것은?

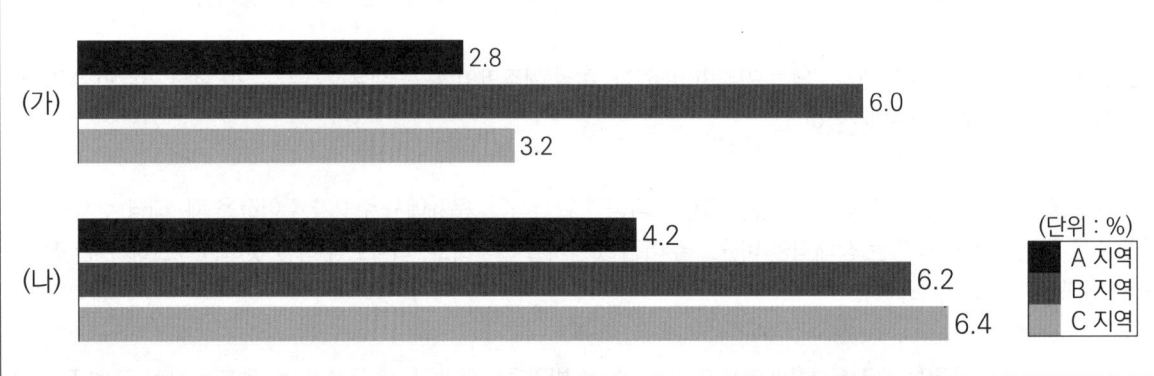

〈자료 1〉 우리나라의 사회 보장 제도

(가) 가구 소득 인정액이 기준액 이하인 가구의 최저 생활을 보장하고 자활을 지원하기 위해 국가나 지방 자치 단체가 생계, 의료 등 급여를 지급하는 제도

(나) 노령, 사망, 장애 등으로 인한 소득 상실을 보전하고 기본 생활을 지원하기 위해 가입자와 고용주 등이 분담해서 마련한 기금을 통해 연금 급여를 지급하는 제도

〈자료 2〉 A~C 지역별 전체 인구 중 (가), (나) 수급자 비율

(가)
2.8
6.0
3.2

(나)
4.2
6.2
6.4

(단위 : %)
■ A 지역
■ B 지역
■ C 지역

② 선별적 복지의 성격이 강한 제도의 경우, A~C 지역 중에서 B 지역 수급자 수가 가장 많다.

④ 수혜자 부담 원칙이 적용되지 않는 제도의 경우, B 지역 수급자 수가 A 지역 수급자 수의 2배보다 많다.

② 선별적 복지의 성격이 가장 강한 제도는 공공 부조인 (가) 제도이고, A~C 지역 중 B 지역에서 이 (가) 제도의 수급자 '수'가 가장 많다고 선지에서는 언급하고 있습니다: 그리고 실제로 주어진 '비율'은 B 지역에서 가장 높습니다.

그러나 위 비율은 '해당 지역의 수급자 수/해당 지역의 전체 인구'를 나타내는 것이고, 해당 비율의 분모에 해당하는 각 지역의 전체 인구에 관한 정보는 주어지지 않았으므로 해당 제도의 경우 A~C 지역 중 B 지역의 수급자 수가 가장 많은지에 대해서는 알 수 없습니다. (X)

④ 수혜자 부담 원칙이 적용되지 않는 제도는 공공 부조인 (가) 제도이고, 해당 제도의 경우 B 지역 수급자 '수'가 A 지역 수급자 '수'의 2배보다 많다고 선지에서는 언급하고 있습니다.

그리고 실제로 수급자 '비율'은 B 지역이 A 지역의 2배를 초과하나, 2번 선지에서와 같이 해당 비율의 분모에 해당하는 정보인 각 지역의 전체 인구에 관한 정보는 주어지지 않았으므로 B 지역 수급자 수가 A 지역 수급자 수의 2배보다 많은지에 대해서는 알 수 없습니다. (X)

2021학년도 고3 6월 모의고사 10번

(가)에 들어갈 옳은 내용만을 〈보기〉에서 고른 것은?

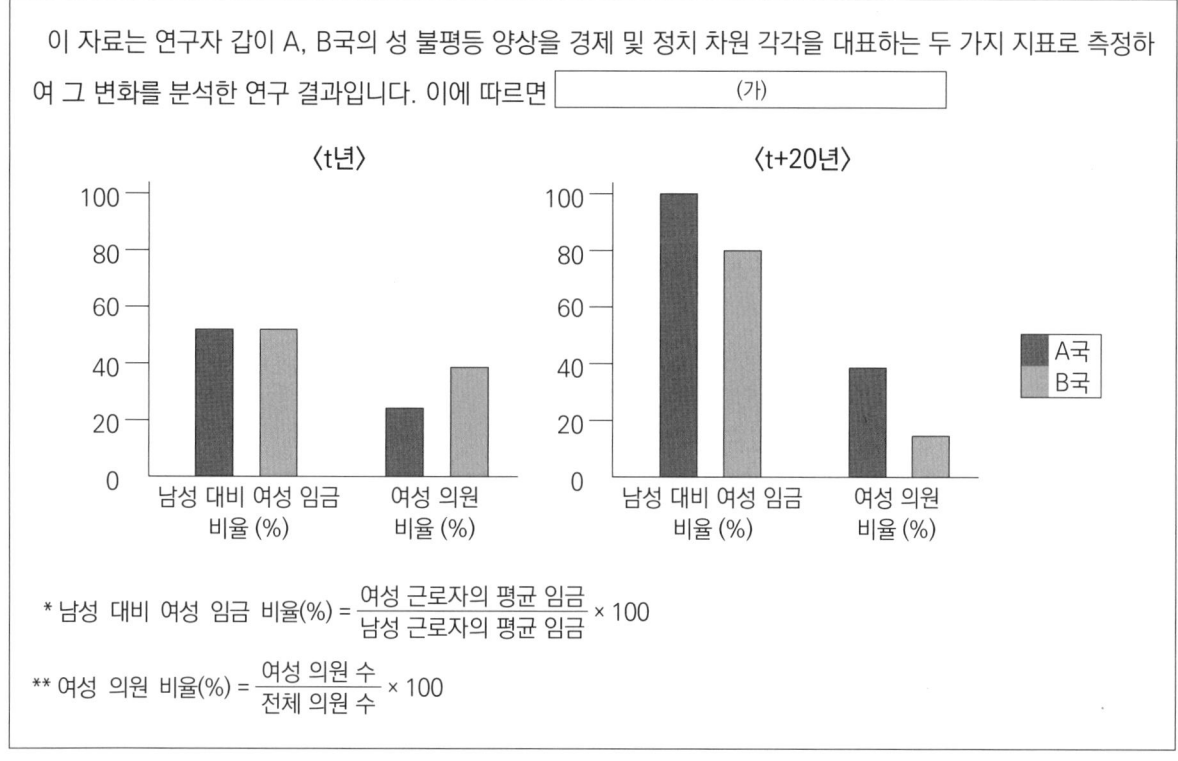

이 자료는 연구자 갑이 A, B국의 성 불평등 양상을 경제 및 정치 차원 각각을 대표하는 두 가지 지표로 측정하여 그 변화를 분석한 연구 결과입니다. 이에 따르면 _____(가)_____

〈t년〉 〈t+20년〉

A국
B국

* 남성 대비 여성 임금 비율(%) = $\dfrac{\text{여성 근로자의 평균 임금}}{\text{남성 근로자의 평균 임금}} \times 100$

** 여성 의원 비율(%) = $\dfrac{\text{여성 의원 수}}{\text{전체 의원 수}} \times 100$

ㄷ. t년에 비해 t+20년의 여성 근로자의 평균 임금은 A국이 B국보다 많이 증가했습니다.

ㄷ. 그래프상으로는 t년에 비해 t+20년에 A국의 남성 대비 여성 임금 비율이 B국보다 많이 증가한 것을 확인할 수 있습니다: 그렇기에 얼핏 보아서는 해당 선지가 옳은 것으로 느껴질 수 있겠죠.

그러나 두 국가의 남성 근로자의 평균 임금에 대한 정보, 다시 말해 '분모'에 대한 정보가 주어지지 않았기에 A국이 B국보다 여성 근로자의 평균 임금이 많이 증가했는지에 대해서는 알 수 없습니다. (X)

2017년 고3 10월 모의고사 20번

학생 갑~무의 분석에 대한 평가로 옳은 것은?

〈A국 빈곤 인구 구성의 변화〉

(단위 : %)

구분	20대 미만	20대	30대	40대	50대	60대 이상	계
2014년	10	11	15	14	20	㉠ 30	100
2015년	8	8	12	10	22	㉡ 40	100

  * 2014년에 비해 2015년의 A국 전체 인구는 증가하였고, 2014년과 2015년의 빈곤율은 일치함.
** 빈곤율(%) = (전체 빈곤 인구 / 전체 인구) × 100

〈학생들의 분석〉

갑 : 2014년보다 2015년의 전체 빈곤 인구가 더 많습니다.
을 : 50대 인구 중 빈곤 인구의 비율은 2014년에 비해 2015년이 더 큽니다.
병 : 50대 빈곤 인구는 40대 빈곤 인구와 달리 2014년보다 2015년에 더 많습니다.
정 : 2014년과 달리 2015년에는 50대 이상인 빈곤 인구가 전체 빈곤 인구의 과반수를 차지하였습니다.
무 : ㉠에 해당하는 사람들이 모두 ㉡에 포함되어 있다면, 2015년 전체 빈곤 인구 중 ㉠에 해당하지 않는 60대 이상 빈곤 인구의 비율은 10%입니다.

① 빈곤율 수치가 주어지지 않아 전체 빈곤 인구를 알 수 없으므로 갑의 분석은 타당하지 않다.
② 전체 인구가 증가하였고 전체 빈곤 인구 중 50대의 빈곤 인구의 비율도 증가하였으므로 을의 분석은 타당하다.
③ 40대와 50대 빈곤 인구 모두 어느 해가 더 많은지 알 수 없으므로 병의 분석은 타당하지 않다.
④ 전체 빈곤 인구 중 50대 이상 빈곤 인구의 비율은 두 해 모두 50% 이상이므로 정의 분석은 타당하지 않다.
⑤ ㉠에 해당하는 빈곤 인구는 2015년 전체 빈곤 인구의 30%보다 작은 비율을 차지하므로 무의 분석은 타당하지 않다.

---

① 빈곤율 '수치'가 주어지지 않은 것은 사실입니다: 그러나, *에 제시된 2014년에 비해 2015년의 A국 전체 인구(분모)는 증가하였고, 2014년과 2015년의 빈곤율(비율)은 일치한다는 정보를 통해 빈곤율의 분자인 전체 빈곤 인구에 대해서도 파악을 할 수 있습니다.

분모(전체 인구)가 증가하였음에도 불구하고 비율(빈곤율)이 일치한다는 것은 그만큼 분자(빈곤 인구)도 분모(전체 인구)와 같은 비율로 증가했다는 것을 의미하는 것이므로, 갑의 분석은 타당합니다. (X)

② 제시문에서 주어진 정보는 '전체 빈곤 인구 중 50대 빈곤 인구가 차지하는 비율이 증가했다.'이지, '전체 50대 인구 중 빈곤 인구가 증가했다.'가 아닙니다.

전체 50대 인구에 대한 정보는 어디에서도 확인할 수가 없으므로, 을의 분석은 타당하지 않습니다. (X)

③ 40대의 경우, ①번 선지에서 보았듯이 전체 빈곤 인구는 상승했으나 전체 빈곤 인구 중 40대 빈곤 인구의 비율은 감소했으므로 전체 빈곤 인구의 상승률에 따라 40대의 빈곤 인구가 증가했을 수도 있고, 또 감소했을 수도 있습니다: 따라서 40대의 경우 어느 해가 더 많은지 알 수 없다는 선지의 진술은 타당합니다.

그러나 50대의 경우, 전체 빈곤 인구는 상승한 데 더해 전체 빈곤 인구 중 50대 빈곤 인구의 비율도 상승했습니다: 분모가 상승했는데 비율도 상승했으니 분자는 분모보다 더 큰 폭으로 상승했어야만 하는 것이죠.

따라서 50대의 경우 어느 해가 더 많은지 알 수 없다는 선지의 진술은 타당하지 않습니다. (X)

④ 전체 빈곤 인구 중 50대 이상 빈곤 인구의 비율은 2014년이 (20+30)%=50%이고, 2015년이 (22+40)%=62%입니다.

후자의 경우에는 50대 이상 빈곤 인구가 전체 빈곤 인구의 과반수를 차지하였으나, 전자의 경우 정확하게 50%로 과반수를 차지하지 못했으므로 정의 분석은 타당하지 않습니다. (X)

⑤ 앞의 ①번 선지에서 보았듯, 2014년의 전체 빈곤 인구에 비해 2015년의 전체 빈곤 인구는 증가했습니다: 이는 2014년 빈곤 인구의 100%는 2015년 빈곤 인구의 100%보다 적은 빈곤 인구를 나타낸다는 의미이죠.

마찬가지로, 2014년 빈곤 인구의 30%는 2015년 빈곤 인구의 30%에 비해 적은 빈곤 인구를 나타내고, 따라서 2014년 빈곤 인구의 30%가 2015년에서는 30%보다 더 적은 비율을 차지하게 될 것입니다.

따라서 ㉠에 해당하는 사람들이 모두 ㉡에 포함되어 있다고 해도 ㉠에 해당하는 사람들은 2015년 전체 빈곤 인구의 30%보다 더 적은 비율을 차지할 것이고, 무의 분석은 타당하지 않습니다. (O)

✓ 확인 문제 Check

01. XX고등학교 전체 재학생의 35.4%, OO고등학교 전체 재학생의 38.2%가 문과일 때, 문과 재학생의 수는 OO고등학교가 XX고등학교보다 많다. (O / X)

02. △△시 전체 인구 중 21.8%가 공무원, 18.2%가 학생일 때, △△시 공무원의 수는 학생의 수보다 많다. (O / X)

03. A 지역의 전체 인구가 B 지역의 2배이고, A 지역 전체 인구의 15%, B 지역 전체 인구의 25%가 (가) 제도의 수급자일 때, (가) 제도의 수급자 수는 B 지역이 A 지역보다 많다. (O / X)

04. 근로자 갑의 임금이 월 200만 원, 근로자 을의 임금이 월 250만 원이고, 을이 8개월간 일해서 번 돈과 갑이 N개월간 일해서 번 돈이 같을 때, N의 값은?

05. A국의 전체 인구는 2021년이 5천만, 2022년이 K만이다. A국의 40세 미만 인구는 2021년에 전체 인구의 50%, 2022년에 전체 인구의 40%이고, A국의 2022년 40세 미만 인구가 2021년 40세 이상 인구보다 적지 않을 때, K의 최솟값은?

06. ㄱ회사 전체 구성원의 24.3%, ㄴ회사 전체 구성원의 28.2%가 신입이고, 두 회사의 신입 수는 같을 때, 전체 구성원의 수는 ㄱ회사가 ㄴ회사보다 많다. (O / X)

[07~10] 다음 표는 A~D 지역의 전체 인구 대비 (가), (나) 제도 수급자 비율을 나타낸 것이다. 다음 물음에 답하시오.

구분	A 지역	B 지역	C 지역	D 지역
전체 인구 대비 (가) 제도 수급자 비율	16	14	15	15
전체 인구 대비 (나) 제도 수급자 비율	32	35	33	28

07. A 지역의 (가) 제도 수급자 수는 (나) 제도 수급자 수의 50%이다. (O / X)

08. C 지역과 D 지역의 (가) 제도 수급자 수는 같다. (O / X)

09. B 지역의 (가) 제도 수급자 수와 D 지역의 (나) 제도 수급자 수가 같고, B 지역의 전체 인구가 200만 명일 때 D 지역의 전체 인구는?

10. C 지역의 (가) 제도 수급자 수 대비 (나) 제도 수급자 수의 비율은 X%이다. X에 들어갈 값은?

01. X **02.** O **03.** X **04.** 10 **05.** 6250 **06.** O **07.** O **08.** X **09.** 100만 명 **10.** 220

✓ 변형 문제 Test

2017학년도 고3 6월 모의고사 15번 변형

1. 다음 자료에 대한 옳은 분석만을 〈보기〉에서 있는 대로 고른 것은? (단, A와 B는 각각 라디오와 뉴미디어 중 하나임.)

> 표는 시민들을 대상으로 매체의 이용률과 신뢰도를 조사한 결과와 각 매체의 특징을 제시한 것이다. 각 매체의 이용률은 뉴스를 접하기 위해 이용한다고 응답한 사람의 비율(복수 응답 가능)이며, 신뢰도는 매체에 대한 신뢰도 점수(100점 만점)의 평균값이다.
>
> | 매체 | 특징 | 이용률(%) | 신뢰도(점) |
> |---|---|---|---|
> | 신문 | (가) | 27 | 46 |
> | A | 정보 전달의 동시성이 높음 | 95 | 74 |
> | 텔레비전 | (나) | 80 | 68 |
> | B | 청각 정보만 전달할 수 있음 | 17 | 57 |

〈 보 기 〉

ㄱ. A는 뉴미디어, B는 라디오이다.
ㄴ. (가)에는 '심층적인 정보 전달이 유리함', (나)에는 '시각 정보와 청각 정보를 모두 전달할 수 있음.'이 들어갈 수 있다.
ㄷ. 뉴미디어를 이용한다고 응답한 시민은 텔레비전을 이용한다고 응답한 시민보다 많다.
ㄹ. 이용률이 가장 높은 매체와 신뢰도가 가장 높은 매체는 서로 다르다.

① ㄱ, ㄴ   ② ㄴ, ㄷ   ③ ㄷ, ㄹ   ④ ㄱ, ㄴ, ㄷ   ⑤ ㄱ, ㄴ, ㄹ

2022년 고2 9월 모의고사 20번 변형

2. 다음 자료에 대한 분석으로 옳은 것은?

〈갑국의 인구별 미디어 기기 보유율 변화〉

(단위 : %)

구분	2019년	2020년	2021년	2022년	2023년
디지털 TV	85.6	88.2	87.4	90.1	92.3
데스크톱 컴퓨터	65.4	67.6	68.3	69.5	70.1
노트북 컴퓨터	35.6	36.8	39.7	40.2	38.5
태블릿 PC	20.1	21.4	20.7	23.7	25.6

* 제시된 미디어 기기 이외의 다른 미디어 기기는 고려하지 않음.

① 2019년 이후 디지털 TV의 보유율은 지속적으로 증가했다.
② 2022년 노트북 컴퓨터의 보유자 수는 2019년 태블릿 PC의 보유자 수의 2배이다.
③ 주어진 기간 동안 데스크톱 컴퓨터의 보유자 수는 지속적으로 증가했다.
④ 2023년 디지털 TV의 보유자 수와 데스크톱 컴퓨터의 보유자 수 간 차이는 태블릿 PC의 보유자 수보다 적다.
⑤ 2021년의 모든 가구는 하나 이상의 미디어 기기를 가지고 있다.

2018년 고3 4월 모의고사 15번 변형

3. 다음 자료에 대한 분석으로 옳은 것은?

> 표는 갑국의 정보 격차 경험자의 학력별, 성별 비율을 나타낸 것이다. 단, 갑국은 농촌과 도시로만 이루어져 있다.
>
> (단위 : %)
>
> | 구분 | 학력 | | | 성별 | |
> |------|-------|------|---------|------|------|
> | | 중졸 이하 | 고졸 | 대졸 이상 | 남성 | 여성 |
> | 농촌 | 60 | 25 | 15 | 40 | 60 |
> | 도시 | 50 | 30 | 20 | 45 | 55 |
>
> * 정보 격차 : 학력, 성별, 지역 등의 차이로 인해 정보에 대한 접근과 이용의 격차가 나타나는 현상

① 정보 격차 경험자 수는 농촌이 도시보다 많다.

② 정보 격차 경험자 수는 여성이 남성보다 많다.

③ 농촌의 중졸 이하 학력 정보 격차 경험자 수가 도시의 고졸 학력 정보 격차 경험자 수의 2배이다.

④ 고졸 학력의 정보 격차 경험자 수 대비 대졸 이상 학력의 정보 격차 경험자 수의 비율은 농촌이 도시보다 높다.

⑤ 농촌의 여성 정보 격차 경험자 수는 도시의 남성 정보 격차 경험자 수보다 많다.

2023년 고3 4월 모의고사 15번 변형

4. 다음 자료에 대한 옳은 분석만을 〈보기〉에서 있는 대로 고른 것은?

표는 갑국의 해당 년도 남성 정규직 근로자 평균 임금을 100이라고 할 때 다른 근로자 평균 임금의 상대적 수치를 나타낸다. 단, 남성 정규직 근로자 평균 임금은 매년 감소하였다.

구분	1992년	2002년	2012년	2022년
남성 비정규직	81	83	82	85
여성 정규직	69	75	79	87
여성 비정규직	40	43	46	49

〈 보 기 〉

ㄱ. 남성 비정규직 근로자의 임금은 2012년이 2002년보다 적다.
ㄴ. 주어진 연도 중 여성 정규직 노동자의 임금이 남성 비정규직 노동자의 임금보다 높은 연도는 한 연도분이다.
ㄷ. 주어진 기간 동안 여성 비정규직 근로자의 임금은 지속적으로 증가하였다.
ㄹ. 여성 비정규직 근로자 임금의 10년 전과의 차액은 2002년, 2012년, 2022년이 모두 동일하다.

① ㄱ, ㄴ   ② ㄴ, ㄷ   ③ ㄷ, ㄹ   ④ ㄱ, ㄴ, ㄷ   ⑤ ㄱ, ㄴ, ㄹ

② 변화율

✓ 개념 Check

'변화율'이란, 기준 시점의 값을 100으로 가정했을 때 기준 시점의 값에 대한 '비교 시점의 값과 기준 시점의 값 간 차이'의 상대적 크기로, 단위는 %를 사용합니다.

이를 식으로 표현하면 {(비교 시점 값 − 기준 시점 값) / 기준 시점 값} × 100%가 되는데, 이 식에 관해서는 뒤에서 제시할 예시에서 더 자세하게 설명할 것입니다.

변화율은 비교 시점 값과 기준 시점 값 중 어느 것이 더 크냐에 따라 '증가율'이라 할 수도, '감소율'이라 할 수도 있습니다: 비교 시점의 값이 더 크면 '증가율', 기준 시점의 값이 더 크면 '감소율'이라 하는 것이죠.

기준 시점에 비해 비교 시점의 값이 더 작다는 것은 비교 시점에 '감소'했다는 것, 그리고 더 크다는 것은 비교 시점에 '증가'했다는 것만 이해하신다면 이는 직관적으로 이해가 가능합니다.

다른 말로는, 변화율이 양의 값을 가지면 증가율, 음의 값을 가지면 감소율으로 이해를 하시면 된다는 이야기입니다.

이제 위에서 제시한 변화율의 식을 통해 실제 변화율을 어떻게 구하는지, 아래 갑국과 을국의 연도별 치약 판매량의 자료를 통해 살펴봅시다.

구분	6월	7월	8월
갑국	100	120	200
을국	100	80	40

다음의 사례에서 갑국의 6월 판매량 대비 7월 판매량의 변화율은 {(120 − 100) / 100} × 100% = 20%가 될 것이고, 7월 판매량 대비 8월 판매량의 변화율은 {(200 − 120) / 120} × 100% = 약 66.7%인 것을 알 수 있습니다.

두 변화율 모두 양의 값을 가지고 있으므로 6월 판매량 대비 7월 판매량의 증가율은 20%, 7월 판매량 대비 8월 판매량의 증가율은 약 66.7%인 것으로도 이해를 하실 수 있겠습니다.

또한 을국의 6월 판매량 대비 7월 판매량의 변화율은 '{(80 − 100) / 100} × 100% = −20%, 7월 판매량 대비 8월 판매량의 변화율은 {(40 − 80) / 80} × 100% = −50%인 것을 알 수 있습니다.

두 변화율 모두 음의 값을 가지고 있으므로 6월 판매량 대비 7월 판매량의 감소율은 20%, 7월 판매량 대비 8월 판매량의 감소율은 50%인 것으로도 이해를 하실 수 있겠습니다.

이렇게 변화율을 다루는 문제에서는 주어진 수치를 이용해 계산으로 변화율을 구하는 형태가 가장 많이 등장하므로, 이에 대비하기 위해서는 변화율의 계산에 익숙해질 수 있도록 많은 연습을 하는 것이 중요합니다.

그리고 변화율에 관한 문제에서는 위의 사례에서처럼 주어진 값을 이용해 변화율을 구하는 것을 요구하기도 하나, 역으로 변화율을 이용해 특정 값을 구하는 것을 요구하기도 합니다.

아래 갑국과 을국의 연도별 5년 전 대비 인구 변화율의 자료를 참고해, 위의 사항을 한 번 연습해 보도록 합시다.

구분	2010년	2015년	2020년
갑국	−50%	25%	30%
을국	25%	−20%	20%

* 2015년의 갑국 인구와 을국 인구는 모두 1,000만 명이다.

들어가기 전에, 위의 사례처럼 변화율의 값이 −이면 기준 시점에 대해 비교 시점에 값이 감소한 감소율의 경우를 나타낸다는 점을 참고해 주시기 바랍니다.

물론, 이 경우에도 +일 때와 마찬가지로 식을 적용해 구체적인 값을 구하면 됩니다.

2015년의 경우, 갑국의 경우에는 변화율이 25%이므로 2010년 갑국 인구를 A라 놓는다면 $\{(1{,}000 - A) / A\} \times 100\% = 25\%$이고, 이를 계산해 주시면 A는 800만 명인 것을 알 수 있습니다.

을국의 경우에는 변화율이 −20%이므로 2010년 을국 인구를 B라 놓는다면 $\{(1{,}000 - B) / B\} \times 100\% = -20\%$이고, 이를 계산해 주시면 B는 1,250만 명인 것을 알 수 있습니다.

2010년의 경우, 갑국의 경우에는 변화율이 −50%이므로 2005년 갑국 인구를 C라 놓는다면 $\{(800 - C) / C\} \times 100\% = -50\%$이고, 이를 계산해 주시면 C는 1,600만 명인 것을 알 수 있습니다.

을국의 경우에는 변화율이 25%이므로 2005년 을국 인구를 D라 놓는다면 $\{(1{,}250 - D) / D\} \times 100\% = 25\%$이고, 이를 계산해 주시면 D는 1,000만 명인 것을 알 수 있습니다.

2020년의 경우, 갑국의 경우에는 변화율이 30%이므로 2020년 갑국 인구를 E라 놓는다면 $\{(E - 1{,}000) / 1{,}000\} \times 100\% = 30\%$이고, 이를 계산해 주시면 E는 1,300만 명인 것을 알 수 있습니다.

을국의 경우에는 변화율이 20%이므로 2020년 을국 인구를 F라 놓는다면 $\{(F - 1{,}000) / 1{,}000\} \times 100\% = 20\%$이고, 이를 계산해 주시면 F는 1,200만 명인 것을 알 수 있습니다.

이와 같이 변화율을 이용한 문제는 값을 이용해 변화율을 구하는 형태가 등장하기도 하고, 역으로 변화율을 이용해 값을 구하는 형태가 등장하기도 합니다.

그러나 이 두 가지 모두 동일한 식을 사용한다는 점에서 본질적으로 같은 것을 요구하기에, 식에서 어떤 것을 미지수로 사용해야 하는지에 대해서만 올바른 판단을 내린다면 그 후에는 우직하게 계산만 해 나가시면 됩니다.

---

1. 주어진 상황이 변화율을 활용해야 하는 상황인지에 대해 판단한다.
2. 구해야 하는 값이 무엇인지를 판단한다.
3. 변화율의 식을 사용해 구해야 하는 값을 계산을 통해 구한다.

2020년 고3 10월 모의고사 10번

표에 대한 분석으로 옳은 것은?

〈갑국 근로자의 평균 임금〉

(단위 : 달러)

구분	2000년		2010년	
	남자	여자	남자	여자
내국인	2,000	1,600	2,500	2,100
외국인	1,400	1,000	1,700	1,500
전체	1,900	1,500	2,400	2,000

⑤ 2000년 대비 2010년에 내국인 여자 근로자 평균 임금 증가율보다 내국인 남자 근로자 평균 임금 증가율이 크다.

⑤ 내국인 여자 근로자 평균 임금 증가율은 {(2100 – 1600) / 1600} × 100% = 31.25%이고, 내국인 남자 근로자 평균 임금 증가율은 {(2500 – 2000) / 2000} × 100% = 25%이므로 전자가 후자보다 큽니다. (X)

16   Hesco 사회·문화 도표 all-in-one

2018학년도 고3 9월 모의평가 14번

다음 자료에 대한 옳은 분석만을 〈보기〉에서 있는 대로 고른 것은?

〈갑국의 공공 부조 지원 기준〉

구분		지원 급여 종류			
월 소득 인정액 (선정 기준)	중위 소득 50% 이하	교육			
	중위 소득 43% 이하	교육	주거		
	중위 소득 40% 이하	교육	주거	의료	
	중위 소득 28% 이하	교육	주거	의료	생계

* 중위 소득 : 전체 가구를 소득 순으로 일렬로 배열하였을 때 한가운데에 위치한 가구의 소득

〈갑국의 공공 부조 지원 대상 가구 현황〉

(단위 : %)

구분	2000년	2005년	2010년	2015년
전체 가구 수 변화율	0	10	-10	0
중위 소득 50% 이하 가구 비율	35	35	35	35
중위 소득 43% 이하 가구 비율	27	28	29	30
중위 소득 40% 이하 가구 비율	15	15	15	15
중위 소득 28% 이하 가구 비율	5	5	5	5

* 갑국은 1995년부터 5년 단위로 공공 부조 지원 가구를 조사함.

** 전체 가구 수 변화율(%) = $\dfrac{\text{당해 조사 연도의 전체 가구 수} - \text{직전 조사 연도의 전체 가구 수}}{\text{직전 조사 연도의 전체 가구 수}} \times 100$

1995년의 전체 가구 수를 100으로, 2000년의 전체 가구 수를 a로 놓는다면 {(a − 100) / 100} × 100% = 0% 이므로 a = 100임을 알 수 있습니다.

2005년의 전체 가구 수를 b로 놓는다면 {(b − 100) / 100} × 100% = 10%이므로 b = 110임을 알 수 있습니다.

2010년의 전체 가구 수를 c로 놓는다면 {(c − 110) / 110} × 100% = −10%이므로 c = 99임을 알 수 있습니다.

2015년의 전체 가구 수를 d로 놓는다면 {(d − 99) / 99} × 100% = 0%이므로 d = 99임을 알 수 있습니다.

2023학년도 고3 9월 모의고사 10번

다음 자료에 대한 분석으로 옳은 것은?

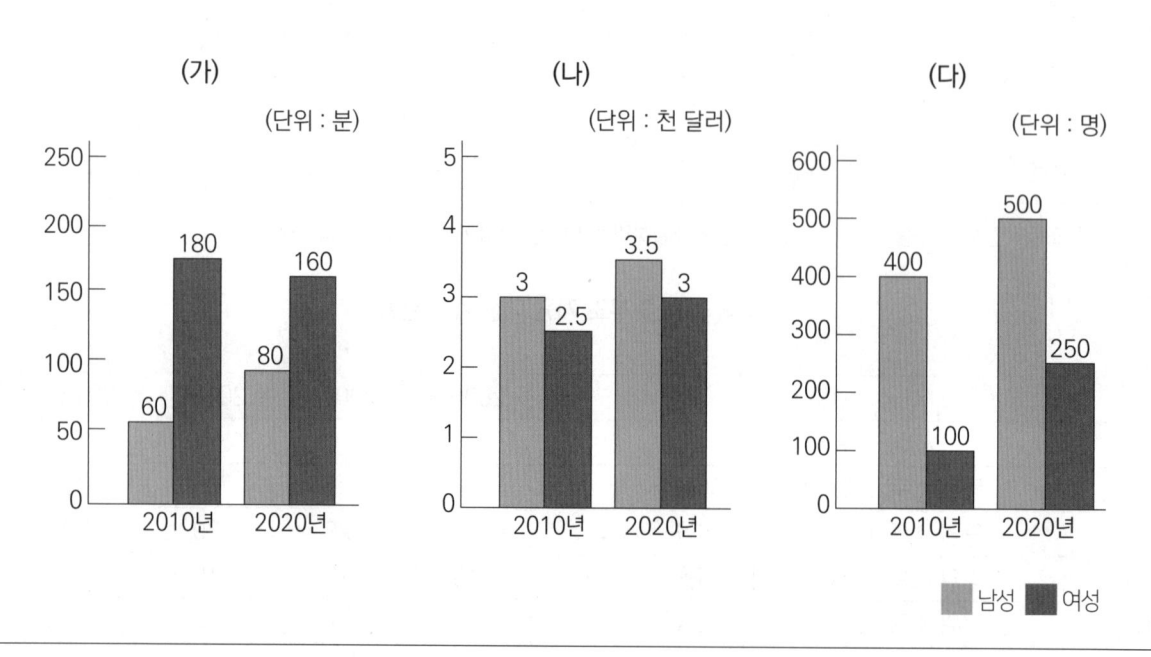

> 그림은 갑국의 성 불평등 양상을 파악하기 위해 수집한 자료이다. (가)는 맞벌이 부부의 1일 평균 가사 노동 시간을, (나)는 정규직 월평균 임금을, (다)는 고위 공직자 수를 성별에 따라 나타낸 것이다.

③ (나)에서 2010년 대비 2020년에 남성 정규직 월평균 임금 상승률과 여성 정규직 월평균 임금 상승률은 동일하다.

④ (다)에서 2010년 대비 2020년에 전체 고위 공직자 수 증가율은 남성 고위 공직자 수 증가율의 2배이다.

③ 2010년 대비 2020년 남성 정규직 월평균 임금 상승률은 {(3.5-3)/3}×100%=약 16.7%이고, 여성 정규직 월평균 임금 상승률은 {(3-2.5)/2.5}×100%=20%이므로 두 비율은 동일하지 않습니다. (X)

④ 2010년 대비 2020년에 전체 고위 공직자 수 증가율은 {(750-500)/500}×100%=50%이고, 남성 고위 공직자 수 증가율은 {(500-400)/400}×100%=25%이므로 전자는 후자의 2배입니다. (O)

✓ 확인 문제 Check

01. A시의 t−1년 인구가 10만 명이고, 전년 대비 t년 인구 증가율이 20%일 때, A시의 t년 인구는?

02. △△고등학교의 2018년 재학생 수가 1,000명이고, 2023년 재학생 수가 800명일 때, △△고등학교의 2018년 대비 2023년 재학생 수의 감소율은?

03. 2022년 평균 연봉은 X 회사가 5천만 원, Y 회사가 6천만 원이다. 2022년 대비 2023년 X 회사와 Y 회사의 평균 연봉 증가율은 각각 25%, 10%일 때, 2023년 평균 연봉은 X 회사가 Y 회사보다 높다. (O / X)

04. 갑 권역의 t−5년 대비 t년 (가) 제도의 수급자 수 증가율이 25%, (나) 제도의 수급자 수 증가율이 50%이고, t년 (나) 제도의 수급자 수가 (가) 제도의 수급자 수의 1.5배일 때, 갑 권역의 t−5년 (가) 제도 수급자 수는 (나) 제도 수급자 수보다 적다. (O / X)

[05~06] 다음 표는 XX법인 파트너 변호사의 연도별 평균 연봉을 나타낸 것이다. 다음 물음에 답하시오.

연도	2021년	2022년	2023년
평균 연봉	1억 원	㉠	1억 2천만 원

* 전년 대비 2022년의 XX법인 파트너 변호사의 평균 연봉의 증가율은 50%임.

05. ㉠에 들어갈 값은?

06. 2023년의 전년 대비 XX법인 파트너 변호사의 평균 연봉의 감소율은?

[07~10] 다음 표는 연도별 남/여성 근로자 평균 임금을 나타낸 것이다. 다음 물음에 답하시오.

구분	t년	t+10년	t+20년	t+30년
남성 근로자 평균 임금(만 원)	300	400	480	600
여성 근로자 평균 임금(만 원)	250	300	420	560

07. t년 대비 t+10년 남성 근로자 평균 임금 증가율은 여성 근로자 평균 임금 증가율의 2배이다. (O / X)

08. 여성 근로자 평균 임금 대비 남성 근로자 평균 임금의 비율은 t년이 t+20년보다 크다. (O / X)

09. t+10년 대비 t+20년 여성 근로자 평균 임금 증가율은 남성 근로자 평균 임금 증가율의 몇 %인가?

10. t+10년, t+20년, t+30년 중 10년 전 대비 남성 근로자 평균 임금과 여성 근로자 평균 임금 차액의 변화율이 가장 큰 연도는?

01. 12만 명　**02.** 20%　**03.** X　**04.** O　**05.** 1억 5천만 원　**06.** 20%　**07.** X　**08.** O　**09.** 200%　**10.** t+10년

✓ 변형 문제 Test

2018년 고3 3월 모의고사 13번 변형

1. 표에 대한 분석으로 옳은 것은?

〈A 지역의 가구 월평균 소득〉

(단위 : 만 원)

구분	t년	t+10년	t+20년	t+30년
빈곤 가구	120	140	160	190
비빈곤 가구	600	660	700	840

① 빈곤 가구 월평균 소득 대비 비빈곤 가구 월평균 소득의 비율은 t년이 t+10년보다 낮다.

② 10년 전 대비 빈곤 가구 월평균 소득 증가율은 t+10년과 t+20년이 같다.

③ 10년 전 대비 t+20년의 빈곤 가구 월평균 소득 증가율은 t+30년의 비빈곤 가구 월평균 소득 증가율보다 낮다.

④ t+20년의 빈곤 가구 월평균 소득과 비빈곤 가구 월평균 소득의 차액은 t년 비빈곤 가구 월평균 소득보다 크다.

⑤ t+10년, t+20년, t+30년 중 10년 전 대비 빈곤 가구 월평균 소득의 증가율보다 비빈곤 가구 월평균 소득의 증가율이 높은 연도는 존재하지 않는다.

2022년 고3 3월 모의고사 13번 변형

2. 다음 자료에 대한 옳은 분석만을 〈보기〉에서 있는 대로 고른 것은?

표는 갑국의 10년 전 대비 성별 근로자 평균 임금 상승률을 나타낸 것이다. 갑국에서 남성 근로자 수와 여성 근로자 수는 항상 같고, 1990년에 남성 근로자 평균 임금은 여성 근로자 평균 임금과 같다.

(단위 : %)

구분	2000년	2010년	2020년
남성 근로자 평균 임금 상승률	20	10	25
여성 근로자 평균 임금 상승률	10	20	15

〈 보 기 〉

ㄱ. 남성 근로자와 여성 근로자 모두 1990년 대비 2010년에 평균 임금이 30% 상승하였다.

ㄴ. 10년 전 대비 2000년의 남성 근로자 평균 임금 증가액은 여성 근로자 평균 임금 증가액의 2배이다.

ㄷ. 2010년에 남성 근로자 평균 임금은 여성 근로자 평균 임금과 같다.

ㄹ. 남성 근로자와 여성 근로자 간의 평균 임금 차이는 2000년보다 2020년이 작다.

① ㄱ, ㄴ   ② ㄴ, ㄷ   ③ ㄷ, ㄹ   ④ ㄱ, ㄴ, ㄷ   ⑤ ㄴ, ㄷ, ㄹ

2022년 고3 10월 모의고사 15번 변형

3. 다음 자료에 대한 옳은 분석만을 〈보기〉에서 있는 대로 고른 것은?

> 성별에 따른 임금 수준의 차이는 '임금 성비'라는 지표를 통해 파악해 볼 수 있다. 임금 성비는 '(여성의 평균 임금 / 남성의 평균 임금) × 100'으로 계산한다. 표는 갑국의 성별에 따른 월 평균 임금의 변화 추이를 전체 업종과 ○○ 업종으로 구분하여 나타낸 것이다.
>
> (단위 : 달러)
>
> | 구분 | | 2010년 | 2015년 | 2020년 |
> |---|---|---|---|---|
> | 전체 업종 | 남성 | 1,200 | 1,500 | 1,800 |
> | | 여성 | 1,000 | 1,250 | 1,600 |
> | ○○ 업종 | 남성 | 1,000 | 1,200 | 1,500 |
> | | 여성 | 800 | 1,080 | 1,500 |

〈 보 기 〉

ㄱ. 전체 업종에서 2010년 대비 2015년 월 평균 임금의 증가율은 남성과 여성이 같다.
ㄴ. 전체 업종에서 2020년 임금 성비는 ○○ 업종에서 2010년 임금 성비와 같다.
ㄷ. 주어진 모든 연도에서 전체 월 평균 임금은 전체 업종이 ○○ 업종보다 높다.
ㄹ. ○○ 업종에서 5년 전 대비 임금 성비의 증가율은 2015년이 2020년보다 높다.

① ㄱ, ㄴ   ② ㄱ, ㄷ   ③ ㄴ, ㄹ   ④ ㄱ, ㄷ, ㄹ   ⑤ ㄴ, ㄷ, ㄹ

2019년 고3 4월 모의고사 15번 변형

4. 표에 대한 분석으로 옳은 것은?

〈갑국의 다문화 가정 학생 현황〉

(단위 : %)

구분		t년	t+1년	t+2년
전년 대비 다문화 가정 학생 수 변화율		0	-5.0	5.0
전체 학생 중 다문화 가정 학생 비율		8.6	8.9	8.6
다문화 가정 학생의 학교급별 구성비	초등학교	78.2	79.0	80.1
	중학교	15.6	15.4	14.3
	고등학교	6.2	5.6	5.6
	계	100.0	100.0	100.0

* 갑국의 초·중·고교 재학생을 전수 조사한 결과임.

① t년의 전체 학생 수는 t+2년과 같다.
② 초등학교에 재학 중인 다문화 가정 학생 수는 지속적으로 증가하였다.
③ t+1년 중학교에 재학 중인 다문화 가정 학생 수는 고등학교에 재학 중인 다문화 가정 학생 수의 3배 이상이다.
④ 주어진 연도 중 초등학교에 재학 중인 다문화 가정 학생 수가 전체 초등학생 수의 80%를 넘는 연도는 한 연도뿐이다.
⑤ t+1년 대비 t+2년 고등학교에 재학 중인 다문화 가정 학생 수의 증가율은 5%이다.

3 가중 평균

✓ 개념 Check

'가중 평균'이란, 둘 혹은 그 이상의 변수의 평균을 구할 때 자료 값의 중요도나 영향도에 해당하는 각각의 가중치를 곱하여 구한 평균값입니다.

그리고 우리가 다루게 될 모든 경우에서, 그 가중치는 '분수로 표현된 변수의 분모에 해당하는 값'이 됩니다.

당연히 이 가중 평균의 정의만 보고서는 이게 어떤 것을 의미하는지 이해가 가지 않는 것이 정상입니다: 그렇기에 가중 평균은 정의 그 자체보다는 아래에서 언급할 실제 활용되는 원리를 위주로 기억하는 것이 좋습니다.

가중 평균의 원리를 이해하기 위해선, 먼저 우리가 가장 흔히 접하게 되는 산술 평균에 대한 이해가 필요합니다.

'산술 평균'이란, 변수들의 총합을 변수의 개수로 나눈 값으로, 각각의 변수들에 모두 같은 가중치가 부여되어 있을 때 사용하는 평균입니다.

산술 평균의 예시로 학생 수가 30명으로 같은 두 반 A, B의 국어 성적 평균(변수)이 각각 50점, 40점일 때, 이 두 반의 국어 성적 평균은 50점과 40점의 한가운데인 45점이 되는 것을 들 수 있습니다.

엄밀하게 계산하면 (50 × 30 + 40 × 30) / 60 = 45점으로 계산하는 것이 맞으나, 두 반의 학생 수가 30명으로 같기에 어차피 이 30명은 위 식의 분모와 분자에서 약분되어 사라지며, 우리 역시도 이를 직관적으로 알고 있기 때문에 위의 상황에서 평균을 계산할 때에는 아래의 방법이 아닌 위의 방법을 활용합니다.

그러나 여기에서 A, B반의 학생 수가 각각 30명, 20명이 되었다고 가정해 봅시다: 이 상황에서 두 반의 국어 성적의 평균은 (50 × 30 + 40 × 20) / 50 = 46점이 됩니다.

두 반의 학생 수가 같지 않으므로, 더 이상 두 반의 국어 성적을 더한 뒤 2로 나누어 평균을 구할 수 없게 되었고, 바로 이 상황을 우리는 가중 평균의 상황이라 부릅니다.

이 사례에서 우리가 알 수 있는 것은, 각 반 A, B의 국어 성적 평균(변수)에 부여되는 가중치는 '각 반의 학생 수'가 된다는 것입니다.

각 반의 학생 수가 변동함에 따라서 각 반의 국어 성적 평균이 달라지니, 바로 이 학생 수가 가중치의 역할을 하고 있는 것으로 볼 수가 있는 것이죠.

여기서 우리가 주목해야 할 점은 '각 반의 학생 수'는 각 반의 국어 성적 평균(변수)을 구하는 식의 분모라는 것입니다: A(B)반의 국어 성적은 (A(B)반의 국어 성적의 총합 / A(B)반의 학생 수)의 식을 통해 구할 수 있습니다.

위의 사실을 일반화하면, 가중 평균의 상황에서 가중치가 되는 것은 변수(각 반의 국어 성적 평균)를 구하는 식의 분모(각 반의 학생 수)라는 사실을 알 수 있습니다.

이 말은, 가중 평균의 상황에서 우리가 가장 먼저 해야 하는 것은 변수를 구하는 식의 분모가 무엇인지를 파악하는 것이라는 이야기이죠.

위 사례에서 (A반의 국어 성적 평균의 가중치 : B반의 국어 성적 평균의 가중치) = 3 : 2이고, (A반의 국어 성적 평균과 두 반의 국어 성적 평균 간 거리 : B반의 국어 성적 평균과 두 반의 국어 성적 평균 간 거리) = 2 : 3입니다.

이로부터 우리는 어떤 두 변수의 가중치(위의 사례에서는 학생 수)의 비가 A : B라면, 그 두 변수가 가진 값의 평균과 각 변수가 가진 값 간의 거리는 B : A라는 가중평균의 성질을 확인할 수 있습니다.

다르게 이야기하면, 가중 평균은 '각 변수의 가중치가 평균을 얼마나 강한 힘으로 끌어당기는가?'의 문제로 접근할 수 있다는 이야기입니다: 특정 가중치가 클수록 그 가중치를 가진 변수는 평균을 더 강한 힘으로 끌어당길 것이고, 그에 따라 해당 가중치를 가진 변수와 두 변수의 평균 간 거리는 줄어드는 것으로 이해하시면 됩니다.

이 성질을 활용하여 출제된 문제는 두 집단이 가진 값의 평균과 각 집단이 가진 값을 알려준 뒤 두 집단의 가중치를 구하게끔 하는 형태일 수도 있으며, 또는 역으로 두 집단의 가중치를 알려준 뒤 특정 집단이 가진 값, 또는 두 집단이 가진 값의 평균을 구하게끔 하는 형태일 수도 있습니다.

그리고 우리는 아래 제시된 갑국을 구성하는 A, B 지역의 (가), (나) 제도 수급자 비율에 관한 자료를 통해 이 두 가지 형태를 모두 연습해 볼 것입니다.

구분	A 지역	B 지역	갑국 전체
(가) 제도	12%	9%	11%
(나) 제도	10%	㉠%	9%

* 해당 지역 수급자 비율(%) = (해당 지역 수급자 수 / 해당 지역 전체 인구) × 100
** 갑국은 A 지역과 B 지역으로만 구성된다.

우선 (가) 제도 수급자 비율을 통해 A 지역과 B 지역 전체 인구를 구해봅시다: '갑국 전체 수급자 비율과 A 지역 수급자 비율 간 차 : 갑국 전체 수급자 비율과 B 지역 수급자 비율 간 차' = '1 : 2'이므로 'A 지역 전체 인구 : B 지역 전체 인구' = '2 : 1'이 됩니다.

이제 위에서 구한 A 지역과 B 지역 전체 인구를 통해 ㉠에 들어갈 값을 구해봅시다: 'A 지역 전체 인구 : B 지역 전체 인구' = '2 : 1'이므로 '갑국 전체 수급자 비율과 A 지역 수급자 비율 간 차 : 갑국 전체 수급자 비율과 B 지역 수급자 비율 간 차'는 '1 : 2'가 되어야 합니다.

그리고 (나) 제도에서 전자는 1%이니 후자는 2%가 되어야 하고, A 지역 수급자 비율은 갑국 전체 수급자 비율보다 높으므로 B 지역 수급자 비율은 갑국 전체 수급자 비율보다 2% 낮은 7%가 되어야 하고, 따라서 ㉠에 들어갈 값은 7이 될 것임을 알 수 있죠.

이처럼 두 변수가 가진 각각의 특정 값이 제시되고 그 두 변수 전체가 가진 특정 값이 제시된다면, 일반적으로 해당 상황은 가중평균을 활용해야 하는 상황으로 받아들일 수 있습니다.

그러나 위에 해당됨에도 불구하고 가중평균을 활용하면 안 되는 상황이 존재합니다: 가중평균을 활용할 수 있기 위해서는 만족되어야 할 한 가지 조건이 존재합니다.

해당 조건이 무엇인지에 대한 확인을 위해, 위에서 제시했던 사례들을 다시 한 번 살펴봅시다: A, B반 국어 평균 성적의 예시에서 A반의 국어 성적 평균의 가중치(분모)인 A반의 학생 수와 B반의 국어 성적 평균의 가중치(분모)인 B반의 학생 수를 더하면 두 반의 국어 성적 평균의 분모인 두 반의 학생 수가 됩니다.

갑국 A, B 지역의 (가), (나) 제도 수급자 비율의 예시에서도, A 지역 수급자 비율의 가중치(분모)인 A 지역 전체 인구와 B 지역 수급자 비율의 가중치(분모)인 B 지역 전체 인구를 더하면 갑국 전체 수급자 비율의 분모인 갑국 전체 인구가 됩니다.

이로부터 확인할 수 있는 가중평균 활용의 조건은 다음과 같습니다: 변수가 되는 두 비율의 각 분모(가중치)를 구성하는 요소를 더하면 전체 비율의 분모를 구성하는 요소가 되어야 합니다.

비교를 위해, 위 조건을 만족시키지 못하는 사례를 하나 살펴봅시다: 다음은 갑국의 성별 가구주 가구 월 소득을 내림차순으로 정렬한 자료로, 갑국에는 각 6개의 남성 가구주 가구와 여성 가구주 가구만 존재한다고 가정합시다.

구분	가구 월 소득(만 원)											
남성 가구주 가구	A1	640	A2	600	A3	560	A4	490	A5	450	A6	400
여성 가구주 가구	B1	540	B2	500	B3	430	B4	380	B5	350	B6	320

위 자료를 바탕으로 남성 가구주 가구와 여성 가구주 가구에서 가구 월 소득 상위 50%인 가구의 평균 소득을 구하면, 남성 가구주 가구의 경우에는 (640 + 600 + 560) / 3 = 600(만 원)이 되고, 여성 가구주 가구의 경우에는 (540 + 500 + 430) / 3 = 490(만 원)이 됩니다.

이제 전체 가구에서 가구 월 소득 상위 50%인 가구의 평균 소득을 구해 봅시다: 월 소득 상위 50%인 남성 가구주 가구 수와 여성 가구주 가구 수가 같으므로 가중평균을 이용하면, 해당 평균 소득은 (600 + 490) / 2 = 545(만 원)이 되어야 하는 것처럼 보입니다.

그러나 해당 평균 소득을 실제로 구해 보면, 상위 50%인 가구는 A1, A2, A3, A4, B1, B2이므로 (640 + 600 + 560 + 490 + 540 + 500) / 6 = 555(만 원)이 됩니다.

이는 ㉠ 남성 가구주 가구에서 가구 월 소득 상위 50%인 가구의 평균 소득이라는 비율의 분모를 구성하는 요소, 그리고 ㉡ 여성 가구주 가구에서 가구 월 소득 상위 50%인 가구의 평균 소득이라는 비율의 분모를 구성하는 요소를 더한 것이 ㉢ 전체 가구에서 가구 월 소득 상위 50%인 가구의 평균 소득이라는 비율의 분모를 구성하는 요소와 같지 않기에 발생하는 상황입니다.

㉠은 A1, A2, A3이고 ㉡은 B1, B2, B3이나, ㉢은 A1, A2, A3, A4, B1, B2가 되므로 ㉠과 ㉡을 더한 것이 ㉢과 다르고, 따라서 이 상황에서는 가중평균을 활용할 수가 없는 것이죠.

이렇듯 겉보기에는 가중평균의 활용에 해당하는 것처럼 보일지라도 실제로는 아닌 사례가 존재하고, 그렇기에 여러분들은 주어진 사례가 가중평균을 활용할 수 있는 사례인지 아닌지를 판단할 수 있는 능력까지 갖추어야 합니다.

다르게 이야기하면, 여러분은 주어진 사례에서 변수가 되는 두 비율의 각 분모(가중치)를 구성하는 요소를 더하면 전체 비율의 분모를 구성하는 요소가 되는지도 확인을 해야 한다는 이야기이죠.

이렇듯 가중 평균에 대해 이해하기 위해서는 방대한 내용을 습득하고 가야 하며, 해당 내용들을 실제 문제에 원활하게 적용하는 것은 또 다른 차원의 문제로 작용합니다.

그러나 그만큼 이 가중 평균이라는 개념은 도표 문제에 있어 빠지지 않고 등장하는 중요 개념으로 작용하며, 그에 따라 여러분들은 반드시 이 개념에 대해 습득하고 가셔야만 합니다.

이를 위해서는 다양한 사례들을 접해보며 해당 사례에 가중 평균이 적용될 수 있는지 없는지, 적용될 수 있다면 어떤 양상으로 적용을 해야 하는지를 직접 판단해 보며 내공을 키우는 방향으로 학습하는 것이 필수적입니다.

1. 주어진 사례에서 전체 비율과 두 변수의 비율은 각각 무엇인지 확인하기
2. 두 변수의 비율에서 분모(가중치)가 되는 값은 무엇인지 확인하기
3. 주어진 사례가 가중평균을 활용할 수 있는 사례인지 아닌지 확인하기
4. 전체 비율과 두 변수의 비율, 가중치 중 주어지지 않은 값을 가중평균을 통해 알아내기

2018년 고3 3월 모의고사 15번

표에 대한 분석으로 옳은 것은? (단, A 지역은 빈곤 가구 수보다 비빈곤 가구 수가 많다.)

〈A 지역의 가구 월평균 소득〉

(단위 : 만 원)

구분	2015년	2016년	2017년
빈곤 가구	100	110	120
비빈곤 가구	500	530	550

① 2015년 전체 가구 월평균 소득은 빈곤 가구 월평균 소득의 3배보다 많다.
② 2016년 전체 가구 월평균 소득은 320만 원이다.

① A 지역은 빈곤 가구 수보다 비빈곤 가구 수가 많으므로 가중 평균의 원리에 의해 2015년 전체 가구 월평균 소득은 빈곤 가구 월평균 소득과 비빈곤 가구 월평균 소득의 평균인 300만 원보다 많습니다.

2015년 빈곤 가구 월평균 소득은 100만 원이므로 전체 가구 월평균 소득은 빈곤 가구 월평균 소득의 3배보다 많습니다. (O)

② A 지역은 빈곤 가구 수보다 비빈곤 가구 수가 많으므로 가중 평균의 원리에 의해 2016년 전체 가구 월평균 소득은 빈곤 가구 월평균 소득과 비빈곤 가구 월평균 소득의 평균인 320만 원보다 많습니다. (X)

2020학년도 대학수학능력시험 15번

다음 자료에 대한 분석으로 옳은 것은? (단, (가), (나) 이외의 다른 제도는 고려하지 않는다.)

〈자료 1〉은 우리나라의 사회 보장 제도 (가), (나)를 검색한 결과이고, 〈자료 2〉는 해당 제도의 ○○시 지역·시기별 수급자 비율이다.

〈자료 1〉 (가), (나)의 검색 결과

(가)	(나)
생활이 어려운 사람에게 필요한 급여를 지급하여 최저 생활을 보장하고 자활을 지원하는 제도	노령, 장애, 사망 시 본인 및 가족에게 연금 급여를 실시하여 기본 생활을 유지할 수 있도록 하는 제도

〈자료 2〉 ○○시의 지역·시기별 수급자 비율

(단위 : %)

구분	(가)		(나)	
	t년	t+10년	t년	t+10년
A 지역	4.8	5.0	3.4	4.0
B 지역	2.8	3.6	7.4	8.0
전체	4.4	4.3	4.2	6.0

* 해당 지역 수급자 비율(%) = $\dfrac{\text{해당 지역 수급자 수}}{\text{해당 지역 인구}} \times 100$

** ○○시에는 A, B 지역만 있고, t년과 t+10년의 ○○시 총인구는 동일함.

---

t년의 경우 (가) 제도에서 'A 지역 수급자 비율과 전체 수급자 비율 간 거리' : 'B 지역 수급자 비율과 전체 수급자 비율 간 거리' = 1 : 4이므로 해당 비율들의 분모가 되는 'A 지역 인구' : 'B 지역 인구' = 4 : 1임을 알 수 있습니다.

t+10년의 경우 (가) 제도에서 'A 지역 수급자 비율과 전체 수급자 비율 간 거리' : 'B 지역 수급자 비율과 전체 수급자 비율 간 거리' = 1 : 1이므로 해당 비율들의 분모가 되는 'A 지역 인구' : 'B 지역 인구' = 1 : 1임을 알 수 있습니다.

t년과 t+10년의 ○○시 총인구는 동일하므로 t년 A 지역 인구를 800, B 지역 인구를 200, t+10년 A 지역 인구를 500, B 지역 인구도 500으로 둘 수 있습니다.

2021학년도 고3 6월 모의고사 15번

다음 자료에 대한 옳은 분석만을 〈보기〉에서 있는 대로 고른 것은? (단, (가)~(다) 이외의 제도는 고려하지 않는다.)

〈자료 1〉 우리나라 사회 보장 제도

(가) 노인 세대의 안정된 노후 생활을 지원하기 위해 65세 이상인 노인 중 가구의 소득 인정액이 선정 기준액 이하인 노인에게 매월 연금을 지급하는 제도

(나) 고령이나 노인성 질병 등의 사유로 일상생활을 혼자서 수행하기 어려운 노인 등에게 신체 활동 또는 가사 활동 지원 등의 장기 요양 급여를 제공하는 제도

(다) 안정적인 노후 생활 보장, 노인의 기능·건강 유지 및 악화 예방을 위해 일상생활 영위가 어려운 취약 노인에게 적절한 돌봄 서비스를 제공하는 제도

〈자료 2〉 우리나라 A, B 지역 (가)~(다) 제도 수혜자 비율

(단위 : %)

구분	A 지역			B 지역		
	남성	여성	전체	남성	여성	전체
(가)	10.0	9.6	9.8	10.2	9.4	9.6
(나)	1.6	2.0	1.8	2.8	2.0	2.2
(다)	1.2	1.6	1.4	1.2	1.6	1.5

* A 지역과 B 지역의 총인구는 동일함.

** 해당 지역 남성(여성) 수혜자 비율(%) = $\dfrac{\text{해당 지역 남성(여성) 수혜자 수}}{\text{해당 지역 남성(여성) 인구}} \times 100$

A 지역의 경우 (가) 제도에서 '남성 수급자 비율과 전체 수급자 비율 간 거리' : '여성 수급자 비율과 전체 수급자 비율 간 거리' = 1 : 1이므로 해당 비율들의 분모가 되는 '남성 인구' : '여성 인구' = 1 : 1임을 알 수 있습니다.

B 지역의 경우 (가) 제도에서 '남성 수급자 비율과 전체 수급자 비율 간 거리' : '여성 수급자 비율과 전체 수급자 비율 간 거리' = 3 : 1이므로 해당 비율들의 분모가 되는 '남성 인구' : '여성 인구' = 1 : 3임을 알 수 있습니다.

A 지역과 B 지역의 총인구는 동일하므로 A 지역 남성 인구를 200, 여성 인구도 200, B 지역 남성 인구를 100, 여성 인구를 300으로 둘 수 있습니다.

2015학년도 대학수학능력시험 9번

표는 갑국의 빈곤율을 나타낸 것이다. 이에 대한 옳은 분석을 〈보기〉에서 고른 것은? (단, 전체 가구는 도시 가구와 농촌 가구로 구성되며 구성비는 1:1이고, 모든 가구의 구성원 수는 동일하다.)

구분 / 연도		2010년	2011년
전체 가구	절대적 빈곤율(%)	7.5	8.0
	상대적 빈곤율(%)	10.0	12.0
도시 가구	절대적 빈곤율(%)	4.5	4.0
	상대적 빈곤율(%)	8.0	9.0

 * 절대적 빈곤율(%) : 전체 가구 중 절대적 빈곤 가구(가구 소득이 최저 생계비 미만인 가구)의 비율

 ** 상대적 빈곤율(%) : 전체 가구 중 상대적 빈곤 가구(가구 소득이 중위 소득의 50% 미만인 가구)의 비율

 *** 중위 소득 : 전체 가구를 소득순으로 일렬로 배열했을 때 한가운데 위치한 가구의 소득

전체 가구는 도시 가구와 농촌 가구로 구성되며 구성비는 1 : 1이므로, 절대적 빈곤율과 상대적 빈곤율 모두에서 '전체 가구와 도시 가구 간 거리' = '전체 가구와 농촌 가구 간 거리'입니다.

그에 따라 2010년 농촌 가구의 절대적 빈곤율과 상대적 빈곤율은 각각 10.5%와 12.0%가 되며, 2011년 농촌 가구의 절대적 빈곤율과 상대적 빈곤율은 각각 12.0%와 15.0%가 됩니다.

2023학년도 고3 9월 모의고사 10번

표는 갑국의 연도별 소득 5분위 배율을 나타낸 것이다. 이에 대한 분석으로 옳은 것은? (단, 갑국의 가구 유형은 남성 가구주 가구, 여성 가구주 가구로만 구분된다.)

구분	2016년	2017년	2018년	2019년
전체 가구	13.2	12.8	13.0	12.7
남성 가구주 가구	12.3	11.9	12.0	11.6
여성 가구주 가구	13.0	12.4	12.5	12.6

  * '소득 5분위 배율 = 5분위 평균 소득 / 1분위 평균 소득'이며, 5분위는 소득 상위 20% 이내, 1분위는 소득 하위 20% 이내 가구들을 의미함.
  ** 각 연도에서 개별 가구의 소득은 서로 다름.
  *** 여성 가구주 가구의 경우, 1분위 평균 소득은 매년 상승하였음.

① 2016년 전체 가구 중 과반이 여성 가구주 가구이다.

① 언뜻 봐서, 이 선지는 가중 평균을 활용해 해결할 수 있는 선지처럼 보입니다: 이는 주어진 자료에서 전체 가구주 가구와 남성, 여성 가구주 가구가 가진 값이 모두 주어져 있기 때문입니다.

그러나 해당 자료를 잘 살펴보면 이상한 점을 발견할 수 있습니다: 제시된 모든 연도에서, 전체 가구의 소득 5분위 배율은 남성 가구주 가구와 여성 가구주 가구의 소득 5분위 배율보다 모두 높습니다.

가중 평균의 상황에서 두 변수가 가진 값의 평균은 무조건 각 변수가 가진 두 개의 값 사이에 있어야 하는데, 자료에서 주어진 상황은 이를 만족시키지 않죠.

이는 각 연도의 남/여성 가구주 가구 소득 5분위 배율의 분모, 다시 말해 각 연도의 남/여성 가구주 가구 1분위 평균 소득과 각 연도의 전체 가구 소득 5분위 배율의 분모, 다시 말해 각 연도의 전체 가구 1분위 평균 소득이 서로 관련이 없는 값이기 때문입니다.

가중 평균의 상황에서 두 비율의 각 분모(가중치)를 구성하는 요소를 더하면 전체 비율의 분모(가중치)를 구성하는 요소가 되어야 하나, 남성 가구주 가구 1분위 평균 소득과 여성 가구주 가구 1분위 평균 소득을 더한다고 해서 전체 가구 1분위 평균 소득이 되지는 않습니다.

그렇기에 이 상황에서 가중 평균을 활용하는 것은 옳지 않으므로, 이 선지가 언급하는 내용이 옳다고 볼 근거는 존재하지 않습니다. (X)

✓ 확인 문제 Check

01. 갑국의 A 지역과 B 지역의 인구 비는 2 : 1이고, 각 지역의 운전면허 소지 비율은 A 지역이 40%, B 지역이 55%일 때, 갑국 전체의 면허 소지 비율은? (단, 갑국은 A, B 지역으로만 이루어져 있다.)

02. XX고등학교의 1반 학생 평균 국어 성적이 50점, 2반 학생 평균 국어 성적이 45점이고 두 반의 평균 국어 성적이 47점일 때, 1반과 2반의 학생 수 비는?

03. 전체 인구 대비 (가) 제도 수급자 비율은 갑 권역이 48%, 을 권역이 52%이고 전체 인구는 을 권역이 갑 권역보다 많을 때, 두 권역을 합친 지역에서 (가) 제도 수급자 비율은 50%를 초과한다. (O / X)

04. □□시 직장인의 평균 연봉이 2,500만 원, K도 직장인의 평균 연봉이 2,700만 원이고 △△시 직장인 수가 □□시 직장인 수의 0.5배일 때, △△시 직장인의 평균 연봉은 3천만 원 이상이다. (단, K도는 □□시와 △△시로만 이루어져 있다.) (O / X)

[05~06] 다음 표는 A 지역의 성별 자가용 소유 비율을 나타낸 것이다. 다음 물음에 답하시오.

구분	남성	여성	전체
전체 인구 대비 자가용 소유 비율	65%	55%	X

05. X가 61%일 때, A 지역의 남성 전체 인구 : 여성 전체 인구의 비는?

06. A 지역의 남성 전체 인구 : 여성 전체 인구의 비가 7 : 3일 때, X에 들어갈 값은?

[07~10] 다음 표는 연도별 A, B 지역의 (가) 제도 수급자 비율을 나타낸 것이다. 다음 물음에 답하시오.

구분	2005년	2010년	2015년	2020년
A 지역 수급자 비율(%)	28	30	32	28
B 지역 수급자 비율(%)	20	24	30	32

* 주어진 기간 동안 B 지역의 전체 인구는 A 지역의 전체 인구보다 항상 많으며, 갑국은 A, B 지역으로만 이루어져 있음.
** 해당 지역 (가) 제도 수급자 비율(%) = (해당 지역 (가) 제도 수급자 수 / 해당 지역 전체 인구) × 100

07. 2005년 (가) 제도 수급자 수는 B 지역이 A 지역보다 적다. (O / X)

08. 2010년 A 지역 (가) 제도 수급자 비율 대비 갑국 전체 (가) 제도 수급자 비율의 비는 90% 이상이다. (O / X)

09. 갑국 전체 (가) 제도 수급자 비율은 2010년이 2005년보다 높다. (O / X)

10. (가) 제도 수급자 비율은 2015년 B 지역보다 2020년 갑국 전체가 높다. (O / X)

01. 45% **02.** 2 : 3 **03.** O **04.** O **05.** 3 : 2 **06.** 62% **07.** X **08.** X **09.** O **10.** O

✓ 변형 문제 Test

2017학년도 대학수학능력시험 15번 변형

1. 다음 자료에 대한 분석으로 옳은 것은?

> 표는 갑국의 종교별 신도 현황 중 일부를 나타낸 것이다. 갑국의 전체 인구는 5,000만 명이다. 단, 갑국에는 종교가 A, B종교 이외에 없으며, 두 종교를 동시에 믿는 사람은 없다.
>
> (단위 : %)
>
> | 구분 | 남성 신도 | 여성 신도 | 전체 신도 |
> |------|-----------|-----------|-----------|
> | A 종교 | 30.0 | 22.0 | 26.0 |
> | B 종교 | 24.0 | 30.0 | 27.0 |
>
> * 남성(여성)신도 비율 = $\dfrac{\text{해당 종교를 믿는 남성(여성) 인구}}{\text{남성(여성) 인구}} \times 100$
>
> ** 전체 신도 비율 = $\dfrac{\text{해당 종교를 믿는 인구}}{\text{전체 인구}} \times 100$

① A 종교를 믿는 남성 신도의 수는 여성 신도의 수보다 적다.

② 종교를 가진 인구보다 종교를 가지지 않은 인구가 많다.

③ A 종교를 믿는 남성 신도의 수는 B 종교를 믿는 여성 신도의 수보다 많다.

④ B 종교를 믿는 남성 신도의 수는 A 종교를 믿는 전체 신도의 수의 50% 이하이다.

⑤ 남성과 여성 모두에서 종교를 가진 인구 대비 종교를 가지지 않은 인구의 비는 1 이상이다.

2020년 고3 10월 모의고사 10번 변형

2. 표에 대한 옳은 분석만을 〈보기〉에서 있는 대로 고른 것은?

〈갑국 근로자의 평균 임금〉

(단위 : 달러)

구분	2010년		2020년	
	남자	여자	남자	여자
내국인	2,500	2,000	3,000	2,500
외국인	2,000	1,750	2,400	2,200
전체	2,300	1,900	2,800	2,400

〈 보 기 〉

ㄱ. 2010년 외국인 남자 근로자 임금 총액은 내국인 남자 근로자 임금 총액의 50% 이상이다.

ㄴ. 2010년과 2020년 모두에서 남자 근로자 수와 여자 근로자 수는 같다.

ㄷ. 내국인 남자 근로자와 외국인 남자 근로자 간 평균 임금 차 대비 내국인 여자 근로자와 외국인 여자 근로자 간 평균 임금 차의 비는 2010년과 2020년이 같다.

ㄹ. 2020년 여자 근로자와 달리 남자 근로자에서 내국인 근로자 임금 총액은 외국인 근로자 임금 총액의 2배 이상이다.

① ㄱ, ㄴ   ② ㄱ, ㄷ   ③ ㄴ, ㄹ   ④ ㄱ, ㄷ, ㄹ   ⑤ ㄴ, ㄷ, ㄹ

2020학년도 대학수학능력시험 15번 변형

3. 다음 자료에 대한 분석으로 옳은 것은?

〈자료 1〉은 우리나라의 사회 보장 제도 (가), (나)를 검색한 결과이고, 〈자료 2〉는 해당 제도의 ○○시 지역·시기별 수급자 비율이다.

〈자료 1〉 (가), (나)의 검색 결과

(가)	(나)
노령, 장애, 사망 시 본인 및 가족에게 연금 급여를 실시하여 기본 생활을 유지할 수 있도록 하는 제도	생활이 어려운 사람에게 필요한 급여를 지급하여 최저 생활을 보장하고 자활을 지원하는 제도

〈자료 2〉 ○○시의 지역·시기별 수급자 비율

(단위 : %)

구분	(가)		(나)	
	t년	t+20년	t년	t+20년
A 지역	11.4	12.6	5.5	6.9
B 지역	12.2	12.0	6.5	6.3
전체	11.8	12.4	6.0	6.7

* 해당 지역 수급자 비율(%) = $\dfrac{\text{해당 지역 수급자 수}}{\text{해당 지역 인구}} \times 100$

** ○○시에는 A, B 지역만 있고, t+20년 ○○시 총인구는 t년의 1.5배임.

---

① (가)는 (나)와 달리 사후 처방적 성격이 강하다.

② t년 A 지역의 (가) 제도 수급자 수는 B 지역의 (나) 제도 수급자 수의 2배 이상이다.

③ t년 B 지역의 사회 보험에 해당하는 제도의 수급자 수는 t+20년 A 지역의 공공 부조에 해당하는 제도의 수급자 수보다 적다.

④ 대상자 선정에 따라 부정적 낙인이 발생할 수 있는 제도의 경우, t년 전체 지역 수급자 수는 t+20년 A 지역 수급자 수보다 많다.

⑤ 상호 부조의 원리가 적용되는 제도의 경우, t년 A 지역 수급자 비율 대비 B 지역 수급자 비율의 비는 t+20년 B 지역 수급자 비율 대비 A 지역 수급자 비율의 비보다 작다.

2020년 고2 11월 모의고사 15번 변형

4. 다음 자료에 대한 옳은 분석만을 〈보기〉에서 있는 대로 고른 것은?

표는 장애 유무 및 성별에 따라 구분한 갑국의 임금 근로자 집단 각각의 비정규직 비율을 나타낸다. 단, 갑국 전체 임금 근로자 중 장애인 임금 근로자 비율은 t년에는 20%, t+10년에는 30%이다.

(단위 : %)

구분	장애인			비장애인		
	남	여	전체	남	여	전체
t년	65.0	55.0	60.0	24.0	32.0	26.0
t+10년	40.0	52.0	44.0	20.0	34.0	26.0

* 해당 집단의 비정규직 비율(%) = $\dfrac{\text{해당 집단의 비정규직 임금 근로자 수}}{\text{해당 집단의 임금 근로자 수}} \times 100$

〈 보 기 〉

ㄱ. 전체 임금 근로자 대비 남성 장애인 임금 근로자의 비율은 t+10년이 t년의 2배이다.

ㄴ. t년 전체 장애인 비정규직 임금 근로자의 수는 남성 비장애인 비정규직 임금 근로자의 수보다 적다.

ㄷ. t+10년 여성 장애인 비정규직 임금 근로자의 수는 남성 비장애인 비정규직 임금 근로자의 수보다 많다.

ㄹ. 전체 임금 근로자 대비 비장애인 비정규직 임금 근로자의 비율은 t+10년이 t년의 1.5배이다.

① ㄱ, ㄴ   ② ㄴ, ㄷ   ③ ㄷ, ㄹ   ④ ㄱ, ㄴ, ㄷ   ⑤ ㄴ, ㄷ, ㄹ

✓ 개념 Check

'낯선 관계식'이란, 말 그대로 문제 상황에 적용을 하기 위해 등장하는 복잡한 형태의 관계식을 말합니다.

이 개념은 주로 문제를 보조해주는 성격으로 등장하는 경우가 많으나, 그 자체가 주된 변별 요소가 되어 등장하는 경우도 종종 존재하기에 엄밀하게 이야기하면 개념과 유형의 중간지대에 위치하고 있다고 볼 수 있습니다.

그렇기에 앞의 #1~#3번 개념과는 달리, 이 개념에서는 문제를 풀기 위해 필수적으로 알아야 할 무엇인가는 존재하지 않습니다.

대신 이 개념과 관해서는 오직 문제를 풀어가는 데 따라가야 할 매뉴얼만이 존재하며, 그 이후부터는 문제를 푸는 개인 스스로가 가진 문제풀이 경험과 사고력만이 문제 해결 여부를 좌우합니다.

그리고 여러분이 유념하셔야 할 매뉴얼은 다음의 두 가지만이 존재합니다:

1. 낯선 관계식이 등장하면 예시를 대입해 봄을 통해 그 관계식이 어떤 것을 의미하는지 알아낸다.

2. 해당 관계식을 통해 구할 수 있는 모든 요소가 아닌, 선지에서 물어보는 요소들만 그때그때 구한다.

아래에 제시된 각 인구 구간별 여성비의 예시를 통해 이 매뉴얼대로 문제를 풀어 나가는 구체적인 과정에 대해 살펴봅시다.

구분	20대	30대	40대
여성비	150	100	60

* 여성비 : (여성 수 / 남성 수) × 100
** 성비 불균형 지수 : |(남성 수 − 여성 수) / (남성 수 + 여성 수)| × 100

다음 사례에서, 각 인구 구간별로 성비 불균형 지수를 구해 봅시다.

우선, 위에 주어진 관계식 중 여성비는 따로 1번 매뉴얼을 적용해서 파악을 해 볼 필요 없이 간단합니다: 해당 관계식은 단순히 남성 수 대비 여성 수가 어느 정도인지를 나타내 주는 관계식이므로, 우리의 직관에 비추어 봤을 때 파악이 크게 어렵지 않은 관계식이죠.

그러나, 아래의 성비 불균형 지수는 직관적으로 파악을 하기 쉽지 않은 형태이고, 해당 관계식과 같이 어려운 형태의 낯선 관계식이 등장했을 때 우리는 1번 매뉴얼을 적용해 관계식이 의미하는 바를 파악해 볼 수 있는 것이죠.

해당 관계식을 구성하는 변수는 '남성 수'와 '여성 수'의 두 가지이므로, 남성 수를 60, 여성 수를 40으로 가정해 성비 불균형 지수를 구해 봅시다.

가정한 대로 해당 수치를 관계식에 대입하면 |(60 − 40) / (60 + 40)| × 100 = 20이 되겠죠.

물론, 관계식에 예시를 대입함에 있어 꼭 여러분들이 만들어낸 가상의 수치를 대입해야만 하는 것은 아닙니다: 관계식이 의미하는 바를 파악하는 데 도움이 되기만 한다면, 문제에서 직접적으로 제시된 수치들을 대입해도 당연히 아무 상관이 없습니다.

다만 문제에서 다소 직관적이지 않은 방식으로 수치가 제시되는 경우가 있을 수 있고, 이 경우 제시된 관계식에 대해 충분한 이해를 갖추기 전에는 대입을 해 보는 것에 무리가 있을 수 있기에 상대적으로 쉬운 가상의 수치를 만들어서 미리 대입을 해 보는 방법도 있다는 것을 염두에 두시기 바랍니다.

다시 위의 사례로 돌아가면, 20대의 경우 여성비는 150이므로 여성의 수는 남성의 수의 1.5배이고, 그에 따라 여성의 수를 150k, 남성의 수를 100k로 둘 수 있습니다.

이제 이 수치를 성비 불균형 지수 관계식에 대입하면 $|(100k - 150k) / (100k + 150k)| \times 100 = 20$임을 도출해낼 수 있습니다.

30대의 경우 여성비는 100이므로 여성의 수는 남성의 수와 같고, 그에 따라 여성의 수를 100k, 남성의 수를 100k로 둘 수 있습니다.

이제 이 수치를 성비 불균형 지수 관계식에 대입하면 성비 불균형 지수는 $|(100k - 100k) / (100k + 100k)| \times 100 = 0$임을 도출해낼 수 있습니다.

40대의 경우 여성비는 60이므로 여성의 수는 남성의 수의 0.6배이고, 그에 따라 여성의 수를 60k, 남성의 수를 100k로 둘 수 있습니다.

이제 이 수치를 성비 불균형 지수 관계식에 대입하면 성비 불균형 지수는 $|(100k - 60k) / (100k + 60k)| \times 100 = 25$임을 도출해낼 수 있습니다.

추가적으로 보다 확실한 체화를 위해, 아래에 제시된 갑~병국 여성 임금비의 예시를 통해 해당 매뉴얼을 다시 한 번 적용하는 연습을 진행해 봅시다.

구분	갑국	을국	병국
노동자 성별 임금 격차	20	50	40

* 노동자 성별 임금 격차 : {(남성 노동자 평균 임금 – 여성 노동자 평균 임금) / 전체 노동자 평균 임금} × 100
** 갑~병국 모두에서 남성 노동자 수와 여성 노동자 수는 서로 같다.
*** 성별 노동자 평균 임금 = 성별 노동자 총임금 / 성별 노동자 수

다음 사례에서, 갑~병국 모두에서 전체 노동자 평균 임금이 100이라고 할 때 여성 노동자 평균 임금과 남성 노동자 평균 임금을 구해 봅시다.

이 사례에서는 문제에서 직접적으로 제시된 수치들을 바로 활용해 필요한 내용을 구하는 방향으로 연습을 해 나가도록 하죠.

갑~병국 모두에서 남성 노동자 수와 여성 노동자 수는 서로 같고, 전체 노동자 평균 임금이 모두 100이므로 갑국의 남성 노동자 평균 임금을 $100 + a$, 여성 노동자 평균 임금을 $100 - a$라고 놓을 수 있겠습니다: 성별 노동자 평균 임금을 구하는 식의 분모(가중치)가 성별 노동자 수이고, 갑~병국 모두에서 남성 노동자 수와 여성 노동자 수는 서로 같으므로 전체 노동자 평균 임금에서 남성 노동자 평균 임금까지의 거리와 여성 노동자 평균 임금까지의 거리가 서로 같다고 둘 수 있는 것입니다.

이렇게 구한 성별 노동자 평균 임금을 노동자 성별 임금 격차의 관계식에 대입하면 $2a / 100 \times 100 = 20$이므로 $a = 10$임을 알 수 있고, 이에 따라 갑국의 남성 노동자 평균 임금은 110, 여성 노동자 평균 임금은 90임을 도출해낼 수 있습니다.

이와 유사하게 을국의 남성 노동자 평균 임금을 $100 + b$, 여성 노동자 평균 임금을 $100 - b$로 놓을 수 있습니다: 이 수치를 관계식에 대입하면 $2b / 100 \times 100 = 50$이므로 $b = 25$임을 알 수 있고, 이에 따라 을국의 남성 노동자 평균 임금은 125, 여성 노동자 평균 임금은 75임을 도출해낼 수 있습니다.

병국의 남성 노동자 평균 임금은 $100 + c$, 여성 노동자 평균 임금을 $100 - c$로 놓아 봅시다: 이 수치를 관계식에 대입하면 $2c / 100 \times 100 = 40$이므로 $c = 20$임을 알 수 있고, 이에 따라 병국의 남성 노동자 평균 임금은 120, 여성 노동자 평균 임금은 80임을 도출해낼 수 있습니다.

이렇듯 '낯선 관계식'이 등장한 문제를 해결하기 위해서는 주어진 문제 상황을 파악하고 그에 적절하게 대응할 수 있는 임기응변 능력이 무엇보다 중요하므로, 다양한 문제 상황들을 마주해 보며 그에 대한 대응 방안을 떠올리는 연습을 지속적으로 해 나가시는 것을 강력하게 추천드립니다.

---

1. 주어진 관계식에 우선적으로 문제에서 제시된 수치들을 대입하면서 식에 대해 이해하기
2. 문제에서 제시된 수치가 복잡할 땐, 간단한 가상의 수치를 대신 대입해 보기
3. 선지에서 구하기를 요구하는 내용들만 그때그때 파악해서 구하기

2023학년도 고3 9월 모의고사 10번
다음 자료에 대한 분석으로 옳은 것은?

한 연구자가 노동자 성비와 성별 임금 격차를 기준으로 노동 시장에서의 성 불평등 정도를 측정하였다. 표는 갑국의 시기별 노동자 성비와 성별 임금 격차를 나타낸다. 단, 갑국에서 t년에 비해 t+10년에 남성 노동자의 수는 20% 증가하였고, 남성 노동자의 평균 임금도 20% 증가하였다.

〈갑국의 시기별 노동자 성비와 성별 임금 격차〉

구분	t년	t+10년
노동자 성비	60	100
노동자 성별 임금 격차	30	40

* 노동자 성비 : 여성 노동자 100명당 남성 노동자의 수

** 노동자 성별 임금 격차 $= (1 - \dfrac{\text{여성 노동자 평균 임금}}{\text{남성 노동자 평균 임금}}) \times 100$

이 문제에서는 상대적으로 복잡한 형태로 주어진 관계식인 '노동자 성별 임금 격차'를 통해 주어진 정보들을 도출하는 연습을 해 보도록 합시다.

갑국에서 t년에 비해 t+10년에 남성 노동자의 평균 임금은 20% 증가하였으므로, 갑국의 t년 남성 노동자 평균 임금은 100, t+10년 남성 노동자 평균 임금은 120으로 둘 수 있습니다.

t년의 노동자 성별 임금 격차 값은 30이므로 여성 노동자 평균 임금을 a로 둔 뒤 여기에 남성 노동자 평균 임금을 대입한다면 $(1 - a / 100) \times 100 = 30$이므로 $a / 100 = 0.7$임을 알 수 있고, 그에 따라 a, 즉 여성 노동자 평균 임금은 70임을 알 수 있습니다.

t+10년의 노동자 성별 임금 격차 값은 40이므로 여성 노동자 평균 임금을 b로 둔 뒤 여기에 남성 노동자 평균 임금을 대입한다면 $(1 - b / 120) \times 100 = 40$이므로 $b / 120 = 0.6$임을 알 수 있고, 그에 따라 b, 즉 여성 노동자 평균 임금은 72임을 알 수 있습니다.

2021년 고3 10월 모의고사 10번

다음 자료에 대한 옳은 분석만을 〈보기〉에서 있는 대로 고른 것은?

자료는 갑국과 을국에서 자녀 세대 인구의 세대 간 이동 지수를 파악하기 위한 것이다. 단, 자녀 세대 모든 인구의 세대 간 이동 가능 횟수는 1번씩이다.

〈갑국〉
(단위 : %)

구분		부모 계층			계
		상층	중층	하층	
자녀 계층	상층	12	7	2	21
	중층	8	14	21	43
	하층	3	10	23	36
계		23	31	46	100

〈을국〉
(단위 : %)

구분		부모 계층			계
		상층	중층	하층	
자녀 계층	상층	10	5	4	19
	중층	6	30	10	46
	하층	5	17	13	35
계		21	52	27	100

* 세대 간 이동 지수 = (자녀 세대 인구의 실제 세대 간 이동 거리의 합 / 자녀 세대 인구에서 나타날 수 있었던 세대 간 이동 가능한 최대 거리의 합) × 100

** 세대 간 이동 거리는 상층과 중층, 중층과 하층 간에는 1이고 상층과 하층 간에는 2임.

*** 부모가 상층 또는 하층인 자녀의 세대 간 이동 가능한 최대 거리는 2이고, 부모가 중층인 자녀의 세대 간 이동 가능한 최대 거리는 1임.

ㄴ. 을국이 갑국보다 세대 간 이동 지수가 크다.

ㄴ. 이 선지를 해결하기 위해서는 '세대 간 이동 지수'에 대해 파악해야 하는데, 이 '세대 간 이동 지수'는 매우 복잡한 형태로 주어져 있으므로 먼저 가상의 수치를 대입해 보는 것이 도움이 될 수 있습니다.

부모 세대가 총 10명으로 구성되며, 부모 한 명당 자녀는 모두 한 명이고, 부모 세대는 모두 상층에 이들의 자녀는 3명이 계층 세습, 4명이 중층으로 이동, 3명이 하층으로 이동한 가상의 국가를 예시로 한 번 들어 봅시다.

우선 부모가 상층인 자녀의 세대 간 이동 가능한 최대 거리는 2이므로 자녀 세대에서 나타날 수 있었던 세대 간 이동 가능한 최대 거리의 합은 2 × 10 = 20이고, 세대 간 이동 거리는 상층과 중층 간에는 1이고 상층과 하층 간에는 2이므로 4 × 1 + 3 × 2 = 10입니다.

이를 세대 간 이동 지수의 관계식에 대입하면 (10 / 20) × 100 = 50이 세대 간 이동 지수임을 도출해낼 수 있을 것이고, 이 과정 속에서 여러분은 세대 간 이동 지수에 대한 더 명확한 이해를 갖출 수 있을 것입니다.

이제 갑/을국의 세대 간 이동 지수를 구해 보자면, 갑국의 경우에는 부모가 상층 또는 하층인 자녀가 23 + 46 = 69명, 중층인 자녀가 31명이므로 세대 간 이동 지수의 분모에 들어갈 값은 69 × 2 + 31 × 1 = 169입니다.

상층에서 하층 또는 하층에서 상층으로 이동한 인구는 3 + 2 = 5명, 상층에서 중층 또는 중층에서 상층 또는 중층에서 하층 또는 하층에서 중층으로 이동한 인구는 8 + 7 + 10 + 21 = 46명이므로 세대 간 이동 지수의 분자에 들어갈 값은 5 × 2 + 46 × 1 = 56이 됩니다.

따라서 최종적으로, 갑국의 세대 간 이동 지수는 56 / 169 × 100 = 5600 / 169임을 알 수 있습니다.

을국의 경우에는 부모가 상층 또는 하층인 자녀가 21 + 27 = 48명, 중층인 자녀가 52명이므로 세대 간 이동 지수의 분모에 들어갈 값은 48 × 2 + 52 × 1 = 148입니다.

상층에서 하층 또는 하층에서 상층으로 이동한 인구는 5 + 4 = 9명, 상층에서 중층 또는 중층에서 상층 또는 중층에서 하층 또는 하층에서 중층으로 이동한 인구는 6 + 5 + 17 + 10 = 38명이므로 세대 간 이동 지수의 분자에 들어갈 값은 9 × 2 + 38 × 1 = 56이 됩니다.

따라서 최종적으로, 을국의 세대 간 이동 지수는 56 / 148 × 100 = 5600 / 148임을 알 수 있습니다.

따라서 세대 간 이동 지수는 을국이 갑국보다 큽니다. (O)

2021년 고3 10월 모의고사 20번
다음 자료에 대한 분석으로 옳은 것은?

표는 갑~병국의 여성 근로자 임금 차별 지수를 알아보기 위한 것이다.

구분	갑국	을국	병국
남성 근로자 임금 총액 대비 여성 근로자 임금 총액	3 / 5	5 / 4	3 / 5
남성 근로자 수 대비 여성 근로자 수	3 / 4	5 / 3	2 / 3

* 여성 근로자 임금 차별 지수 = 전체 근로자 임금 총액 중 여성 근로자 임금 총액의 비율 / 전체 근로자 중 여성 근로자의 비율
** 여성 근로자 임금 차별 지수가 1보다 작은 경우 여성 근로자에 대한 임금 차별이 존재하고, 그 값이 0에 가까울수록 차별 정도가 심함.

이 자료에서는 낯선 관계식으로 '여성 근로자 임금 차별 지수'라는 것이 등장했습니다: 이 관계식은 전체 근로자 임금 총액 중 여성 근로자 임금 총액의 비율을 분자로 가지고, 전체 근로자 중 여성 근로자의 비율을 분모로 가집니다.

그러나 자료에는 남성 근로자 임금 총액 대비 여성 근로자 임금 총액, 남성 근로자 수 대비 여성 근로자 수의 정보만 주어져 있습니다: 여기서 여러분들은, 이 두 가지 정보를 통해 전체 근로자 임금 총액과 전체 근로자 수를 구할 수 있겠다는 생각을 하셔야 합니다.

예를 들어, 남성 근로자 임금 총액 대비 여성 근로자 임금 총액이 4 / 5이고, 남성 근로자 수 대비 여성 근로자 수가 5 / 6인 사례에서 우리는 남성 근로자 임금 총액과 여성 근로자 임금 총액을 각각 4a와 5a, 남성 근로자 수와 여성 근로자 수를 각각 5b와 6b로 둘 수 있습니다.

남성과 여성을 합치면 전체가 나오므로, 여기서 전체 근로자 임금 총액은 9a, 전체 근로자 수는 11b로 도출해낼 수 있습니다.

또한 이 사례로부터 여성 근로자 임금 차별 지수를 구해 보자면, 전체 근로자 임금 총액 중 여성 근로자 임금 총액의 비율은 5 / 9이고 전체 근로자 중 여성 근로자의 비율은 6 / 11이므로 5 / 9 / 6 / 11 = 55 / 54가 이 사례의 여성 근로자 임금 차별 지수임을 알 수 있습니다.

이제 갑~병국의 여성 근로자 임금 차별 지수를 구해봅시다.

갑국에서 전체 근로자 수는 3c + 4c = 7c, 이 중 여성 근로자 수는 3c이므로 전체 근로자 중 여성 근로자의 비율은 3 / 7입니다.

또한 전체 근로자 임금 총액은 3d + 5d = 8d, 이 중 여성 임금은 3d이므로 전체 근로자 임금 총액 중 여성 근로자 임금 총액의 비율은 3 / 8입니다.

이를 이용하여 갑국의 여성 근로자 임금 차별 지수는 3 / 8 / 3 / 7 = 7 / 8임을 알 수 있습니다.

을국에서 전체 근로자 수는 5e + 3e = 8e, 이 중 여성 근로자 수는 5e이므로 전체 근로자 중 여성 근로자의 비율은 5 / 8입니다.

또한 전체 근로자 임금 총액은 5f + 4f = 9f, 이 중 여성 임금은 5f이므로 전체 근로자 임금 총액 중 여성 근로자 임금 총액의 비율은 5 / 9입니다.

이를 이용하여 을국의 여성 근로자 임금 차별 지수는 5 / 9 / 5 / 8 = 8 / 9임을 알 수 있습니다.

병국에서 전체 근로자 수는 2g + 3g = 5g, 이 중 여성 근로자 수는 2g이므로 전체 근로자 중 여성 근로자의 비율은 2 / 5입니다.

또한 전체 근로자 임금 총액은 3h + 5h = 8h, 이 중 여성 임금은 3h이므로 전체 근로자 임금 총액 중 여성 근로자 임금 총액의 비율은 3 / 8입니다.

이를 이용하여 병국의 여성 근로자 임금 차별 지수는 3 / 8 / 2 / 5 = 15 / 16임을 알 수 있습니다.

✓ 확인 문제 Check

[01~05] 다음은 갑~병국의 계층별 인구 비율에 관한 자료이다. 다음 물음에 답하시오.

구분	갑국	을국	병국
상층(%)	20	30	15
중층(%)	50	40	55
하층(%)	30	30	30
전체	100	100	100

* 계층 불균등 지수 = (상층 인구와 중층 인구의 차 + 중층 인구와 하층 인구의 차 + 하층 인구와 상층 인구의 차) / 전체 인구 × 100

01. 갑국의 계층 불균등 지수는?

02. 을국의 계층 불균등 지수는?

03. 병국의 계층 불균등 지수는?

04. 갑국과 을국의 전체 인구가 같다고 할 때, 갑국과 을국의 통합 계층 불균등 지수는?

05. 병국의 전체 인구가 을국의 2배라고 할 때, 을국과 병국의 통합 계층 불균등 지수는?

[06~10] 다음은 A~D 지역의 성별 월 평균 임금을 나타낸 자료이다. 다음 물음에 답하시오.

구분	A 지역	B 지역	C 지역	D 지역
남성 월 평균 임금(만 원)	250	240	260	300
여성 월 평균 임금(만 원)	200	150	210	250

* 성별 임금 격차 지수 = (남성 월 평균 임금 − 여성 월 평균 임금) / 남성 월 평균 임금 × 100

06. B 지역의 성별 임금 격차 지수는?

07. 성별 임금 격차 지수는 A 지역이 C 지역보다 크다. (O / X)

08. A~D 지역 중 D 지역보다 성별 임금 격차 지수가 작은 지역은 존재하지 않는다. (O / X)

09. B 지역의 남성 인구와 여성 인구는 모두 C 지역과 같을 때, 두 지역의 통합 성별 임금 격차 지수는?

10. A 지역의 남성 인구가 D 지역의 1.5배, 여성 인구가 D 지역의 4배일 때, 두 지역의 통합 성별 임금 격차 지수는 A 지역의 성별 임금 격차 지수보다 크다. (O / X)

01. 60 **02.** 20 **03.** 80 **04.** 40 **05.** 60 **06.** 37.5 **07.** O **08.** O **09.** 28 **10.** O

✓ 변형 문제 Test

2022년 고2 11월 모의고사 20번 변형

1. 표는 갑국의 연령대별·성별 시간당 평균 임금에 관한 자료이다. 이에 대한 옳은 분석만을 〈보기〉에서 있는 대로 고른 것은?

구분		성별 임금 격차 지수	여성 시간당 평균 임금(달러)
t년	30대 이하	25	15
	40대	20	20
	50대 이상	25	27
t+30년	30대 이하	28	18
	40대	30	28
	50대 이상	20	32

* 성별 임금 격차 지수 $= \dfrac{\text{남성 시간당 평균 임금} - \text{여성 시간당 평균 임금}}{\text{남성 시간당 평균 임금}} \times 100$

〈 보 기 〉

ㄱ. t년의 경우 30대 이하 남성 시간당 평균 임금은 40대 여성 시간당 평균 임금과 같다.

ㄴ. t+30년의 경우 50대 이상 남성 시간당 평균 임금은 30대 이하 여성 시간당 평균 임금의 2배이다.

ㄷ. 40대의 경우 t년 대비 t+30년 시간당 평균 임금 증가율은 남성이 여성의 1.5배이다.

ㄹ. 50대 이상의 경우 t년 대비 t+30년에 남성 시간당 평균 임금과 여성 시간당 평균 임금 간 차이는 감소했다.

① ㄱ, ㄴ   ② ㄱ, ㄷ   ③ ㄴ, ㄹ   ④ ㄱ, ㄷ, ㄹ   ⑤ ㄴ, ㄷ, ㄹ

2021학년도 고3 9월 모의고사 7번 변형

2. 다음 자료에 대한 분석으로 옳은 것은?

> 연구자 갑은 A~D 기업을 대상으로 입사, 승진 등 인사 현황을 조사하여 '성비 불균형' 정도를 알아보고자 하였다. 성비 불균형은 전체 인원 중 남성의 구성 비율과 여성의 구성 비율 간 차이의 절댓값으로 나타낼 수 있다. 성비 불균형은 0부터 100까지의 값을 가지며, 그 값이 클수록 성비 불균형 정도가 큼을 의미한다. 표는 A~D 기업별로 t년에 입사한 신입 사원의 여성비(比)와 20년 후 이들 중 임원으로 승진한 사람들의 여성비를 나타낸다.
>
> 〈기업별 신입 사원 및 임원의 여성비〉
>
> | 구분 | ㉠ 신입 사원(t년) | ㉡ 임원(t+20년) |
> |---|---|---|
> | A 기업 | 1.2 | 1.0 |
> | B 기업 | 0.8 | 0.9 |
> | C 기업 | 1.0 | 0.8 |
> | D 기업 | 0.9 | 1.2 |
>
> * 여성비 $= \dfrac{\text{여성 수}}{\text{남성 수}}$
>
> ** 성비 불균형 $= \left| \dfrac{(\text{남성 수} - \text{여성 수})}{(\text{남성 수} + \text{여성 수})} \times 100 \right|$
>
> *** 기업별 인사 및 승진 시 남녀의 업무 능력은 동일하고, 중도 퇴사자 및 휴직자는 없는 것으로 가정함.

① t년 여성 신입 사원 수는 D 기업이 C 기업보다 많다.

② t년 여성 신입 사원 수 대비 t+20년 여성 임원 수의 비는 B 기업이 A 기업보다 크다.

③ A~D 기업 중 ㉠의 성비 불균형이 ㉡의 성비 불균형보다 큰 기업은 두 개다.

④ ㉠의 여성비를 기준으로 판단하면, A 기업을 제외한 나머지 기업에서 입사의 진입 장벽은 남성보다 여성에게 높다.

⑤ ㉡의 여성비를 기준으로 판단하면, 남성보다 여성에게 승진의 진입 장벽이 높은 기업은 세 개이다.

2020학년도 고3 9월 모의고사 10번 변형

3. 다음 자료에 대한 옳은 분석만을 〈보기〉에서 있는 대로 고른 것은? (단, 갑국과 을국 각각에서 전체 가구 수는 2021년 이후 변동이 없으며, 모든 가구의 구성원 수는 동일함.)

○ 갑국과 을국은 모두 가구 소득이 최저 생계비 미만인 가구를 절대적 빈곤 가구 로, 중위 소득의 50% 미만인 가구를 상대적 빈곤 가구로 분류한다.
○ 갑국은 절대적 빈곤 가구에 생계비를 지원하고, 을국은 상대적 빈곤 가구에 교육 비를 지원한다.
○ 2022년에 을국의 최저 생계비는 중위 소득의 50%였으며, 갑국은 전체 가구의 25%, 을국은 30%가 절대적 빈곤 가구였다.
○ 갑국, 을국 모두 수급 자격 가구와 수급 가구는 일치한다.

(단위 : %)

구분		2022년	2023년
갑국	수급 자격 상실 비율	15	20
	수급 자격 취득 비율	10	20
을국	수급 자격 상실 비율	40	10
	수급 자격 취득 비율	20	10

* 수급 자격 상실 비율(%) = $\dfrac{\text{금년도 수급 자격 상실 가구 수}}{\text{전년도 수급 가구 수}} \times 100$

** 수급 자격 취득 비율(%) = $\dfrac{\text{금년도 수급 자격 취득 가구 수}}{\text{전년도 비(非)수급 가구 수}} \times 100$

〈 보 기 〉

ㄱ. 갑국과 을국 모두에서 2021년 대비 2022년 최저 생계비는 증가했다.
ㄴ. 을국에서 2021년 대비 2022년 수급 자격을 취득한 가구는 수급 자격을 상실하 지 않은 가구와 같다.
ㄷ. 갑국에서 2022년 대비 2023년 수급 자격을 취득한 가구는 수급 자격을 상실한 가구의 3배이다.
ㄹ. 주어진 연도 중 수급 자격을 가진 가구의 비율이 을국보다 갑국에서 더 높은 연도 는 한 연도뿐이다.

① ㄱ, ㄴ   ② ㄱ, ㄷ   ③ ㄴ, ㄹ   ④ ㄱ, ㄴ, ㄹ   ⑤ ㄴ, ㄷ, ㄹ

2021년 고3 10월 모의고사 20번 변형

4. 다음 자료에 대한 분석으로 옳은 것은?

> 표는 갑~병국의 여성 근로자 임금 차별 지수를 알아보기 위한 것이다.
>
> | 구분 | 갑국 | 을국 | 병국 |
> |---|---|---|---|
> | 남성 근로자 임금 총액 대비 여성 근로자 임금 총액 | 0.8 | 0.9 | 0.6 |
> | 남성 근로자 수 대비 여성 근로자 수 | 0.8 | 1.0 | 0.7 |
>
> * 여성 근로자 임금 차별 지수 = 전체 근로자 임금 총액 중 여성 근로자 임금 총액의 비율/전체 근로자 중 여성 근로자의 비율
>
> ** 여성 근로자 임금 차별 지수가 1보다 작은 경우 여성 근로자에 대한 임금 차별이 존재하고, 그 값이 0에 가까울수록 차별 정도가 심함.
>
> *** 성별 근로자 평균 임금=성별 근로자 임금 총액 / 성별 근로자 수

① 갑국에서 남성 근로자 수는 전체 근로자 수의 0.8배이다.

② 갑~병국 중 여성 근로자에 대한 임금 차별은 병국에서 가장 강하고, 갑국에서 가장 약하다.

③ 병국에서 여성 근로자 임금 총액은 전체 근로자 임금 총액의 0.4배이다.

④ 갑국에서 남성 근로자 평균 임금은 병국에서 여성 근로자 평균 임금보다 많다.

⑤ 을국에서 여성 근로자 평균 임금은 전체 근로자 평균 임금의 0.9배보다 적다.

CHAPTER. 2
Base : 유형편

✓ 유형 Check

'인구 부양비' 유형이란, 문제에서 주어진 정보를 활용해 각 지역 또는 연도의 노년/부양/유소년 인구를 구하고, 그렇게 구한 인구를 활용해 선지에서 제시되는 내용들의 정오 판단을 요구하는 유형입니다.

이 유형의 문제들은 풀이 방향이 굉장히 정형적이기에, 해당 풀이 방향을 체화하게 된다면 이 유형의 문제들은 손쉽게 점수를 가져갈 수 있는 문제가 되지만, 체화하지 못한다면 매번 접근조차 실패해 점수를 잃게 하는 주범으로 자리매김하는 문제가 됩니다.

그렇기에 이 유형에서 여러분이 가장 우선적으로 신경써야 할 부분은 '풀이 방향'을 명확하게 잡고 가는 것이고, 본 교재에서 설명하는 내용도 풀이 방향을 명확하게 체화시킨 후 실제 문제로 연습을 하게끔 하는 방향으로 전개가 될 것입니다.

위에서 언급했듯 인구 부양비 문제는 노년 인구/부양 인구/유소년 인구에 관한 조건으로부터 실제 해당 인구를 구해야 하는 형태로 제시되고, 너무나도 당연히 이 세 종류의 인구를 구하는 것은 이 유형의 문제를 푸는 데 있어 가장 근간이 됩니다.

그리고 해당 조건들 중에서는 자체적으로 수치를 설정할 수 있는 조건이 있는 한편, 다른 조건과 엮어야만 수치를 설정할 수 있는 조건도 존재합니다.

전자의 경우는 't년 부양 인구는 t+10년 유소년 인구의 2배이다.'를 예시로 들 수 있습니다: 이 경우 우리는 이 조건만 가지고도 t년 부양 인구를 200, t+10년 유소년 인구를 100으로 설정할 수 있죠.

후자의 경우는 '노년 인구 대 유소년 인구의 비율은 t년이 t+10년의 1.5배이다.'를 예시로 들 수 있습니다: 이 경우 우리가 이 조건을 활용하기 위해서는 먼저 t년 또는 t+10년의 노년 인구, 유소년 인구에 관한 조건을 활용해 해당 인구를 설정해야만 하죠.

이 두 가지 종류의 조건 중, 여러분들은 문제를 푸기 시작할 때 전자의 경우에 해당하는 조건을 후자의 경우에 대항하는 조건보다 먼저 이용해 식을 세워야만 합니다.

예를 들면, 't년 부양 인구는 t+100년의 부양 인구와 같고(1), t년에 전체 인구에서 부양 인구가 차지하는 비율은 t+100년에 전체 인구에서 노년 인구가 차지하는 비율과 같다(2).' 라는 조건이 있으면, 여기에서 여러분들은 (1)의 조건을 (2)의 조건보다 먼저 이용해 식을 세워야 한다는 이야기입니다.

자체적으로 수치를 설정할 수 있는 조건의 구체적인 예시를 더 들어 보자면, 't년의 부양 인구는 t+10년의 유소년 인구의 2배이다.'나 'A 지역의 유소년 인구는 노년 인구의 1.2배이다.'와 같이 직접적으로 인구 간 관계가 제시된 조건들이 여기에 해당할 수 있겠습니다.

다른 조건과 엮어야만 수치를 설정할 수 있는 조건의 구체적인 예시를 더 들어 보자면, 't년의 유소년 부양비는 t+100년의 노년 부양비와 같다.'나 '피부양 인구 대비 부양 인구의 비율은 A 지역이 B 지역의 2배이다.'와 같이 인구의 비율 간 관계가 제시된 조건들이 여기에 해당할 수 있겠죠.

물론 전자가 되었건 후자가 되었건 간에 제시될 수 있는 조건의 경우는 무궁무진하기에, 실제 문제에서 마주한 조건이 둘 중 어떤 종류에 해당하는가에 대한 판단은 각 경우를 일일이 외우기보다는, 여러분이 가진 직관을 바탕으로 진행하는 것을 추천합니다.

물론 처음에는 적절한 판단을 내리는 것이 힘들 수 있겠지만, 문제 풀이 경험이 쌓이다 보면 해당 내용에 대한 판단을 내리는 것은 어느샌가 어렵지 않은 지점이 되어 있을 것이기 때문이죠.

문제에서 제시된 모든 조건을 다 활용해 주어진 지역/연도의 노년/부양/유소년 인구를 모두 구한 뒤에는, 해당 정보를 활용해 선지 판단을 진행하시면 되는 것이죠.

이제 위에서 언급한 일련의 매뉴얼을 활용해, 실제 예시를 바탕으로 노년/부양/유소년 인구에 관한 정보를 구하는 연습을 진행해 봅시다.

> 갑국에서 t+20년 노령화 지수는 t년의 3배이고, t년 총부양비는 100이다. t+20년 노년 부양비는 유소년 부양비의 2배이고 t년 부양 인구는 t+20년 노년 인구와 같으며, t년 대비 t+20년 부양 인구의 증가율은 전체 인구의 증가율과 같다.

 * 유소년 부양비 = (유소년 인구 / 부양 인구) × 100
 ** 노년 부양비 = (노년 인구 / 부양 인구) × 100
 *** 노령화 지수 = (노년 인구 / 유소년 인구) × 100
 **** 총부양비 = {(노년 인구 + 유소년 인구) / 부양 인구} × 100

위 예시에서 제시된 정보를 수합해보면 다음과 같습니다:
1. t+20년 노령화 지수는 t년의 3배
2. t년 총부양비는 100
3. t+20년 노년 부양비는 유소년 부양비의 2배
4. t년 부양 인구는 t+20년 노년 인구와 같음
5. t년 대비 t+20년 부양 인구의 증가율은 전체 인구의 증가율과 같음

위의 다섯 가지 조건 중, 자체적으로 수치를 설정할 수 있는 조건은 4번 조건이니 4번 조건을 활용해 t년 부양 인구와 t+20년 노년 인구를 모두 100으로 둘 수 있습니다.

이제 다른 조건들을 활용해서 나머지 인구를 구해야 하는데, 우선 2번 조건을 활용해서 t년 노년 인구와 유소년 인구의 합이 100인 것을 알 수 있겠죠.

그 뒤 3번 조건을 활용하면 t+20년 노년 부양비는 유소년 부양비의 2배인데, 두 비율의 분모에 들어가는 수가 같으므로 분자에 들어가는 수인 노년 인구는 유소년 인구의 2배가 됨을 알 수 있고, 자연스레 t+20년 유소년 인구는 50, 노령화 지수는 200이 됨을 알 수 있습니다.

위에서 구한 t+20년 노령화 지수를 이용하면, 1번 조건을 활용해 t년 노령화 지수는 200 / 3임을 알 수 있는데, t년 노년 인구와 유소년 인구의 합이 100이므로 이 두 가지 사실을 조합하면 t년 노년 인구는 40, 유소년 인구는 60이 됨을 알 수 있습니다.

이제 마지막으로 남은 조건은 5번 조건인데, 이 조건을 이용하기 위해서는 t+20년 부양 인구를 미지수로 두어야 합니다: 해당 인구를 미지수 k로 둔다면 t+20년의 전체 인구는 150 + k가 되겠죠.

t년 대비 t+20년 부양 인구의 증가율은 전체 인구의 증가율과 같으므로 $\{(k - 100) / 100\} \times 100 = \{(150 + k - 200) / 200\} \times 100$이고, 이 식을 계산해주면 k = 150임을 알 수 있습니다.

이렇게 구한 정보를 보기 쉽게 정리하면 아래의 표와 같습니다:

구분	t년	t+20년
노년 인구	40	100
부양 인구	100	150
유소년 인구	60	50

이처럼 '인구 부양비' 유형의 문제를 풀 때에는 문제에서 제시된 조건들이 무엇이 있는지 파악한 뒤, 해당 조건들을 적절한 순서로 활용해 필요한 정보들을 구하는 능력이 필요합니다.

그리고 해당 능력은 많은 경험에서부터 우러져 나오니, 다양한 종류의 문제를 마주하며 '이 조건은 언제 사용하는 게 좋을까?'에 대한 사고를 위주로 연습하시기 바랍니다.

---

1. 문제에서 제시된 조건들이 무엇이 있는지에 관해 파악하기

2. 자체적으로 수치를 설정할 수 있는 조건을 먼저 활용해 연령별 인구 구하기

3. 2번에서 구한 연령별 인구를 활용해 다른 조건과 엮어야 하는 조건 활용하기

2021년 고3 10월 모의고사 19번

다음 자료에 대한 분석으로 옳은 것은? (단, 1960년 대비 2020년에 부양 인구는 10% 감소하였다.)

〈갑국의 유소년 부양비와 노령화 지수〉

구분	1960년	1990년	2020년
유소년 부양비	40	30	20
노령화 지수	30	50	100

* 유소년 부양비 = $\dfrac{\text{유소년 인구(0~14세 인구)}}{\text{부양 인구(15~64세 인구)}} \times 100$

** 노령화 지수 = $\dfrac{\text{노년 인구(65세 이상 인구)}}{\text{유소년 인구(0~14세 인구)}} \times 100$

활용 가능한 조건:
1. 1960년 대비 2020년 부양 인구 10% 감소
2. 각 연도별 유소년 부양비
3. 각 연도별 노령화 지수

이 세 가지 조건 모두 자체적으로 식을 세울 수 있는 조건들이지만, 2, 3번 조건을 먼저 사용하면 이후 1번 조건을 사용하기 번거로워지므로 1번 조건을 먼저 사용하여 식을 세워 보겠습니다.

2, 3번 조건을 먼저 사용하면 주어진 연도의 노인/부양/유소년 인구 비율을 모두 구하게 될 것인데, 이후 1번 조건에 맞추어 1960년과 2020년 인구를 다시 계산해야 되는 것이죠.

1번 조건을 활용하면 1960년의 부양 인구를 100, 2020년의 부양 인구를 90으로 놓을 수 있습니다: 또한 1990년의 부양 인구는 관련된 조건이 없으므로 100k라고 놓을 수 있습니다.

1번 조건을 활용해 부양 인구에 관한 정보를 얻었으므로, 그 다음으로는 부양 인구와 얽혀있는 조건인 2번 조건을 활용한 뒤 마지막으로 3번 조건을 활용해 필요한 정보를 모두 구하겠다는 판단을 하셔야 합니다.

먼저 2020년, 유소년 부양비는 20인 것에서 유소년 인구를 a라 하면 a / 90 × 100 = 20, a = 18이므로 유소년 인구는 18인 것을 알 수 있습니다: 또한 노령화 지수는 100인 것에서 노년 인구를 b라 하면 b / 18 × 100 = 100, b = 18이므로 노년 인구도 18인 것을 알 수 있습니다.

다음 1990년, 유소년 부양비는 30인 것에서 유소년 인구를 c라 하면 c / 100k × 100 = 30, c = 30k이므로 유소년 인구는 30k인 것을 알 수 있습니다: 또한 노령화 지수는 50인 것에서 노년 인구를 d라 하면 d / 30k × 100 = 50, d = 15k이므로 노년 인구는 15k인 것을 알 수 있습니다.

마지막으로 1960년, 유소년 부양비는 40인 것에서 유소년 인구를 e라 하면 e / 100 × 100 = 40, e = 40이므로 유소년 인구는 40인 것을 알 수 있습니다: 또한 노령화 지수는 30인 것에서 노년 인구를 f라 하면 f / 40 × 100 = 30, f = 12이므로 노년 인구는 12인 것을 알 수 있습니다.

구분	1960년	1990년	2020년
노년 인구	12	15k	18
부양 인구	100	100k	90
유소년 인구	40	30k	18

2022년 고3 7월 모의고사 8번
다음 자료에 대한 옳은 분석만을 〈보기〉에서 고른 것은?

다음은 (가), (나) 두 지역으로만 구성된 갑국의 인구 관련 지표이다. (가) 지역의 생산 연령 인구는 (나) 지역의 생산 연령 인구의 2배이다.

구분	(가) 지역	(나) 지역
고령화 지수	㉠	㉡
유소년 부양비	20	20
노년 부양비	30	80

* 고령화 지수 = {노년(65세 이상) 인구 / 유소년(0~14세) 인구} × 100
** 유소년 부양비 = {유소년(0~14세) 인구 / 생산 연령(15~64세) 인구} × 100
*** 노년 부양비 = {노년(65세 이상) 인구 / 생산 연령(15~64세) 인구} × 100

활용 가능한 조건:
1. (가) 지역 생산 연령 인구는 (나) 지역 생산 연령 인구의 2배
2. 각 지역의 유소년 부양비
3. 각 지역의 노년 부양비

앞의 문제와 마찬가지로, 세 가지 조건 모두 단독으로 식을 세울 수는 있으나 2, 3번 조건을 먼저 사용하는 것보다 1번 조건을 먼저 사용하는 것이 문제 풀이에 더 편하겠다는 생각을 할 수 있어야 합니다.

1번 조건을 먼저 사용하면 (가) 지역 생산 연령 인구를 200, (나) 지역 생산 연령 인구를 100으로 둘 수 있습니다: 그리고 2번, 3번 조건 모두 생산 연령 인구와 관련되어 있는 조건이므로 두 조건 중 어떤 것을 먼저 사용하건 간에 문제풀이에는 큰 영향이 없을 것입니다.

(가) 지역의 유소년 인구를 a, 노년 인구를 b로 둔다면 유소년 부양비는 20이므로 $a / 200 × 100 = 20$, a는 40임을 알 수 있고 노년 부양비는 30이므로 $b / 200 × 100 = 30$, b는 60임을 알 수 있습니다.

(나) 지역의 유소년 인구를 c, 노년 인구를 d로 둔다면 유소년 부양비는 20이므로 $c / 100 × 100 = 20$, c는 20임을 알 수 있고 노년 부양비는 80이므로 $d / 100 × 100 = 80$, d는 80임을 알 수 있습니다.

구분	(가) 지역	(나) 지역
노년 인구	60	80
생산 연령 인구	200	100
유소년 인구	40	20

2022학년도 고3 6월 모의고사 20번

다음 자료에 대한 분석으로 옳은 것은?

표는 A 지역의 인구 구성 비율을 나타낸 것이다. 2000년에 비해 2020년 A 지역의 총인구는 20% 증가하였다. A 지역의 노령화 지수는 2000년에 60, 2020년에 125였다. 단, 음영 처리된 부분은 주어진 자료와 단서를 통해 알 수 있다.

(단위 : %)

구분	2000년	2020년
0~14세 인구 (유소년 인구)		20
15~64세 인구 (부양 인구)		
65세 이상 인구 (노인 인구)	15	

* 노령화 지수 = (65세 이상 인구 / 0~14세 인구) × 100
** 유소년 부양비 = (0~14세 인구 / 15~64세 인구) × 100
*** 노인 부양비 = (65세 이상 인구 / 15~64세 인구) × 100
**** 총부양비 = {(0~14세 인구 + 65세 이상 인구) / 15~64세 인구} × 100

활용 가능한 조건:
1. 2000년에 비해 2020년 총인구 20% 증가
2. 2000년 노령화 지수는 60
3. 2020년 노령화 지수는 125
4. 2000년의 노인 인구는 전체 인구의 15%
5. 2020년의 유소년 인구는 전체 인구의 20%

이 조건들 중 다른 조건 없이도 식을 세울 수 있는 조건은 1, 4, 5번 조건이 있는데, 4번과 5번 조건을 먼저 사용하면 1번 조건을 사용하기 힘들어지므로 1번 조건을 먼저 사용하겠다는 생각을 할 수 있습니다.

1번 조건을 먼저 사용하면 2000년 총인구를 500, 2020년 총인구를 600으로 둘 수 있습니다: 이후 4, 5번 조건을 사용하면 2000년의 노인 인구는 500 × 0.15 = 75, 2020년의 유소년 인구는 600 × 0.2 = 120인 것을 알 수 있습니다.

2번 조건에 의해 2000년 노령화 지수는 60이므로, 2000년 유소년 인구를 a로 두면 75 / a × 100 = 60, a = 75 × 5 / 3 = 125임을 알 수 있고, 자동으로 2000년 부양 인구는 500 − 75 − 125 = 300임을 알 수 있습니다.

3번 조건에 의해 2020년 노령화 지수는 125이므로, 2020년 노인 인구를 b로 두면 b / 120 × 100 =125, b = 120 × 5 / 4 = 150임을 알 수 있고, 자동으로 2020년 부양 인구는 600 − 120 − 150 = 330임을 알 수 있습니다.

구분	2000년	2020년
노년 인구	75	150
부양 인구	300	330
유소년 인구	125	120

2021년 고3 7월 모의고사 10번

다음 자료에 대한 분석으로 옳은 것은? (단, 유소년 인구의 비는 A국:B국:C국=3:1:1이다.)

구분	A국	B국	C국
전체 인구 대비 노인 인구 비율(%)	10	15	40
총부양비	25	25	100

$$* \text{ 총부양비} = \frac{\text{유소년 인구}(0\sim14\text{세 인구}) + \text{노인 인구}(65\text{세 이상 인구})}{\text{부양 인구}(15\sim64\text{세 인구})} \times 100$$

$$** \text{ 노령화 지수} = \frac{\text{노인 인구}(65\text{세 이상 인구})}{\text{유소년 인구}(0\sim14\text{세 인구})} \times 100$$

활용 가능한 조건:
1. 유소년 인구의 비는 A국 : B국 : C국 = 3 : 1 : 1
2. 각 국가 전체 인구 대비 노인 인구 비율
3. 각 국가 총부양비

3번 조건은 단독으로 식을 세우는 것이 어렵고, 1번과 2번 조건은 단독으로 식을 세우는 것이 가능하나 2번 조건을 먼저 사용하면 이후 1번 조건을 사용하기 힘들어지므로 1번 조건을 먼저 사용하겠다는 생각을 할 수 있습니다.

1번 조건을 사용하면 A국의 유소년 인구를 30, B국의 유소년 인구를 10, C국의 유소년 인구를 10으로 둘 수 있습니다: 이제 남은 건 2번, 3번 조건인데, 현재 구한 유소년 인구에 관한 정보만 가지고는 2번과 3번 조건 중 어느 조건도 사용할 수 없습니다.

2번과 3번 조건을 사용하기 위해서는 노인 인구에 관한 정보가 필요한데, 이때 노인 인구를 미지수로 둘 수 있다는 생각을 하실 수 있어야 합니다.

노인 인구를 미지수로 둔 뒤 3번 조건을 사용해 각 국가의 부양 인구를 해당 미지수로 나타낼 수 있고, 2번 조건을 사용해 미지수의 값을 구해 최종적으로 각 국가의 노인/부양/유소년 인구를 구할 수 있는 것이죠.

A국의 노인 인구를 a, 부양 인구를 b라 한다면 3번 조건에 의해 $(a + 30) / b \times 100 = 25$이므로 $b = 4a + 120$임을 알 수 있고 2번 조건에 의해 $a / (30 + a + 4a + 120) \times 100 = 10$이므로 $0.5a + 15 = a$, $a = 30$인 것을 알 수 있습니다.

이렇게 구한 a의 값을 각 인구를 나타내는 식에 대입하면 A국의 노인 인구는 30, 부양 인구는 240, 유소년 인구는 30인 것을 알 수 있죠.

B국의 노인 인구를 c, 부양 인구를 d라 한다면 3번 조건에 의해 $(c + 10) / d \times 100 = 25$이므로 $d = 4c + 40$임을 알 수 있고 2번 조건에 의해 $c / (10 + c + 4c + 40) \times 100 = 15$이므로 $0.75c + 7.5 = c$, $c = 30$인 것을 알 수 있습니다.

이렇게 구한 c의 값을 각 인구를 나타내는 식에 대입하면 B국의 노인 인구는 30, 부양 인구는 160, 유소년 인구는 10인 것을 알 수 있죠.

C국의 노인 인구를 e, 부양 인구를 f라 한다면 3번 조건에 의해 (e + 10) / f × 100 = 100이므로 f = e + 10임을 알 수 있고 2번 조건에 의해 e / (10 + e + e + 10) × 100 = 40이므로 0.8e + 8 = e, e = 40인 것을 알 수 있습니다.

이렇게 구한 e의 값을 각 인구를 나타내는 식에 대입하면 C국의 노인 인구는 40, 부양 인구는 50, 유소년 인구는 10인 것을 알 수 있죠.

구분	A국	B국	C국
노년 인구	30	30	40
부양 인구	240	160	50
유소년 인구	30	10	10

✓ 확인 문제 Check

[01~05] 다음은 갑~병국의 전체 인구 대비 연령별 인구 구성 비율(%)에 관한 자료이다. 다음 물음에 답하시오.

구분	갑국	을국	병국
노년 인구(65세 이상 인구)	15	20	40
부양 인구(15~64세 인구)	50	60	50
유소년 인구(0~14세 인구)	35	20	10
전체 인구	100	100	100

* 유소년 부양비 = (유소년 인구 / 부양 인구) × 100
** 노년 부양비 = (노년 인구 / 부양 인구) × 100
*** 총부양비 = {(노년 인구 + 유소년 인구) / 부양 인구} × 100

01. 갑국의 부양 인구는 병국의 노년 인구와 유소년 인구의 합과 같다. (O / X)

02. 노년 인구 대비 유소년 인구의 비는 을국이 병국의 4배이다. (O / X)

03. 갑국의 노년 부양비는 을국의 유소년 부양비보다 크다. (O / X)

04. 갑국의 유소년 부양비와 병국의 노년 부양비의 합은?

05. 갑~병국 중 총부양비가 가장 작은 나라는?

[06~10] 다음은 갑국과 을국의 연령별 인구 구성에 관한 자료이다. 다음 물음에 답하시오.

> 갑국의 부양 인구는 을국의 노년 인구와 같다. 노년 부양비 대비 유소년 부양비의 비는 갑국이 1.5, 을국이 0.5이고, 을국의 전체 인구는 갑국의 1.5배이다. 을국의 부양 인구는 노년 인구와 유소년 인구의 합과 같다.

* 유소년 부양비 = {유소년 인구(0~14세 인구) / 부양 인구(15~64세 인구)} × 100
** 노년 부양비 = {노년 인구(65세 이상 인구) / 부양 인구(15~64세 인구)} × 100
*** 노령화 지수 = {노년 인구 (65세 이상 인구)/ 유소년 인구(0~14세 인구)} × 100

06. 갑국의 노년 인구는 을국의 유소년 인구보다 많다. (O / X)

07. 을국의 노년 인구는 갑국의 전체 인구의 50%이다. (O / X)

08. 갑국의 유소년 부양비는 을국의 노년 부양비와 같다. (O / X)

09. 노령화 지수는 을국이 갑국의 K%일 때, K에 들어갈 값은?

10. 갑국의 노년 부양비는 을국의 총부양비의 X%일 때, X에 들어갈 값은?

01. X 02. O 03. X 04. 150 05. 을국 06. X 07. O 08. X 09. 300 10. 40

✓ 변형 문제 Test

2020년 고3 10월 모의고사 18번 변형

1. 표에 대한 분석으로 옳은 것은?

<갑국의 총인구 중 연령대별 인구 비율>

(단위 : %)

구분	t년	t+10년	t+20년
0~14세 인구	30	20	20
65세 이상 인구	10	20	25

* 유소년 부양비 : (0~14세 인구 / 15~64세 인구) × 100

** 노년 부양비 : (65세 이상 인구 / 15~64세 인구) × 100

*** 노령화 지수 : (65세 이상 인구 / 0~14세 인구) × 100

① 0~14세 인구는 t+10년과 t+20년이 같다.

② t년 대비 t+10년 유소년 부양비의 감소율은 50%이다.

③ 주어진 연도 중 노령화 지수가 100 이하인 연도는 한 연도뿐이다.

④ t+20년 유소년 부양비는 t+10년 노년 부양비보다 크다.

⑤ t년 대비 t+20년 노년 인구의 증가율은 노년 부양비의 증가율보다 높다.

2022년 고3 3월 모의고사 19번 변형

2. 다음 자료에 대한 옳은 분석만을 <보기>에서 있는 대로 고른 것은?

표는 갑국의 시기별 유소년 부양비와 노년 부양비를 나타낸 것이다. 단, 갑국의 부양 인구는 지속적으로 증가하였다.

구분	2000년	2010년	2020년
유소년 부양비	25	20	10
노년 부양비	15	20	25

* 유소년 부양비 = $\dfrac{\text{유소년 인구(0~14세 인구)}}{\text{부양 인구(15~64세 인구)}}$ × 100

** 노년 부양비 = $\dfrac{\text{노년 인구(65세 이상 인구)}}{\text{부양 인구(15~64세 인구)}}$ × 100

〈 보 기 〉

ㄱ. 2000년 노년 인구는 2010년 유소년 인구보다 적다.

ㄴ. 2000년 유소년 인구와 2020년 노년 인구는 같다.

ㄷ. 노년 인구 100명당 부양 인구는 2010년이 2020년보다 많다.

ㄹ. 주어진 연도 중 전체 인구는 2020년에서 가장 적다.

① ㄱ, ㄴ　　② ㄱ, ㄷ　　③ ㄴ, ㄹ　　④ ㄱ, ㄷ, ㄹ　　⑤ ㄴ, ㄷ, ㄹ

2023학년도 대학수학능력시험 20번 변형

3. 다음 자료에 대한 분석으로 옳은 것은?

> 갑국에서 t년과 t+10년의 유소년 인구(0~14세 인구)는 같고 t+10년의 노년 부양비는 유소년 부양비의 125%이다. t년 대비 t+10년에 노령화 지수는 150% 증가하였고 전체 인구 대비 노년 인구(65세 이상 인구)의 비율은 t년이 10%, t+10년이 25%이다.
>
>   * 유소년 부양비 : {유소년 인구 / 부양 인구(15~64세 인구)} × 100
>   ** 노년 부양비 : (노년 인구 / 부양 인구) × 100
>   *** 총부양비 : {(노년 인구 + 유소년 인구) / 부양 인구} × 100
>   **** 노령화 지수 : (노년 인구 / 유소년 인구) × 100

① 전체 인구는 t+10년이 t년의 2배이다.
② t년의 노년 인구는 t+10년의 유소년 인구와 같다.
③ t년의 유소년 부양비와 노년 부양비는 같다.
④ 유소년 인구와 노년 인구의 합은 t+10년이 t년의 2배이다.
⑤ t+10년의 부양 인구는 t년의 유소년 인구와 노년 인구의 합의 2배보다 적다.

2022학년도 대학수학능력시험 20번 변형

4. 다음 자료에 대한 옳은 분석만을 〈보기〉에서 있는 대로 고른 것은?

> 갑국에서 t+50년 노년 인구는 t년 유소년 인구의 2배이고 전체 인구 대비 노년 인구의 비는 t년과 t+50년이 같다. 단, t년 대비 t+50년의 전체 인구 증가율은 20%이다. 표는 갑국의 연도별 유소년 부양비를 나타낸 것이다.
>
> | 구분 | t년 | t+50년 |
> | --- | --- | --- |
> | 유소년 부양비 | 25 | 20 |
>
>   * 유소년 부양비 = $\dfrac{\text{유소년 인구(0~14세 인구)}}{\text{부양 인구(15~64세 인구)}} \times 100$
>
>   ** 노년 부양비 = $\dfrac{\text{노년 인구(65세 이상 인구)}}{\text{부양 인구(15~64세 인구)}} \times 100$
>
>   *** 피부양 인구 = 유소년 인구 + 노년 인구

〈 보 기 〉

ㄱ. 전체 인구 대비 유소년 인구의 비율은 t년이 t+50년보다 높다.
ㄴ. 노년 부양비는 t년이 t+50년보다 크다.
ㄷ. 피부양 인구는 t년이 t+50년보다 많다.
ㄹ. t년 대비 t+50년의 전체 인구의 증가율은 부양 인구의 증가율과 같다.

① ㄱ, ㄴ   ② ㄱ, ㄷ   ③ ㄴ, ㄹ   ④ ㄱ, ㄷ, ㄹ   ⑤ ㄴ, ㄷ, ㄹ

2 사회 계층 이동

✓ 유형 Check

'사회 계층 이동' 유형이란, 문제에서 주어진 상~하층 간 계층 이동 현황을 표의 형태로 정리한 뒤, 이를 활용해 선지의 정오를 판단해야 하는 유형입니다.

계층 도표는 이전까지는 계층 이동이 아닌 계층 간 비율 현황만 판단하게 하거나(2023, 2025학년도 수능), 문제에서 이미 이동 현황을 제시해 주었기에 계산을 할 필요가 없는(2022, 2024학년도 수능) 형태로 출제가 되었죠.

하지만 이제는 계층 간 비율 현황뿐만 아니라 계층 이동 현황까지 파악을 해야 하고, 그리고 그 파악의 과정에 계산은 필연적으로 수반이 될 것임이 예고되었습니다.

여기서 퀴즈: 문제 해결을 함에 있어 다음 중 먼저 파악을 해야 하는 것은 무엇일까요?
1. 계층 간 비율 현황
2. 계층 이동 현황

그리고 이에 대해 답을 내어놓는 것은 그리 어렵지 않으리라 생각이 됩니다: 계층 간 비율 현황을 파악하지 못하면, 그 비율에서 이동을 한 / 하지 않은 인구가 각각 얼마나 되는지의 현황은 당연히 파악을 하지 못할 것이죠.

그렇기에 '계층 이동' 문항을 해결함에 있어, 문제를 푸는 독자들은 먼저 부모 / 자녀 세대의 계층 비율 현황을 파악해야 하는 것입니다.

실제로 2026학년도 9월 모의평가에 출제된 문항에서는, 부모 / 자녀 세대의 계층 비율 현황이 바로 제시가 되었습니다.

> 다음은 ○○국의 세대별 계층 구성 현황과 세대 간 이동 현황의 일부를 나타낸 것이다. 자녀 세대 전체 인구 중 부모와 계층이 일치하는 비율은 30%이며, 세대 간 이동에서 갑은 A에서 B로, 을은 C에서 B로 하강 이동을 하였고, 병은 A에서 C로 상승 이동을 하였다. 단, 모든 부모의 자녀는 1명씩이다.

〈자료 1〉 세대별 계층 구성 현황

(단위 : %)

구분	A	B	C
부모 세대	30	50	20
자녀 세대	50	30	20

하지만 문항의 난이도가 높아진다면, 아래의 사례와 같이 부모 / 자녀 세대의 계층 비율 현황을 직접 구하게끔 하는 형태로도 언제든지 출제가 이루어질 수 있습니다.

갑국 정부는 세대 간 계층 이동 가능성을 높이기 위한 분배 정책의 효과를 알아보기 위해 갑국 내 모든 부모와 자녀가 1명씩인 (가), (나) 지역에 정책을 적용해 보았다. 갑국은 사회 계층을 상층, 중층, 하층으로만 구분하며, A~C는 상층, 중층, 하층 중 하나이다.

〈자녀 세대 계층 인구 대비 부모 세대 계층 인구의 상대적 비〉

계층	상대적 비	
	(가) 지역	(나) 지역
A	0.8	1.6
B	0.4	0.4
C	2.0	1.0

2020학년도 9월 모의평가 20번의 일부

(가), (나) 사회의 계층은 A~C로만 구성되며, A~C는 각각 상층, 중층, 하층 중 하나이다. 모든 부모의 자녀는 1명씩이다.

〈부모 세대와 자녀 세대 계층 구성의 상대적 비〉

구분	(가) 사회		(나) 사회	
	부모 세대	자녀 세대	부모 세대	자녀 세대
$\dfrac{A+C}{A+B}$	$\dfrac{7}{9}$	$\dfrac{5}{8}$	$\dfrac{5}{9}$	$\dfrac{5}{7}$
$\dfrac{A+C}{B+C}$	$\dfrac{7}{4}$	$\dfrac{5}{7}$	$\dfrac{5}{6}$	$\dfrac{5}{8}$

2020학년도 수능 20번의 일부

그렇기에 여러분들은, 수능에서는 계층 비율 현황을 직접 구하게끔 하는 형태의 문항을 마주할 가능성 역시 항상 고려를 해 두어야 합니다.

그리고 그 과정은, 앞에서 살펴본 '인구 부양비' 형태의 문항과 놀랍도록 유사한 사고를 요구합니다. 계층 이동 도표 문항에서 계층별 비율을 구하는 것과, 인구 부양비 문항에서 연령별 인구를 구하는 것은 사실상 같은 사고 과정을 요구한다고 봐도 무방하죠.

그렇기에 이 교재를 보고 있는 독자들에게는, 본 유형에 대한 학습을 진행하기 전 앞의 '인구 부양비' 유형에 대한 학습을 선행하는 것을 추천한다: 계층 비율 현황을 직접 구하게끔 하는 형태의 문항은 '인구 부양비' 유형의 문항에 대한 완벽한 상위호환이기 때문이죠.

그리고 만약 수능에서 계층 비율 현황을 직접 구하게끔 하는 형태의 문항이 등장한다면, 독자들은 '인구 부양비 문항을 해결한다'의 마인드를 가지고 접근을 해 나가면 되는 것입니다.

하지만 문제는 이제부터입니다: 계층 비율 현황을 구했으면, 이제는 계층 이동 현황에 대한 정보를 구해야 합니다.
실제로 26 9월 모의평가 10번에 있어, 많은 학생들은 계층 이동 현황을 어떻게 표현해야 할지 몰라 풀이의 첫 지점부터 잡지 못했습니다.

그리고 이에 대해서는 명확한 답변이 존재합니다: 5×5 사이즈의 표를 그린 뒤, 해당 표에 계층 비율 현황을 먼저 정리하면 되는 것이죠.

다음은 ○○국의 세대별 계층 구성 현황과 세대 간 이동 현황의 일부를 나타낸 것이다. 자녀 세대 전체 인구 중 부모와 계층이 일치하는 비율은 30%이며, 세대 간 이동에서 갑은 A에서 B로, 을은 C에서 B로 하강 이동을 하였고, 병은 A에서 C로 상승 이동을 하였다. 단, 모든 부모의 자녀는 1명씩이다.

〈자료 1〉 세대별 계층 구성 현황

(단위 : %)

구분	A	B	C
부모 세대	30	50	20
자녀 세대	50	30	20

〈자료 2〉 자녀 세대 전체 인구 중 세대 간 이동 현황

세대 간 이동 양상	세대 간 이동 비율(%)
A → B	10
C → B	5
A → C	10

* 세대 간 이동은 부모 세대와 자녀 세대의 계층을 비교하여 판단함.

위 문항의 사례에 있어서는, A가 중층, B가 하층, C가 상층인 것을 파악한 뒤에는 아래와 같이 표에 정리를 할 수 있습니다.

자녀＼부모	상층	중층	하층	전체
상층				20
중층				50
하층				30
전체	20	30	50	100

여기까지 오면 다음과 같은 질문이 있을 수 있죠: 그럼 가운데에 있는 3×3 사이즈의 표에는 어떤 내용을 넣어야 하는 건가요?

그리고 이 질문은, 이후 문제 풀이의 과정에 있어 핵심을 차지하는 부분이 됩니다.

9개의 칸 각각에는 다음과 같은 특성이 할당될 수 있습니다:
1. 부모 상층, 자녀 상층
2. 부모 상층, 자녀 중층
3. 부모 상층, 자녀 하층
4. 부모 중층, 자녀 상층
5. 부모 중층, 자녀 중층
6. 부모 중층, 자녀 하층
7. 부모 하층, 자녀 상층
8. 부모 하층, 자녀 중층
9. 부모 하층, 자녀 하층

그리고 이제 독자들이 해야 할 일은, 문제에서 주어진 기타 단서 조항들을 활용해 각 특성이 할당된 부분에 대해 표를 채우는 것이 됩니다.

위의 2026학년도 9평 10번 문항에 있어서는, 중층에서 하층으로 이동한 자녀 세대 인구는 전체 인구의 10%, 상층에서 하층으로 이동한 자녀 세대 인구는 전체 인구의 5%, 중층에서 상층으로 이동한 자녀 세대 인구는 전체 인구의 10%로 제시되어 있습니다.

이 정보는, 다음과 같이 반영해서 표를 채울 수 있는 것이죠.

자녀＼부모	상층	중층	하층	전체
상층		10		20
중층				50
하층	5	10		30
전체	20	30	50	100

여기까지 채우고 나면 보이는 부분이 있습니다:
1. 부모 중층, 자녀 중층
2. 부모 하층, 자녀 하층
의 특성이 할당된 칸은 아직 채워지지 않은 비율을 활용해 다음과 같이 들어갈 비율을 구할 수 있습니다.

자녀＼부모	상층	중층	하층	전체
상층		10		20
중층		10		50
하층	5	10	15	30
전체	20	30	50	100

하지만 우리에게는 아직 4개의 칸이 남았습니다: 그리고 이 칸은, 문제에서 주어진 '자녀 세대 전체 인구 중 부모와 계층이 일치하는 비율은 30%'라는 단서를 활용해 채울 수 있죠.

자녀 세대 중층 인구 중 부모와 계층이 일치하는 비율은 10%, 자녀 세대 하층 인구 중 부모와 계층이 일치하는 비율은 15%인데, 자녀 세대 전체 인구 중 부모와 계층이 일치하는 비율은 30%이니 자녀 세대 상층 인구 중 부모와 계층이 일치하는 비율은 5%라는 것을 알 수 있는 것입니다.

자녀＼부모	상층	중층	하층	전체
상층	5	10		20
중층		10		50
하층	5	10	15	30
전체	20	30	50	100

여기까지 채웠다면, 아직 채워지지 않은 비율을 활용해 다음과 같이 표를 마무리 해 줄 수 있습니다.

자녀＼부모	상층	중층	하층	전체
상층	5	10	5	20
중층	10	10	30	50
하층	5	10	15	30
전체	20	30	50	100

여기까지 왔다면 선지를 판단하기 전에 해야 할 작업은 모두 마무리가 되었습니다: 이를 바탕으로 각 선지를 판단한 뒤, 2번을 답으로 고르면 되는 것이죠.

이렇게 해서 계층 이동 도표에 대한 기초적 내용의 소개는 모두 마무리가 되었습니다: 물론 본 유형에 대해 현재까지 출제된, 기초의 영역을 벗어난 고난도 요소들은 다수 존재하나, 아래에서 소개할 한 가지 외에는 수능에서 출제될 확률이 매우 희박하죠.

하지만 이 건에 대해서는 알아두고 가야 합니다: 다음의 사례를 살펴보죠.

자녀＼부모	상층	중층	하층	전체
상층	10			20
중층		10		50
하층			20	30
전체	20	30	50	100

각 계층에 대한 비율, 그리고 부모와 자녀 간 계층이 일치하는 비율이 나타나 있는 표입니다: 이것 외 다른 정보는 존재하지 않죠.

하지만 놀랍게도, 이 상태에서 우리는 다른 정보 없이 주어진 표를 모두 채울 수 있습니다.

부모 세대 상층에서 아직 채워지지 않은 비율은 전체 인구의 10%이고, 하층에서 아직 채워지지 않은 비율은 전체 인구의 30%입니다: 합치면 총 전체 인구의 40%이죠.

그리고 자녀 세대 중층에서 아직 채워지지 않은 비율은 전체 인구의 40%입니다: 이 비율은 부모 세대 상층이 되었건, 또는 하층이 되었건 어디로 들어가서든 채워져야 합니다.

그런데 만약 부모 세대 상층에서 자녀 세대 하층으로 이동한, 그리고 부모 세대 하층에서 자녀 세대 상층으로 이동한 비율이 1%라도 있으면 어떻게 될까요?

자녀＼부모	상층	중층	하층	전체
상층	10		1	20
중층	9	10	29	50
하층	1		20	30
전체	20	30	50	100

다음 표와 같이, 무슨 수를 쓰더라도 자녀 세대 중층 비율 50%를 맞추지 못합니다.

이에 따라 위 상황에서는, 부모 세대 상층에서 아직 채워지지 않은 비율 10%와 하층에서 아직 채워지지 않은 비율 30%는 모두 자녀 세대 중층으로 가야 한다는 결론이 나옵니다.

자녀 \ 부모	상층	중층	하층	전체
상층	10		0	20
중층	10	10	30	50
하층	0		20	30
전체	20	30	50	100

이와 같이 되어야만 자녀 세대 중층 비율이 50%라는 것을 만족시킬 수 있기 때문이죠.

자녀 \ 부모	상층	중층	하층	전체
상층	10	10	0	20
중층	10	10	30	50
하층	0	10	20	30
전체	20	30	50	100

남은 칸을 채우면 다음과 같은 표가 완성됩니다.

그리고 이는, 실제로 20학년도 이전 다수의 기출에서 활용되었던 아이디어인 만큼 올해 수능에도 등장할 가능성이 유의미하게 존재하기에, 반드시 알아두어야 한다는 판단입니다.

분명 표가 다 채워지지 않았는데 단서 조항이 남아 있지 않을 때에는 부모 / 자녀 세대 특정 계층의 비율을 충족시키기 위해 아직 채워지지 않은 비율 모두가 해당 계층으로 이동해야 할 가능성을 항상 염두에 두기 바랍니다!

---

1. 부모 세대와 자녀 세대별 각 계층 구성 비율 구하기
2. 활용하지 않은 조건을 찾아 계층 이동에 해당하는 각 칸에 들어갈 비율 구하기
3. 조건이 남지 않았는데 비율이 모두 구해지지 않았는지 확인하기
4. 3번 상황의 경우, 채워지지 않은 비율 모두가 특정 계층으로 이동할 가능성 고려하기

2018학년도 9월 모의평가 20번

다음 자료는 갑국의 세대 간 계층 이동 현황을 나타낸 것이다. 이에 대한 분석으로 옳은 것은?

〈세대별 계층 간 상대적 비율〉

구분	부모 세대	자녀 세대
$\dfrac{\text{상층 + 하층}}{\text{전체 계층}}$	$\dfrac{1}{2}$	$\dfrac{4}{5}$
$\dfrac{\text{상층}}{\text{중층 + 하층}}$	$\dfrac{1}{4}$	$\dfrac{1}{3}$

〈자녀 세대 계층 대비 부모와 자녀 계층 일치의 상대적 비율〉

상층	중층	하층
$\dfrac{1}{5}$	$\dfrac{1}{2}$	$\dfrac{4}{11}$

* 모든 부모의 자녀는 1명이고, 갑국의 계층은 상층, 중층, 하층으로만 구분함.
** 상층 부모를 둔 하층 자녀 인구와 하층 부모를 둔 중층 자녀 인구의 비는 2 : 1임.

앞에서 언급한 바와 같이, 본 문항은 계층 비율 현황을 바로 준 것이 아니라, 계산을 통해 직접 구하게끔 출제가 되었습니다.

전체 계층 비율을 100%로 둔다면 {(상층 + 하층) / 전체 계층} 비율에 의해 부모 세대에서 상층 + 하층 비율은 50%가 되며, 자녀 세대에서는 80%가 됩니다.

이에 따라 부모 세대에서 중층 비율은 50%, 자녀 세대에서 중층 비율은 20%가 됨을 알 수 있습니다.

또한 {상층 / (중층 + 하층) 비율}에 의해 부모 세대에서 상층 비율은 20%, 자녀 세대에서 상층 비율은 25%가 됨을 알 수 있으며, 이에 따라 부모 세대에서 하층 비율은 30%, 자녀 세대에서 하층 비율은 55%가 됨을 알 수 있습니다.

이에 따라 다음과 같이 표를 작성할 수 있는 것이죠:

부모 / 자녀	상층	중층	하층	전체
상층				25
중층				20
하층				55
전체	20	50	30	100

이제는 표 안의 3×3 공간을 채워 넣을 차례입니다: 그리고 이는 문항에서 주어진 두 번째 단서, 다시 말해 '자녀 세대 계층 대비 부모와 자녀 계층 일치의 상대적 비율'을 활용해서 채울 수 있습니다.

우선 상층에서 해당 비율은 1/5입니다: 따라서 자녀 세대 상층에서 부모와 자녀 계층이 일치하는, 다시 말해 부모와 자녀가 모두 상층인 비율은 5%임을 알 수 있습니다.

그리고 중층에서 해당 비율은 1/2입니다: 따라서 자녀 세대 중층에서 부모와 자녀 계층이 일치하는, 다시 말해 부모와 자녀가 모두 중층인 비율은 10%임을 알 수 있습니다.

마지막으로 하층에서 해당 비율은 4/11입니다: 따라서 자녀 세대 하층에서 부모와 자녀 계층이 일치하는, 다시 말해 부모와 자녀가 모두 하층인 비율은 20%임을 알 수 있습니다.

자녀＼부모	상층	중층	하층	전체
상층	5			25
중층		10		20
하층			20	55
전체	20	50	30	100

여기까지 온 뒤, 남은 칸은 어떻게 채워야 할까요?

그에 대한 단서는 아래 각주에, '상층 부모를 둔 하층 자녀 인구와 하층 부모를 둔 중층 자녀 인구의 비는 2 : 1임'에서 제시가 되어 있습니다.

하지만 지금 당장은 그 비율을 모르기에, 아래와 같이 미지수로 둘 수 있습니다.

자녀＼부모	상층	중층	하층	전체
상층	5			25
중층		10	x	20
하층	2x		20	55
전체	20	50	30	100

그럼 자연스레 아직 채워지지 않은 비율을 활용해 다음과 같이 표를 채울 수 있고,

자녀＼부모	상층	중층	하층	전체
상층	5			25
중층	15−2x	10	x	20
하층	2x		20	55
전체	20	50	30	100

자녀 세대 중층 비율에서 25−x=20이므로 x=5임을 알 수 있습니다.

자녀 \ 부모	상층	중층	하층	전체
상층	5			25
중층	5	10	5	20
하층	10		20	55
전체	20	50	30	100

여기까지 왔다면, 역시 채워지지 않은 비율을 활용해 다음과 같이 표를 완성할 수 있는 것이죠.

자녀 \ 부모	상층	중층	하층	전체
상층	5	15	5	25
중층	5	10	5	20
하층	10	25	20	55
전체	20	50	30	100

여기까지 구한 뒤, 선지로 넘어가면 되는 것입니다.

2020학년도 9월 모의평가 20번

다음 자료에 대한 분석으로 옳은 것은? (단, 제시된 자료 이외의 다른 조건은 고려하지 않는다.)

갑국 정부는 세대 간 계층 이동 가능성을 높이기 위한 분배 정책의 효과를 알아보기 위해 갑국 내 모든 부모와 자녀가 1명씩인 (가), (나) 지역에 정책을 적용해 보았다. 갑국은 사회 계층을 상층, 중층, 하층으로만 구분하며, A~C는 상층, 중층, 하층 중 하나이다.

〈자녀 세대 계층 인구 대비 부모 세대 계층 인구의 상대적 비〉

계층	상대적 비	
	(가) 지역	(나) 지역
A	0.8	1.6
B	0.4	0.4
C	2.0	1.0

〈각 계층의 대물림 인구의 비율〉

구분	비율	
	(가) 지역	(나) 지역
부모와 자녀가 모두 A인 인구 비율 + 부모와 자녀가 모두 B인 인구 비율	40%	30%
부모와 자녀가 모두 B인 인구 비율 + 부모와 자녀가 모두 C인 인구 비율	30%	40%
부모와 자녀가 모두 C인 인구 비율 + 부모와 자녀가 모두 A인 인구 비율	50%	50%

* (가), (나) 지역의 부모 세대 인구는 동일하며, (가), (나) 지역의 자녀 세대 인구도 동일하다. 두 지역 모두 부모 세대의 계층 구조는 피라미드형이다.
** (가), (나) 지역 각각 부모 세대의 각 계층 간 인구의 상대적 비는 A : B + C = 2 : 3, B : A + C = 1 : 9로 동일하다.

(가), (나) 지역 각각 부모 세대의 각 계층 간 인구의 상대적 비에서, A는 40%, B는 10%, C는 50%인 것을 알 수 있습니다.

그리고 두 지역 모두 부모 세대의 계층 구조는 피라미드형이라는 데에서 A는 중층, B는 상층, C는 하층인 것을 알 수 있습니다: A~C를 특정해 주지 않는다는 점에서 앞 문항들과는 난이도 차이가 크게 난다는 게 확 느껴지죠.

그리고 '자녀 세대 계층 인구 대비 부모 세대 계층 인구의 상대적 비'에서 (가), (나) 지역 자녀 세대 계층 인구 비율을 다음과 같이 구할 수 있습니다:
(가) 지역 - 중층 50%, 상층 25%, 하층 25%
(나) 지역 - 중층 25%, 상층 25%, 하층 50%

이에 따라 각 지역 표를 다음과 같이 완성할 수 있는 것입니다.

자녀＼부모	상층	중층	하층	전체
상층				25
중층				50
하층				25
전체	10	40	50	100

(가) 지역

자녀＼부모	상층	중층	하층	전체
상층				25
중층				25
하층				50
전체	10	40	50	100

(나) 지역

그리고 아래에는 '각 계층의 대물림 인구의 비율'이 제시되어 있습니다: 이에 대한 해석은
'표에서 제시한 비율을 모두 더한 뒤 2로 나누면
부모와 자녀가 모두 A인 인구 비율
+ 부모와 자녀가 모두 B인 인구 비율
+ 부모와 자녀가 모두 C인 인구 비율
이 도출됨'
을 바탕으로 진행할 수 있습니다.

이에 따라 (가), (나) 사회 각각에서 부모와 자녀가 모두 'A~C'인 인구 비율을 구하면
(가) 지역에서는
부모와 자녀가 모두 A(중층)인 인구 비율: 30%
부모와 자녀가 모두 B(상층)인 인구 비율: 10%
부모와 자녀가 모두 C(하층)인 인구 비율: 20%
가 도출되고,

(나) 지역에서는
부모와 자녀가 모두 A(중층)인 인구 비율: 20%
부모와 자녀가 모두 B(상층)인 인구 비율: 10%
부모와 자녀가 모두 C(하층)인 인구 비율: 30%
가 도출됩니다.

이에 따라 (가), (나) 지역 각각에서 다음과 같이 표를 채워 줄 수 있습니다.

부모 자녀	상층	중층	하층	전체
상층	10			25
중층		30		50
하층			20	25
전체	10	40	50	100

(가) 지역

부모 자녀	상층	중층	하층	전체
상층	10			25
중층		20		25
하층			30	50
전체	10	40	50	100

(나) 지역

그런데 두 지역 모두에서 부모 세대 상층 비율은 10%인데, 부모가 상층인 자녀 세대 상층 비율도 10%입니다: 이는 두 지역 모두에서 부모가 상층인 자녀 세대 중층과 부모가 상층인 자녀 세대 하층의 비율은 0%라는 것을 의미합니다.

부모 자녀	상층	중층	하층	전체
상층	10			25
중층	0	30		50
하층	0		20	25
전체	10	40	50	100

(가) 지역

부모 자녀	상층	중층	하층	전체
상층	10			25
중층	0	20		25
하층	0		30	50
전체	10	40	50	100

(나) 지역

여기까지 표를 채워 준 뒤에는, 역시 채워지지 않은 비율을 활용해 표를 아래와 같이 완성해 줄 수 있겠습니다.

부모 자녀	상층	중층	하층	전체
상층	10	5	10	25
중층	0	30	20	50
하층	0	5	20	25
전체	10	40	50	100

(가) 지역

부모 자녀	상층	중층	하층	전체
상층	10	0	15	25
중층	0	20	5	25
하층	0	20	30	50
전체	10	40	50	100

(나) 지역

✓ 확인 문제 Check

[01~05] 다음은 갑국의 부모 세대와 자녀 세대 계층 구성에 관한 자료이다. 다음 물음에 답하시오. (단, 계층은 상층, 중층, 하층으로만 구분되고, A~C는 각각 상층, 중층, 하층 중 하나임.)

표는 갑국의 부모와 자녀의 계층을 비교한 것이다. B에 속해 있는 자녀 중 부모의 계층이 C인 자녀는 세대 간 하강 이동한 사람이고, 부모의 계층이 A인 자녀는 세대 간 상승 이동한 사람이다.

(단위 : %)

구분		부모의 계층			계
		A	B	C	
자녀의 계층	A	7	11	12	30
	B	38	6	6	50
	C	5	3	12	20
계		50	20	30	100

01. 부모가 상층인 중층 자녀 수는 부모가 중층인 중층 자녀 수와 같다. (O / X)

02. 부모가 하층인 상층 자녀 수는 부모가 중층인 상층 자녀 수와 같다. (O / X)

03. 부모와 계층이 불일치하는 자녀 수는 일치하는 자녀 수의 3배이다. (O / X)

04. 자녀 세대 상층 인구 중 부모와 계층이 일치하는 인구는 50% 미만이다. (O / X)

05. 세대 간 상승 이동을 한 자녀 수는 세대 간 하강 이동을 한 자녀 수의 2배 미만이다. (O / X)

[06~10] 다음은 갑국의 세대별 계층 구성 현황과 세대 간 이동 현황의 일부를 나타낸 것이다. 다음 물음에 답하시오. (단, 계층은 상층, 중층, 하층으로만 구분되고, A~C는 각각 상층, 중층, 하층 중 하나임.)

자녀 세대 전체 인구 중 부모와 계층이 일치하는 비율은 40%이며, A에서 C로의 이동과 C에서 B로의 이동은 모두 상승 이동이다. 단, 모든 부모의 자녀는 1명씩이며, 세대 간 이동은 부모 세대와 자녀 세대의 계층을 비교하여 판단한다.

〈자료 1〉 세대별 계층 구성 현황

(단위 : %)

구분	A	B	C
부모 세대	50	20	30
자녀 세대	40	40	20

〈자료 2〉 자녀 세대 전체 인구 중 세대 간 이동 현황	
세대 간 이동 양상	세대 간 이동 비율(%)
A → B	20
B → C	10
A → C	5

* 세대 간 이동은 부모 세대와 자녀 세대의 계층을 비교하여 판단함.

06. 부모가 상층인 하층 자녀는 존재하지 않는다. (O / X)

07. 부모가 중층인 상층 자녀 수는 부모가 상층인 중층 자녀 수와 같다. (O / X)

08. 부모가 하층인 중층 자녀 수는 부모가 중층인 하층 자녀 수의 3배이다. (O / X)

09. 세대 간 상승 이동을 한 자녀 수는 세대 간 하강 이동을 한 자녀 수의 2배이다. (O / X)

10. 부모와 계층이 일치하는 자녀 수는 상층과 중층이 같다. (O / X)

01. O **02.** X **03.** O **04.** X **05.** O **06.** O **07.** O **08.** O **09.** X **10.** X

✓ 변형 문제 Test

2025년 고3 10월 모의고사 14번 변형

1. 다음 자료에 대한 분석으로 옳은 것은?

> 표는 갑국의 부모 세대와 자녀 세대의 계층 구조를 나타낸 것이다. 단, 갑국에서 모든 부모의 자녀는 1명씩이며, 계층은 상층, 중층, 하층으로만 나뉜다.
>
> (단위 : %)
>
> | 구분 | | 부모 세대 | | | 계 |
> |---|---|---|---|---|---|
> | | | 상층 | 중층 | 하층 | |
> | 자녀 세대 | 상층 | 5 | 5 | 10 | 20 |
> | | 중층 이상 | 10 | 20 | 20 | 50 |
> | | 하층 이상 | 10 | 40 | 50 | 100 |
>
> * ○층 이상은 ○층의 인구와 ○층보다 높은 계층에 속하는 인구의 합이 자녀 세대의 전체 인구에서 차지하는 비율을 의미함.

① 부모 세대와 달리 자녀 세대의 계층 구조는 피라미드형이다.

② 부모가 상층인 자녀 세대 중층 인구는 부모가 중층인 자녀 세대 상층 인구와 같다.

③ 부모가 하층인 자녀 세대 중층 인구는 부모가 중층인 자녀 세대 하층 인구와 같다.

④ 세대 간 이동을 하지 않은 자녀 세대 인구가 세대 간 이동을 한 자녀 세대 인구보다 많다.

⑤ 세대 간 상승 이동을 한 자녀 세대 인구가 세대 간 하강 이동을 한 자녀 세대 인구보다 많다.

2022년 고3 7월 모의고사 15번 변형

2. 다음 자료에 대한 분석으로 옳은 것은?

> 그림은 갑국에서 발생한 계층 간 이동 인구의 상대적 크기를 상층에서 하층으로 이동한 인구를 기준으로 나타낸 것이다.
> - 갑국은 계층을 상층, 중층, 하층으로만 구분한다.
> - 상층에서 하층으로 이동한 인구는 계층 이동 전의 상층 인구 대비 20%이다.
> - 계층 간 이동이 일어나기 이전에 갑국은 상층과 하층 비율의 합이 중층 비율과 같았고, 하층 비율은 상층 비율의 1.5배였다.
>
> 〈갑국의 계층 간 이동 인구의 상대적 크기〉
>
> | 구분 | 계층 간 이동 인구의 상대적 크기 | | | | |
> |---|---|---|---|---|---|
> | 상층 → 하층 | ▨ | | | | |
> | 상층 → 중층 | ▨ | ▨ | ▨ | | |
> | 중층 → 하층 | ▨ | ▨ | ▨ | ▨ | ▨ |
> | 중층 → 상층 | ▨ | ▨ | ▨ | ▨ | |
> | 하층 → 중층 | ▨ | ▨ | ▨ | | |
> | 하층 → 상층 | ▨ | ▨ | | | |
>
> * ▨ 의 면적은 해당 계층 간 이동 인구를 나타내며, 각 ▨ 의 면적은 동일함.
> ** 조사 기간 동안 갑국 전체 구성원의 변화는 없었음.

① 계층 이동 후 상층으로 이동한 인구는 계층 이동 후 중층으로 이동한 인구와 같다.
② 계층 이동 후 하층으로 이동한 인구는 계층을 이동하지 않은 인구와 같다.
③ 상층 인구는 계층 이동 전에 비해 계층 이동 후 50% 증가하였다.
④ 계층 이동 후 상승 이동을 한 인구는 계층 이동 후 하강 이동을 한 인구의 1.5배이다.
⑤ 갑국의 계층 구조는 이동 전 다이아몬드형, 이동 후 모래시계형으로 나타난다.

2020학년도 고3 6월 모의고사 20번 변형

3. 다음 자료에 대한 옳은 분석만을 〈보기〉에서 있는 대로 고른 것은? (단, 갑국의 계층은 상층, 중층, 하층으로만 구분되며, A~C는 각각 상층, 중층, 하층 중 하나임.)

갑국의 부모 세대 계층 구성비는 A : B : C = 5 : 1 : 4이며, 모든 부모의 자녀는 1명씩이다. 부모 세대의 계층이 A인 자녀는 하강 이동을 할 수 없으며, 부모 세대의 계층이 B인 자녀는 상승 이동을 할 수 없다.

〈부모 세대와 자녀 세대 간 계층 이동 현황〉

(단위 : %)

구분	A	B	C
부모 세대 계층 대비 부모 세대와 자녀 세대의 계층 불일치 비율	60	40	50
자녀 세대 계층 대비 부모 세대와 자녀 세대의 계층 불일치 비율	0	80	60

〈 보 기 〉

ㄱ. 세대 간 이동을 한 자녀 세대 인구가 세대 간 이동을 하지 않은 자녀 세대 인구보다 많다.

ㄴ. 부모가 하층인 자녀 세대 상층 인구는 부모가 상층인 자녀 세대 중층 인구와 같다.

ㄷ. 부모가 중층인 자녀 세대 상층 인구는 부모가 하층인 자녀 세대 중층 인구와 같다.

ㄹ. 부모가 중층인 자녀 세대 하층 인구와 달리 부모가 상층인 자녀 세대 하층 인구는 존재하지 않는다.

① ㄱ, ㄴ　　　② ㄴ, ㄷ　　　③ ㄷ, ㄹ　　　④ ㄱ, ㄴ, ㄷ　　　⑤ ㄴ, ㄷ, ㄹ

2020년 고3 7월 모의고사 20번 변형

4. 다음 자료에 대한 분석으로 옳은 것은?

  다음은 모든 부모의 자녀가 1명씩인 갑국의 세대별 계층 구성과 세대 간 계층 이동 현황을 조사한 것이다. 계층은 상층, 중층, 하층으로만 구분되며, A~C는 각각 상층, 중층, 하층 중 하나이다. 부모 세대는 피라미드형 계층 구조이고, 계층 구성비는 (A + B) : C = 7 : 3이다.

〈부모 계층 대비 자녀 계층의 상대적 비〉

계층	A	B	C
상대적 비의 값	1.5	0.8	1.0

〈부모와의 계층이 일치하는 자녀 수의 상대적 비〉

구분	상대적 비의 값
$\dfrac{\text{부모와 계층이 B로 일치하는 자녀 수}}{\text{부모와 계층이 A로 일치하는 자녀 수}}$	1.5
$\dfrac{\text{부모와 계층이 C로 일치하는 자녀 수}}{\text{부모와 계층이 B로 일치하는 자녀 수}}$	1.0

* 세대 간 계층의 일치 비율은 세대 긴 계층의 불일치 비율에 비해 20%p 작음.
** %p : 백분율 간 차이를 나타냄. 30%는 10%보다 20%p 크다고 표현함.

---

① 부모가 상층인 자녀 세대 하층 인구는 부모가 하층인 자녀 세대 상층 인구와 같다.

② 부모가 하층인 자녀 세대 중층 인구는 부모가 중층인 자녀 세대 하층 인구의 2배이다.

③ 부모 세대 계층 대비 세대 간 계층 일치 비율은 상층과 중층이 같다.

④ 자녀 세대 계층 대비 세대 간 계층 일치 비율은 중층이 하층의 2배이다.

⑤ 세대 간 상승 이동을 한 자녀 세대 인구와 세대 간 하강 이동을 한 자녀 세대 인구는 같다.

3 벤 다이어그램의 활용

✓ 유형 Check

'벤 다이어그램의 활용' 유형이란, 문제에서 주어진 정보를 벤 다이어그램의 형태로 정리하고, 이를 활용해 선지의 정오를 판단해야 하는 유형입니다.

이 유형의 경우 벤 다이어그램에 들어가야 할 수를 채워 넣는 것 자체는 난이도가 높은 부분이 아닙니다: 이 유형에서 난이도가 높은 부분은, 지금 마주한 이 문제가 벤 다이어그램을 활용해야 하는 문제라는 사실을 판단하는 데 있습니다.

앞에서 살펴본 #1. 인구 부양비 유형, #2. 상대 빈곤과 절대 빈곤 유형, 그리고 뒤에서 살펴볼 #4. 여러 변수의 가중평균 유형과 달리, 이 유형의 문제는 한눈에 보았을 때 벤 다이어그램을 활용해야 하는 유형이라는 사실을 눈치채기 어렵습니다.

하지만 이 부분에 관해서는 여러분이 활용할 수 있는 한 가지 힌트가 있습니다: 만약 문제에서 '중복' 또는 '단독'과 관련된 조건이 주어져 있으면, 이 문제는 높은 확률로 벤 다이어그램을 활용해야 하는 문제입니다.

예를 들어, 문제에서 '(가) 제도 수급자, (나) 제도 수급자, (가)와 (나) 제도 중복 수급자'에 관한 조건이 주어졌다고 가정하면, 벤 다이어그램을 활용해 (가) 제도 수급자와 (나) 제도 수급자 중 (가)와 (나) 제도 중복 수급자가 차지하는 비중이 얼마만큼인지 정리를 해 줄 수 있겠죠.

따라서 만약 문제에서 주어진 조건 중에 '중복' 또는 '단독'과 관련된 조건이 있다면, 벤 다이어그램을 활용하는 문제일 가능성이 매우 높다는 사실을 염두에 두고 가시기 바랍니다.

만약 해당 문제가 실제로 벤 다이어그램을 활용해야 하는 문제인 것으로 확인이 되면, 당연히 주어진 정보를 벤 다이어그램을 통해 정리해야 합니다: 문제에서 주어진 중복될 수 있는 변수가 두 개인지 혹은 세 개인지 여부에 따라 서로 다른 형태의 벤 다이어그램을 활용해야 하겠죠.

먼저 아래의 사례를 통해 중복될 수 있는 변수가 두 개인 경우 어떤 형태의 벤 다이어그램을 활용해야 하는가에 대해 살펴보겠습니다.

구분	A 지역	B 지역	A, B 지역 전체
(가) 제도 수급자 비율(%)	14	17	15
(나) 제도 수급자 비율(%)	31	㉠	29
(가), (나) 제도 중복 수급자 비율(%)	10	13	㉡

가중평균의 원리에 의해 A 지역의 전체 인구는 B 지역의 2배인 것을 알 수 있고, 이를 활용해 ㉠에 들어갈 값은 25, ㉡에 들어갈 값은 11임을 알 수 있습니다.

그리고 해당 사례에서는 '중복'과 관련된 중복 수급자 비율이라는 조건이 주어져 있으니, 우리는 자연스럽게 이 사례에서는 벤 다이어그램을 활용해야 한다는 사실을 떠올릴 수 있겠습니다.

중복될 수 있는 변수는 (가), (나) 제도의 두 가지가 있고, 이때는 다음과 같은 형태의 벤 다이어그램을 활용해 주어진 정보를 정리해 줄 수 있겠습니다.

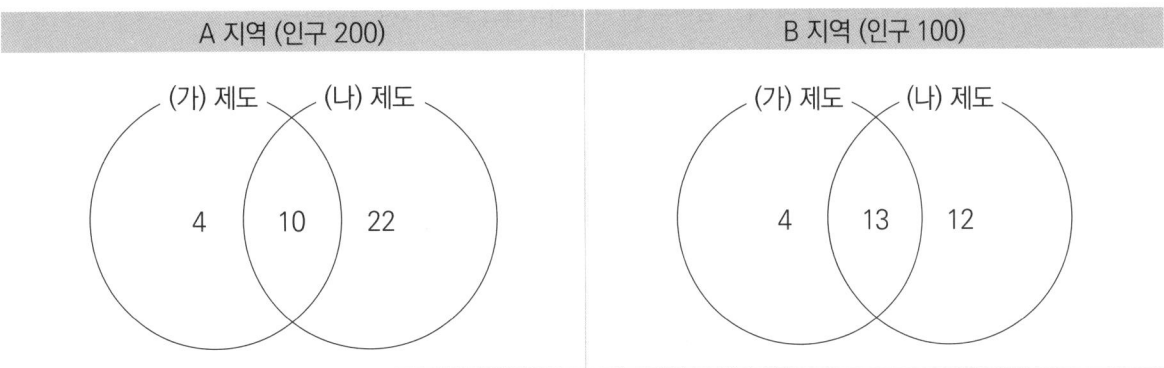

또한 여기서 더 심화가 된 형태로 변수가 세 개인 경우가 등장할 수도 있는데, 이 경우 어떤 형태의 벤 다이어그램을 활용해야 하는지는 아래의 사례를 통해 살펴 보겠습니다.

구분	갑국	을국
(가) 제도 수급자 비율(%)	22	30
(나) 제도 수급자 비율(%)	19	17
(다) 제도 수급자 비율(%)	31	29
(가), (나) 제도 중복 수급자 비율(%)	7	6
(나), (다) 제도 중복 수급자 비율(%)	5	9
(가), (다) 제도 중복 수급자 비율(%)	8	5
(가), (나), (다) 제도 중복 수급자 비율(%)	2	2

중복될 수 있는 변수는 (가), (나), (다) 제도의 세 가지가 있고, 이때는 다음과 같은 형태의 벤 다이어그램을 활용해 주어진 정보를 정리해 줄 수 있겠습니다.

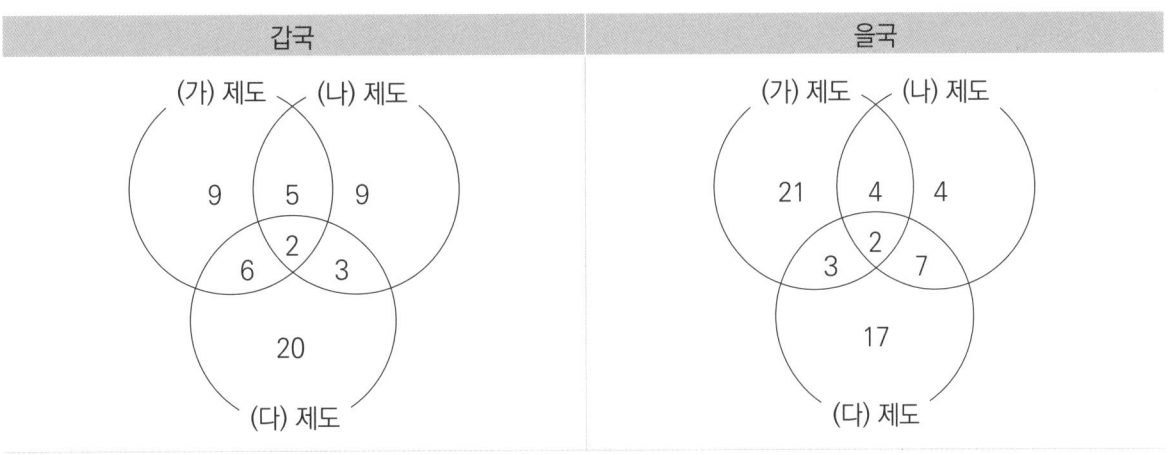

위와 같이 중복이나 단독과 관련된 특정 조건이 주어지면, 해당 조건을 벤 다이어그램으로 나타낼 수 있는 것이죠.

여기서 여러분은 다음과 같은 질문을 던질 수도 있겠습니다: 만약 변수가 네 개인 형태의 문제가 나온다면, 해당 문제에는 어떻게 대응을 해야 하나요?

이 질문에 대해 단도직입적으로 답변하자면, 변수가 네 개인 형태의 문제는 나오지 않습니다: 혹여 만약 나온다 하더라도, 네 개의 변수 중 서로 중복되지 않는 변수가 존재해 변수가 두 개 또는 세 개인 형태의 벤 다이어그램 선에서 해결이 가능한 형태로 등장할 것입니다.

이는 변수가 네 개인 형태의 벤 다이어그램은 교육 과정에 등장하지 않기 때문입니다: 두 개 또는 세 개인 형태의 벤 다이어그램은 수학(하)의 교육 과정에 등장하고, 이 #3. 벤 다이어그램의 활용 유형도 이 교육 과정 덕분에 존재할 수 있는 것인데, 이 교육 과정 안에 변수가 네 개인 형태의 벤 다이어그램은 들어 있지 않습니다.

그렇기에 해당 형태의 벤 다이어그램에 관한 문제는 출제할 수가 없는 것이죠: 애초에 해당 형태는, 그리는 것이 물리적으로 불가능하다는 것을 실제로 그리려고 시도를 해 보다 보면 깨닫게 될 것입니다.

따라서 여러분은 변수가 두 개 또는 세 개인 형태의 벤 다이어그램의 활용만 등장할 수 있는 가능성을 염두에 두신 뒤, 이에 대해 대비해 나가시면 되겠습니다.

그리고 이를 위해서는 먼저 해당 문제가 벤 다이어그램을 활용해 해결할 수 있는 문제인지 제대로 파악하는 것이 중요하므로, 해당 사항에 대해서 가장 우선적으로 연습을 하시기 바랍니다.

또한 주어진 문제 형태에 맞는 벤 다이어그램을 선택하는 것, 그 벤 다이어그램을 그린 뒤 실제 들어갈 숫자를 채워넣는 것 모두 연습이 필요한 부분이므로, 해당 부분에 대해서도 충분한 학습을 진행하시기 바랍니다.

---

1. 벤 다이어그램의 활용을 통해 해결해야 하는 문제인지 판단하기
2. 어떤 형태의 벤 다이어그램을 이용해서 주어진 정보를 정리할지 판단하기
3. 벤 다이어그램을 실제로 그린 뒤 각 부분에 들어가야 할 수를 기록하기
4. 기록한 내용을 적절하게 활용해 선지 판단하기

다음 자료에 대한 옳은 분석만을 〈보기〉에서 있는 대로 고른 것은? (단, A와 B는 각각 국민 연금 제도와 기초 연금 제도 중 하나이다.)

표는 우리나라 (가), (나) 각 지역 인구 중 A, B 수급자 비율을 나타낸 것이다. 표에 따르면 (가) 지역에서 사회 보험에 해당하는 제도의 수급자 중 공공 부조에 해당하는 제도의 수급자가 3/4을 차지한다. 단, (나) 지역의 인구는 (가) 지역 인구의 2배이다.

(단위 : %)

구분	(가) 지역	(나) 지역
A의 수급자	16	10
B의 수급자	12	15
A와 B 모두의 수급자	9	9

문제에서 주어진 정보 중 'A와 B 모두의 수급자', 즉 A와 B 공동 수급자에 대한 정보가 있으므로 당연히 벤 다이어그램의 활용을 통해 해결할 수 있는 문제임을 파악하셔야 합니다.

(나) 지역의 인구는 (가) 지역의 인구의 2배라는 조건까지 반영해 벤 다이어그램에 필요한 정보들을 모두 정리하면 다음과 같은 결과를 얻을 수 있습니다.

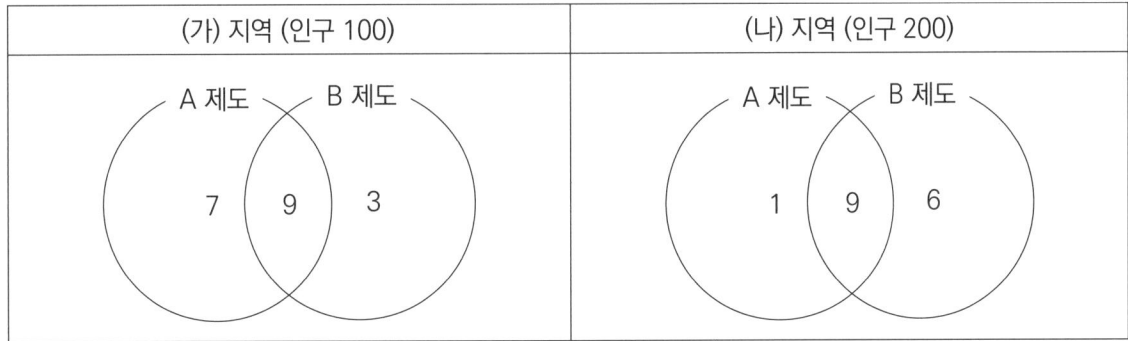

또한 (가) 지역에서 B 제도의 수급자에 해당하는 인구 12 중 A 제도의 수급자에 해당하는 인구 9가 75%를 차지하므로, B 제도가 사회 보험, A 제도가 공공 부조인 것을 알 수 있습니다.

2022학년도 고3 6월 모의고사 15번

다음 자료에 대한 분석으로 옳은 것은? (단, A~C는 각각 사회 보험, 공공 부조, 사회 서비스 중 하나이다.)

우리나라 사회 보장 제도 유형 A~C 중 A는 B와 달리 금전적 지원을 원칙으로 한다. 또한, C는 A와 달리 상호 부조의 원리가 적용된다. 우리나라 (가), (나) 지역의 모든 가구는 A~C 중 한 가지 이상의 혜택을 받고 있으며, 지역별 중복 수혜 가구 비율은 다음과 같다.

(단위 : %)

구분	(가) 지역	(나) 지역
A와 B의 중복 수혜 가구	10	20
A와 C의 중복 수혜 가구	6	9
B와 C의 중복 수혜 가구	50	45

* (가) 지역의 각 수치에는 A, B, C 중복 수혜 가구 비율(2%)이, (나) 지역의 각 수치에는 A, B, C 중복 수혜 가구 비율(5%)이 포함되어 있다.

문제에서 주어진 정보 중 'A와 B의 중복 수혜 가구', 'A와 C의 중복 수혜 가구', 'B와 C의 중복 수혜 가구'에 대한 정보가 있으므로 당연히 벤 다이어그램의 활용을 통해 해결할 수 있는 문제임을 파악하셔야 합니다.

A는 B와 달리 금전적 지원을 원칙으로 하므로 B는 사회 서비스임을 알 수 있으며, C는 A와 달리 상호 부조의 원리가 적용되므로 A는 공공 부조, C는 사회 보험임을 알 수 있습니다.

주어진 정보들을 모두 반영해 벤 다이어그램에 필요한 정보들을 모두 정리하면 다음과 같은 결과를 얻을 수 있습니다.

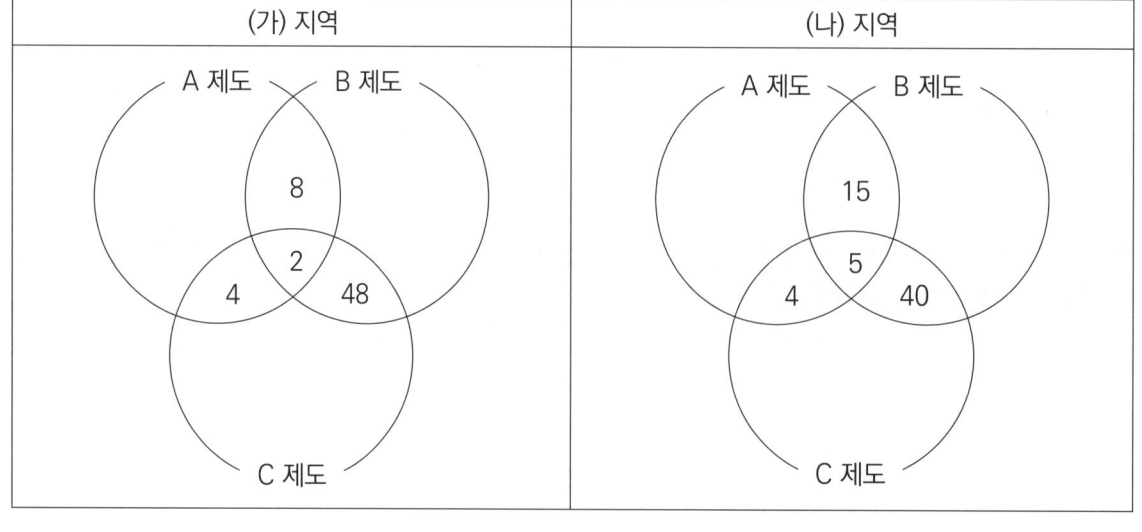

2023학년도 고3 9월 모의고사 15번

다음 자료에 대한 분석으로 옳은 것은? (단, 갑국의 사회 보장 제도는 우리나라의 사회 보장 제도와 동일함.)

〈자료 1〉 갑국의 사회 보장 제도

(가) 고령이나 노인성 질병 등의 사유로 일상생활을 혼자서 수행하기 어려운 노인 등에게 장기 요양 급여를 제 공하는 제도

(나) 소득 인정액이 일정 수준 이하인 노인에게 기초 연금을 지급하여 안정적 소득 기반을 제공하는 제도

〈자료 2〉 갑국의 지역별 65세 이상 인구 중 (가), (나) 수급자 비율

(단위 : %)

구분	A 지역	B 지역	전체 지역
(가) 수급자	26	㉠	㉡
(나) 수급자	76	68	70
(가)와 (나) 중복 수급자	㉢	6	10

 * 갑국은 A, B 지역으로만 구성됨.
** 갑국 전체 지역 65세 이상 인구 중 (가)와 (나) 중복 수급자를 제외한 (나) 수급자 비율이 (가)와 (나) 중복 수급자를 제외한 (가) 수급자 비율의 6배임.

문제에서 주어진 정보 중 '(가)와 (나) 중복 수급자'에 대한 정보가 있으므로 당연히 벤 다이어그램의 활용을 통해 해결할 수 있는 문제임을 파악하셔야 합니다.

(가)는 사회 보험, (나)는 공공 부조 제도임을 파악할 수 있으며, '갑국 전체 지역 65세 이상 인구 중 (가)와 (나) 중복 수급자를 제외한 (나) 수급자 비율이 (가)와 (나) 중복 수급자를 제외한 (가) 수급자 비율의 6배임.'의 조건을 통해 ㉠, ㉡, ㉢에 들어갈 수를 구할 수 있습니다.

갑국 전체 지역 65세 이상 인구 중 (가)와 (나) 중복 수급자를 제외한 (나) 수급자 비율은 (70 – 10)% = 60%이며, (가)와 (나) 중복 수급자를 제외한 (가) 수급자 비율은 (㉡ – 10)%입니다.

전자가 후자의 6배이므로 60 = (㉡ – 10) × 6, ㉡ = 20임을 알 수 있으며, (나) 수급자에서 가중평균의 원리에 의해 A 지역 65세 이상 인구 : B 지역 65세 이상 인구) = 1 : 3임을 알 수 있으므로 ㉠과 ㉢은 가중평균의 원리에 의해 각각 18, 22임을 알 수 있습니다.

구분	A 지역	B 지역	전체 지역
(가) 수급자	26	18	20
(나) 수급자	76	68	70
(가)와 (나) 중복 수급자	22	6	10

가중평균의 원리에 의해 A 지역 65세 이상 인구 : B 지역 65세 이상 인구) = 1 : 3임을 알아냈으므로, A 지역 인구를 100, B 지역 인구를 300으로 둘 수 있습니다.

주어진 정보들을 모두 반영해 벤 다이어그램에 필요한 정보들을 모두 정리하면 다음과 같은 결과를 얻을 수 있습니다.

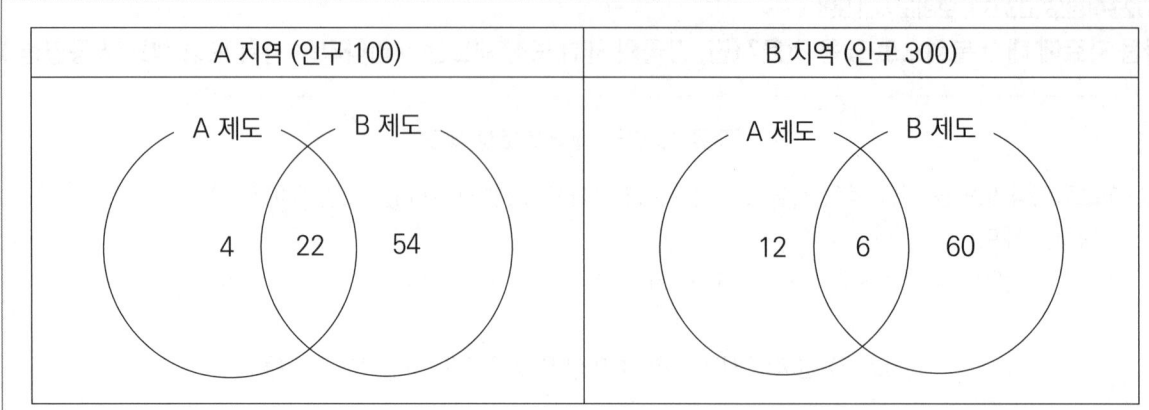

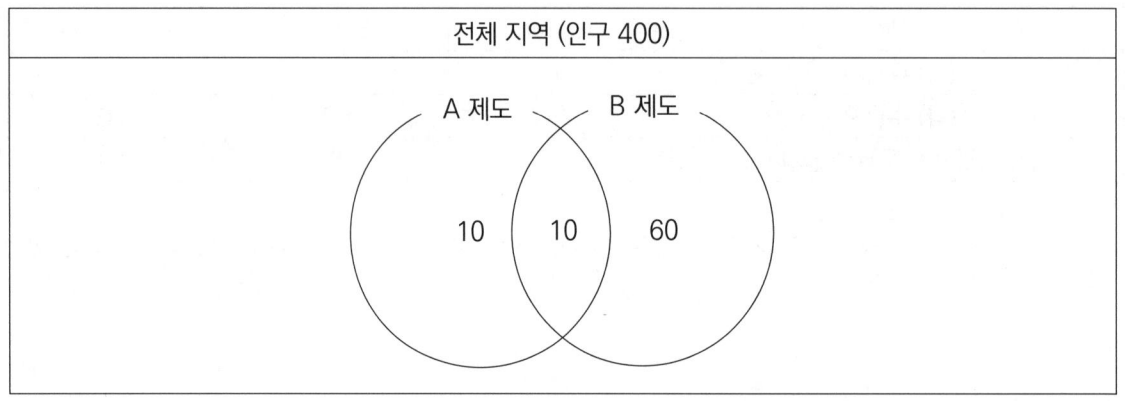

✓ 확인 문제 Check

[01~05] 다음은 갑국과 을국의 전체 인구 중 (가), (나) 제도 수급자 비율(%)을 나타낸 것이다. 다음 물음에 답하시오.

구분	(가) 수급자	(나) 수급자	(가)와 (나) 중복 수급자
갑국	36	18	5
을국	32	20	4

* 해당 국가 수급자 비율(%) = (해당 국가 수급자 수 / 해당 국가 전체 인구) × 100
** 을국의 전체 인구는 갑국의 2배임.

01. (가) 제도에만 해당하는 수급자 비율은 갑국이 을국보다 높다. (O / X)

02. 갑국의 (가) 제도 수급자 수는 을국의 (나) 제도에만 해당하는 수급자 수보다 많다. (O / X)

03. (가)와 (나) 중 적어도 한 제도에 해당하는 수급자 비율은 을국이 갑국보다 높다. (O / X)

04. 을국의 (가)와 (나) 중복 수급자 수 대비 갑국의 (가) 수급자 수의 비율은?

05. 을국의 (나) 제도 수급자 수 대비 갑국의 (가), (나) 제도 중복 수급자 수의 비율은?

[06~10] 다음은 갑국의 전체 인구 중 (가)~(다) 제도 수급자 비율(%)을 나타낸 것이다. 다음 물음에 답하시오.

구분	(가) 수급자		(가) 비수급자	
	(나) 수급자	(나) 비수급자	(나) 수급자	(나) 비수급자
(다) 수급자	6	8	4	12
(다) 비수급자	10	18	10	32

* 해당 국가 수급자 비율(%) = (해당 국가 수급자 수 / 해당 국가 전체 인구) × 100

06. (가)~(다) 중 두 가지 제도를 수급하는 사람은 (가)만 수급하는 사람보다 많다. (O / X)

07. (가)~(다) 중 어떤 제도도 수급하지 않는 사람은 (나)를 수급하는 사람보다 많다. (O / X)

08. (가)와 (나)를 동시에 수급하는 사람은 (다)만 수급하는 사람보다 많다. (O / X)

09. (가)~(다) 중 가장 많은 사람이 수급하는 제도는?

10. (가)~(다) 중 한 가지 제도만 수급하는 사람 대비 두 가지 이상의 제도를 수급하는 사람의 비율은?

01. O **02.** O **03.** X **04.** 450% **05.** 12.5% **06.** O **07.** O **08.** O **09.** (가) 제도 **10.** 70%

✓ 변형 문제 Test

2021년 고3 10월 모의고사 12번 변형

1. 다음 자료에 대한 분석으로 옳은 것은? (단, (가), (나)는 각각 사회 보험, 공공 부조 중 하나임.)

〈자료 1〉 갑국의 사회 보장 제도

(가) 65세 이상의 노인 중 가구의 소득 인정액이 선정 기준액 이하인 노인에게 연금을 지급하여 노인의 안정된 노후 생활을 지원하는 제도

(나) 노령, 장애, 사망 시 본인 또는 가족에게 연금 급여를 지급하여 기본 생활을 유지할 수 있도록 하는 제도

〈자료 2〉 갑국의 지역별 인구 중 (가), (나) 수급자 비율

(단위 : %)

구분	A 지역	B 지역
(가) 수급자	15	13
(나) 수급자	24	27
(가)와 (나) 중복 수급자	8	5

* 해당 지역 수급자 비율(%) = $\dfrac{\text{해당 지역 수급자 수}}{\text{해당 지역 전체 인구}} \times 100$

** B 지역의 전체 인구는 A 지역의 2배임.

---

① (가)는 사회 보험, (나)는 공공 부조이다.

② 강제 가입의 원칙이 적용되는 제도에만 해당하는 수급자 비율은 A 지역이 B 지역보다 높다.

③ 사전 예방보다 사후 처방적 성격이 강한 제도에만 해당하는 수급자 비율은 A 지역이 B 지역보다 높다.

④ A 지역의 보편적 복지 이념에 기초한 제도에만 해당하는 수급자 수는 B 지역의 선별적 복지 이념에 기초한 제도에만 해당하는 수급자 수와 같다.

⑤ 금전적 지원의 원칙이 적용되는 제도의 수급자 수는 B 지역이 A 지역의 2배보다 적다.

2022학년도 고3 6월 모의고사 15번 변형

2. 다음 자료에 대한 옳은 분석만을 〈보기〉에서 있는 대로 고른 것은? (단, A~C는 각각 사회 보험, 공공 부조, 사회 서비스 중 하나임.)

〈자료 1〉 갑국의 사회 보장 제도 A~C의 사례

· A의 사례 : 노령, 장애, 사망 시 본인 및 가족에게 연금 급여 실시
· B의 사례 : 일상생활과 사회 활동이 어려운 저소득층의 생활 안정을 위해 가사·간병 서비스 지원
· C의 사례 : 생활이 어려운 사람의 질병, 부상 등에 대해 급여 제공

〈자료 2〉 갑국의 지역별 A~C 중복 수급 가구 비율

(단위 : %)

구분	(가) 지역	(나) 지역	갑국 전체
A와 B의 중복 수급 가구	48	54	50
A와 C의 중복 수급 가구	6	9	7
B와 C의 중복 수급 가구	15	12	14

* 해당 지역 수급 가구 비율(%) = $\dfrac{\text{해당 지역 수급 가구 수}}{\text{해당 지역 전체 가구}} \times 100$

** 갑국은 (가), (나) 지역으로만 이루어져 있음.

*** (가) 지역의 각 수치에는 A, B, C 중복 수급 가구 비율(4%)이, (나) 지역의 각 수치에는 A, B, C 중복 수급 가구 비율(6%)이 포함되어 있음.

〈 보 기 〉

ㄱ. (나) 지역에서 세 제도 중 사회 보험에 해당하는 제도만 수급하지 않는 가구 수는 세 제도를 모두 수급하는 가구 수와 같다.
ㄴ. 세 제도 중 비금전적 지원의 원칙이 적용되는 제도만 수급하지 않는 가구 수는 (가) 지역이 (나) 지역의 2배보다 적다.
ㄷ. 세 제도 중 사후 처방적 성격이 강한 제도만 수급하지 않는 가구 비율은 (가) 지역이 (나) 지역보다 낮다.
ㄹ. 세 제도를 모두 수급하는 가구의 수는 갑국 전체가 (나) 지역의 3배이다.

① ㄱ, ㄴ　　　② ㄴ, ㄷ　　　③ ㄷ, ㄹ　　　④ ㄱ, ㄴ, ㄷ　　　⑤ ㄴ, ㄷ, ㄹ

2023학년도 대학수학능력시험 15번 변형

3. 다음 자료에 대한 옳은 분석만을 〈보기〉에서 있는 대로 고른 것은? (단, A, B는 각각 공공 부조, 사회 보험 중 하나임.)

> 갑국의 사회 보장 제도는 우리나라의 사회 보장 제도와 동일하다. B와 달리 A는 대상자 선정에 따라 부정적 낙인이 발생할 수 있는 특징이 있다. 표는 갑국의 시기별 (가), (나) 지역 인구 중 A, B 수급자 비율을 나타낸 것이다. 갑국은 (가), (나) 지역으로만 구성되며, 전체 인구는 t년에 비해 t+50년이 50% 많다.
>
> (단위 : %)
>
> | 구분 | t년 | | | t+50년 | | |
> |---|---|---|---|---|---|---|
> | | (가) 지역 | (나) 지역 | 전체 | (가) 지역 | (나) 지역 | 전체 |
> | A 수급자 | 16 | 20 | 18 | 15 | 18 | 16 |
> | B 수급자 | 34 | 30 | 32 | 36 | 30 | 34 |
> | A와 B 중복 수급자 | 8 | 10 | 9 | 5 | 8 | 6 |
>
> * 제시되지 않은 사회 보장 제도에 대해서는 고려하지 않음.

〈 보 기 〉

ㄱ. 정부 재정으로 비용을 전액 충당하는 것을 원칙으로 하는 제도에만 해당하는 (가) 지역 수급자 비율은 t년이 t+50년보다 높다.

ㄴ. t년 (나) 지역의 사회 보험에 해당하는 제도에만 해당하는 수급자 수는 t+50년 (가) 지역의 공공 부조에 해당하는 제도에만 해당하는 수급자 수와 같다.

ㄷ. 사후 처방적 성격보다 사전 예방적 성격이 강한 제도에만 해당하는 (나) 지역 수급자 수는 t년이 t+50년보다 적다.

ㄹ. 금전적 지원의 원칙이 적용되는 제도의 수급자 수는 t년 (가) 지역이 t+50년 (나) 지역보다 많다.

① ㄱ, ㄴ   ② ㄴ, ㄷ   ③ ㄷ, ㄹ   ④ ㄱ, ㄴ, ㄷ   ⑤ ㄴ, ㄷ, ㄹ

2023학년도 고3 9월 모의고사 15번 변형

4. 다음 자료에 대한 분석으로 옳은 것은? (단, 갑국의 사회 보장 제도는 우리나라의 사회 보장 제도와 동일함.)

〈자료 1〉 갑국의 사회 보장 제도

(가) 소득 수준이 일정 수준 이하인 노인에게 기초 연금을 지급하여 안정적인 소득 기반을 제공함으로써 노인의 생활 안정을 지원하고 복지를 증진함을 목적으로 하는 제도

(나) 고령이나 노인성 질병 등의 사유로 일상생활을 혼자서 수행하기 어려운 노인 등에게 장기 요양 급여를 제공하여 노후의 건강 증진 및 생활 안정 도모를 목적으로 하는 제도

〈자료 2〉 갑국의 지역별 65세 이상 인구 중 (가), (나) 수급자 비율

(단위 : %)

구분	A 지역	B 지역	전체 지역
(가) 수급자	28	34	㉠
(나) 수급자	60	63	61
(가)와 (나) 중복 수급자	8	㉡	㉢

* 갑국은 A, B 지역으로만 구성됨.

** 65세 이상 인구 중 (가)와 (나) 중복 수급자를 제외한 (가) 수급자 비율은 B 지역과 전체 지역이 같고, 해당 비율은 전체 지역 (가)와 (나) 중복 수급자 비율의 2배임.

---

① ㉠은 ㉡과 ㉢의 합보다 작다.

② 상호 부조의 원리가 적용되는 제도의 B 지역 수급자 수는 A 지역 수급자 수보다 많다.

③ 사전 예방적 성격보다 사후 처방적 성격이 강한 제도에만 해당하는 수급자 수는 A지역이 B 지역의 2배이다.

④ 소득 재분배 효과가 존재하는 제도의 수급자 비율은 A 지역이 B 지역보다 높다.

⑤ 공공 부조에 해당하는 제도에만 해당하는 전체 지역 수급자 수는 사회 보험에 해당하는 제도의 B 지역 수급자 수보다 많다.

4 여러 변수의 가중 평균

✓ 유형 Check

'여러 변수의 가중 평균' 유형이란, 세 가지 이상의 변수와 그것을 종합한 평균 값이 주어졌을 때, 가중평균을 활용해 각각 변수의 가중치를 구하고 이를 활용해 선지의 정오를 판단해야 하는 유형입니다.

이 유형은 개념편 #3. 가중평균에서 다루었던 내용의 심화된 형태를 다루고 있으므로, 이 유형에 대한 학습을 진행하기 전 반드시 개념편의 해당 내용을 숙지하고 오시기 바랍니다.

본격적인 설명에 돌입하기 전에, 다음의 사례를 한 번 살펴봅시다: A, B, C반 학생들의 국어 시험 평균 성적은 각각 40, 42, 45점이며, 세 반 학생들의 전체 국어 시험 평균 성적은 42점이다.

이 사례에서 우리는 A, B, C반 학생 수를 각각 100a, 100b, 100c로 둘 수 있습니다: 그리고 두 가지 변수를 이용한 가중평균의 경우와 같이 A, B, C반 학생들의 국어 시험 평균 성적을 각각 이용해 세 반 학생들의 전체 국어 시험 평균 성적을 구하는 식을 아래와 같이 세울 수 있겠죠.

$(40 × 100a + 42 × 100b + 45 × 100c) / (100a + 100b + 100c) = 42$, $4000a + 4200b + 4500c = 4200a + 4200b + 4200c$, $200a = 300c$이므로 이를 이용하면 A반 학생 수는 C반 학생 수의 1.5배임을 알 수 있습니다.

이 사례를 보다 구체적으로 살펴보기 전, B반 학생들의 국어 시험 평균 성적과 세 반 학생들의 전체 국어 시험 평균 성적이 같다는 데 주목해 보시기 바랍니다.

가중평균은 '각 변수의 가중치가 평균을 얼마나 강한 힘으로 끌어당기는가?'의 문제로 이해할 수 있는데, 'B반 학생들의 국어 시험 평균 성적'이라는 변수는 평균과 값이 같으므로 평균을 끌어당기는 작용을 할 수 없겠죠.

이는 다시 말하면, 평균을 끌어당기는 가중치를 가진 변수는 'A반 학생들의 국어 시험 평균 성적', 'C반 학생들의 국어 시험 평균 성적'의 두 가지밖에 없다는 이야기입니다.

그렇기에 이 사례에서는 B반 학생들의 국어 시험 평균 성적에 대한 고려는 하지 않은 채 A반 학생들의 국어 시험 평균 성적, C반 학생들의 국어 시험 평균 성적 각각과 세 반 학생들의 전체 국어 시험 평균 성적 간 거리를 가지고 가중 평균의 원리를 적용할 수 있는 것입니다.

'A반 학생들의 국어 시험 평균 성적과 세 반 학생들의 전체 국어 시험 평균 성적 간 거리' : 'C반 학생들의 국어 시험 평균 성적과 세 반 학생들의 전체 국어 시험 평균 성적 간 거리' = 2 : 3이므로, 각 변수의 가중치로 작용하는 'A반 학생 수' : 'C반 학생 수' = 3 : 2임을 구할 수 있는 것이죠.

위에서 우리가 살펴본 사례는 세 가지 변수가 가진 값들 중 한 가지 값이 그들을 종합한 평균 값과 같은, 매우 특이한 경우입니다: 이 경우에는 평균 값과 같은 값을 가진 변수를 무시한 채 두 가지 변수만의 가중 평균으로 다루어도 무방하죠.

그러나 세 가지 변수가 가진 값들이 모두 그들을 종합한 평균 값과 다른 경우에는, 위와 같은 방식의 가중 평균으로 다루는 데 한계가 있습니다: 만약 위 사례에서 B반의 국어 평균 성적이 43점이었다면 어떻게 되었을까요?

A, B, C반 학생 수를 각각 100a, 100b, 100c로 둔 뒤, 위에서 이용한 것과 같은 방식으로 세 반 학생들의 전체 국어 시험 평균 성적을 구하는 식을 세워 보도록 하죠.

$(40 \times 100a + 43 \times 100b + 45 \times 100c) / (100a + 100b + 100c) = 42$,
$4000a + 4300b + 4500c = 4200a + 4200b + 4200c$, $200a = 100b + 300c$,
$2a = b + 3c$이므로 A반 학생 수의 2배는 B반 학생 수 + C반 학생 수의 3배라는 결과를 도출해낼 수 있죠.

그러나 이 정보만 가지고는 A, B, C반 각각의 학생 수에 대한 모든 정보를 도출해 낼 수 없습니다: 그렇기에 이러한 경우에는, 가중치를 구하기 위한 또 다른 조건이 주어지는 것이 일반적입니다.

예를 들면, 여기서 'A반 학생 수 = B반 학생 수'라는 조건이 주어진다면 $2a = b + 3c$에 $a = b$를 연립할 수 있고, 이에 따라 $a = 3c$라는 정보를 도출해내 최종적으로는 A반 학생 수 = B반 학생 수 = 3 × C반 학생 수라는 결론을 얻을 수 있습니다.

여기서 주목할 점은, A, B, C반 학생 수라는 가중치의 값을 구하기 위해 우리는 '방정식'을 세우는 방식을 활용했다는 것입니다: 위의 세 가지 변수 중 한 가지 변수가 가진 값이 그들을 종합한 평균 값과 같은 경우에서도, 우리는 방정식을 세워 나머지 두 가지 변수의 가중치를 구할 수 있었습니다.

이 말은, 세 가지 이상의 변수와 그 가중 평균이 등장한 상황에서 우리는 방정식을 세움으로써 각 변수가 가진 가중치를 구할 수 있다는 이야기입니다: 다음 예시를 활용해 한 번 더 연습을 해 보는 것으로 합시다.

구분	A 지역	B 지역	C 지역	전체 지역
사회 보험 수급자 비율(%)	40	30	32	34
공공 부조 수급자 비율(%)	12	10	9	10

위 예시에서 공공 부조 수급자 비율을 보면 B 지역과 전체 지역이 같습니다: 이 상황에서 우리는 가중평균을 바로 활용해 A 지역과 C 지역의 인구 비를 구할 수 있습니다.

'A 지역의 공공 부조 수급자 비율과 전체 지역의 공공 부조 수급자 비율 간 거리' : 'C 지역의 공공 부조 수급자 비율과 전체 지역의 공공 부조 수급자 비율 간 거리' = 2 : 1이므로 'A 지역의 전체 인구' : 'C 지역의 전체 인구' = 1 : 2인 것을 랄 수 있고, 따라서 A 지역의 전체 인구를 100, C 지역의 전체 인구를 200으로 둘 수 있습니다.

이제 남은 것은 B 지역의 인구인데, B 지역의 인구는 위에서 본 것처럼 방정식을 세우는 방법으로 구할 수 있습니다: B 지역의 인구를 100b로 둔 뒤, 방정식을 세워 b의 값을 구하는 것이죠.

A, B, C 지역의 사회 보험 수급자 비율을 이용해 전체 지역의 사회 보험 수급자 비율을 구하는 식을 세우면 $(40\% \times 100 + 30\% \times 100b + 32\% \times 200) / (300 + 100b) = 34\%$, $40 + 30b + 64 = 102 + 34b$, $2 = 4b$, $b = 1/2$이므로 B 지역의 전체 인구는 50인 것을 알 수 있습니다.

방정식의 활용은 가장 1차원적이면서도 또 원론적으로 각 변수의 가중치를 구하는 방법입니다: 그러나 이 방법은 확실하지만, 식을 직접 세우고 연립까지 해야 하므로 문제 풀이에 상당한 시간이 들어가는 것도 사실입니다.

그리고 다행히, 일일이 방정식을 하나하나 세우는 것 외에도, 세 가지 이상의 변수의 가중치를 구할 수 있는 방법에는 가중평균의 원리적인 측면을 이용하는 한 가지의 방법이 더 존재합니다.

위에서 언급했듯, 가중평균은 '각 변수의 가중치가 평균을 얼마나 강한 힘으로 끌어당기는가?'의 문제입니다: 이를 다르게 표현하면, '각 변수의 가중치가 끌어당긴 결과 힘의 평형이 이루어진 지점'에서 평균이 형성되겠죠.

이를 위해, 먼저 두 가지 변수의 가중 평균에 관련된 예시를 한 번 살펴봅시다: 다음 예시는, 갑국의 성별 상대(절대)적 빈곤 인구 비율을 나타낸 것입니다.

구분	남성	여성	갑국 전체
상대적 빈곤 인구 비율(%)	12	15	13
절대적 빈곤 인구 비율(%)	8	㉠	9

상대적 빈곤 인구 비율에서, 남성이라는 변수의 가중치는 -1만큼의 상대적 위치에서 갑국 전체의 비율을 끌어당기고 있고, 여성이라는 변수의 가중치는 +2만큼의 상대적 위치에서 갑국 전체의 비율을 끌어당기고 있다는 것으로 이해할 수 있습니다.

이 상황에서 힘의 평형이 이루어지려면, 남성이라는 변수의 가중치(인구)는 여성이라는 변수의 가중치(인구)의 2배의 힘을 가지고 있어야 하고, 그렇기에 갑국의 남성 인구는 여성 인구의 2배라는 사실을 도출해 낼 수 있습니다.

이를 식으로 표현하면, -1(갑국 전체의 비율에 대한 남성이라는 변수의 상대적 위치) × 2(남성이라는 변수의 가중치) + +2(갑국 전체의 비율에 대한 여성이라는 변수의 상대적 위치) × 1(여성이라는 변수의 가중치) = 0(힘의 평형 상태)로 나타낼 수 있죠.

이렇게 '변수의 가중치가 평균을 끌어당긴다.' 의 관점에서 ㉠에 들어갈 값을 구하면, -1(갑국 전체의 비율에 대한 남성이라는 변수의 상대적 위치) × 2(남성이라는 변수의 가중치) × (㉠ - 9)(갑국 전체의 비율에 대한 여성이라는 변수의 상대적 위치) × 1(여성이라는 변수의 가중치) = 0(힘의 평형 상태)로 나타낼 수 있고, 이 식을 풀어주면 ㉠ = 11인 것을 알 수 있습니다.

이제 위에서 살펴보았던 사회 보험, 공공 부조 수급자 비율의 예시에 다시 한 번 주목해 봅시다.

구분	A 지역	B 지역	C 지역	전체 지역
사회 보험 수급자 비율(%)	40	30	32	34
공공 부조 수급자 비율(%)	12	10	9	10

공공 부조 수급자 비율에서 A 지역이라는 변수의 가중치는 +2만큼의 상대적 위치에서 전체 지역의 비율을 끌어당기고 있고, B 지역이라는 변수의 가중치는 0만큼의 상대적 위치에서 전체 지역의 비율을 끌어당기고 있고, C 지역이라는 변수의 가중치는 -1만큼의 상대적 위치에서 전체 지역의 비율을 끌어당기고 있습니다.

여기서 A 지역이라는 변수의 가중치(인구)를 100a, B 지역이라는 변수의 가중치(인구)를 100b, C 지역이라는 변수의 가중치(인구)를 100c로 둔다면 +2 × 100a + 0 × 100b + (-1) × 100c = 0으로 식을 둘 수 있고, 이를 풀어주면 c = 2a라는 관계식을 도출해 A~C 지역의 인구를 각각 100a, 100b, 200a로 둘 수 있습니다.

사회 보험 수급자 비율에서 A 지역이라는 변수의 가중치는 +6만큼의 상대적 위치에서 전체 지역의 비율을 끌어당기고 있고, B 지역이라는 변수의 가중치는 −4만큼의 상대적 위치에서 전체 지역의 비율을 끌어당기고 있고, C 지역이라는 변수의 가중치는 −2만큼의 상대적 위치에서 전체 지역의 비율을 끌어당기고 있습니다.

이를 활용하면 $+6 \times 100a + (-4) \times 100b + (-2) \times 200a = 0$으로 식을 둘 수 있고, 이를 풀어주면 $600a - 400b - 400a = 0$, $a = 2b$라는 관계식을 도출해 A~C 지역의 인구를 각각 $100a$, $50a$, $200a$로 둘 수 있습니다.

이렇듯 3가지 이상의 변수에서 가중 평균을 활용해야 할 때는 직접 방정식을 세워서 필요한 값을 구할 수도 있고, 아니면 '각 변수의 가중치가 평균을 끌어당긴다.'의 관점에서 힘의 평형을 이용해 필요한 값을 구할 수도 있습니다.

두 가지 방법 중 어떤 방법이 여러분에게 더 잘 맞는지에 대해 연구를 해 보신 뒤에, 해당 방법이 충분히 실전에서 손에 익을 만큼 충분한 연습을 통해 숙달을 하시기 바랍니다!

---

1. 문제에서 주어진 변수의 가중치 중 미리 주어진 것이 있는지 확인하기
2. 문제에서 주어진 변수 전체 평균과 같은 값을 가진 것이 있는지 찾기
3. 앞의 1, 2번에서 주어진 정보를 종합해 구할 수 있는 가중치 먼저 구하기
4. 아직 구해지지 않은 변수의 가중치는 미지수로 두기
5. 방정식 또는 '힘의 균형'의 원리를 활용해 미지수에 들어갈 값 구하기

2021학년도 고3 9월 모의고사 20번

다음 자료에 대한 옳은 분석만을 〈보기〉에서 고른 것은?

갑국의 사회 보장 제도는 우리나라의 사회 보장 제도와 동일하다. 금전적 지원을 원칙으로 하는 (가), (나) 제도 중에서, (가)는 현재 직면한 사회적 위험에 대응하는 사후 처방적 성격이 강한 반면, (나)는 미래에 직면할 사회적 위험에 대응하는 사전 예방적 성격이 강하다. 표는 갑국의 (가), (나) 제도 수급자 비율이다. 갑국은 A, B, C 세 지역으로만 구성되며, B 지역 전체 인구는 A 지역 전체 인구의 2배이다.

〈갑국의 (가), (나) 제도 수급자 비율〉

(단위 : %)

구분	A 지역	B 지역	C 지역	전체
(가)	3	4	7	4
(나)	25	55	75	48

$$* \text{해당 지역 수급자 비율(\%)} = \frac{\text{해당 지역 수급자 수}}{\text{해당 지역 인구}} \times 100$$

B 지역 전체 인구는 A 지역 전체 인구의 2배이므로, B 지역 전체 인구를 200, A 지역 전체 인구를 100으로 둘 수 있습니다.

방정식 활용하기) C 지역 전체 인구를 100c로 둔 뒤 (가) 제도 수급자 비율을 활용하면 3% × 100 + 4% × 200 + 7% × 100c = (100 + 200 + 100c) × 4%, 3 + 8 + 7c = 12 + 4c, c = 1 / 3임을 알 수 있으므로 C 지역 전체 인구는 100 / 3임을 알 수 있습니다.

물론 100 / 3은 다루기 어려운 수이므로, 모든 지역의 인구에 3을 곱해줘 A 지역 전체 인구를 300, B 지역 전체 인구를 600, C 지역 전체 인구를 100으로 두는 것이 문제 풀이에 있어 훨씬 편한 선택이겠죠.

'힘의 균형' 원리 활용하기) (가) 제도 수급자 비율에서 A 지역이라는 변수의 가중치는 −1만큼의 상대적 위치에서 전체 지역의 비율을 끌어당기고 있고, B 지역이라는 변수의 가중치는 0만큼의 상대적 위치에서 전체 지역의 비율을 끌어당기고 있고, C 지역이라는 변수의 가중치는 +3만큼의 상대적 위치에서 전체 지역의 비율을 끌어당기고 있습니다.

C 지역 전체 인구를 100c로 둔 뒤 이를 활용하면 −1 × 100 + 0 × 200 + 3 × 100c = 0, c = 1/3임을 알 수 있으므로 C 지역 전체 인구는 100 / 3임을 알 수 있습니다.

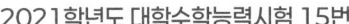

2021학년도 대학수학능력시험 15번
다음 자료에 대한 분석으로 옳은 것은?

〈자료 1〉 갑국의 사회 보장 제도

(가) 노인 세대의 안정된 노후 생활을 지원하기 위해 65세 이상인 노인 중 가구의 소득 인정액이 선정 기준액 이하인 노인에게 매월 연금을 지급하는 제도

(나) 노령, 사망, 장애 등으로 인한 소득 상실을 보전하고 기본 생활을 지원하기 위해 가입자와 고용주 등이 분담해서 마련한 기금을 통해 연금 급여를 지급하는 제도

〈자료 2〉 갑국의 (가), (나) 제도 수급자 비율

(단위 : %)

구분	A 지역	B 지역	C 지역	D 지역	전체
(가)	4	3	7	7	5
(나)	20	10	30	40	24

* 갑국의 사회 보장 제도는 우리나라의 사회 보장 제도와 동일함.

** 갑국은 A~D 네 지역으로만 구성되고, B와 D 지역 인구는 각각 A 지역 인구의 0.5배임.

*** 해당 지역 수급자 비율(%) = $\dfrac{\text{해당 지역 수급자 수}}{\text{해당 지역 인구}} \times 100$

B와 D 지역 인구는 각각 A 지역 인구의 0.5배이므로 A 지역 인구를 200, B와 D 지역 인구를 각각 100으로 놓을 수 있습니다.

방정식 활용하기) C 지역 전체 인구를 $100c$로 둔 뒤 (가) 제도 수급자 비율을 활용하면 $4\% \times 200 + 3\% \times 100 + 7\% \times 100c + 7\% \times 100 = (200 + 100 + 100c + 100) \times 5\%$, $8 + 3 + 7c + 7 = 20 + 5c$, $c = 1$임을 알 수 있으므로 C 지역 전체 인구는 100임을 알 수 있습니다.

'힘의 균형' 원리 활용하기) (가) 제도 수급자 비율에서 A 지역이라는 변수의 가중치는 −1만큼의 상대적 위치에서, B 지역이라는 변수의 가중치는 −2만큼의 상대적 위치에서, C 지역이라는 변수의 가중치는 +2만큼의 상대적 위치에서, D 지역이라는 변수의 가중치는 +2만큼의 상대적 위치에서 전체 비율을 끌어당기고 있습니다.

C 지역 전체 인구를 $100c$로 둔 뒤 이를 활용하면 $-1 \times 200 + -2 \times 100 + 2 \times 100c + 2 \times 100 = 0$, $c = 1$임을 알 수 있으므로 C 지역 전체 인구는 100임을 알 수 있습니다.

다음 자료에 대한 분석으로 옳은 것은?

<표 1> 갑국 사회 보장 제도의 일반적인 특징 비교

구분	A	B
공통점	㉠	
차이점	㉡	상호 부조의 원리가 적용됨

<표 2> 갑국의 A, B 제도 수급자 비율

(단위 : %)

구분	(가)	(나)	(다)	(라)	전체
A	20	15	5	8	10
B	10	㉢	40	36	32

* 갑국의 사회 보장 제도는 우리나라의 사회 보장 제도와 동일하다.

** 갑국은 (가)~(라) 지역으로만 구성되고, (나)와 (다) 지역 인구는 각각 (가) 지역 인구의 2배이다.

*** 지역별 수급자 비율(%) = (해당 지역 수급자 수 / 해당 지역 인구) × 100

(나)와 (다) 지역 인구는 각각 (가) 지역 인구의 2배이므로, (가) 지역 인구를 100, (나)와 (다) 지역 인구를 각각 200으로 둘 수 있습니다.

방정식 활용하기) (라) 지역 전체 인구를 $100d$로 둔 뒤 A 제도 수급자 비율을 활용하면 $20\% \times 100 + 15\% \times 200 + 5\% \times 200 + 8\% \times 100d = (100 + 200 + 200 + 100d) \times 10\%$, $20 + 30 + 10 + 8d = 50 + 10d$, $d = 5$임을 알 수 있으므로 (라) 지역 전체 인구는 500임을 알 수 있습니다.

이를 활용해 B 제도 수급자 비율에서 ㉢의 값을 세우는 식을 세우면 $10\% \times 100 + ㉢\% \times 200 + 40\% \times 200 + 36\% \times 500 = (100 + 200 + 200 + 500) \times 32\%$, $10 + 2㉢ + 80 + 180 = 320$, $㉢ = 25$임을 알 수 있습니다.

'힘의 균형' 원리 활용하기) A 제도 수급자 비율에서 (가) 지역이라는 변수의 가중치는 +10만큼의 상대적 위치에서, (나) 지역이라는 변수의 가중치는 +5만큼의 상대적 위치에서, (다) 지역이라는 변수의 가중치는 −5만큼의 상대적 위치에서, (라) 지역이라는 변수의 가중치는 −2만큼의 상대적 위치에서 전체 비율을 끌어당기고 있습니다.

(라) 지역 전체 인구를 $100d$로 둔 뒤 이를 활용하면 $10 \times 100 + 5 \times 200 + -5 \times 200 + -2 \times 100d = 0$, $d = 5$임을 알 수 있으므로 (라) 지역 전체 인구는 500임을 알 수 있습니다.

B 제도 수급자 비율에서 (가) 지역이라는 변수의 가중치는 −22만큼의 상대적 위치에서, (다) 지역이라는 변수의 가중치는 +8만큼의 상대적 위치에서, (라) 지역이라는 변수의 가중치는 +4만큼의 상대적 위치에서 전체 비율을 끌어당기고 있습니다.

(나) 지역이라는 변수의 가중치가 전체 비율을 끌어당기는 상대적 위치를 k라 한 뒤 식을 세우면 $-22 \times 100 + k \times 200 + 8 \times 200 + 4 \times 500 = 0$, $200k + 1400 = 0$이므로 $k = -7$임을 알 수 있으며, (나) 지역이라는 변수의 가중치는 -7만큼의 상대적 위치에서 전체 비율을 끌어당기고 있으므로 ⓒ $= 32 - 7 = 25$임을 알 수 있습니다.

✓ 확인 문제 Check

[01~05] 다음은 갑국의 각 지역 인구 중 (가), (나) 제도 수급자 비율을 나타낸 것이다. 다음 물음에 답하시오.

구분	A 지역	B 지역	C 지역	갑국 전체
(가) 제도	25	28	31	28
(나) 제도	13	15	13	14

* 해당 지역 수급자 비율(%) = (해당 지역 수급자 수 / 해당 지역 전체 인구) × 100

01. (가) 제도 수급자 수는 C 지역이 B 지역보다 많다. (O / X)

02. A 지역과 C 지역의 (나) 제도 수급자 수는 같다. (O / X)

03. 갑국 전체의 (나) 제도 수급자 수는 B 지역의 (가) 제도 수급자 수보다 많다. (O / X)

04. A 지역의 (가) 제도 수급자 수는 B 지역의 (나) 제도 수급자 수보다 적다. (O / X)

05. 갑국 전체의 (가) 제도 수급자 수는 A 지역 전체 인구의 1.5배 이상이다. (O / X)

[06~10] 다음은 A~C 기업의 여성비와 성별 평균 임금을 나타낸 것이다. 다음 물음에 답하시오.

구분	A 기업	B 기업	C 기업	전체 기업
여성비	60	90	90	78
남성 평균 임금	㉠	320	240	288
여성 평균 임금	210	260	㉡	240

* 여성비 = (여성 근로자 수 / 남성 근로자 수) × 100
** 성별 근로자 평균 임금(만 원) = 성별 근로자 총임금 / 성별 근로자 수
*** A 기업과 C 기업의 남성 근로자 수는 같음.

06. C 기업의 남성 근로자 수는 A 기업의 여성 근로자 수보다 적다. (O / X)

07. 남성 근로자 수가 가장 적은 기업과 여성 근로자 수가 가장 적은 기업은 다르다. (O / X)

08. ㉠에 들어갈 값은 ㉡에 들어갈 값보다 크다. (O / X)

09. C 기업에서 남성 평균 임금은 여성 평균 임금과 같다. (O / X)

10. 남성 평균 임금과 여성 평균 임금의 합은 A 기업과 B 기업이 같다. (O / X)

01. X **02.** O **03.** X **04.** O **05.** X **06.** X **07.** X **08.** O **09.** X **10.** X

✓ 변형 문제 Test

2021학년도 고3 9월 모의고사 20번 변형

1. 다음 자료에 대한 분석으로 옳은 것은? (단, (가), (나)는 각각 사회 보험, 공공 부조 중 하나임.)

갑국의 사회 보장 제도는 우리나라의 사회 보장 제도와 동일하다. 소득 재분배 효과가 존재하는 (가), (나) 제도 중에서, (나)와 달리 (가)는 정부 재정으로 비용을 전액 충당하지 않는다. 표는 갑국의 (가), (나) 수급자 비율이다. 단, 갑국은 A, B, C 지역으로만 구성된다.

〈갑국의 (가), (나) 제도 수급자 비율〉

(단위 : %)

구분	A 지역	B 지역	C 지역	전체
(가) 수급자	24	24	20	22
(나) 수급자	15	12	11	12

* 해당 지역 수급자 비율(%) = $\dfrac{\text{해당 지역 수급자 수}}{\text{해당 지역 인구}} \times 100$

① 사회 보험에 해당하는 제도의 B 지역 수급자 수는 A 지역 수급자 수와 같다.

② 대상자 선정에 따른 부정적 낙인이 발생할 수 있는 제도의 C 지역 수급자 수는 A 지역 수급자 수의 2배 이상이다.

③ 선별적 복지보다 보편적 복지의 성격이 강한 제도의 C 지역 수급자 수는 갑국 전체 수급자 수의 50% 이상이다.

④ 사전 예방적 성격이 강한 제도와 사후 처방적 성격이 강한 제도 간 수급자 수 차이는 A 지역과 B 지역의 합이 C 지역보다 작다.

⑤ 공공 부조에 해당하는 제도의 갑국 전체 수급자 수는 B 지역 수급자 수의 2배이다.

2021학년도 대학수학능력시험 15번 변형

2. 다음 자료에 대한 옳은 분석만을 〈보기〉에서 있는 대로 고른 것은? (단, (가), (나)는 각각 사회 보험, 공공 부조 중 하나임.)

〈자료 1〉 갑국의 사회 보장 제도

(가) 노인 세대의 안정된 노후 생활을 지원하기 위해 65세 이상인 노인 중 가구의 소득 인정액이 선정 기준액 이하인 노인에게 매월 연금을 지급하는 제도

(나) 고령이나 노인성 질병 등의 사유로 일상생활을 혼자서 수행하기 어려운 노인 등에게 신체 활동 또는 가사 활동 지원 등의 장기 요양 급여를 제공하는 제도

〈자료 2〉 갑국의 (가), (나) 제도 수급자 비율

(단위 : %)

구분	A 지역	B 지역	C 지역	D 지역	전체
(가)	6	5	6	7	6
(나)	14	16	18	13	15

* 갑국의 사회 보장 제도는 우리나라의 사회 보장 제도와 동일함.

** 갑국은 A~D 지역으로만 구성되며, B 지역 인구는 A 지역 인구의 2배임.

*** 해당 지역 수급자 비율(%) = $\dfrac{\text{해당 지역 수급자 수}}{\text{해당 지역 인구}} \times 100$

〈 보 기 〉

ㄱ. 사전 예방적 성격이 강한 제도의 경우, C 지역 수급자 수는 A 지역 수급자 수보다 많다.

ㄴ. 대상자 선정에 따라 부정적 낙인이 발생할 수 있는 제도의 경우, B 지역 수급자 수는 C 지역 수급자 수보다 적다.

ㄷ. 사회 보험에 해당하는 제도의 수급자 수 대비 공공 부조에 해당하는 제도의 수급자 수의 비는 A~D 지역 중 B 지역에서 가장 작다.

ㄹ. 강제 가입의 원칙이 적용되는 제도의 C 지역 수급자 수는 그렇지 않은 제도의 D 지역 수급자 수보다 적다.

① ㄱ, ㄴ   ② ㄱ, ㄷ   ③ ㄴ, ㄹ   ④ ㄱ, ㄷ, ㄹ   ⑤ ㄴ, ㄷ, ㄹ

2022년 고3 7월 모의고사 20번 변형

3. 다음 자료에 대한 분석으로 옳은 것은? (단, (가), (나)는 각각 사회 보험, 공공 부조 중 하나임.)

〈표 1〉 갑국 사회 보장 제도의 일반적인 특징 비교

구분	(가)	(나)
공통점	㉠	
차이점	강제 가입을 원칙으로 함	㉡

〈표 2〉 갑국의 A, B 제도 수급자 비율

(단위 : %)

구분	A 지역	B 지역	C 지역	D 지역	전체
(가)	34	39	35	37	36
(나)	12	12	㉢	10	11

* 갑국의 사회 보장 제도는 우리나라의 사회 보장 제도와 동일함.
** 갑국은 A~D 지역으로만 구성되고, A와 C 지역 인구는 각각 B 지역 인구의 2배임.
*** 지역별 수급자 비율(%) = (해당 지역 수급자 수 / 해당 지역 인구) × 100

① ㉠에는 '소득 재분배 효과가 존재함', ㉡에는 '사전 예방적 성격이 강함'이 적절하다.

② ㉢에 들어갈 값은 D 지역의 (나) 제도 수급자 비율보다 작다.

③ 상호 부조의 원리가 적용되는 제도의 B 지역 수급자 수는 D 지역 수급자 수보다 많다.

④ 선별적 복지 이념을 바탕으로 하는 제도의 갑국 전체 수급자 수는 A 지역 수급자 수의 4배 이상이다.

⑤ A~D 지역 중 사후 처방적 성격이 강한 제도의 수급자 수가 사전 예방적 성격이 강한 제도의 B 지역 수급자 수보다 많은 지역은 존재하지 않는다.

2022학년도 대학수학능력시험 15번 변형

4. 다음 자료에 대한 옳은 분석만을 〈보기〉에서 있는 대로 고른 것은? (단, 갑국의 사회 보장 제도는 우리나라의 사회 보장 제도와 동일함.)

다음 자료는 우리나라 사회 보장 제도와 동일한 갑국의 사회 보장 제도 (가), (나)의 수급자 비율을 나타낸 것이다. 금전적 지원의 원칙이 적용되는 (가), (나) 제도 중에서, (나) 제도는 (가) 제도와 달리 보편적 복지의 성격보다 선별적 복지의 성격이 강하다. 단, 제시되지 않은 사회 보장 제도에 대해서는 고려하지 않는다.

(단위 : %)

구분	A 지역	B 지역	C 지역	전체
(가) 수급자	30	30	㉠	32
(나) 수급자	13	15	17	15
(가)와 (나) 중복 수급자	㉡	5	8	6

* 갑국은 A~C 지역으로만 구성되며, A 지역의 (가) 수급자 수는 B 지역의 (나) 수급자 수와 같음.

〈 보 기 〉

ㄱ. ㉠에 들어갈 값은 ㉡에 들어갈 값의 6배 이상이다.
ㄴ. 강제 가입의 원칙이 적용되는 제도에만 해당하는 수급자 수는 A 지역이 C 지역보다 적다.
ㄷ. 대상자 선정에 따라 부정적 낙인이 발생할 수 있는 제도의 수급자 수는 A~C 지역 중 C 지역이 가장 많다.
ㄹ. 금전적 지원의 원칙이 적용되는 제도의 수급자 수는 B 지역이 A 지역의 2배 미만이다.

① ㄱ, ㄴ ② ㄴ, ㄷ ③ ㄷ, ㄹ ④ ㄱ, ㄴ, ㄷ ⑤ ㄴ, ㄷ, ㄹ

CHAPTER. 3
Drill : 실전편

1 사회 계층 이동

1.

다음 자료에 대한 옳은 분석만을 〈보기〉에서 고른 것은?

표는 갑~병국의 계층 구성 비율을 나타낸 것이다. B에서 A로의 이동과 A에서 C로의 이동은 모두 상승 이동이며, 갑~병국의 전체 인구는 모두 동일하다.

(단위 : %)

구분	갑국	을국	병국
A	60	10	30
B	20	40	50
C	20	50	20

〈보 기〉

ㄱ. 갑국의 상층 인구와 하층 인구는 동일하다.
ㄴ. 을국의 상층 인구와 병국의 중층 인구는 동일하다.
ㄷ. 갑국에서는 을국과 달리 다이아몬드형 계층 구조가 나타난다.
ㄹ. 을국에서는 병국과 달리 피라미드형 계층 구조가 나타난다.

① ㄱ, ㄴ   ② ㄱ, ㄷ   ③ ㄴ, ㄷ
④ ㄴ, ㄹ   ⑤ ㄷ, ㄹ

2.

다음 자료에 대한 분석으로 옳은 것은?

다음 자료는 갑국과 을국의 연도별 중층 이상 인구 비율, 중층 이하 인구 비율을 나타낸 것이다. 단, 갑국과 을국 모두 계층은 상~하층으로만 구분한다.

(단위 : %)

구분	t년		t+30년	
	갑국	을국	갑국	을국
중층 이상 비율	90	40	40	80
중층 이하 비율	70	70	90	80

① t년 갑국의 상층 비율은 t+30년 을국의 하층 비율과 같다.
② t+30년 갑국의 하층 비율은 t년 을국의 중층 비율과 같다.
③ t년 갑국과 달리 을국에서 다이아몬드형 계층 구조가 나타난다.
④ t+30년 을국과 달리 갑국에서 피라미드형 계층 구조가 나타난다.
⑤ t년 갑국과 t+30년 을국에서는 개방형 계층 구조가, t년 을국과 t+30년 갑국에서는 폐쇄적 계층 구조가 나타난다.

3.

다음 자료에 대한 분석으로 옳은 것은?

〈자료〉는 모든 부모의 자녀가 1명씩인 갑국과 을국의 부모 세대 계층 인구 대비 자녀 세대 계층 인구의 상대적 비를 나타낸 것이다. 단, 갑국과 을국의 계층은 상층, 중층, 하층으로만 구성되며, 모든 부모의 자녀는 1명씩이다.

〈자료〉

계층	상대적 비	
	갑국	을국
상층	3.0	1.0
중층	0.2	2.0
하층	1.5	0.4

* 부모 세대에서 전체 인구 대비 상층 인구의 비율은 갑국이 10%, 을국이 20%임.

① 갑국에서는 부모 세대와 달리 자녀 세대에서 다이아몬드형 계층 구조가 나타난다.
② 을국에서는 자녀 세대와 달리 부모 세대에서 모래시계형 계층 구조가 나타난다.
③ 갑국 부모 세대의 하층 비율은 을국 자녀 세대의 상층 비율과 같다.
④ 갑국 자녀 세대의 상층 비율은 을국 부모 세대의 중층 비율과 같다.
⑤ 갑국 부모 세대와 을국 자녀 세대에서는 갑국 자녀 세대와 을국 부모 세대와 달리 개방형 계층 구조가 나타난다.

4.

다음 자료에 대한 분석으로 옳은 것은?

표는 갑~병국의 계층 구성 비율을 나타낸 것이다. 갑~병국은 모두 계층을 상층, 중층, 하층으로만 구분하며, A~C는 각각 상층, 중층, 하층 중 하나이다.

구분	갑국	을국	병국
A	10	25	30
B	60	50	20
C	30	25	50

① A가 상층이고 C가 중층이라면, 갑국과 을국의 계층 구조는 모두 피라미드형이다.
② B가 중층이고 C가 상층이라면, 병국의 계층 구조는 을국의 계층 구조와 달리 모래시계형이다.
③ 갑국의 계층 구조가 모래시계형이라면, 을국은 병국과 달리 하층 비율이 가장 높다.
④ 을국의 계층 구조가 다이아몬드형이라면, 상층 비율과 하층 비율의 합은 갑국과 병국이 동일하다.
⑤ 병국의 계층 구조가 피라미드형이라면, 갑국은 을국과 달리 상층 비율이 가장 높다.

5.

다음 자료에 대한 분석으로 옳은 것은? (단, A~C는 각각 상층, 중층, 하층 중 하나임.)

> 자료는 갑국과 을국의 연도에 따른 계층별 비율을 나타낸 것이다. 단, 계층은 A~C로만 구분되며, B에서 A로의 이동과 A에서 C로의 이동은 모두 상승 이동이다.
>
> (단위 : %)
>
> | 구분 | 갑국 | | 을국 | |
> |---|---|---|---|---|
> | | t년 | t+20년 | t년 | t+20년 |
> | A + B | 80 | 70 | 90 | 70 |
> | B + C | 70 | 60 | 60 | 90 |

① t년 갑국 하층 비율은 t+20년 을국 상층 비율과 같다.

② t+20년 갑국 중층 비율은 t년 을국 하층 비율과 같다.

③ t년 갑국과 을국의 계층 구조는 모두 피라미드형이다.

④ t+20년 갑국과 달리 을국의 계층 구조는 다이아몬드형이다.

⑤ t+20년 갑국은 개방적 계층 구조, t년 을국은 폐쇄적 계층 구조를 가진다.

6.

다음 자료에 대한 분석으로 옳은 것은? (단, A~C는 각각 상층, 중층, 하층 중 하나임.)

> 다음 표는 갑~병국의 A~C 비율을 각각 순서 없이 나타낸 것이다. 단, 갑국의 계층 구조는 피라미드형이며, 병국의 계층 구조는 다이아몬드형이다.
>
> (단위 : %)
>
> | | | | |
> |---|---|---|---|
> | A | 50 | 60 | 25 |
> | B | 30 | 25 | 10 |
> | C | 10 | 50 | 40 |

① 을국의 계층 구조는 모래시계형이다.

② 상층 인구 대비 중층 인구의 비율은 갑국이 을국의 2배이다.

③ 하층 인구 대비 상층 인구의 비율은 병국이 갑국의 3배이다.

④ 갑국의 중층 인구 비율은 병국의 상층 인구 비율과 같다.

⑤ 을국의 하층 인구 비율은 갑국의 상층 인구 비율의 2배이다.

7.

다음 자료에 대한 분석으로 옳은 것은? (단, A~C는 각각 상층, 중층, 하층 중 하나임.

표는 갑국의 10년 전 대비 계층별 인구 비율의 변화율을 나타낸 것이다. 단, 갑국의 t년 중층 인구 비율은 상층 인구 비율의 1.5배, 하층 인구 비율의 0.6배이다.

(단위 : %)

구분	A	B	C
t+10년	100	-25	-50
t+20년	-75	100	120

① A는 중층, B는 하층, C는 상층이다.
② t년 중층 인구 비율은 t+20년 상층 인구 비율과 같다.
③ t+10년 하층 인구 비율은 t년 상층 인구 비율과 같다.
④ t+20년은 t+10년과 달리 다이아몬드형 계층 구조를 가진다.
⑤ 상층 인구 비율 대비 하층 인구 비율의 비는 t년이 t+20년의 2배이다.

8.

다음 자료에 대한 분석으로 옳은 것은?

표는 갑국과 을국의 세대 간 계층 이동 현황을 나타낸 것이다. B에서는 상승 이동이, C에서는 하강 이동이 불가능하다. 단, 계층은 A~C로만 구분되고, 이는 각각 상층, 중층, 하층 중 하나이다.

〈갑국〉

구분		부모 세대		
		A	B	C
자녀세대	A	○	○ ○ ○	○
	B		○	○ ○
	C	○ ○ ○ ○ ○		○ ○

〈을국〉

구분		부모 세대		
		A	B	C
자녀세대	A		○	○ ○ ○
	B	○ ○	○ ○	○ ○
	C	○ ○ ○ ○ ○		○ ○ ○ ○

* ○은 해당 계층 사람의 수를 나타낸 것이며, 각 ○가 나타내는 사람의 수는 동일함.

① 갑국의 부모 세대는 자녀 세대와 달리 피라미드형 계층 구조이다.
② 을국의 자녀 세대는 부모 세대와 달리 다이아몬드형 계층 구조이다.
③ 갑국은 을국과 달리 부모가 상층인 자녀 세대 하층 인구가 존재하지 않는다.
④ 갑국에서 부모가 하층인 자녀 세대 상층 인구는 을국에서 부모가 중층인 자녀 세대 하층 인구와 같다.
⑤ 을국에서 부모가 하층인 자녀 세대 중층 인구는 갑국에서 부모가 상층인 자녀 세대 중층 인구와 같다.

9. ●

다음 자료에 대한 분석으로 옳은 것은? (단, A~C는 각각 상층, 중층, 하층 중 하나임.)

표는 갑국과 을국의 계층별 인구 비율을 나타낸 것이다. 단, t년 갑국의 계층 구조는 피라미드형이다.

구분	갑국		을국	
	t년	t+20년	t년	t+20년
$\dfrac{A}{B-C}$	1	-5	1	-2
$\dfrac{C}{B}$	$\dfrac{2}{5}$	$\dfrac{3}{2}$	$\dfrac{4}{5}$	2

① t년 갑국의 중층 인구 비율은 t+20년 을국의 상층 인구 비율과 같다.
② t+20년 갑국의 하층 인구 비율은 t년 을국의 중층 인구 비율의 2배이다.
③ t+20년 갑국은 t년 을국과 달리 모래시계형 계층 구조를 가진다.
④ t년 상층 인구 대비 하층 인구의 비는 을국이 갑국의 2배이다.
⑤ t+20년 중층 인구 대비 상층 인구의 비는 을국이 갑국의 2배이다.

10. ●●

다음 자료에 대한 분석으로 옳은 것은? (단, A~C는 각각 상층, 중층, 하층 중 하나임.)

표는 갑국의 부모 세대와 자녀 세대의 계층 구성 현황을 나타낸 것이다. 갑국의 계층은 상층, 중층, 하층으로만 구성되고, 자녀 세대의 계층 구성비는 상층 : 중층 : 하층 = 2 : 5 : 3이며, 모든 부모의 자녀는 1명씩이다.

부모 세대 계층	A			B			C			계
자녀 세대 계층	A	B	C	A	B	C	A	B	C	
비율(%)	20	5	㉠	㉡	20	10	15	㉢	5	100

① ㉠과 ㉢의 합은 ㉡과 같다.
② 부모 세대 상층 비율은 자녀 세대 하층 비율과 같다.
③ 부모가 하층인 자녀 세대 중층 인구는 부모가 상층인 자녀 세대 하층 인구의 3배이다.
④ 부모가 중층인 자녀 세대 상층 인구는 부모가 하층인 자녀 세대 하층 인구의 0.5배이다.
⑤ 상~하층 중 자녀 세대 인구 대비 계층을 대물림한 인구의 비율이 가장 높은 계층은 중층이다.

11.

다음 자료에 대한 분석으로 옳은 것은? (단, A~C는 각각 상층, 중층, 하층 중 하나임.)

자료는 갑국의 세대 간 계층 이동 현황 중 일부를 나타낸 것이다. 갑국은 계층을 상층, 중층, 하층으로만 구분하며, 모든 부모의 자녀는 1명씩이다. 단, 부모 세대의 계층 구조는 모래시계형이다.

〈갑국의 세대 간 계층 이동 현황〉

(단위 : %)

구분		부모 세대	
		A	C
자녀 세대	A	35	5
	B	15	5

(단위 : %)

구분		부모 세대	
		B	C
자녀 세대	B	10	5
	C	20	10

① 자녀 세대의 계층 구조는 피라미드형이다.
② 부모 세대 중층 인구 비율은 자녀 세대 상층 인구 비율과 같다.
③ 부모 세대 하층 인구 비율은 자녀 세대 하층 인구 비율과 같다.
④ 부모가 상층인 자녀 세대 중층 인구는 부모가 중층인 자녀 세대 인구와 같다.
⑤ 자녀가 하층인 부모 세대 중층 인구는 자녀가 중층인 부모 세대 중층 인구와 같다.

12.

다음 자료에 대한 분석으로 옳은 것은? (단, A~C는 각각 상층, 중층, 하층 중 하나이고, 갑국에서 모든 부모의 자녀는 1명임.)

자료는 갑국에서 세대 간 이동 방향 및 거리에 따라 분류되는 인구가 자녀 세대 인구에서 차지하는 비율을 나타낸 것이다.

(단위 : %)

구분		세대 간 이동 방향 및 거리					계
		-2	-1	0	1	2	
자녀 계층	A	0	7	12	25	0	44
	B	0	0	3	10	13	26
	C	5	10	15	0	0	30
계		5	17	27	35	13	100

* 세대 간 이동 방향은 부모의 계층에 따라 자녀의 계층이 높은 경우 '+', 낮은 경우 '−'로 나타냄.
** 세대 간 이동 거리는 부모의 계층으로부터 자녀의 계층이 몇 단계 떨어져 있는지를 나타내는데, 예를 들어 부모가 하층, 자녀가 상층이면 세대 간 이동 거리는 2임.

① 부모 세대의 계층 구조는 모래시계형이다.
② 부모가 하층이 아닌 자녀 세대 하층 인구는 부모가 하층인 자녀 세대 하층 인구와 같다.
③ 부모가 상층이 아닌 자녀 세대 상층 인구는 부모가 하층인 자녀 세대 중층 인구와 같다.
④ 부모 세대 계층 대비 계층 대물림 인구의 비는 상~하층 중 상층에서 가장 낮고, 하층에서 가장 높다.
⑤ 자녀 세대 계층 대비 계층 대물림 인구의 비는 상~하층 중 상층에서 가장 낮고, 중층에서 가장 높다.

13.

••

다음 자료에 대한 분석으로 옳은 것은? (단, A~C는 각각 상층, 중층, 하층 중 하나이며, 다른 계층은 존재하지 않음.)

자료는 연령이 50세인 갑~정의 사회 이동과 그들이 속한 국가의 현재 계층 비율을 조사한 결과이다. 세대 간 이동은 (가)와 (다), 세대 내 이동은 (나)와 (다)를 통해 판단한다. 단, 병이 속한 국가는 모래시계형 계층 구조가 나타난다.

〈갑~정의 사회 이동 양상〉

구분	갑	을	병	정
(가) 부모의 계층	C	B	A	B
(나) 30년 전 본인 계층	A	C	C	A
(다) 현재 본인 계층	B	B	A	C

〈갑~정이 속한 국가의 현재 계층 비율〉

(단위 : %)

구분	A	B	C
갑이 속한 국가	30	20	50
을이 속한 국가	50	25	25
병이 속한 국가	10	30	60
정이 속한 국가	20	50	30

① 갑이 속한 국가는 을이 속한 국가에 비해 사회 통합에 유리한 계층 구조가 나타난다.
② 정이 속한 국가는 피라미드형 계층 구조가 나타난다.
③ 갑과 달리 을은 세대 내 상승 이동을 하였다.
④ 을과 달리 병은 세대 내 하강 이동을 하였다.
⑤ 병과 달리 정은 세대 간 하강 이동을 하였다.

14.

••

다음 자료에 대한 분석으로 옳은 것은? (단, 계층은 상층, 중층, 하층으로만 구성됨.)

그림은 갑국과 을국의 자녀 세대를 대상으로 본인의 계층과 본인의 부모 계층을 전수 조사한 것이다. 부모 세대에서 부부의 계층은 동일하며, 모든 부모의 자녀는 1명씩이다. 단, 표에서 가로 칸은 부모 세대 계층을, 세로 칸은 자녀 세대 계층을 나타낸다.

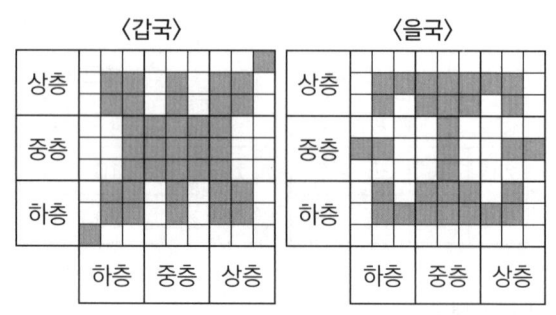

* 음영 부분 면적의 크기는 사람 수에 비례하며, 각 칸의 면적은 동일하다.

① 갑국에서 부모가 상층인 자녀 세대 중층 인구는 을국에서 부모가 하층인 자녀 세대 상층 인구와 같다.
② 을국에서 부모가 중층인 자녀 세대 하층 인구는 갑국에서 부모가 하층인 자녀 세대 중층 인구와 같다.
③ 갑국에서 부모가 중층인 자녀 세대 인구는 을국에서 본인이 상층인 자녀 세대 인구와 같다.
④ 을국에서 본인이 하층인 자녀 세대 인구는 갑국에서 본인이 상층인 자녀 세대 인구와 같다.
⑤ 갑국은 을국과 달리 부모의 계층을 대물림한 자녀 세대 인구가 상~하층 중 하층에서 가장 많다.

15.

●●

다음 자료에 대한 분석으로 옳은 것은?

갑국의 계층은 상층, 중층, 하층으로만 구분되고, 모든 부모의 자녀는 1명씩이다. 갑국에서는 세대 간 이동 양상을 파악하기 위한 조사를 하였는데, 그 결과는 표와 같다.

(단위 : %)

구분	계층 구성 비율		계층 세습률
	부모 세대	자녀 세대	
상층	30	25	40
중층	50	25	60
하층	20	50	40

* 계층 세습률(%) = (부모와 계층이 일치하는 자녀 인구 / 해당 계층 자녀 인구) × 100

① 부모와 계층이 일치하지 않는 자녀 인구가 부모와 계층이 일치하는 자녀 인구보다 적다.
② 세대 간 하강 이동을 한 자녀 인구는 세대 간 상승 이동을 한 자녀 인구의 3배이다.
③ 부모가 상층인 중층 자녀 인구는 부모가 상층인 하층 자녀 인구와 같다.
④ 부모가 중층인 상층 자녀 인구는 부모가 중층인 하층 자녀 인구와 같다.
⑤ 부모 세대 계층 인구 대비 부모와 계층이 일치하는 자녀 인구의 비율은 하층이 가장 높고, 상층이 가장 낮다.

16.

●●

다음 자료에 대한 분석으로 옳은 것은? (단, A~C는 각각 상층, 중층, 하층 중 하나임.)

갑국의 계층은 상층, 중층, 하층으로만 구성되며, 모든 부모의 자녀는 1명씩이다. 〈자료 1〉은 부모 세대와 자녀 세대의 계층별 인구 비율을 나타낸 것이고, 〈자료 2〉는 자녀 세대 계층 인구 대비 세대 간 상승 이동을 한 인구와 세대 간 하강 이동을 한 인구 비율을 나타낸 것이다.

〈자료 1〉

(단위 : %)

구분	A	B	C
부모 세대	30	50	20
자녀 세대	30	30	40

〈자료 2〉

(단위 : %)

구분	세대 간 이동을 경험한 인구 비율	
	상승 이동	하강 이동
A	40	0
B	0	20
C	45	15

① 세대 간 상승 이동을 한 자녀 세대 인구는 세대 간 하강 이동을 한 자녀 세대 인구의 2.5배이다.
② 부모가 하층인 인구 중 세대 간 이동을 한 자녀 세대 인구는 부모가 상층인 인구 중 세대 간 이동을 한 자녀 세대 인구의 2배이다.
③ 부모 세대 계층 대비 계층을 대물림한 자녀 세대 인구의 비율은 상층이 가장 높고, 하층이 가장 낮다.
④ 부모가 중층인 자녀 세대 상층 인구와 부모가 상층인 자녀 세대 하층 인구는 같다.
⑤ 부모가 하층인 자녀 세대 중층 인구는 부모가 상층인 자녀 세대 중층 인구의 4배이다.

17.
●●

다음 자료에 대한 분석으로 옳은 것은? (단, A~C는 각각 상층, 중층, 하층 중 하나임.)

다음은 갑국의 세대별 계층 구성 현황과 세대 간 이동 현황의 일부를 나타낸 것이다. 자녀 세대 전체 인구 중 부모와 계층이 일치하는 비율은 50%이며, A에서 C로의 이동과 C에서 B로의 이동은 모두 상승 이동이다. 단, 모든 부모의 자녀는 1명씩이다.

〈자료 1〉 세대별 계층 구성 현황

(단위 : %)

구분	A	B	C
부모 세대	30	30	40
자녀 세대	50	20	30

〈자료 2〉 자녀 세대 해당 계층 인구 대비 세대 간 이동 인구 현황

(단위 : %)

부모 세대 계층	자녀 세대 계층	이동 비율(%)
A	B	25
C	B	25
C	A	40

① 부모가 중층인 상층 자녀 인구는 부모가 상층인 하층 자녀 인구와 같다.

② 부모가 중층인 하층 자녀 인구는 부모가 상층인 중층 자녀 인구와 같다.

③ 부모 세대 계층 인구 대비 부모와 계층이 일치하는 자녀 세대 계층 인구의 비는 상층과 중층이 같다.

④ 부모와 계층이 일치하는 자녀 세대 계층 인구는 하층이 상층의 2배이다.

⑤ 세대 간 하강 이동을 한 자녀 세대 인구는 세대 간 상승 이동을 한 자녀 세대 인구의 2배이다.

18.
●●

다음 자료에 대한 분석으로 옳은 것은?

〈조건〉
1. 갑국 t년의 중층 인구는 상층 인구의 3배, 하층 인구의 0.5배이다.
2. A 시기는 t년 대비 t+30년, B 시기는 t+30년 대비 t+50년으로 계층별 인구 변화 양상을 예측하여 나타낸다.
3. 갑국은 계층을 상층, 중층, 하층으로만 구분한다.

〈A 시기와 B 시기의 계층별 인구 변화 양상 예측〉

구분	A 시기	B 시기
하층 인구 비율	감소	변화 없음
중층 인구 대비 상층 인구 비율	증가	감소
전체 인구	감소	증가

① A 시기에는 상층 인구 수가 증가할 것이다.

② B 시기에는 중층 인구 수가 증가할 것이다.

③ t+30년은 모래시계형 계층 구조일 것이다.

④ t+50년은 다이아몬드형 계층 구조일 것이다.

⑤ 하층 인구 수는 A 시기와 B 시기에 모두 감소할 것이다.

19.

다음 자료에 대한 옳은 분석만을 〈보기〉에서 있는 대로 고른 것은?

〈세대별 계층 구성 비율의 상대적 비〉

구분	상층 + 중층	중층 + 하층	상층 + 하층
부모 세대	7	8	5
자녀 세대	5	9	6

〈부모 세대 계층 대비 세대 간 계층 일치 현황〉

(단위 : %)

구분	상층	중층	하층
해당 계층 대비 계층 일치 비율	50	32	40

* 모든 부모의 자녀는 1명이고, 계층은 상층, 중층, 하층으로만 구분함.

─〈보 기〉─

ㄱ. 자녀 세대와 부모 세대의 상층 비율은 같다.
ㄴ. 부모가 하층인 자녀 세대 중층 비율은 부모가 상층인 자녀 세대 하층 비율의 4배이다.
ㄷ. 부모가 중층인 자녀 세대 상층 인구와 부모가 하층인 자녀 세대 상층 인구는 모두 존재하지 않는다.
ㄹ. 자녀 세대 계층 대비 세대 간 계층 일치 비율은 상층이 가장 높고, 하층이 가장 낮다.

① ㄱ, ㄴ　　　② ㄴ, ㄷ　　　③ ㄷ, ㄹ
④ ㄱ, ㄴ, ㄷ　　　⑤ ㄴ, ㄷ, ㄹ

20.

다음 자료에 대한 옳은 분석만을 〈보기〉에서 있는 대로 고른 것은? (단, 갑국의 계층은 상층, 중층, 하층으로만 구분됨.)

다음은 갑국의 부모 세대와 자녀 세대의 계층별 비율과 계층 이동 현황을 나타낸 것이다. 단, 모든 부모의 자녀는 1명씩이며, 부모가 상층인 중층 자녀는 존재하지 않는다.

〈세대에 따른 계층별 비율〉

(단위 : %)

구분	상층	중층	하층
부모 세대	10	40	50
자녀 세대	20	50	30

〈자녀 세대 계층 대물림 및 이동 인구 비율〉

(단위 : %)

구분	상층	하층
중층 대물림 인구 대비 해당 계층 대물림 인구 비율	25	75
중층 이동 인구 대비 해당 계층 이동 인구 비율	50	50

─〈보 기〉─

ㄱ. 부모 세대 계층 대비 계층 대물림 자녀 인구 비율은 하층이 가장 높다.
ㄴ. 부모가 하층인 자녀 세대 상층 인구는 부모가 상층인 자녀 세대 하층 인구와 같다.
ㄷ. 부모가 중층인 자녀 세대 상층 인구는 부모가 중층인 자녀 세대 하층 인구와 같다.
ㄹ. 자녀 세대 중층 대물림 인구는 자녀 세대 상층 인구와 같다.

① ㄱ, ㄴ　　　② ㄴ, ㄷ　　　③ ㄷ, ㄹ
④ ㄱ, ㄴ, ㄷ　　　⑤ ㄴ, ㄷ, ㄹ

21. ••

다음 자료에 대한 분석으로 옳은 것은?

> 표는 갑국과 을국의 세대 간 계층 이동 현황을 나타낸 것이다. 을국 자녀 세대의 계층 구조는 피라미드형 계층 구조이다. 단, 계층은 A, B, C로만 구분하고, A~C는 각각 상층, 중층, 하층 중 하나이다.

〈갑국〉

구분	부모 세대		
	A	B	C
자녀세대 A	■	□	□ □
자녀세대 B	□ □	□	□
자녀세대 C	■	□ □	■ □ □

〈을국〉

구분	부모 세대		
	A	B	C
자녀세대 A	□ □	□	■ □ □
자녀세대 B	□	□	□
자녀세대 C	□ □	□ □	■ □

* ■과 □는 해당 계층 사람의 수를 나타낸 것이며, ■가 나타내는 사람의 수는 □가 나타내는 사람의 수의 5배임.

① 갑국의 자녀 세대 계층 구조는 부모 세대 계층 구조와 달리 다이아몬드형 계층 구조이다.

② 갑국의 부모 세대 하층 인구수는 을국의 부모 세대 중층 인구수와 같다.

③ 갑국과 달리 을국에서 자녀 세대 인구 대비 계층 대물림 인구 비는 상~하층 중 중층이 가장 높다.

④ 갑국에서 부모가 중층인 자녀 세대 상층 인구는 을국에서 부모가 상층인 자녀 세대 중층 인구와 같다.

⑤ 을국에서 부모가 하층인 자녀 세대 중층 인구는 갑국에서 부모가 중층인 자녀 세대 하층 인구와 같다.

22. ••

다음 자료에 대한 분석으로 옳은 것은? (단, A~C는 각각 상층, 중층, 하층 중 하나임.)

> 표는 갑국에서 부모 세대와 자녀 세대 간 계층 이동의 결과로 형성된 자녀 세대의 계층 구조를 나타낸 것이다. 부모 세대에서 부부의 계층은 동일하고, 모든 부모의 자녀는 1명씩이다. 단, 부모 세대는 피라미드형 계층 구조이며, 부모가 상층인 자녀 중 세대 간 이동 거리가 1인 인구와 2인 인구는 동일하다.

A	B	C
□ □ □ □ □ ▨ ■	□ □ □ □ ▨ ■ ■	□ □ □ □ □ □ ▨ ▨ ▨

* 네모(□, ▨, ■)는 사람의 수를 나타낸 것이며, 네모 한 개가 나타내는 사람의 수는 동일함.

** □는 세대 간 이동 거리가 0, ▨는 세대 간 이동 거리가 1, ■는 세대 간 이동 거리가 2인 사람을 나타냄.

*** 세대 간 이동 거리는 동일 계층 간에는 0, 상층과 중층, 중층과 하층 간에는 1이고 상층과 하층 간에는 2임.

① 부모 세대 중층 비율은 자녀 세대 상층 비율과 같다.

② 자녀 세대 하층 비율은 부모 세대 상층 비율과 같다.

③ 상승 이동한 자녀 세대 상층 인구는 하강 이동한 자녀 세대 하층 인구와 동일하다.

④ 상승 이동한 자녀 세대 중층 인구는 하강 이동한 자녀 세대 중층 인구와 동일하다.

⑤ 부모 세대 계층 인구 대비 계층을 대물림한 자녀 세대 계층 인구의 비는 중층이 가장 크고, 하층이 가장 작다.

23.

다음 자료에 대한 분석으로 옳은 것은?

다음은 ○○국 시기별 계층 구성 비율의 비와 연령이 50 대인 갑~무의 사회 이동 결과를 세대 간 이동과 세대 내 이동으로 구분하여 나타낸 것이다. 단, 세대 간 이동은 부모 계층과 본인의 현재 계층 비교로, 세대 내 이동은 본인의 25년 전 계층과 현재 계층 비교로 판단한다. A~C는 각각 상층, 중층, 하층 중 하나이다.

〈자료 1〉 시기별 계층 구성 비율의 비

구분	t-50년	t-25년	t년
$\dfrac{B}{A+C}$	$\dfrac{1}{9}$	$\dfrac{3}{7}$	$\dfrac{3}{7}$
$\dfrac{C}{A}$	2	$\dfrac{5}{2}$	$\dfrac{2}{5}$

〈자료 2〉 갑~무의 사회 이동 결과

구분	부모 계층 (t-50년)			구분	본인의 25년 전 계층 (t-25년)		
	A	B	C		A	B	C
본인의 현재 계층 (t년) — A	갑	병		본인의 현재 계층 (t년) — A	병	갑	
본인의 현재 계층 (t년) — B	을		정	본인의 현재 계층 (t년) — B	정	을	
본인의 현재 계층 (t년) — C		무		본인의 현재 계층 (t년) — C			무

* t-50년은 피라미드형 계층 구조를 가짐.

① t-25년 중층 비율은 t년 하층 비율의 2.5배이다.
② t-25년은 다이아몬드형, t년은 모래시계형 계층 구조이다.
③ 갑은 세대 내 하강 이동을, 을은 세대 간 하강 이동을 하였다.
④ 병은 세대 간 하강 이동을, 정은 세대 내 하강 이동을 하였다.
⑤ 무는 세대 내 이동과 달리 세대 간 이동에서 하강 이동을 하였다.

24.

다음 자료에 대한 분석으로 옳은 것은?

다음은 갑국의 부모 세대와 자녀 세대의 계층을 조사하여 분석한 결과이다. 단, 계층은 상층, 중층, 하층으로만 구분하며, 모든 부모의 자녀는 1명씩이다.

〈전체 자녀 중 부모와 계층이 일치하는 자녀 비율〉

(단위 : %)

부모와 자녀가 모두 상층인 경우	10
부모와 자녀가 모두 중층인 경우	20
부모와 자녀가 모두 하층인 경우	25

〈자녀 세대 계층 대비 계층 불일치 비율〉

(단위 : %)

상층	60
중층	㉠
하층	0

* 부모가 중층인 자녀 세대 상층 비율과 부모 세대 상층 비율은 부모가 상층인 자녀 세대 중층 비율의 3배임.

① ㉠에 들어갈 값은 '50'이다.
② 부모 세대는 자녀 세대와 달리 다이아몬드형 계층 구조이다.
③ 세대 간 상승 이동 비율은 세대 간 하강 이동 비율의 8배이다.
④ 부모가 중층인 상층 자녀 인구와 부모가 하층인 중층 자녀 인구는 같다.
⑤ 부모 세대 계층 대비 계층 일치 자녀 인구 비율은 상층이 가장 높고, 중층이 가장 낮다.

25.

●●

다음 자료에 대한 분석으로 옳은 것은? (단, A~C는 각각 상층, 중층, 하층 중 하나임.)

〈세대 간 계층 구성 비율의 상대적 비〉

구분	A	B	C
부모 세대 해당 계층 대비 자녀 세대 해당 계층의 상대적 비	1.5	1.0	0.7

〈세대 간 계층 이동 현황〉

(단위 : %)

구분	A	B	C
부모 세대 해당 계층 대비 부모와 자녀의 계층 불일치 비율	40	50	34

* 모든 부모의 자녀는 1명이고, 부모 세대의 계층 구조는 피라미드 형임.
** 부모 세대에서 A의 계층 구성 비율은 전체 인구의 30%임.

① 자녀 세대의 계층 구조는 모래시계형이다.
② 자녀 세대 계층 대비 계층 대물림 비율은 하층이 가장 높고 상층이 가장 낮다.
③ 부모 세대 계층 대비 계층 대물림 비율은 하층이 가장 높고 중층이 가장 낮다.
④ 부모가 중층인 상층 자녀 인구는 부모가 상층인 중층 자녀 인구와 같다.
⑤ 부모가 하층인 중층 자녀 인구는 부모가 중층인 하층 자녀 인구의 9배이다.

26.

●●

다음 자료에 대한 옳은 분석만을 〈보기〉에서 있는 대로 고른 것은? (단, 모든 부모의 자녀는 1명씩임.)

〈자료 1〉 세대별 계층 구성 현황

갑국의 부모 세대 하층 비율과 자녀 세대 중층 비율은 모두 부모 세대 상층 비율과 자녀 세대 하층 비율의 2.5배이다. 중층 비율과 상층 비율 간 차이는 자녀 세대가 부모 세대의 2배이다.

〈자료 2〉 자녀 세대 해당 계층 대비 부모와 자녀의 계층 일치 비율 현황

(단위 : %)

상층	중층	하층
40	20	30

* 부모가 하층인 자녀 세대 상층 인구와 부모가 상층인 자녀 세대 하층 인구는 같음.

─〈보 기〉─

ㄱ. 부모 세대는 자녀 세대와 달리 다이아몬드형 계층 구조이다.
ㄴ. 부모가 중층인 자녀 세대 하층 인구는 부모가 상층인 자녀 세대 중층 인구의 4배이다.
ㄷ. 부모 세대 해당 계층 대비 부모와 자녀의 계층 일치 비율은 상층이 가장 높고, 하층이 가장 낮다.
ㄹ. 세대 간 상승 이동을 한 자녀 인구는 세대 간 하강 이동을 한 자녀 인구의 3배 이상이다.

① ㄱ, ㄴ
② ㄴ, ㄷ
③ ㄷ, ㄹ
④ ㄱ, ㄴ, ㄷ
⑤ ㄴ, ㄷ, ㄹ

27.   ●●●

다음 자료에 대한 분석으로 옳은 것은?

> 갑국의 계층은 상층, 중층, 하층으로만 구성되며, A~C는 각각 상층, 중층, 하층 중 하나이다. 하층 부모를 둔 중층 자녀의 수는 상층 부모의 수와 같다. 단, 모든 부모의 자녀는 1명씩이다.
>
> 〈부모·자녀 세대 계층 간 상대적 비〉
>
> | 구분 | $\dfrac{B}{A+C}$ | $\dfrac{C}{A}$ |
> |---|---|---|
> | 부모 세대 | $\dfrac{1}{4}$ | 1 |
> | 자녀 세대 | $\dfrac{3}{7}$ | $\dfrac{2}{5}$ |
>
> 〈부모 세대 계층별 세대 간 계층 이동 결과〉
>
> | 부모 세대 계층 | A | B | C |
> |---|---|---|---|
> | 자녀보다 계층이 높은 비율 | 15 | 50 | 0 |
> | 자녀보다 계층이 낮은 비율 | 25 | 0 | 75 |

① 부모 세대는 자녀 세대와 달리 피라미드형 계층 구조이다.
② 중층 부모를 둔 상층 자녀의 수는 하층 부모를 둔 상층 자녀의 수와 같다.
③ 상층 부모를 둔 중층 자녀의 수는 중층 부모를 둔 하층 자녀의 수의 2배이다.
④ 부모의 계층을 대물림한 자녀 세대 계층별 인구 수는 중층이 상층의 2배이다.
⑤ 자녀 세대 계층 대비 부모의 계층을 대물림한 자녀 수의 비율은 상층과 하층이 같다.

28.   ●●●

다음 자료에 대한 옳은 분석만을 〈보기〉에서 있는 대로 고른 것은? (단, A~C는 각각 상층, 중층, 하층 중 하나임.)

> 다음은 갑국의 부모 세대와 자녀 세대의 계층별 비율과 계층 이동 비율을 나타낸 것이다. 단, 갑국은 상층, 중층, 하층으로만 계층이 구분되며, 모든 부모의 자녀는 1명이다.
>
> 〈부모 세대와 자녀 세대의 계층별 비율〉
>
> (단위 : %)
>
> | 구분 | A - B | B - C |
> |---|---|---|
> | 부모 세대 | -10 | 10 |
> | 자녀 세대 | -5 | 15 |
>
> 〈자녀 세대 계층 대비 계층 이동 비율〉
>
> | 계층 | A | | B | | C | |
> |---|---|---|---|---|---|---|
> | 이동 방향 | 상승 | 하강 | 상승 | 하강 | 상승 | 하강 |
> | 비율(%) | 0 | 60 | 25 | 25 | 76 | 0 |

〈 보 기 〉

ㄱ. 부모 세대와 자녀 세대의 중층 비율은 같다.
ㄴ. 부모가 하층인 자녀 세대 상층 인구는 부모가 중층인 자녀 세대 하층 인구보다 적다.
ㄷ. 부모가 중층인 자녀 세대 상층 인구는 부모가 상층인 자녀 세대 중층 인구보다 많다.
ㄹ. 부모 세대 계층 대비 부모와 자녀 간 계층 일치 비율은 중층이 상층의 2배이다.

① ㄱ, ㄴ   ② ㄴ, ㄷ   ③ ㄷ, ㄹ
④ ㄱ, ㄴ, ㄷ   ⑤ ㄴ, ㄷ, ㄹ

29.
●●●

다음 자료에 대한 옳은 분석만을 〈보기〉에서 있는 대로 고른 것은?

갑국의 계층은 상층, 중층, 하층으로만 구분되며, A~C는 각각 상층, 중층, 하층 중 하나이다. 부모 세대에서 C의 비율은 B의 비율의 0.6배, A의 비율의 1.5배이다. 단, 모든 부모의 자녀는 1명씩이다.

〈부모 세대와 자녀 세대 간 계층 이동 현황〉

(단위 : %)

구분	A	B	C
부모 세대 계층 대비 자녀 세대와의 계층 일치 비율	85	18	40
자녀 세대 계층 대비 부모 세대와의 계층 불일치 비율	66	70	40

* 갑국 자녀 세대는 피라미드형 계층 구조를 가짐.

─〈보 기〉─

ㄱ. 부모 세대 상층 비율은 자녀 세대 중층 비율과 같다.

ㄴ. 부모가 상층인 자녀 세대 중층 비율은 부모가 하층인 자녀 세대 중층 비율의 6배이다.

ㄷ. 부모가 중층인 자녀 세대 하층 비율은 부모가 하층인 자녀 세대 하층 비율의 2배 미만이다.

ㄹ. 세대 간 하강 이동을 한 자녀 세대 인구는 세대 간 상승 이동을 한 자녀 세대 인구의 5배이다.

① ㄱ, ㄴ   ② ㄴ, ㄷ   ③ ㄷ, ㄹ

④ ㄱ, ㄴ, ㄷ   ⑤ ㄴ, ㄷ, ㄹ

30.
●●●

다음 자료에 대한 분석으로 옳은 것은? (단, A~C는 각각 상층, 중층, 하층 중 하나임.)

다음은 모든 부모의 자녀가 1명인 갑국의 세대별 계층 구성과 세대 간 계층 이동 현황을 조사한 것이다. 부모 세대는 피라미드형 계층 구조이고, 자녀 세대에서 A의 비율은 30%이다. 단, 중층 부모를 둔 상층 자녀는 존재하지 않는다.

〈자녀 세대 계층 대비 부모 세대 계층의 상대적 비〉

계층	A	B	C
상대적 비	0.5	2.5	0.7

〈부모와 계층이 일치하는 자녀 수의 상대적 비〉

구분	상대적 비
부모와 계층이 일치하는 C 자녀 수 / 부모와 계층이 일치하는 A 자녀 수	3
부모와 계층이 일치하는 C 자녀 수 / 부모와 계층이 일치하는 B 자녀 수	3

* 세대 간 계층의 불일치 비율과 일치 비율은 같음.

① 갑국의 자녀 세대는 모래시계형 계층 구조이다.

② 하층 부모를 둔 상층 자녀 수와 하층 부모를 둔 중층 자녀 수는 같다.

③ 중층 부모를 둔 하층 자녀 수는 상층 부모를 둔 하층 자녀 수의 2배이다.

④ 자녀 세대 계층 대비 부모와 계층이 일치하는 자녀 수의 비율은 중층이 가장 높고, 하층이 가장 낮다.

⑤ 부모 세대 계층 대비 부모와 계층이 일치하는 자녀 수의 비율은 중층이 가장 높고, 상층이 가장 낮다.

31.

●●●

다음 자료에 대한 옳은 분석만을 〈보기〉에서 있는 대로 고른 것은? (단, A~C는 각각 상층, 중층, 하층 중 하나임.)

〈자료 1〉은 갑국의 세대별 계층 간 상대적 비를 나타낸 것이며, 〈자료 2〉는 갑국의 자녀 세대에서 부모와 계층이 일치하는 사람 대비 일치하지 않는 사람의 비를 나타낸 것이다. 단, 갑국의 계층은 상층, 중층, 하층으로만 구분하며, 모든 부모의 자녀는 1명씩이다.

〈자료 1〉

(단위 : %)

구분	부모 세대	자녀 세대
$\dfrac{C}{A+B}$	$\dfrac{1}{9}$	$\dfrac{3}{7}$
$\dfrac{B+C}{A}$	$\dfrac{3}{2}$	1

〈자료 2〉

구분	A	B	C
비	1	0.25	2

* 갑국의 부모 세대는 피라미드형 계층 구조를 가짐.

──────〈보 기〉──────

ㄱ. 자녀 세대 상층 비율과 부모 세대 중층 비율은 같다.

ㄴ. 부모와 계층이 일치하지 않는 자녀 세대 상층 인구는 부모가 상층인 자녀 세대 인구의 2배이다.

ㄷ. 부모가 상층인 자녀 세대 중층 인구와 부모가 상층인 자녀 세대 하층 인구는 모두 없다.

ㄹ. 자녀 세대 인구 중 세대 간 상승 이동을 한 인구는 세대 간 하강 이동을 한 인구의 10배이다.

① ㄱ, ㄴ   ② ㄴ, ㄷ   ③ ㄷ, ㄹ
④ ㄱ, ㄴ, ㄷ   ⑤ ㄴ, ㄷ, ㄹ

32.

●●●

다음 자료에 대한 분석으로 옳은 것은? (단, 모든 부모의 자녀는 1명씩임.)

갑국의 계층은 상층, 중층, 하층으로만 구성되며, A~C는 각각 상층, 중층, 하층 중 하나이다.

〈부모·자녀 세대 계층 간 상대적 비〉

구분	부모 세대	자녀 세대
A : (B + C)	1 : 1	1 : 4
C : (A + B)	1 : 4	1 : 1

〈부모 세대 계층별 세대 간 이동 결과〉

(단위 : %)

구분	A	B	C
부모 세대 해당 계층 대비 자녀보다 계층이 높은 비율	6	0	40
부모 세대 해당 계층 대비 자녀보다 계층이 낮은 비율	64	20	0

① 자녀 세대는 부모 세대와 달리 다이아몬드형 계층 구조이다.

② 부모 세대 상층 비율은 자녀 세대 하층 비율과 같다.

③ 부모가 중층인 자녀 세대 하층 인구는 부모가 상층인 자녀 세대 하층 인구와 같다.

④ 부모가 하층인 자녀 세대 중층 인구와 부모가 상층인 자녀 세대 중층 인구는 모두 존재하지 않는다.

⑤ 자녀 세대 계층 대비 계층 대물림 인구 비율은 중층이 가장 높고, 상층이 가장 낮다.

33.

●●●

다음 자료에 대한 분석으로 옳은 것은? (단, A~C는 각각 상층, 중층, 하층 중 하나이며, 모든 부모의 자녀는 1명씩임.)

〈자료 1〉은 갑국의 자녀 세대에서 세대 간 하강 이동한 인구가 해당 계층 인구에서 차지하는 비율을, 〈자료 2〉는 갑국의 자녀 세대에서 세대 간 이동 거리에 따른 각 인구가 해당 계층 인구에서 차지하는 비율을 나타낸 것이다. 또한 갑국 자녀 세대에서 A와 C의 비율은 B의 비율의 2배이다.

〈자료 1〉

(단위 : %)

자녀 세대 계층	A	B	C
세대 간 하강 이동한 인구 비율	30	0	60

〈자료 2〉

자녀 세대 계층	세대 간 이동 거리에 따른 인구 비율	
	1	2
A	50	0
B	30	30
C	35	25

* 세대 간 이동 거리는 자녀가 부모의 계층으로부터 몇 단계 이동했는지를 의미함. 예를 들어 부모가 상층이고 자녀가 하층이라면 자녀의 세대 간 이동 거리는 2임.

① 부모가 상층인 자녀 세대 중층 인구는 부모가 중층인 자녀 세대 상층 인구의 2배이다.

② 부모가 중층인 자녀 세대 하층 인구는 부모가 하층인 자녀 세대 중층 인구의 2배이다.

③ 자녀 세대 인구 중 부모와 계층이 일치하는 인구가 일치하지 않는 인구보다 많다.

④ 세대 간 하강 이동을 한 자녀 세대 인구는 세대 간 상승 이동을 한 자녀 세대 인구의 2배이다.

⑤ 부모 세대 계층 대비 계층을 대물림한 자녀 세대 인구의 비율은 하층이 가장 높고, 중층이 가장 낮다.

34.

●●●

다음 자료에 대한 분석으로 옳은 것은? (단, 모든 부모의 자녀는 1명이고, 갑국의 계층은 상층, 중층, 하층으로만 구분함.)

표는 갑국 세대별 계층의 상대적 비율과 세대 간 계층 이동 현황을 나타낸 것이다. 단, 자녀 세대 상층 인구 중 부모가 중층인 인구는 부모가 하층인 인구의 2배이다.

〈세대별 계층의 상대적 비율〉

(단위 : %)

구분	부모 세대	자녀 세대
$\frac{하층}{상층 + 중층}$	㉠	$\frac{1}{3}$
$\frac{상층}{중층 + 하층}$	$\frac{1}{4}$	㉡

〈세대 간 계층 이동 현황〉

(단위 : %)

구분	상층	중층	하층
부모 계층 대비 부모와 자녀의 계층 일치 비율	50	㉢	40
자녀 계층 대비 부모와 자녀의 계층 불일치 비율	60	64	20

① ㉠에 들어갈 값은 ㉡에 들어갈 값과 같다.

② ㉢에 들어갈 값은 '60'이다.

③ 부모와 계층이 일치하지 않는 자녀 인구가 일치하는 자녀 인구보다 적다.

④ 부모가 하층인 자녀 세대 상층 인구는 부모가 상층인 자녀 세대 하층 인구와 같다.

⑤ 부모가 중층인 자녀 세대 상층 인구는 부모가 중층인 자녀 세대 하층 인구의 4배이다.

35.

●●●●

다음 자료에 대한 분석으로 옳은 것은? (단, A~C는 각각 상층, 중층, 하층 중 하나임.)

> 표는 갑국과 을국의 세대 간 계층 이동 현황을 나타낸 것이다. 두 국가의 계층은 상층, 중층, 하층으로만 구성되며, 모든 부모의 자녀는 1명씩이다. 표에서 ■은 자녀 수를 나타낸 것으로, 각 ■의 면적은 동일하다. 단, 갑국 부모 세대에서 중층 인구와 하층 인구는 같고, 을국 부모 세대에서 상층 인구와 하층 인구는 같다.

구분		계층		
		A	B	C
갑국	세대 간 상승 이동 자녀 수	■■■ ■■	■■■	
	세대 간 계층 대물림 자녀 수	■■ ■■	■	■■ ■■
	세대 간 하강 이동 자녀 수	■		■■
을국	세대 간 상승 이동 자녀 수	■■■	■■ ■	
	세대 간 계층 대물림 자녀 수	■■ ■■	■■	■■■
	세대 간 하강 이동 자녀 수	■		■■■

① 갑국에서 부모가 중층인 자녀 세대 상층 인구는 을국에서 부모가 하층인 자녀 세대 중층 인구와 같다.

② 을국에서 부모가 상층인 자녀 세대 하층 인구는 갑국에서 부모가 중층인 자녀 세대 하층 인구와 같다.

③ 갑국에서 자녀 세대 중층 인구 대비 계층 대물림 인구의 비율은 자녀 세대 상층 인구 대비 계층 대물림 인구의 비율의 2배이다.

④ 을국에서 부모 세대 중층 인구 대비 계층 대물림 인구의 비율은 부모 세대 하층 인구 대비 계층 대물림 인구의 비율의 2배이다.

⑤ 갑국에서 부모 세대의 상층 인구 비율은 을국에서 자녀 세대의 하층 인구 비율의 0.5배이다.

36.

●●●●

다음 자료에 대한 분석으로 옳은 것은? (단, A~C는 각각 상층, 중층, 하층 중 하나임.)

> 〈자료 1〉은 각 사회에 따른 세대별 계층 구성 현황을, 〈자료 2〉는 각 사회에 따른 부모 세대 계층 인구 대비 부모와 계층이 일치하는 자녀 세대 계층 인구 비율 현황을 나타낸 것이다. 단, 모든 부모의 자녀는 1명씩이다.

〈자료 1〉

(단위 : %)

구분	(가) 사회		(나) 사회	
	부모 세대	자녀 세대	부모 세대	자녀 세대
A + B	50	60	70	60
B + C	80	90	80	80

〈자료 2〉

(단위 : %)

구분	(가) 사회	(나) 사회
A	50	85
B	60	20
C	40	10

* (가) 사회의 자녀 세대는 피라미드형 계층 구조를 가짐.

① (가) 사회의 부모 세대 중층 인구 비율은 (나) 사회의 자녀 세대 중층 인구 비율과 같다.

② (나) 사회의 부모 세대와 자녀 세대는 모두 피라미드형 계층 구조를 가진다.

③ (가) 사회에서 부모가 하층인 자녀 세대 중층 인구 비율은 (나) 사회에서 부모가 상층인 자녀 세대 하층 인구 비율의 4배이다.

④ (나) 사회에서 부모가 하층인 자녀 세대 하층 인구 비율은 (가) 사회에서 부모가 상층인 자녀 세대 중층 인구 비율과 같다.

⑤ (가) 사회는 (나) 사회와 달리 자녀 세대 인구 중 부모와 계층이 일치하지 않는 인구가 일치하는 인구보다 적다.

37. ●●●●

다음 자료에 대한 분석으로 옳은 것은? (단, A~C는 각각 상층, 중층, 하층 중 하나임.)

자료는 현재 연령이 50대인 갑국 국민 100명을 대상으로 30년 전 계층을 기준으로 그들의 세대 내 이동 양상과, 부모 계층을 기준으로 그들의 세대 간 이동 양상을 파악한 것이다. 대상자 중 현재 계층이 상층인 사람은 30명, 중층인 사람은 20명, 하층인 사람은 50명이다. 단, 갑국의 계층은 A~C로만 구분한다.

〈세대 내 이동 양상〉

이동 양상	해당 사람 수	이동 양상	해당 사람 수
A → B	5명	B → C	10명
A → C	5명	C → A	25명
B → A	15명	C → B	10명

〈세대 간 이동 양상〉

이동 양상	해당 사람 수	이동 양상	해당 사람 수
A → B	10명	B → C	5명
A → C	10명	C → A	10명
B → A	15명	C → B	15명

① 중층에서 하층으로 세대 내 이동한 사람의 수는 부모가 중층인 사람의 수와 같다.

② 상층에서 하층으로 세대 간 이동한 사람의 수는 현재 계층이 상층인 사람의 수의 0.5배이다.

③ 상층에서 세대 내 이동을 하지 않은 사람의 수는 하층에서 세대 간 이동을 한 사람의 수의 2배이다.

④ 중층에서 세대 간 이동을 한 사람의 수는 하층에서 세대 내 이동을 하지 않은 사람의 수와 같다.

⑤ 최초 계층이 중층인 사람의 수는 부모 계층이 중층인 사람의 수와 같다.

38. ●●●●

다음 자료에 대한 분석으로 옳은 것은? (단, A~C는 각각 상층, 중층, 하층 중 하나임.)

갑국의 계층은 상층, 중층, 하층으로만 구성되며, [예측 1]과 [예측 2]에서 전체 인구의 변화는 없다고 가정한다.〈자료 1〉은 각 계층에 따라 현재 인구 대비 [예측 1]과 [예측 2]에서의 인구 비를 나타낸 것이며, 〈자료 2〉는 각 계층별 현재 인구 대비 상승 이동을 할 것으로 예측되는 인구 비율과 하강 이동을 할 것으로 예측되는 인구 비율을 나타낸 것이다.

〈자료 1〉

구분	A	B	C
[예측 1]	0.6	2	1
[예측 2]	0.9	0.5	1.5

〈자료 2〉

(단위 : %)

구분	[예측 1]		[예측 2]	
	상승 이동	하강 이동	상승 이동	하강 이동
A	60	0	50	0
B	0	35	0	90
C	40	20	20	40

① [예측 1]에서의 상층 비율과 [예측 2]에서의 중층 비율은 같다.

② 현재와 [예측 2]는 모두 피라미드형 계층 구조이다.

③ [예측 1]에서 하층으로 이동할 것으로 예측되는 현재 계층이 상층인 인구는 [예측 2]에서 상층으로 이동할 것으로 예측되는 현재 계층이 중층인 인구와 같다.

④ [예측 1]에서 상층으로 이동할 것으로 예측되는 현재 계층이 중층인 인구는 [예측 2]에서 하층으로 이동할 것으로 예측되는 현재 계층이 중층인 인구와 같다.

⑤ [예측 1]과 달리 [예측 2]에서 상승 이동을 할 것으로 예측되는 인구는 하강 이동을 할 것으로 예측되는 인구보다 적다.

39.

●●●●

다음 자료에 대한 분석으로 옳은 것은?

갑국과 을국의 계층은 A~C로만 구성되며, A~C는 각각 상층, 중층, 하층 중 하나이다. 단, 모든 부모의 자녀는 1명씩이다.

〈국가별 각 세대 계층 구성의 상대적 비〉

구분	갑국		을국	
	부모 세대	자녀 세대	부모 세대	자녀 세대
$\dfrac{B + C}{A + B}$	$\dfrac{7}{5}$	$\dfrac{6}{7}$	$\dfrac{5}{6}$	$\dfrac{5}{8}$
$\dfrac{B + C}{A + C}$	$\dfrac{7}{8}$	$\dfrac{6}{7}$	$\dfrac{5}{9}$	$\dfrac{5}{7}$

〈부모 세대 계층 대비 부모와 자녀의 계층 불일치 비율〉

(단위 : %)

구분	A	B	C
갑국	20	60	76
을국	36	40	50

* 갑국 부모 세대는 피라미드형 계층 구조를 가짐.

① 갑국의 중층 부모를 둔 하층 자녀 인구 비율은 을국의 하층 부모를 둔 상층 자녀 인구 비율과 같다.

② 을국의 상층 부모를 둔 중층 자녀 인구 비율은 갑국의 상층 부모를 둔 하층 자녀 인구 비율과 같다.

③ 갑국은 을국과 달리 부모와 계층이 일치하는 자녀 인구가 일치하지 않은 자녀 인구보다 많다.

④ 갑국은 을국과 달리 자녀 세대 계층 대비 부모와 자녀의 계층 일치 비율은 하층에서 가장 높다.

⑤ 갑국과 을국은 모두 상층 부모를 둔 중층 자녀 인구가 존재하지 않는다.

40.

●●●●

다음 자료에 대한 분석으로 옳은 것은? (단, A~C는 각각 상층, 중층, 하층 중 하나임.)

(가) 사회와 (나) 사회의 계층은 상층, 중층, 하층으로만 구성된다. 〈자료 1〉은 부모 세대 계층 간 상대적 비를 나타낸 것이고, 〈자료 2〉는 부모 세대와 자녀 세대의 계층별 세대 간 이동 결과를 나타낸 것이다. 단, 모든 부모의 자녀는 1명씩이다.

〈자료 1〉

구분	A 대비 B	B 대비 C
(가) 사회	0.5	2.0
(나) 사회	0.4	1.5

〈자료 2〉

(단위 : %)

구분		A	B	C
부모 세대 계층 대비 자녀와 계층 일치 비율	(가) 사회	30	40	25
	(나) 사회	㉠	50	60
자녀 세대 계층 대비 부모와 계층 불일치 비율	(가) 사회	52	68	㉡
	(나) 사회	0	75	55

* B에서 A로의 이동과 A에서 C로의 이동은 모두 하강 이동임.

① ㉡에 들어갈 값은 ㉠에 들어갈 값의 2배이다.

② 상층 부모를 둔 하층 자녀의 비율은 (나) 사회가 (가) 사회보다 높다.

③ 중층 부모를 둔 하층 자녀의 비율은 (가) 사회가 (나) 사회의 2배보다 낮다.

④ (가) 사회는 (나) 사회와 달리 부모와 계층이 일치하는 자녀가 일치하지 않는 자녀보다 적다.

⑤ (가) 사회와 (나) 사회는 모두 세대 간 상승 이동한 자녀가 하강 이동한 자녀보다 많다.

② 사회 보장 제도

41.

다음 자료에 대한 분석으로 옳은 것은? (단, A~C는 각각 사회 보험, 공공 부조, 사회 서비스 중 하나임.)

> 갑국의 사회 보장 제도는 우리나라의 사회 보장 제도와 동일하다. A는 C와 달리 금전적 지원을 원칙으로 하며, B는 A와 달리 상호 부조의 원리가 적용된다.
>
> 표는 갑국의 연도별 인구 중 A~C 수급자 비율을 나타낸 것이다. 단, 갑국의 전체 인구는 t+20년이 t년의 1.5배, t+40년이 t년의 2배이다.

(단위 : %)

구분	t년	t+20년	t+40년
A 수급자	12	10	15
B 수급자	36	40	32
C 수급자	20	18	24

① 사회 보험에 해당하는 제도의 t+20년 수급자 수는 사회 서비스에 해당하는 제도의 t년 수급자 수의 2배이다.

② 공공 부조에 해당하는 제도의 t+40년 수급자 수는 사회 서비스에 해당하는 제도의 t년 수급자 수의 1.5배이다.

③ 주어진 연도 중 사전 예방적 성격이 가장 강한 제도의 수급자 수는 t+20년에 가장 많고, t+40년에 가장 적다.

④ 보편적 복지의 이념을 바탕으로 하는 제도의 t년 수급자 수는 민간 부문도 복지 제공에 참여할 수 있는 제도의 t+40년 수급자 수의 0.8배이다.

⑤ 정부가 비용 전액을 부담하는 제도의 t+40년 수급자 수는 강제 가입을 원칙으로 하는 제도의 t+20년 수급자 수와 같다.

42.

다음 자료에 대한 분석으로 옳은 것은? (단, 갑국의 사회 보장 제도는 우리나라의 사회 보장 제도와 동일하며, 갑국은 A 지역과 B 지역으로만 이루어져 있음.)

〈자료 1〉 갑국의 사회 보장 제도

(가) 국민에게 발생하는 사회적 위험을 보험의 방식으로 대처함으로써 건강과 소득을 보장하는 제도

(나) 상담, 재활, 돌봄 등을 통하여 국민의 삶의 질이 향상되도록 지원하는 제도

(다) 생활 유지 능력이 없거나 생활이 어려운 국민의 최저 생활을 보장하고 자립을 지원하는 제도

〈자료 2〉 갑국의 (가)~(다) 제도 지역별 수급자 비율

(단위 : %)

구분	A 지역	B 지역	갑국
(가)	18	㉠	20
(나)	14	8	10
(다)	㉡	6	7

* 해당 지역 수급자 비율 = (해당 지역 수급자 수 / 해당 지역 인구) × 100

① ㉠은 ㉡의 2배이다.

② 사회 보험에 해당하는 제도의 A 지역 수급자 수는 공공 부조에 해당하는 제도의 B 지역 수급자 수와 같다.

③ 사회 서비스에 해당하는 제도의 A 지역 수급자 수는 B 지역 수급자 수보다 많다.

④ 사전 예방적 성격이 강한 제도의 B 지역 수급자 수는 사후 처방적 성격이 강한 제도의 A 지역 수급자 수의 4배보다 많다.

⑤ 비금전적 지원의 원칙이 적용되는 제도의 갑국 전체 수급자 수는 상호 부조의 원리가 적용되는 제도의 A 지역 수급자 수보다 적다.

43.

다음 자료에 대한 분석으로 옳은 것은? (단, (가), (나)는 각각 사회 보험, 공공 부조 중 하나이며, ㉠, ㉡은 각각 사회 보험, 공공 부조 중 하나임.)

갑국의 사회 보장 제도는 우리나라의 사회 보장 제도와 동일하며, (나)는 (가)와 달리 국가와 지방 자치 단체가 비용 전액을 부담하는 제도이다.

표는 갑국의 지역별 (가), (나) 수급자 현황을 나타낸 것이다. 단, A, B 지역의 중복 수급자 수는 같고, A 지역에서 선별적 복지 이념을 바탕으로 하는 제도에만 해당하는 수급자 수는 중복 수급자 수와 같다.

(단위 : %)

구분	A 지역	B 지역
㉠ 수급자	45	50
㉡ 수급자	20	15
중복 수급자	10	5

〈보기〉

ㄱ. ㉠은 '(나)', ㉡은 '(가)'이다.
ㄴ. 사회 보험에 해당하는 제도의 A 지역 수급자 수는 해당 제도에만 해당하는 B 지역 수급자 수와 같다.
ㄷ. 소득 재분배 효과가 상대적으로 큰 제도에만 해당하는 B 지역 수급자 수는 A 지역 중복 수급자 수의 2배이다.
ㄹ. 비(非)수급자 비율은 A 지역이 B 지역보다 높다.

① ㄱ, ㄴ ② ㄴ, ㄷ ③ ㄷ, ㄹ
④ ㄱ, ㄴ, ㄷ ⑤ ㄴ, ㄷ, ㄹ

44.

다음 자료에 대한 옳은 분석만을 〈보기〉에서 있는 대로 고른 것은? (단, (가), (나)는 각각 사회 보험, 공공 부조 중 하나임.)

〈자료 1〉 갑국의 사회 보장 제도

(가) 65세 이상의 노인 중 가구의 소득 인정액이 기준액 이하인 노인에게 연금을 지급하는 제도
(나) 노령, 장애, 사망 시 본인 또는 가족에게 연금 급여를 실시하여 생활을 유지할 수 있도록 하는 제도

〈자료 2〉 갑국의 지역·시기별 (가), (나) 제도 수급자 비율

(단위 : %)

구분	t년		t+10년	
	(가)	(나)	(가)	(나)
A 지역	6.4	17.2	7.2	15.5
B 지역	7.0	16.6	6.9	16.1
갑국 전체	6.7	16.9	7.1	15.7

* 갑국은 A, B 지역으로만 구성되어 있으면, t년과 t+10년의 갑국 전체 인구는 동일함.

〈보기〉

ㄱ. 공공 부조에 해당하는 제도의 t년 수급자 수는 B 지역이 A 지역보다 많다.
ㄴ. 사회 보험에 해당하는 제도의 t+10년 수급자 수는 A 지역이 B 지역보다 많다.
ㄷ. 사후 처방적 성격이 강한 제도의 t년 A 지역 수급자 수는 사전 예방적 성격이 강한 제도의 t+10년 B 지역 수급자 수보다 적다.
ㄹ. 선별적 복지의 원칙이 적용되는 제도의 t+10년 갑국 전체 수급자 수는 그렇지 않은 제도의 t년 A 지역 수급자 수보다 많다.

① ㄱ, ㄴ ② ㄴ, ㄷ ③ ㄴ, ㄹ
④ ㄱ, ㄴ, ㄷ ⑤ ㄴ, ㄷ, ㄹ

45.

다음 자료에 대한 분석으로 옳은 것은? (단, 갑국의 사회 보장 제도는 우리나라의 사회 보장 제도와 동일함.)

〈자료 1〉 갑국의 사회 보장 제도

(가) 노령, 사망, 장애 등으로 인한 소득 상실을 보전하고 기본 생활을 지원하기 위해 가입자와 고용주 등이 분담해서 마련한 기금을 통해 연금 급여를 제공하는 제도

(나) 노인 세대의 안정된 노후 생활을 지원하기 위해 65세 이상의 노인 중 가구의 소득 인정액이 선정 기준액 이하인 노인에게 매월 연금을 지급하는 제도

〈자료 2〉 갑국의 지역별 65세 이상 인구 중
(가), (나) 수급자 비율

(단위 : %)

구분	A 지역	B 지역	전체 지역
(가) 수급자	㉠	20	17
(나) 수급자	50	40	46
중복 수급자	5	㉡	7

* 갑국은 A, B 지역으로만 구성됨.

① ㉠에 들어갈 값은 ㉡에 들어갈 값의 2배이다.
② 65세 이상 인구 중 사회 보험에 해당하는 제도의 A 지역 수급자 수는 공공 부조에 해당하는 제도에만 해당하는 B 지역 수급자 수보다 많다.
③ 65세 이상 인구 중 사후 처방적 성격이 강한 제도에 해당하는 B 지역 수급자 수는 사전 예방적 성격이 강한 제도에 해당하는 전체 지역 수급자 수보다 적다.
④ 65세 이상 인구 중 강제 가입을 원칙으로 하는 제도에만 해당하는 B 지역 수급자 비율은 그렇지 않은 제도에만 해당하는 A 지역 수급자 비율의 0.2배이다.
⑤ 65세 이상 인구 중 비(非)수급자 수는 B 지역이 A 지역보다 많다.

46.

다음 자료에 대한 분석으로 옳은 것은? (단, A, B는 각각 사회 보험, 공공 부조 중 하나임.)

갑국의 사회 보장 제도는 우리나라의 사회 보장 제도와 동일하며, B는 A에 비해 수급 대상자에 대한 부정적 낙인이 발생할 가능성이 높다.

표는 갑국의 연도에 따른 성별 A, B 수급자 비율을 나타낸 것이다. 단, t+20년의 갑국 전체 인구는 t년의 갑국 전체 인구의 1.5배이다.

(단위 : %)

구분		남성	여성	전체
t년	A 제도	18.2	19.0	18.6
	B 제도	8.2	7.8	8.0
t+20년	A 제도	12.5	14.0	13.0
	B 제도	6.0	5.4	5.8

① 사회 보험에 해당하는 제도의 t+20년 남성 수급자 수는 여성 수급자 수보다 많다.
② 공공 부조에 해당하는 제도의 t년 남성 수급자 수는 여성 수급자 수보다 적다.
③ 강제 가입 원칙이 적용되는 제도의 t년 남성 수급자 수는 t+20년 여성 수급자 수보다 적다.
④ 사후 처방적 성격이 강한 제도의 t년 여성 수급자 수는 t+20년 남성 수급자 수보다 많다.
⑤ 수혜자 비용 부담 원칙이 적용되는 제도의 t년 여성 수급자 수는 그렇지 않은 제도의 t+20년 남성 수급자 수의 2배 이상이다.

47.

●●

다음 자료에 대한 분석으로 옳은 것은?

> 갑국의 사회 보장 제도 A와 B는 우리나라의 사회 보장 제도와 동일하다. A는 B와 달리 수급 대상자에 대한 부정적 낙인이 발생할 수 있는 제도이다. 〈자료〉는 갑국의 지역별 수급자 현황의 일부이다. 단, B 수급자 수 중 A 비(非)수급자 수의 비율은 (가) 지역이 80%, (나) 지역이 90%이고 중복 수급자 수는 (가) 지역과 (나) 지역이 같다.

(단위 : %)

구분	(가) 지역	(나) 지역
A 또는 B 수급자 비율	64	72
A 수급자 비율	24	18

* 중복 수급자 = A 수급자이면서 동시에 B 수급자인 사람

① 사회 보험에 해당하는 제도의 수급자 비율은 (가) 지역이 (나) 지역보다 높다.

② 중복 수급자 비율은 (가) 지역이 (나) 지역의 2배이다.

③ 선별적 복지의 성격이 강한 제도에만 해당하는 수급자 수는 (가) 지역이 (나) 지역의 0.7배이다.

④ 보편적 복지의 성격이 강한 제도에만 해당하는 수급자 수는 (나) 지역이 (가) 지역의 2.4배이다.

⑤ 정부 재정으로 비용을 전액 충당하는 것을 원칙으로 하는 제도의 수급자 수는 (가) 지역이 (나) 지역의 0.6배이다.

48.

●●

다음 자료에 대한 분석으로 옳은 것은? (단, (가), (나)는 각각 사회 보험, 공공 부조 중 하나임.)

> 〈자료 1〉 갑국의 사회 보장 제도
>
> (가) 가구 소득 인정액이 기준액 이하인 가구의 최저 생활을 보장하고 자활을 지원하기 위해 국가나 지방 자치 단체가 생계, 의료 등 급여를 지급하는 제도
> (나) 노령, 장애 등으로 인한 소득 상실을 보전하고 기본 생활을 지원하기 위해 가입자와 고용주 등이 분담해서 마련한 기금을 통해 연금 급여를 지급하는 제도

〈자료 2〉 갑국의 연도별 (가), (나) 수급자 비율

(단위 : %)

구분	t년	t+30년
(가) 수급자	18	15
(나) 수급자	42	53
비(非) 수급자	50	37

* 중복 수급자 수는 t년과 t+30년이 동일함.

① 사전 예방적 성격이 강한 제도에만 해당하는 수급자 수는 t+30년이 t년의 1.5배이다.

② 사후 처방적 성격이 강한 제도에만 해당하는 수급자 수는 t+30년이 t년의 2.5배이다.

③ 소득 재분배 효과가 가장 큰 제도의 t+30년 수급자 수는 그렇지 않은 제도에만 해당하는 t년 수급자 수보다 많다.

④ 상호 부조의 원리를 바탕으로 하는 제도에만 해당하는 t+30년 수급자 수는 t년 전체 인구보다 많다.

⑤ 중복 수급자 비율은 t+30년이 t년의 2배이다.

49.

••

다음 자료에 대한 분석으로 옳은 것은?

〈자료 1〉 갑국의 사회 보장 제도

(가) 소득 인정액이 일정 수준 이하인 65세 이상 노인에게 연금을 지급하여 안정적인 생계 유지를 지원하는 제도

(나) 노동자와 사업주가 공동으로 부담하는 기금에서 실업자의 생계 보장 및 고용 안정을 위해 급여를 제공하는 제도

〈자료 2〉 갑국의 비(非)수급자 및 중복 수급자 비율

(단위 : %)

구분	A 지역	B 지역
비(非)수급자	47	56
중복 수급자	7	6

* 전체 인구는 A 지역이 B 지역의 2배임.

** (가) 수급자 중 (나) 수급자 비율은 A 지역이 35%, B 지역이 60%임.

---

① 공공 부조에 해당하는 제도의 수급자 비율은 A 지역과 B 지역이 같다.

② 사회 보험에 해당하는 제도의 수급자 수는 A 지역과 B 지역이 같다.

③ 선별적 복지의 성격이 강한 제도에만 해당하는 수급자 수는 A 지역이 B 지역이 2배이다.

④ 보편적 복지의 성격이 강한 제도에만 해당하는 수급자 비율은 B 지역이 A 지역보다 높다.

⑤ (가), (나) 중 한 가지 제도에만 해당하는 수급자 비율은 A 지역이 B 지역보다 낮다.

50.

••

다음 자료에 대한 옳은 분석만을 〈보기〉에서 있는 대로 고른 것은?

갑국의 사회 보장 제도는 우리나라의 사회 보장 제도와 동일하다. A는 B와 달리 상호 부조의 원리가 적용되는 제도이다. 〈자료〉는 갑국 각 지역의 연도별 A, B 수급자 비율을 나타낸 것이다. 단, 갑국의 t년과 t+20년 전체 인구는 서로 같다.

(단위 : %)

구분		A 수급자	B 수급자
t년	(가) 지역	42.8	12.5
	(나) 지역	44.0	13.5
	갑국 전체	43.4	13.0
t+20년	(가) 지역	48.0	15.2
	(나) 지역	50.0	16.2
	갑국 전체	49.6	16.0

* 갑국은 (가), (나) 지역으로만 구성됨.

〈보 기〉

ㄱ. 사회 보험에 해당하는 제도의 (가) 지역 수급자 수는 t년이 t+20년보다 적다.

ㄴ. 공공 부조에 해당하는 제도의 (나) 지역 수급자 수는 t+20년이 t년보다 많다.

ㄷ. 사전 예방적 성격이 강한 제도의 t년 (가) 지역 수급자 수는 사후 처방적 성격이 강한 제도의 t+20년 (나) 지역 수급자 수의 2배보다 많다.

ㄹ. 선별적 복지의 성격이 강한 제도의 t+20년 (가) 지역 수급자 수는 보편적 복지의 성격이 강한 제도의 t년 (나) 지역 수급자 수의 0.2배보다 적다.

---

① ㄱ, ㄴ ② ㄴ, ㄷ ③ ㄴ, ㄹ

④ ㄱ, ㄴ, ㄷ ⑤ ㄴ, ㄷ, ㄹ

51.

다음 자료에 대한 분석으로 옳은 것은? (단, 갑국의 사회 보장 제도는 우리나라의 사회 보장 제도와 동일함.)

〈자료 1〉 갑국의 사회 보장 제도

(가) 노인 세대의 안정된 노후 생활을 지원하기 위해 65세 이상인 노인 중 가구의 소득 인정액이 선정 기준액 이하인 노인에게 매월 연금을 지급하는 제도

(나) 노령, 장애, 사망 등으로 인한 소득 상실 보전과 기본 생활 지원을 위해 가입자와 고용주 등이 분담해서 마련한 기금을 통해 연금 급여를 지급하는 제도

〈자료 2〉 갑국의 (가), (나) 제도 지역별 수급자 비율

(단위 : %)

구분	A 지역	B 지역	C 지역	전체
(가)	8	9	6	8
(나)	24	26	26	25

* 갑국은 A~C 지역으로만 구성됨.

① 공공 부조에 해당하는 제도의 수급자 수는 A 지역이 갑국 전체의 0.4배이다.

② 사회 보험에 해당하는 제도의 수급자 수는 B 지역과 C 지역이 같다.

③ 선별적 복지의 성격이 강한 제도의 A 지역 수급자 수는 보편적 복지의 성격이 강한 제도의 C 지역 수급자 수보다 많다.

④ 강제 가입의 원칙이 적용되는 제도의 B 지역 수급자 수는 그렇지 않은 제도의 갑국 전체 수급자 수보다 많다.

⑤ 정부 재정으로 비용을 전액 충당하는 것을 원칙으로 하는 제도의 B 지역 수급자 수는 그렇지 않은 제도의 C 지역 수급자 수보다 많다.

52.

다음 자료에 대한 분석으로 옳은 것은? (단, (가), (나)는 각각 사회 보험, 공공 부조 중 하나임.)

〈자료 1〉 갑국의 사회 보장 제도

(가) 65세 이상의 노인 중 소득이 일정 수준 이하인 노인에게 매달 일정액의 연금을 지급하는 제도

(나) 가입자가 노령, 장애, 사망으로 인해 소득원을 잃거나 소득이 감소하는 경우 본인 또는 가족에게 연금을 지급하는 제도

〈자료 2〉 지역별 (가), (나) 수급자 비율

(단위 : %)

구분	A 지역	B 지역	C 지역
(가)에만 해당하는 수급자	8	6	5
(나)에만 해당하는 수급자	25	32	37
비(非)수급자	62	54	48

* 중복 수급자 수는 A~C 지역이 모두 같음.

① 공공 부조에 해당하는 제도의 수급자 수는 A 지역이 C 지역의 2배 미만이다.

② 사회 보험에 해당하는 제도의 수급자 수는 B 지역이 A 지역보다 많다.

③ 강제 가입의 원칙이 적용되는 제도의 A 지역 수급자 수는 C 지역의 전체 인구보다 많다.

④ 사후 처방적 성격이 강한 제도의 B 지역 수급자 수는 C 지역 수급자 수보다 적다.

⑤ 중복 수급자 비율은 A 지역이 C 지역의 2배이다.

53.

다음 자료에 대한 분석으로 옳은 것은? (단, (가)~(다)는 각각 사회 보험, 공공 부조, 사회 서비스 중 하나임.)

> 갑국의 사회 보장 제도는 우리나라의 사회 보장 제도와 동일하다. (가)는 (나)와 달리 금전적 지원을 원칙으로 하며, (다)는 (가)와 달리 상호 부조의 원리가 적용된다. 표는 갑국의 지역별 (가)~(다) 수급자 비율을 나타낸 것이다. 단, 갑국은 A~C 지역으로만 구성된다.

(단위 : %)

구분	A 지역	B 지역	C 지역	갑국 전체
(가) 수급자	15	12	16	15
(나) 수급자	21	21	27	24
(다) 수급자	44	⊙	55	50

① ⊙에 들어갈 값은 '52'이다.
② 사회 서비스에 해당하는 제도의 A 지역 수급자 수와 B 지역 수급자 수는 같다.
③ 보편적 복지의 이념을 바탕으로 하는 제도의 A 지역 수급자 수는 선별적 복지의 이념을 바탕으로 하는 제도의 갑국 전체 수급자 수보다 많다.
④ 강제 가입을 원칙으로 하는 제도의 C 지역 수급자 수는 민간 부문도 복지 제공에 참여할 수 있는 제도의 갑국 전체 수급자 수보다 적다.
⑤ 국가와 지방 자치 단체가 비용 전액을 부담하는 제도의 C 지역 수급자 수는 사전 예방적 성격이 강한 제도의 B 지역 수급자 수보다 많다.

54.

다음 자료에 대한 옳은 분석만을 〈보기〉에서 있는 대로 고른 것은? (단, (가)~(다)는 각각 사회 보험, 공공 부조, 사회 서비스 중 하나임.)

> 〈자료 1〉 갑국의 사회 보장 제도
>
> (가) 생활이 어려운 사람의 질병, 부상 등에 대해 급여를 제공하는 제도
> (나) 노령, 장애, 사망 시 본인 및 가족에게 연금 급여를 실시하는 제도
> (다) 일상생활이 어려운 저소득층의 생활 안정을 위해 가사·간병 서비스를 지원하는 제도
>
> 〈자료 2〉 갑국의 연도별 (가)~(다) 수급자 비율
>
> (단위 : %)
>
> | 구분 | (가) | (나) | (다) |
> |---|---|---|---|
> | t년 | 12.0 | 36.0 | 9.8 |
> | t+20년 | 13.5 | 40.0 | 10.0 |

〈보 기〉

ㄱ. 공공 부조에 해당하는 제도의 수급자 수는 t+20년이 t년보다 많다.
ㄴ. 선별적 복지 이념에 기초한 제도의 수급자 수 대비 보편적 복지 이념에 기초한 제도의 수급자 수의 비는 t년이 t+20년보다 크다.
ㄷ. t년 대비 t+20년의 수급자 수 증가율은 의무 가입의 원칙이 적용되는 제도가 비금전적 지원의 원칙이 적용되는 제도보다 크다.
ㄹ. 금전적 지원의 원칙이 적용되는 제도의 수급자 비율은 t+20년이 t년보다 높다.

① ㄱ, ㄴ   ② ㄴ, ㄷ   ③ ㄷ, ㄹ
④ ㄱ, ㄴ, ㄷ   ⑤ ㄴ, ㄷ, ㄹ

55.
●●

다음 자료에 대한 분석으로 옳은 것은? (단, (가), (나)는 각각 사회 보험, 공공 부조 중 하나임.)

〈자료 1〉 갑국의 사회 보장 제도

(가) 노인 세대의 안정된 노후 생활을 지원하기 위해 65세 이상 노인 중 가구의 소득 인정액이 선정 기준액 이하 인 노인에게 매월 연금을 지급하는 제도
(나) 노령, 사망, 장애 등으로 인한 소득 상실을 보전하고 기 본 생활을 지원하기 위해 가입자와 고용주 등이 분담 한 기금을 통해 연금 급여를 지급하는 제도

〈자료 2〉 갑국의 (가), (나) 제도 수급자 비율

(단위 : %)

구분	A 지역	B 지역	C 지역	D 지역	전체
(가)	5	6	7	5	6
(나)	40	15	10	30	20

* 갑국의 사회 보장 제도는 우리나라의 사회 보장 제도와 동일함.
** 갑국은 A~D 네 지역으로만 구성되고, C 지역 인구는 A 지역 인 구의 2배임.

① 상호 부조의 원리가 적용되는 제도의 B 지역 수급자 수는 D 지역 수급자 수의 0.5배이다.
② 수급자 선정에 따른 부정적 낙인이 발생할 수 있는 제도의 A 지역 수급자 수는 D 지역 수급자 수와 같다.
③ 사전 예방적 성격이 강한 제도의 D 지역 수급자 수는 사후 처 방적 성격이 강한 제도의 B 지역 수급자 수의 3배이다.
④ 선별적 복지 성격이 강한 제도의 갑국 전체 수급자 수는 보편 적 복지 성격이 강한 제도의 A 지역 수급자 수와 같다.
⑤ 공공 부조에 해당하는 제도의 A 지역과 D 지역 수급자 수의 합 은 사회 보험에 해당하는 제도의 C 지역 수급자 수와 같다.

56.
●●

다음 자료에 대한 분석으로 옳은 것은? (단, A, B는 각각 사회 보험, 공공 부조 중 하나임.)

갑국의 사회 보장 제도는 우리나라의 사회 보장 제도와 동 일하다. A는 사후 처방적 성격이 강한 제도이고, B는 사전 예방적 성격이 강한 제도이다. 중복 수급자 비율은 t년이 t+20년의 2배이고, 중복 수급자 수는 t년과 t+20년이 동일 하다.

〈갑국의 A, B 수급자와 비(非)수급자의 비율〉

(단위 : %)

구분	t년	t+20년
A에만 해당하는 수급자	12	8
B에만 해당하는 수급자	33	㉠
비(非)수급자	45	53

* 비(非)수급자 : A나 B 어느 것도 받지 않는 사람
** 중복 수급자 : A 수급자이면서 동시에 B 수급자인 사람

① ㉠은 t년의 A에 해당하는 수급자 비율보다 크고 B에만 해당 하는 수급자 비율보다 작다.
② 보편적 복지의 성격이 강한 제도의 수급자 비율은 t+20년이 t년보다 높다.
③ 정부 재정으로 비용을 전액 충당하는 것을 원칙으로 하는 제 도의 수급자 수는 t+20년이 t년보다 많다.
④ 선별적 복지의 성격이 강한 제도의 수급자 비율은 t년이 t+20년의 2배 이상이다.
⑤ 상호 부조의 원리가 적용되는 제도의 t년 수급자 수는 그렇지 않은 제도의 t+20년 수급자 수의 2배 이상이다.

57.
다음 자료에 대한 분석으로 옳은 것은? (단, (가), (나)는 각각 사회 보험, 공공 부조 중 하나임.)

〈자료 1〉 갑국의 사회 보장 제도

(가) 노동자와 사업주가 공동으로 부담하는 기금에서 실업자의 생계 보장 및 고용 안정을 위해 급여를 제공하는 제도

(나) 소득 인정액이 일정 수준 이하인 65세 이상 노인에게 급여를 지급함으로써 안정적인 생계 유지를 지원하는 제도

〈자료 2〉 갑국의 지역별 (가), (나) 제도 수급자 비율

(단위 : %)

구분	A 지역	B 지역	C 지역	갑국
(가)	38	㉠	42	36
(나)	10	15	12	12

* 갑국은 A~C 지역으로만 구성되며, 사회 보험에 해당하는 제도의 B 지역 수급자 수는 공공 부조에 해당하는 제도의 A 지역 수급자 수의 2배임.

① ㉠에 들어갈 수는 27이다.
② 사회 보험에 해당하는 제도의 C 지역 수급자 수는 공공 부조에 해당하는 제도의 A 지역 수급자 수보다 적다.
③ 상호 부조의 원리가 적용되는 제도의 B 지역 수급자 수는 그렇지 않은 제도의 갑국 전체 수급자 수보다 적다.
④ 사전 예방적 성격이 강한 제도의 A 지역 수급자 수는 사후 처방적 성격이 강한 제도의 C 지역 수급자 수의 10배 이상이다.
⑤ 선별적 복지 이념에 기초한 제도의 B 지역 수급자 수는 C 지역 전체 인구의 0.5배 이상이다.

58.
다음 자료에 대한 분석으로 옳은 것은? (단, A, B는 각각 사회 보험, 공공 부조 중 하나임.)

갑국의 사회 보장 제도는 우리나라의 사회 보장 제도와 동일하며, 사전 예방적 성격이 강한 A와, 사후 처방적 성격이 강한 B로만 구성된다.

갑국은 (가), (나) 지역으로만 구성되어 있으며, 전체 인구는 (가) 지역이 (나) 지역의 1.5배이다. (가) 지역은 전체 인구의 60%, (나) 지역은 전체 인구의 80%가 사회 보장 제도의 수급자로, 표는 갑국의 지역별 전체 수급자 중 각 제도에만 해당하는 수급자 비율을 나타낸 것이다.

(단위 : %)

구분	(가) 지역	(나) 지역
A에만 해당하는 수급자	60	65
B에만 해당하는 수급자	20	15

① 전체 인구 중 A, B 중복 수급자 수는 (가) 지역과 (나) 지역이 같다.
② 수급 대상자에 대한 부정적 낙인이 발생할 수 있는 제도의 갑국 전체 수급자 수는 (가) 지역 비(非)수급자 수보다 많다.
③ 수혜자 비용 부담 원칙이 적용되는 제도의 수급자 수는 (나) 지역이 (가) 지역보다 많다.
④ 전체 인구 중 최저 생활의 보장을 목적으로 하는 제도의 수급자 비율은 (가) 지역이 (나) 지역보다 높다.
⑤ 상호 부조의 원리를 바탕으로 하는 제도에만 해당하는 수급자 수는 (나) 지역이 (가) 지역보다 많다.

59.

다음 자료에 대한 분석으로 옳은 것은? (단, A, B는 각각 사회 보험, 공공 부조 중 하나임.)

갑국에는 사회 보장 제도 A, B만 존재하며, A, B는 우리 나라의 사회 보장 제도와 동일하다. B는 A와 달리 상호 부조의 원리가 적용되는 제도이다.

표는 갑국의 지역별 전체 인구 중 A, B 수급자 비율과 빈곤 여부별 인구 중 A, B 수급자 비율을 나타낸 것이다. 단, 전체 인구는 (가) 지역이 (나) 지역의 2배이다.

(단위 : %)

구분		A 수급자	B 수급자
(가) 지역	전체 인구	12	60
	빈곤 인구	32	㉠
	비(非)빈곤 인구	7	62
(나) 지역	전체 인구	15	72
	빈곤 인구	㉡	81
	비(非)빈곤 인구	9	69

① ㉠에 들어갈 값은 ㉡에 들어갈 값의 1.5배 이하이다.
② 사전 예방적 성격이 강한 제도의 (나) 지역 빈곤 인구 수급자는 사후 처방적 성격이 강한 제도의 (가) 지역 비(非)빈곤 인구 수급자의 2배 미만이다.
③ 부정적 낙인이 발생할 수 있는 제도의 빈곤 인구 수급자 수는 (나) 지역이 (가) 지역보다 많다.
④ 상호 부조의 원리가 적용되는 제도의 비(非)빈곤 인구 수급자 수는 (가) 지역이 (나) 지역의 2배 이상이다.
⑤ 강제 가입 원칙이 적용되는 제도의 (나) 지역 빈곤 인구 수급자 수는 그렇지 않은 제도의 (가) 지역 전체 인구 수급자 수보다 많다.

60.

다음 자료에 대한 분석으로 옳은 것은? (단, A, B는 각각 사회 보험, 공공 부조 중 하나임.)

갑국의 사회 보장 제도는 우리나라의 사회 보장 제도와 동일하며, A는 B와 달리 수급 대상자 선정에 따른 부정적 낙인이 발생할 수 있는 제도이다.

표는 갑국의 연도별 A, B 수급자 현황 및 전체 인구 중 비(非)수급자 현황을 나타낸 것이다. 단, 갑국의 t년 대비 t+50년 전체 인구 증가율은 20%이다.

(단위 : %)

구분	t년	t+50년
A 수급자 중 B 비(非)수급자	50	40
B 수급자 중 A 비(非)수급자	80	75
전체 인구 중 비(非)수급자	40	44

① 전체 인구 중 사회 보험에 해당하는 제도의 수급자 비율은 t년과 t+50년이 같다.
② 선별적 복지의 성격이 강한 제도에만 해당하는 수급자 수는 t년이 t+50년의 1.5배이다.
③ 보편적 복지의 성격이 강한 제도에만 해당하는 수급자 수는 t년과 t+50년이 같다.
④ 상호 부조의 원리가 적용되는 제도에만 해당하는 t년 수급자 수는 수급 대상자에 대한 부정적 낙인이 발생할 수 있는 제도의 t+50년 수급자 수의 4배이다.
⑤ t년 대비 t+50년 전체 인구 증가율보다 중복 수급자 증가율이 크다.

61. ••

다음 자료에 대한 분석으로 옳은 것은? (단, A, B는 각각 사회 보험, 공공 부조 중 하나임.)

갑국의 사회 보장 제도는 우리나라의 사회 보장 제도와 동일하다. A는 B와 달리 정부 재정으로 비용을 전액 충당하는 것을 원칙으로 하는 제도이다. 표는 갑국의 전체 인구 중 A, B 수급자 비율과 시기에 따른 비율 차이를 나타낸 것이다. t년 대비 t+50년에 갑국의 전체 인구는 20% 증가하였다.

〈표 1〉 t년의 수급자 비율

(단위 : %)

A만 해당하는 수급자	B만 해당하는 수급자	비(非)수급자
12	45	35

〈표 2〉 t년 대비 t+50년의 수급자 비율 차이

A 수급자	B 수급자	중복 수급자
-5	7	2

* 수급자 비율 차이 = t+50년의 수급자 비율 − t년의 수급자 비율

① 중복 수급자 수는 t+50년이 t년의 1.5배이다.
② 부정적 낙인이 발생할 수 있는 제도에만 해당하는 수급자 비율은 t년이 t+50년의 2배이다.
③ 강제 가입의 원칙이 적용되는 제도의 수급자 수는 t+50년이 t년의 1.5배이다.
④ 사후 처방적 성격이 강한 제도의 t+50년 수급자 수는 사전 예방적 성격이 강한 제도에만 해당하는 t년 수급자 수의 0.5배이다.
⑤ 비(非)수급자 수는 t년과 t+50년이 같다.

62. ••

다음 자료에 대한 분석으로 옳은 것은? (단, (가), (나)는 각각 사회 보험, 공공 부조 중 하나임.)

〈자료 1〉 갑국의 사회 보장 제도

(가) 실직자에 대한 생계 지원은 물론 재취업 촉진, 실업 예방 및 고용 안정을 위해 근로자와 사업주가 공동 부담하는 기금에서 급여를 지급하는 제도
(나) 수급자가 건강한 생활을 유지하는 데 필요한 각종 검사 및 치료 등의 급여를 제공하는 제도

〈자료 2〉 갑국의 지역별 (가), (나) 수급자 비율

(단위 : %)

구분	A 지역	B 지역	C 지역	전체
(가) 수급자	24	㉠	22	25
(나) 수급자	15	16	19	16
(가)와 (나) 중복 수급자	6	10	㉡	8

* 갑국은 A~C 지역으로만 구성되며, 전체 인구는 B 지역이 C 지역의 2배임.

① ㉠은 '28', ㉡은 '11'이다.
② 금전적 지원을 원칙으로 하는 제도의 수급자 비율은 A 지역이 B 지역보다 낮다.
③ 사전 예방적 성격이 강한 제도에만 해당하는 수급자 수는 A 지역이 C 지역의 3배이다.
④ 사후 처방적 성격이 강한 제도의 A 지역 수급자 수는 강제 가입 원칙이 적용되는 제도의 전체 수급자 수의 0.5배이다.
⑤ 보편적 복지 성격이 강한 제도의 B 지역 수급자 수는 선별적 복지 성격이 강한 제도에만 해당하는 C 지역 수급자 수의 2배이다.

63.

●●●

다음 자료에 대한 분석으로 옳은 것은? (단, (가), (나)는 각각 사회 보험, 공공 부조 중 하나임.)

<자료 1> 갑국의 사회 보장 제도

(가) 노동자와 사업주가 공동으로 부담하는 기금에서 실업자의 생계 보장 및 고용 안정을 위해 급여를 제공하는 제도

(나) 소득 인정액이 일정 수준 이하인 65세 이상 노인에게 연금을 지급함으로써 안정적인 생계 유지를 지원하는 제도

<자료 2> 갑국의 지역별 (가), (나) 수급자 비율

(단위 : %)

구분		A 지역	B 지역	C 지역
(가) 수급자		㉠	53	55
(나) 수급자		10	20	18
중복 수급자		5	㉡	10
비(非) 수급자	탈락자	20	15	21
	비(非)탈락자	30	27	㉢

* 비(非)수급자 : (가), (나) 중 어느 것도 받지 않는 사람으로, 복지 혜택이 필요하나 수급 자격 조건에 미달하여 받지 못하는 사람(탈락자)와 비(非)수급자에서 탈락자를 제외한 사람(비(非)탈락자로 구성됨.

** A~C 지역의 중복 수급자 수는 동일함.

① ㉠은 ㉡과 ㉢의 합보다 작다.

② 수급 대상자에 대한 부정적 낙인이 발생할 수 있는 제도에만 해당하는 수급자 수는 A 지역이 B 지역의 3배이다.

③ 강제 가입의 원칙이 적용되는 제도에만 해당하는 수급자 비율은 A 지역이 C 지역보다 높다.

④ A 지역의 탈락자 수는 B 지역의 중복 수급자 수의 3배이다.

⑤ 상호 부조의 원리가 적용되는 제도의 C 지역 수급자 수는 그렇지 않은 제도의 B 지역 수급자 수의 5배이다.

64.

●●●

다음 자료에 대한 분석으로 옳은 것은? (단, A, B는 각각 사회 보험, 공공 부조 중 하나임.)

갑국의 사회 보장 제도는 우리나라의 사회 보장 제도와 동일하다. A는 B와 달리 상호 부조의 원리가 적용되는 제도이다. 표는 갑국의 연도별 전체 인구 중 A, B 수급자 비율과 각 제도의 t년 대비 t+20년 수급자 수 변화율을 나타낸 것이다.

<표 1> 연도별 수급자 비율

(단위 : %)

구분	A 수급자	B 수급자	중복 수급자
t년	50	20	10
t+20년	㉠	25	15

<표 2> t년 대비 t+20년 수급자 수 변화율

(단위 : %)

A만 해당하는 수급자	B만 해당하는 수급자	중복 수급자
35	㉡	80

① ㉠에 들어갈 값은 ㉡에 들어갈 값의 4배이다.

② 수혜자 비용 부담 원칙이 적용되는 제도의 수급자 수는 t+20년이 t년의 1.5배이다.

③ 대상자에 대한 부정적 낙인이 발생할 수 있는 제도의 수급자 수는 t+20년이 t년의 1.5배이다.

④ 사전 예방적 성격이 강한 제도에만 해당하는 t년 수급자 수는 사후 처방적 성격이 강한 제도의 t+20년 수급자 수와 같다.

⑤ 전체 인구 중 보편적 복지의 원칙이 적용되는 제도에만 해당하는 수급자 비율은 t+20년이 t년의 1.2배이다.

65.

●●●

다음 자료에 대한 분석으로 옳은 것은? (단, (가), (나)는 각각 사회 보험, 공공 부조 중 하나임.)

〈자료 1〉 갑국의 사회 보장 제도

(가) 생활 유지 능력이 없거나 생활이 어려운 국민의 최저 생활을 보장하고 자립을 지원하는 제도

(나) 국민에게 발생하는 사회적 위험을 보험의 방식으로 대처함으로써 건강과 소득을 보장하는 제도

〈자료 2〉 갑국의 지역별 인구 중 (가), (나) 수급자 비율

(단위 : %)

구분	A 지역	B 지역	전체 지역
(가) 수급자	24	㉠	22
(나) 수급자	64	70	66
(가)와 (나) 중복 수급자	㉡	6	㉢

* 갑국은 A, B 지역으로만 구성됨.
** (가)와 (나) 중복 수급자를 제외한 (가) 수급자 수는 A 지역과 B 지역이 동일함.

① ㉠은 ㉡보다 작고 ㉢보다 크다.
② 선별적 복지의 성격이 강한 제도의 수급자 수는 A 지역이 B 지역의 3배이다.
③ 보편적 복지의 성격이 강한 제도의 B 지역 수급자 수는 그렇지 않은 제도의 갑국 전체 수급자 수보다 많다.
④ 금전적 지원을 원칙으로 하는 제도의 수급자 비율은 A 지역이 B 지역보다 높다.
⑤ 공공 부조에 해당하는 제도의 수급자를 제외한 사회 보험에 해당하는 제도의 수급자 수는 전체 지역이 B 지역의 3배 이상이다.

66.

●●●

다음 자료에 대한 분석으로 옳은 것은? (단, A, B는 각각 사회 보험, 공공 부조 중 하나임.)

갑국의 사회 보장 제도는 우리나라의 사회 보장 제도와 동일하다. B는 A와 달리 정부 재정으로 비용을 전액 충당하는 것을 원칙으로 한다.

표는 갑국의 지역별 (가)~(다) 지역 인구 중 A, B 수급자 비율을 나타낸 것이다. 단, 갑국은 (가)~(다) 지역으로만 구성되며, A와 B 중복 수급자 수는 (다) 지역이 (가) 지역의 2배이다.

(단위 : %)

구분	(가) 지역	(나) 지역	(다) 지역	전체
A 수급자	30	36	33	㉠
B 수급자	22	16	25	20
A와 B 중복 수급자	6	㉡	6	8

① ㉠에 들어갈 값은 ㉡에 들어갈 값의 3배이다.
② 수급 대상자에 대한 부정적 낙인이 발생할 수 있는 제도의 수급자 수는 (가) 지역이 (나) 지역보다 많다.
③ 수혜자 비용 부담 원칙이 적용되는 제도에만 해당하는 수급자 비율은 (다) 지역이 (나) 지역보다 낮다.
④ 선별적 복지의 성격이 강한 제도에만 해당하는 (나) 지역 수급자 수는 보편적 복지의 성격이 강한 제도에만 해당하는 (가) 지역 수급자 수보다 적다.
⑤ 사회 보험에 해당하는 제도와 공공 부조에 해당하는 제도 중 어떤 것도 수급하지 않는 비(非)수급자 비율은 (다) 지역이 (나) 지역보다 높고, (가) 지역보다 낮다.

67. ●●●

다음 자료에 대한 분석으로 옳은 것은? (단, 갑국의 사회 보장 제도는 우리나라의 사회 보장 제도와 동일함.)

〈자료 1〉 갑국의 사회 보장 제도 A~C의 사례

· A의 사례: 노령, 장애, 사망 시 본인 및 가족에게 연금 급여 실시

· B의 사례: 생활이 어려운 사람의 질병, 부상 등에 대해 급여 실시

· C의 사례: 일상생활과 사회 활동이 어려운 저소득층의 생활 안정을 위해 가사·간병 서비스 지원

〈자료 2〉 갑국의 사회 보장 제도 A~C 수급자 현황

(단위 : %)

	t년				t+30년	
구분		A○	A×	구분		A○	A×

구분		A○	A×	구분		A○	A×
B○	C○	3	5	B○	C○	6	8
	C×	8	12		C×	10	8
B×	C○	6	10	B×	C○	4	12
	C×	30			C×		28

* 갑국의 전체 인구는 t+30년이 t년의 2배임.

** 음영 처리된 부분은 주어진 단서를 통해 알 수 있음.

---

① 비금전적 지원을 원칙으로 하는 제도의 수급자 비율은 t년이 t+30년보다 높다.

② 상호 부조의 원리를 바탕으로 하는 제도에만 해당하는 수급자 수는 t+30년이 t년의 2배 이상이다.

③ 최저 생활 보장을 목적으로 하는 제도의 수급자 수는 t+30년이 t년의 2배 이상이다.

④ 금전적 지원의 원칙이 적용되는 제도의 수급자 비율은 t+30년이 t년보다 높다.

⑤ 두 가지 제도에만 해당하는 수급자 수는 t+30년이 t년의 2배 이하이다.

68. ●●●

다음 자료에 대한 분석으로 옳은 것은? (단, (가), (나)는 각각 사회 보험, 공공 부조 중 하나임.)

〈자료 1〉 갑국의 사회 보장 제도

(가) 국가가 가구 소득 인정액이 기준액 이하인 가구의 기초 생활을 보장하기 위해 급여를 제공하고, 자활을 지원하는 제도

(나) 가입자와 고용주 등이 분담해서 마련한 기금을 통해 노령, 장애 등에 대한 연금 급여를 지급하여 생활 안정을 도모하는 제도

〈자료 2〉 갑국의 지역별 (가), (나) 제도 수급자 비율

(단위 : %)

구분	A 지역	B 지역	C 지역	갑국
(가)에만 해당하는 수급자	10	10	15	㉠
(나)에만 해당하는 수급자	30	32	34	32
비(非)수급자	㉡	50	46	48

* 갑국은 A~C 지역으로만 구성되며, B 지역의 (나) 수급자 수는 C 지역의 (가) 수급자 수와 같음.

---

① ㉡에 들어갈 수는 ㉠에 들어갈 수의 4배 미만이다.

② 공공 부조에 해당하는 제도의 A 지역 수급자 수는 사회 보험에 해당하는 제도의 B 지역 수급자 수보다 적다.

③ 강제 가입의 원칙이 적용되는 제도의 B 지역 수급자 비율은 C 지역 수급자 비율보다 낮다.

④ 선별적 복지 이념에 기초한 제도의 A 지역 수급자 수는 B 지역 수급자 수의 2배보다 많다.

⑤ (가)와 (나) 중복 수급자 비율은 B 지역이 A 지역보다 높고, C 지역보다 낮다.

69. ●●●

다음 자료에 대한 분석으로 옳은 것은? (단, A~C는 각각 사회 보험, 공공 부조, 사회 서비스 중 하나임.)

갑국의 사회 보장 제도는 우리나라의 사회 보장 제도와 동일하다. 금전적 지원의 원칙이 적용되는 A, C 중에서 C는 A와 달리 강제 가입을 원칙으로 하는 제도이다.

표는 갑국 전체 인구 중 A~C 수혜자와 중복 수혜자의 비율을 나타낸 것이다. 단, 중복 수혜자 중 A, B, C의 혜택을 모두 받는 사람 수는 A, C의 혜택을 모두 받는 사람 수와 B, C의 혜택을 모두 받는 사람 수의 0.5배이다.

〈자료 2〉 갑국의 지역별 (가), (나) 제도 수급자 비율

(단위 : %)

A 수혜자	B 수혜자	C 수혜자	2중 수혜자	3중 수혜자
13	22	64	8	3

* 비(非)수혜자 : A, B, C 어느 것의 혜택도 받지 않는 사람
** 2중 수혜자 : A, B, C 중 2개의 혜택을 받는 사람
*** 3중 수혜자 : A, B, C의 혜택을 모두 받는 사람
**** 중복 수혜자 : A, B, C 중 2개 이상의 혜택을 받는 사람

① 사회 보험의 혜택만을 받는 사람 수는 공공 부조의 혜택을 받는 사람 수의 3배이다.

② 중복 수혜자 수는 민간 부문도 복지 제공에 참여할 수 있는 제도의 혜택만을 받는 사람 수와 같다.

③ 비(非)수혜자 수는 사회 서비스의 혜택을 받는 사람 수보다 많다.

④ 중복 수혜자 중 소득 재분배 효과가 가장 큰 제도의 혜택을 받는 사람 수는 2중 수혜자의 수보다 많다.

⑤ 중복 수혜자 중 상호 부조의 원리가 적용되는 제도의 혜택을 받는 사람 수는 비(非)수혜자 수보다 적다.

70. ●●●

다음 자료에 대한 분석으로 옳은 것은? (단, (가), (나)는 각각 사회 보험, 공공 부조 중 하나임.)

갑국의 사회 보장 제도는 우리나라의 사회 보장 제도와 동일하며, (나)는 (가)와 달리 정부 재정으로 비용을 전액 충당하는 것을 원칙으로 한다. 〈표〉는 갑국의 (가), (나) 제도 수급자 비율이다. 단, 갑국은 A~C 지역으로만 구성된다.

〈갑국의 (가), (나) 제도 수급자 비율〉

(단위 : %)

구분	A 지역	B 지역	C 지역	전체
(가) 수급자	㉠	30	30	33
(나) 수급자	8	12	18	12
(가)와 (나) 중복 수급자	4	6	㉡	㉢

* (나) 제도에만 해당하는 수급자 수는 A 지역 : B 지역 : C 지역 = 2 : 1 : 3이다.

① ㉠은 ㉡과 ㉢의 합의 2배이다.

② 소득 재분배 효과가 더 큰 제도의 수급자 수는 C 지역이 A 지역의 2배이다.

③ 사전 예방적 성격이 강한 제도에만 해당하는 B 지역 수급자 수는 사후 처방적 성격이 강한 제도의 A 지역 수급자 수와 같다.

④ 수익자 비용 부담 원칙이 적용되는 제도에만 해당하는 수급자 수는 C 지역이 B 지역의 2배이다.

⑤ 금전적 지원의 원칙이 적용되는 제도의 수급자 수는 C 지역이 갑국 전체의 0.5배이다.

71.

●●●

다음 자료에 대한 분석으로 옳은 것은? (단, A~C는 각각 사회 보험, 공공 부조, 사회 서비스 중 하나임.)

갑국에는 사회 보장 제도 A~C만 존재하며, 이는 우리나라의 사회 보장 제도와 동일하다. A는 C와 달리 비금전적 지원을 원칙으로 하고, C는 B와 달리 강제 가입의 원칙이 적용된다.

표는 갑국 전체 인구 중 A~C 수혜자 비율을 나타낸 것이다. 단, 3중 수혜자 수와 A, B만 중복 수혜하는 인구 수는 동일하며, A, C를 중복 수혜하는 인구 수와 비(非)수혜자 수는 동일하다.

(단위 : %)

A 수혜자 중 B 수혜자	B 수혜자 중 A 수혜자
25	40
B 수혜자 중 C 수혜자	C 수혜자 중 B 수혜자
40	20
C 수혜자 중 A 수혜자	A 수혜자 중 C 수혜자
30	㉠

* 비(非)수혜자 : A, B, C 어느 것의 혜택도 받지 않는 사람
** 2중 수혜자 : A, B, C 중 2개의 혜택을 받는 사람
*** 3중 수혜자 : A, B, C의 혜택을 모두 받는 사람

① ㉠은 사회 서비스에 해당하는 제도의 수혜자 비율보다 높다.
② 수급자 선정에 따른 부정적 낙인이 발생할 수 있는 제도에만 해당하는 수혜자 수는 사회 보험, 사회 서비스에 해당하는 제도만 중복 수혜하는 인구 수와 같다.
③ 2중 수혜자 수는 강제 가입의 원칙이 적용되는 제도에만 해당하는 수혜자 수와 같다.
④ 민간 부문도 복지 제공의 당사자가 될 수 있는 제도에만 해당하는 수혜자 수는 사후 처방적 성격이 강한 제도의 수혜자 수와 같다.
⑤ 3중 수혜자 수는 비(非)수혜자 수의 0.5배이다.

72.

●●●

다음 자료에 대한 분석으로 옳은 것은? (단, A~C는 각각 사회 보험, 공공 부조, 사회 서비스 중 하나임.)

갑국의 사회 보장 제도는 우리나라의 사회 보장 제도와 동일하다. 금전적 지원의 원칙이 적용되는 B와 C 중, B는 C에 비해 소득 재분배 효과가 상대적으로 작은 제도이다.

표는 갑국 전체 인구 중 A~C 단독 수혜자와 중복 수혜자의 비율을 나타낸 것이다. 단독 수혜자는 주어진 두 가지 제도 중 한 가지 제도의 혜택만을, 중복 수혜자는 두 가지 제도 모두의 혜택을 받는 사람을 나타낸다. 단, 3중 수혜자 수와 비(非)수혜자 수는 같다.

(단위 : %)

구분	단독 수혜자	중복 수혜자
A와 B	63	10
B와 C	61	13
A와 C	24	7

* 비(非)수혜자 : A, B, C 어느 것의 혜택도 받지 않는 사람
** 2중 수혜자 : A, B, C 중 2개의 혜택을 받는 사람
*** 3중 수혜자 : A, B, C의 혜택을 모두 받는 사람

① 2중 수혜자 수는 공공 부조의 혜택만을 받는 사람 수보다 많다.
② 3중 수혜자 수는 사회 서비스의 혜택만을 받는 사람 수의 0.5배이다.
③ 강제 가입의 원칙이 적용되는 제도에만 해당하는 수혜자 수는 사후 처방적 성격이 강한 제도의 수혜자 수의 2배 이상이다.
④ 민간 부문도 복지 제공에 참여할 수 있는 제도의 수혜자 수는 두 가지 이상의 제도의 혜택을 받는 사람 수보다 적다.
⑤ 한 가지 제도의 혜택만을 받는 사람 수는 사전 예방적 성격이 강한 제도의 수혜자 수보다 적다.

73.

●●●

다음 자료에 대한 분석으로 옳은 것은? (단, 갑국의 사회 보장 제도는 우리나라의 사회 보장 제도와 동일하며, 제시된 기간 동안 인구 변동은 없음.)

〈자료 1〉 갑국의 사회 보장 제도

(가) 생활이 어려운 사람의 질병, 부상 등에 대해 급여를 제공하는 제도

(나) 노령, 장애, 사망 시 본인 및 가족에게 연금 급여를 제공하는 제도

〈자료 2〉 갑국의 (가), (나) 제도 수급 진입 비율과 수급 이탈 비율

(단위 : %)

구분	(가) 제도		(나) 제도	
	t+1년	t+2년	t+1년	t+2년
수급 진입 비율	20	5	30	20
수급 이탈 비율	40	50	10	40

* t년 갑국의 전체 인구 중 (가) 제도의 수급자 비율은 15%, (나) 제도의 수급자 비율은 30%임.

** 수급 진입 비율(%) = (직전 연도와 달리 혜택을 받게 된 해당 제도 수급자 수 / 직전 연도 해당 제도 비(非) 수급자 수) × 100

*** 수급 진입 비율(%) = (직전 연도와 달리 혜택을 받지 않게 된 해당 제도 비(非)수급자 수 / 직전 연도 해당 제도 수급자 수) × 100

① 선별적 복지의 성격이 강한 제도의 수급자 비율은 t+2년이 t년보다 낮다.

② 보편적 복지의 성격이 강한 제도의 비(非)수급자 비율은 t+1년이 t+2년보다 높다.

③ 직전 연도와 달리 해당 연도에 사회 보험에 해당하는 제도의 비(非)수급자가 된 사람 수는 t+2년이 t+1년의 2배이다.

④ 직전 연도와 달리 해당 연도에 공공 부조에 해당하는 제도의 수급자가 된 사람 수는 t+1년이 t+2년보다 많다.

⑤ 사전 예방적 성격이 강한 제도와 사후 처방적 성격이 강한 제도의 수급자 비율의 합은 t년부터 t+2년까지 지속적으로 증가하였다.

74.

●●●

다음 자료에 대한 분석으로 옳은 것은? (단, A, B는 각각 사회 보험, 공공 부조 중 하나임.)

갑국에는 사회 보장 제도 A, B만 존재하며, A, B는 우리나라의 사회 보장 제도와 동일하다. A는 B와 달리 수급 대상자에 대한 부정적 낙인이 발생할 수 있는 제도이다.

표는 갑국의 (가), (나) 지역별 전체 인구 중 A, B 수급자 비율을 나타낸 것이다. 단, 갑국은 (가), (나) 지역으로만 구성된다.

(단위 : %)

구분	(가) 지역	(나) 지역	전체
A 수급자 중 B 수급자	50	㉠	60
B 수급자 중 A 수급자	20	40	30
A 또는 B 수급자	㉡	50	60

① ㉠에 들어갈 값은 ㉡에 들어갈 값보다 크다.

② 사회 보험에 해당하는 제도의 수급자 비율은 (가) 지역이 (나) 지역의 2배이다.

③ 공공 부조에 해당하는 제도의 수급자 수는 (나) 지역이 (가) 지역의 2배이다.

④ 선별적 복지의 성격이 강한 제도에만 해당하는 (나) 지역 수급자 수는 (가) 지역 중복 수급자 수와 같다.

⑤ 보편적 복지의 성격이 강한 제도의 (가) 지역 수급자 수는 (나) 지역 전체 인구의 0.5배이다.

75.

●●●

다음 자료에 대한 옳은 분석만을 〈보기〉에서 있는 대로 고른 것은? (단, (가), (나)는 각각 사회 보험, 공공 부조 중 하나임.)

〈자료 1〉 갑국의 사회 보장 제도

(가) 65세 이상 노인 중 소득 인정액이 일정 수준 이하인 사람에게 생활 안정에 필요한 연금을 지급하는 제도

(나) 노령, 사망, 장애 등으로 인한 소득 상실 보전을 위해 가입자와 고용주가 분담해서 마련한 기금을 통해 연금 급여를 지급하는 제도

〈자료 2〉 갑국의 지역별 인구 중 (가), (나) 수급자 비율

(단위 : %)

구분	A 지역	B 지역	전체
(가) 수급자	20	㉠	25
(나) 수급자	㉡	50	45
(가) 수급자 중 (나) 수급자	50	30	38

* 갑국은 A, B 지역으로만 구성됨.

〈보 기〉

ㄱ. ㉠은 30, ㉡은 40이다.

ㄴ. 금전적 지원을 원칙으로 하는 제도에 해당하는 수급자 수는 B 지역이 A 지역보다 많다.

ㄷ. 선별적 복지의 성격이 강한 제도에만 해당하는 수급자 수는 B 지역이 A 지역의 2배이다.

ㄹ. 보편적 복지의 성격이 강한 제도에만 해당하는 수급자 수는 A 지역과 B 지역이 같다.

① ㄱ, ㄴ   ② ㄴ, ㄷ   ③ ㄴ, ㄹ
④ ㄱ, ㄴ, ㄷ   ⑤ ㄴ, ㄷ, ㄹ

76.

●●●

다음 자료에 대한 분석으로 옳은 것은? (단, 갑국의 사회 보장 제도는 우리나라의 사회 보장 제도와 동일함.)

〈자료 1〉 갑국의 사회 보장 제도

(가) 국민에게 발생하는 사회적 위험을 보험의 방식으로 대처함으로써 국민의 안전한 생활에 필요한 건강과 소득을 보장하는 제도

(나) 생활 유지 능력이 없거나 생활이 어려운 국민의 최저 생활을 보장하고 자립을 지원하는 제도

(다) 상담, 재활, 돌봄, 정보의 제공, 관련 시설의 이용, 역량 개발, 사회 참여 지원 등을 통하여 국민의 삶의 질이 향상되도록 지원하는 제도

〈자료 2〉 갑국의 지역별 (가)~(다) 수급자 비율

(단위 : %)

구분	A 지역	B 지역
(가) 수급자	16	19
(나) 수급자	15	14
(다) 수급자	13	16

〈자료 3〉 갑국의 지역별 (가)~(다) 중복 수급자 비율

(단위 : %)

구분	A 지역	B 지역
(가)와 (나) 중복 수급자	7	7
(나)와 (다) 중복 수급자	8	8
(가)와 (다) 중복 수급자	5	7

* 전체 인구는 A 지역이 B 지역의 2배임.
** A 지역의 각 수치에는 (가)~(다) 중복 수급자 비율(3%)이, B 지역의 각 수치에는 (가)~(다) 중복 수급자 비율(5%)이 포함되어 있음.

① 중복 수급자 중 사회 보험의 혜택을 받는 사람 수는 A 지역과 B 지역이 같다.

② 중복 수급자 중 사회 서비스의 혜택을 받는 사람 비율은 A 지역이 B 지역의 2배이다.

③ 민간 부문도 복지 제공에 참여할 수 있는 제도의 혜택만을 받는 사람 수는 A 지역과 B 지역이 같다.

④ 강제 가입의 원칙이 적용되는 제도의 혜택만을 받는 사람 수는 B 지역이 A 지역보다 많다.

⑤ 소득 재분배 효과가 가장 큰 제도의 혜택만을 받는 사람 수는 B 지역이 A 지역보다 많다.

77. ●●●

다음 자료에 대한 분석으로 옳은 것은? (단, 갑국의 사회 보장 제도는 우리나라의 사회 보장 제도와 동일함.)

〈자료 1〉 갑국의 사회 보장 제도 A~C의 사례

· A의 사례: 생활이 어려운 사람의 질병, 부상 등에 대해 급여 제공
· B의 사례: 노령, 장애, 사망 시 본인 및 가족에게 연금 급여 실시
· C의 사례: 일상생활과 사회 활동이 어려운 저소득층의 생활 안정을 위해 가사·간병 서비스 지원

〈자료 2〉 갑국의 사회 보장 제도 A~C의
시기별 수급자 현황

(단위 : %)

제도	A		B		C	
시기	t년	t+50년	t년	t+50년	t년	t+50년
전체 인구 중 수혜자 비율	25	20	50	40	20	40
해당 제도 중복 수혜자 비율	B C	B C	A C	A C	A B	A B
	48 32	40 ㉠	24 16	20 30	40 ㉡	25 30

* t년과 t+50년의 각 수치에는 A~C 중복 수혜자 비율(6%)가 포함되어 있음.

---

① ㉠에 들어갈 값과 ㉡에 들어갈 값은 같다.
② 사후 처방적 성격이 강한 제도에만 해당하는 수급자 비율은 t+50년이 t년보다 높다.
③ 민간 부문도 복지 제공에 참여할 수 있는 제도에만 해당하는 수급자 비율은 t+50년이 t년의 2배이다.
④ 금전적 지원의 원칙이 적용되는 제도의 수급자 비율은 t+50년이 t년보다 높다.
⑤ 사전 예방적 성격이 강한 제도에만 해당하는 t년 수급자 비율은 두 가지 이상의 제도에 해당하는 t+50년 수급자 비율의 2배이다.

78. ●●●●

다음 자료에 대한 분석으로 옳은 것은? (단, (가), (나)는 각각 사회 보험, 공공 부조 중 하나임.)

〈자료 1〉 갑국의 사회 보장 제도

(가) 생활 유지 능력이 없거나 생활이 어려운 국민의 최저 생활을 보장하고 자립을 지원하는 제도
(나) 국민에게 발생하는 사회적 위험을 보험의 방식으로 대처함으로써 국민의 안전한 생활에 필요한 건강과 소득을 보장하는 제도

〈자료 2〉 제도별 각 지역이 차지하는 수급자 비율

(단위 : %)

구분	A 지역	B 지역	C 지역	총합
(가) 수급자	25	60	15	100
(나) 수급자	30	50	20	100
중복 수급자	30	50	20	100

〈자료 3〉 갑국의 지역별 (가)~(다) 중복 수급자 비율

(단위 : %)

A 지역	B 지역	C 지역
51	64	66

* 갑국은 A~C 지역으로만 구성됨.
** A 지역의 (나) 수급자 수는 (가) 수급자 수의 3배이고, (가)에만 해당하는 수급자 수는 A 지역이 C 지역의 2배임.

---

① 사후 처방적 성격이 강한 제도에만 해당하는 수급자 수는 B 지역이 A 지역의 3.5배이다.
② 사전 예방적 성격이 강한 제도에만 해당하는 수급자 수는 B 지역이 C 지역의 2배이다.
③ 보편적 복지의 성격이 강한 제도의 C 지역 수급자 수는 선별적 복지의 성격이 강한 제도의 B 지역 수급자 수와 같다.
④ 수혜자 비용 부담의 원칙이 적용되는 제도에만 해당하는 C 지역 수급자 수는 그렇지 않은 제도에만 해당하는 A 지역 수급자 수의 4.5배이다.
⑤ 상호 부조의 원리가 적용되는 제도의 B 지역 수급자 수는 C 지역 전체 인구와 같다.

79.

●●●●

다음 자료에 대한 분석으로 옳은 것은? (단, A~C는 각각 사회 보험, 공공 부조, 사회 서비스 중 하나임.)

갑국의 사회 보장 제도는 우리나라의 사회 보장 제도와 동일하며, 금전적 지원의 원칙이 적용되는 A와 C 중 A는 C보다 소득 재분배 효과가 높다.

3중 수혜자 대비 비(非)수혜자의 비는 t년이 2, t+50년이 3이고, A, B의 혜택을 모두 받는 사람 수 대비 3중 수혜자의 비율은 t년이 40%, t+50년이 50%이다. t년과 t+50년 모두에서 A, C만의 혜택을 모두 받는 사람 수는 B, C만의 혜택을 모두 받는 사람 수의 2배이다.

〈갑국의 A~C 수혜자와 비(非)수혜자 비율〉

(단위 : %)

구분	t년	t+50년
A 수혜자	30	30
B 수혜자	24	18
C 수혜자	67	61
2중 수혜자	21	13
비(非)수혜자	8	12

* 비(非)수혜자 : A, B, C 어느 것의 혜택도 받지 않는 사람
** 2중 수혜자 : A, B, C 중 2개의 혜택을 받는 사람
*** 3중 수혜자 : A, B, C의 혜택을 모두 받는 사람
**** 갑국의 t+50년 전체 인구는 t년 전체 인구의 2배임.

① 강제 가입의 원칙이 적용되는 제도의 혜택만을 받는 사람 수는 t+50년이 t년의 2배이다.

② 3중 수혜자 수는 t년과 t+50년이 같다.

③ t년에 공공 부조의 혜택만을 받는 사람 수는 t+50년에 사회 서비스의 혜택만을 받는 사람 수와 같다.

④ t년에 2개 이상의 제도의 혜택을 받는 사람 수는 t+50년에 수급 대상자에 대한 부정적 낙인이 발생할 수 있는 제도의 혜택만을 받는 사람 수와 같다.

⑤ t년에 비(非)수급자 수는 t+50년에 공공 부조, 사회 만의 혜택을 모두 받는 사람 수와 같다.

80.

●●●●

다음 자료에 대한 분석으로 옳은 것은? (단, (가), (나)는 각각 사회 보험, 공공 부조 중 하나임.)

〈자료 1〉 갑국의 사회 보장 제도 일반적 특징 비교

구분	(가)	(나)
공통점	㉠	
차이점	사전 예방적 성격이 강함	㉡

〈자료 2〉 갑국의 지역별 (가), (나) 수급자 비율

(단위 : %)

구분	A 지역	B 지역	C 지역	갑국
(가) 수급자 중 (나) 수급자	15	20	30	20
(나) 수급자 중 (가) 수급자	75	50	75	70
전체 인구 중 중복 수급자	10	㉠	5	7

* 갑국은 A~C 지역으로만 구성됨.

① ㉠에는 '소득 재분배 효과가 나타남', ㉡에는 '비금전적 지원의 원칙이 적용됨'이 적절하다.

② ㉡에 들어갈 값은 '10'이다.

③ 전체 인구 중 부정적 낙인이 발생할 수 있는 제도의 수급자 비율은 B 지역이 C 지역보다 낮다.

④ 강제 가입의 원칙이 적용되는 제도에만 해당하는 수급자 수는 A 지역이 C 지역의 2배이다.

⑤ 금전적 지원의 원칙이 적용되는 제도의 수급자 수는 C 지역이 B 지역보다 적고, A 지역보다 많다.

81.

다음 자료에 대한 분석으로 옳은 것은? (단, 갑국의 전체 인구는 t+30년이 t년의 2배임.)

구분	t년	t+30년
전체 인구 중 유소년 인구의 비율(%)	30	10
노년 부양비	40	50

* 노년 부양비 = $\dfrac{\text{노년 인구(65세 이상 인구)}}{\text{부양 인구(15~64세 인구)}} \times 100$

** 유소년 부양비 = $\dfrac{\text{유소년 인구(0~14세 인구)}}{\text{부양 인구(15~64세 인구)}} \times 100$

*** 총부양비 = 유소년 부양비 + 노년 부양비

① t+30년 노년 인구는 t년 유소년 인구의 2배이다.
② 유소년 부양비는 t년이 t+30년의 3배이다.
③ 총부양비는 t년과 t+50년이 같다.
④ 유소년 인구와 노년 인구의 합은 t+30년이 t년의 2배이다.
⑤ 전체 인구 중 노년 인구의 비율은 t+30년이 t년의 2배이다.

82.

다음 자료에 대한 옳은 분석만을 〈보기〉에서 있는 대로 고른 것은?

갑국의 유소년 인구와 노년 인구의 합은 t년 대비 t+50년에 2배로 증가하였으며, t년 유소년 부양비는 25이다. 또한 t년 부양 인구는 t+50년 노년 인구와 같다.

〈갑국 전체 인구 중 노년 인구 비율〉

t년: 25%

t+50년: 37.5%

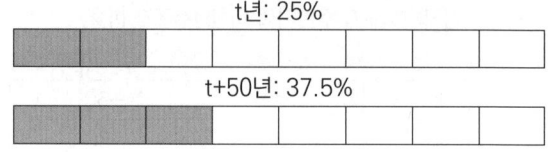

* 노년 부양비 = $\dfrac{\text{노년 인구(65세 이상 인구)}}{\text{부양 인구(15~64세 인구)}} \times 100$

** 유소년 부양비 = $\dfrac{\text{유소년 인구(0~14세 인구)}}{\text{부양 인구(15~64세 인구)}} \times 100$

*** 총부양비 = 유소년 부양비 + 노년 부양비

〈보 기〉

ㄱ. t년 대비 t+50년 유소년 인구 증가율은 25%이다.
ㄴ. t년 대비 t+50년 노년 인구 증가율은 140%이다.
ㄷ. 노년 부양비는 t+50년이 t년의 1.8배이다.
ㄹ. 총부양비는 t+50년이 t년의 1.5배이다.

① ㄱ, ㄴ   ② ㄴ, ㄷ   ③ ㄷ, ㄹ
④ ㄱ, ㄴ, ㄷ   ⑤ ㄴ, ㄷ, ㄹ

83.

다음 자료에 대한 분석으로 옳은 것은?

갑국 t+30년의 전체 인구 대비 노년 인구(65세 이상 인구)의 비율은 20%로 t년의 2배이고, t년의 유소년 부양비는 80으로 t+30년의 2.4배이다. t년 대비 t+30년의 노년 인구 증가율은 200%이다.

* 유소년 부양비 $= \dfrac{\text{유소년 인구}(0\sim14\text{세 인구})}{\text{부양 인구}(15\sim64\text{세 인구})} \times 100$

〈조건〉

1. 노동력 부족 정도는 전체 인구 대비 부양 인구 비율과 부(−)의 관계에 있다.
2. 세대 간 통합 용이성의 정도는 노년 부양비와 부(−)의 관계에 있다.
3. 잠재 성장 가능성의 정도는 유소년 인구와 정(+)의 관계에 있다.

---

* 노년 부양비 $= \dfrac{\text{노년 인구}}{\text{부양 인구}} \times 100$

① t+30년 노년 인구는 t년 유소년 인구의 2배이다.
② 유소년 부양비는 t년이 t+30년의 3배이다.
③ 총부양비는 t년과 t+50년이 같다.
④ 유소년 인구와 노년 인구의 합은 t+30년이 t년의 2배이다.
⑤ 전체 인구 중 노년 인구의 비율은 t+30년이 t년의 2배이다.

84.

다음 자료에 대한 분석으로 옳은 것은?

다음 자료는 갑국의 연도별 유소년 인구 비율과 노년 부양비를 나타낸 것이다. 단, 갑국의 t년과 t+50년 유소년 인구는 동일하다.

구분	t년	t+50년
전체 인구 중 유소년 인구 비율(%)	25	20
노년 부양비	25	100

* 노년 부양비 $= \dfrac{\text{노년 인구}(65\text{세 이상 인구})}{\text{부양 인구}(15\sim64\text{세 인구})} \times 100$

** 유소년 부양비 $= \dfrac{\text{유소년 인구}(0\sim14\text{세 인구})}{\text{부양 인구}(15\sim64\text{세 인구})} \times 100$

*** 노령화 지수 $= \dfrac{\text{노년 인구}(65\text{세 이상 인구})}{\text{유소년 인구}(0\sim14\text{세 인구})} \times 100$

**** 총부양비 = 유소년 부양비 + 노년 부양비

① t+50년 노년 인구는 t년 유소년 인구의 1.5배이다.
② 유소년 부양비는 t년이 t+50년의 1.2배이다.
③ t년 대비 t+50년 노령화 지수의 증가율은 200%이다.
④ t년 대비 t+50년 총부양비의 증가율은 125%이다.
⑤ 유소년 인구와 노년 인구의 합은 t+50년이 t년의 2배이다.

85.

다음 자료에 대한 옳은 분석만을 〈보기〉에서 고른 것은?

갑국에서 t년과 t+50년의 노년 인구는 같고, 총부양비는 t+50년이 t년의 1.5배이다. t+50년 유소년 부양비는 40이고, 전체 인구 대비 유소년 인구 비율은 t년과 t+50년이 모두 20%이다.

$$\text{* 노년 부양비} = \frac{\text{노년 인구(65세 이상 인구)}}{\text{부양 인구(15~64세 인구)}} \times 100$$

$$\text{** 유소년 부양비} = \frac{\text{유소년 인구(0~14세 인구)}}{\text{부양 인구(15~64세 인구)}} \times 100$$

*** 총부양비 = 유소년 부양비 + 노년 부양비

〈보 기〉

ㄱ. t년 유소년 인구는 t+50년 노년 인구와 같다.
ㄴ. 노년 부양비는 t+50년이 t년의 2배이다.
ㄷ. t년 대비 t+50년 유소년 인구의 감소율과 전체 인구의 감소율은 같다.
ㄹ. 유소년 인구와 부양 인구의 합은 t년이 t+50년의 2배이다.

① ㄱ, ㄴ   ② ㄱ, ㄷ   ③ ㄴ, ㄷ
④ ㄴ, ㄹ   ⑤ ㄷ, ㄹ

86.

다음 자료에 대한 분석으로 옳은 것은? (단, 제시된 모든 연도의 부양 인구는 동일함.)

구분	t년	t+25년	t+50년
노년 부양비	15	24	36
노령화 지수	60	100	150

$$\text{* 노년 부양비} = \frac{\text{노년 인구(65세 이상 인구)}}{\text{부양 인구(15~64세 인구)}} \times 100$$

$$\text{** 유소년 부양비} = \frac{\text{유소년 인구(0~14세 인구)}}{\text{부양 인구(15~64세 인구)}} \times 100$$

$$\text{*** 노령화 지수} = \frac{\text{노년 인구(65세 이상 인구)}}{\text{유소년 인구(0~14세 인구)}} \times 100$$

① 유소년 부양비는 t+25년과 t+50년이 같다.
② 유소년 인구와 노년 인구의 합은 t+50년이 t년의 2배이다.
③ 전체 인구 대비 노년 인구의 비율은 t+50년이 t년의 2배이다.
④ 25년 전 대비 노년 인구의 증가율은 t+50년이 t+25년보다 높다.
⑤ 전체 인구는 t+50년이 t년보다 많고, t+25년보다 적다.

87.

다음 자료에 대한 분석으로 옳은 것은?

> 표는 갑국의 인구 구성 비율을 나타낸 것이다. t년에 비해 t+50년 갑국의 부양 인구는 20% 증가하였다. 갑국의 노년 부양비는 t년에 25, t+50년에 60이다. 단, 음영 처리된 부분은 주어진 자료와 단서를 통해 알 수 있다.
>
> (단위 : %)
>
> | 구분 | t년 | t+50년 |
> |---|---|---|
> | 65세 이상 인구(노년 인구) | | 30 |
> | 15~64세 인구(부양 인구) | | |
> | 0~14세 인구(유소년 인구) | 25 | |
>
> * 노령화 지수 = (노년 인구 / 유소년 인구) × 100
> ** 유소년 부양비 = (유소년 인구 / 부양 인구) × 100
> *** 노년 부양비 = (노년 인구 / 부양 인구) × 100
> **** 총부양비 = {(유소년 인구 + 노년 인구) / 부양 인구] × 100

① t년 부양 인구는 t+50년 노년 인구와 같다.
② t+50년 유소년 인구는 t년 노년 인구와 같다.
③ 노령화 지수는 t+50년이 t년의 2배이다.
④ 총부양비는 t년과 t+50년이 같다.
⑤ 유소년 부양비는 t+50년이 t년보다 작다.

88.

다음 자료에 대한 분석으로 옳은 것은?

> 표는 갑국의 연도에 따른 노년 인구에 대한 유소년 인구와 부양 인구의 비를 각각 나타낸 것이다. 단, 30년 전 대비 부양 인구의 증가율은 t+30년이 60%, t+60년이 25%이다.
>
> | 구분 | t년 | t+30년 | t+60년 |
> |---|---|---|---|
> | 유소년 인구 | 4 | 1 | 0.5 |
> | 부양 인구 | 5 | 4 | 2.5 |
>
> * 노년 부양비 = $\dfrac{\text{노년 인구(65세 이상 인구)}}{\text{부양 인구(15~64세 인구)}}$ × 100
>
> ** 유소년 부양비 = $\dfrac{\text{유소년 인구(0~14세 인구)}}{\text{부양 인구(15~64세 인구)}}$ × 100
>
> *** 피부양 인구 = 유소년 인구 + 노년 인구

① t년 부양 인구는 t+30년 피부양 인구와 같다.
② t+60년 노년 인구는 t년 피부양 인구와 같다.
③ t년 유소년 부양비는 t+30년 노년 부양비의 2배이다.
④ t+60년 노년 부양비는 t+30년 유소년 부양비의 2배이다.
⑤ 피부양 인구는 t년이 t+30년보다 많고, t+60년보다 적다.

89. •

다음 자료에 대한 분석으로 옳은 것은?

표는 갑국의 노년 인구 비율과 유소년 부양비를 나타낸 것이다. 단, 갑국의 전체 인구는 t년 대비 t+30년에 50% 증가하였고, t년 대비 t+60년에 20% 감소하였다.

구분	t년	t+30년	t+60년
노년 인구 비율(%)	10	30	25
유소년 부양비	50	40	20

* 노년 부양비 = $\dfrac{\text{노년 인구(65세 이상 인구)}}{\text{부양 인구(15~64세 인구)}} \times 100$

** 유소년 부양비 = $\dfrac{\text{유소년 인구(0~14세 인구)}}{\text{부양 인구(15~64세 인구)}} \times 100$

*** 총부양비 = 유소년 부양비 + 노년 부양비

① t년 노년 인구는 t+60년 유소년 인구와 같다.

② 유소년 인구와 부양 인구의 합은 t+30년이 t년의 1.5배이다.

③ 노년 부양비는 t+60년이 t년의 1.5배, t+30년의 0.5배이다.

④ 총부양비는 t+30년과 t+60년이 같다.

⑤ 부양 인구 비율은 t+60년이 t년보다 낮고, t+30년보다 높다.

90. ••

다음 자료에 대한 분석 및 추론으로 옳은 것은?

현재(t년) 갑국은 표와 같은 인구 구성을 가지고 있다. 갑국 정부는 향후(t+100년) 발생할 인구 변화를 서로 다른 시나리오로 예측하여 A, B의 결과를 얻었다. t년과 t+100년에 부양 인구는 전체 인구의 절반이며, t년 대비 t+100년에 전체 인구의 증가율은 50%라고 가정한다.

구분	현재(t년)	t+100년의 시나리오 예측 결과	
		A	B
노년 부양비	50	t년 대비 ⑤% 감소	t년 대비 60% 증가
노령화 지수	100	t년 대비 75% 감소	t년 대비 ⓒ% 증가

* 유소년 부양비 = $\dfrac{\text{유소년 인구(0~14세 인구)}}{\text{부양 인구(15~64세 인구)}} \times 100$

** 노년 부양비 = $\dfrac{\text{노년 인구(65세 이상 인구)}}{\text{부양 인구(15~64세 인구)}} \times 100$

*** 노령화 지수 = $\dfrac{\text{노년 인구(65세 이상 인구)}}{\text{유소년 인구(0~14세 인구)}} \times 100$

① ⓒ에 들어갈 값은 ⑤에 들어갈 값의 4배이다.

② 노년 인구는 현재가 A의 1.5배이다.

③ 유소년 인구는 현재가 B의 2배이다.

④ 유소년 부양비는 A가 B의 5배이다.

⑤ 부양 인구와 유소년 인구의 합은 A가 B의 1.5배이다.

91.

●●

다음 자료에 대한 분석으로 옳은 것은?

> 갑국에서 t년에 전체 인구 중 노년 인구가 차지하는 비율은 t+100년에 전체 인구 중 유소년 인구가 차지하는 비율의 2배이고, t년에 피부양 인구는 부양 인구와 같다. t년 대비 t+100년에 유소년 인구의 변화율은 −50%이다. 표는 갑국의 연도별 노년 부양비를 나타낸 것이다.

구분	t년	t+100년
노년 부양비	40	50

> * 노년 부양비 $= \dfrac{\text{노년 인구(65세 이상 인구)}}{\text{부양 인구(15~64세 인구)}} \times 100$
>
> ** 유소년 부양비 $= \dfrac{\text{유소년 인구(0~14세 인구)}}{\text{부양 인구(15~64세 인구)}} \times 100$
>
> *** 노령화 지수 $= \dfrac{\text{노년 인구(65세 이상 인구)}}{\text{유소년 인구(0~14세 인구)}} \times 100$
>
> **** 피부양 인구 = 유소년 인구(0~14세 인구) + 노년 인구(65세 이상 인구)

① t년 대비 t+100년에 노년 인구는 100% 증가하였다.
② t년 대비 t+100년에 부양 인구는 80% 증가하였다.
③ 유소년 부양비는 t년이 t+100년의 3배이다.
④ 노령화 지수는 t+100년이 t년의 3배이다.
⑤ t년 대비 t+100년에 피부양 인구의 증가율은 10%이다.

92.

●●

표는 갑국의 인구 동향을 나타낸 것이다. 이에 대한 분석으로 옳은 것은? (단, 부양 인구는 주어진 기간 동안 지속적으로 감소하였음.)

구분	t년	t+20년	t+40년
노령화 지수	60	75	100
유소년 부양비	25	24	25

> * 유소년 부양비 $= \dfrac{\text{유소년 인구(0~14세 인구)}}{\text{부양 인구(15~64세 인구)}} \times 100$
>
> ** 노령화 지수 $= \dfrac{\text{노년 인구(65세 이상 인구)}}{\text{유소년 인구(0~14세 인구)}} \times 100$

① t년 대비 t+20년에 부양 인구의 변화율보다 유소년 인구의 변화율이 크다.
② 전체 인구 대비 노년 인구의 비율은 t년이 t+20년보다 높다.
③ 20년 전 대비 전체 인구는 t+20년과 t+40년 모두 증가하였다.
④ t+20년 대비 t+40년에 유소년 인구와 노년 인구 모두 증가하였다.
⑤ 제시된 기간 중 전체 인구 대비 부양 인구의 비율은 t+20년에 가장 높다.

93.

다음 자료에 대한 분석으로 옳은 것은?

〈자료 1〉은 갑국의 연도별 전체 인구 중 부양 인구 비율과 20년 전 대비 부양 인구의 증가율을 나타낸 것이며, 〈자료 2〉는 갑국의 연도별 노년 부양비 대비 유소년 부양비의 비를 나타낸 것이다.

〈자료 1〉

(단위 : %)

구분	t년	t+20년	t+40년
전체 인구 중 부양 인구 비율	50	60	54
20년 전 대비 부양 인구 증가율		80	20

〈자료 2〉

(단위 : %)

구분	t년	t+20년	t+40년
노년 부양비 : 유소년 부양비	1 : 4	1 : 1	15 : 8

* 노년 부양비 = $\dfrac{\text{노년 인구(65세 이상 인구)}}{\text{부양 인구(15~64세 인구)}} \times 100$

** 유소년 부양비 = $\dfrac{\text{유소년 인구(0~14세 인구)}}{\text{부양 인구(15~64세 인구)}} \times 100$

*** 피부양 인구 = 유소년 인구(0~14세 인구) + 노년 인구(65세 이상 인구)

① t년 유소년 인구는 t+40년 노년 인구와 같다.

② t+20년 부양 인구는 t년 전체 인구와 같다.

③ 20년 전 대비 노년 인구의 증가율은 t+20년이 t+40년의 2배이다.

④ 유소년 인구와 부양 인구의 합은 t+40년이 t년의 1.5배이다.

⑤ 피부양 인구는 t년이 t+20년보다 많고, t+40년보다 적다.

94.

다음 자료에 대한 분석으로 옳은 것은? (단, t년에 갑국과 을국의 전체 인구는 동일하며, t+50년에 각각 1.5배로 증가하였음.)

구분	갑국		을국	
	t년	t+50년	t년	t+50년
유소년 부양비	80	50	50	40
노령화 지수	25	75	100	150

* 유소년 부양비 = $\dfrac{\text{유소년 인구(0~14세 인구)}}{\text{부양 인구(15~64세 인구)}} \times 100$

** 노령화 지수 = $\dfrac{\text{노년 인구(65세 이상 인구)}}{\text{유소년 인구(0~14세 인구)}} \times 100$

*** 전체 인구에서 노년 인구가 차지하는 비율이 7% 이상이면 고령화 사회, 14% 이상이면 고령 사회, 20% 이상이면 초고령 사회임.

① 갑국은 t년에 고령 사회, t+50년에 초고령 사회이다.

② 을국은 t년과 t+50년 모두에 초고령 사회이다.

③ t년의 갑국 유소년 인구는 t+50년의 을국 노년 인구와 같다.

④ t+50년의 갑국 부양 인구는 t년의 을국 전체 인구와 같다.

⑤ 을국과 달리 갑국에서 유소년 인구와 노년 인구의 합은 t+50년이 t년의 1.5배이다.

95.

다음 자료에 대한 분석으로 옳은 것은?

〈조건〉

1. 갑국 t년의 유소년 인구(0~14세 인구)는 부양 인구(15 ~64세 인구)의 0.5배이고 노년 인구(65세 이상 인구) 의 3배이다.
2. A 시기는 t년 대비 t+30년으로, B 시기는 t+30년 대비 t+50년으로 인구 변화 양상을 예측하여 나타낸다.
3. A 시기와 B 시기 동안 전체 인구의 변화는 없다.
4. 세대 간 갈등 정도는 노년 부양비와 정(+), 잠재 성장 가 능성 정도는 노령화 지수와 부(−)의 관계에 있다.

〈A 시기와 B 시기의 인구 변화 양상 예측〉

구분	A 시기	B 시기
전체 인구 중 유소년 인구 비율	변화 없음	ⓛ
전체 인구 중 노년 인구 비율	증가	감소
유소년 부양비	㉠	변화 없음

* 유소년(노년) 부양비 = $\dfrac{\text{유소년(노년) 인구}}{\text{부양 인구}} \times 100$

** 노령화 지수 = $\dfrac{\text{유소년 인구}}{\text{노년 인구}} \times 100$

*** 피부양 인구 = 유소년 인구 + 노년 인구

① ㉠은 '감소', ⓛ은 '변화 없음'이다.
② 부양 인구는 A 시기와 B 시기에 모두 감소하였다.
③ t년 대비 t+30년에 세대 간 갈등은 심각해졌을 것이다.
④ t년 대비 t+50년에 잠재 성장 가능성은 커졌을 것이다.
⑤ 피부양 인구는 A 시기와 B 시기에 모두 증가하였다.

96.

다음 자료에 대한 분석으로 옳은 것은?

표는 갑국과 을국의 인구 구조와 시기에 따른 차이를 나타 낸 것이다. t년 대비 t+50년에 갑국의 유소년 인구는 50% 감소하였고, 을국의 유소년 인구는 변화하지 않았다.

〈t년의 인구 지표〉

구분	유소년 인구 비율(%)	노년 부양비
갑국	30	40
을국	40	20

〈t년 대비 t+50년의 인구 지표 차이〉

구분	유소년 인구 비율(%)	노년 부양비
갑국	20	−10
을국	20	−80

* 노년 부양비 = $\dfrac{\text{노년 인구(65세 이상 인구)}}{\text{부양 인구(15~64세 인구)}} \times 100$

** 유소년 부양비 = $\dfrac{\text{유소년 인구(0~14세 인구)}}{\text{부양 인구(15~64세 인구)}} \times 100$

*** 노령화 지수 = $\dfrac{\text{노년 인구(65세 이상 인구)}}{\text{유소년 인구(0~14세 인구)}} \times 100$

**** 인구 지표 차이 = t년의 인구 지표 − t+50년의 인구 지표

① t년 갑국의 유소년 부양비는 t+50년 을국의 노년 부양비와 같다.
② t+50년 노령화 지수는 갑국이 을국의 1.5배이다.
③ 유소년 인구와 노년 인구의 합은 t+50년 을국이 t년 갑국의 2배이다.
④ t년 대비 t+50년 노년 인구의 증가율은 을국이 갑국의 2배이다.
⑤ t+50년 갑국의 부양 인구는 t년 을국의 전체 인구와 같다.

97. ●●

다음 자료에 대한 분석으로 옳은 것은?

표는 갑국의 연도별 인구 구성 비율을 나타낸 것이다. 갑국의 전체 인구는 t년 대비 t+20년에 50% 증가하였고, t+20년 대비 t+40년에 20% 감소하였다. t+40년 노령화 지수는 300으로 t+20년 노령화 지수의 2배, t년 유소년 부양비의 6배이다. 단, 음영 처리된 부분은 주어진 자료와 단서를 통해 알 수 있다.

구분	t년	t+20년	t+40년
0~14세 인구(유소년 인구)	30		
15~64세 인구(부양 인구)		50	
65세 이상 인구(노년 인구)			25

* 노년 부양비 = $\dfrac{\text{노년 인구(65세 이상 인구)}}{\text{부양 인구(15~64세 인구)}} \times 100$

** 유소년 부양비 = $\dfrac{\text{유소년 인구(0~14세 인구)}}{\text{부양 인구(15~64세 인구)}} \times 100$

*** 노령화 지수 = $\dfrac{\text{노년 인구(65세 이상 인구)}}{\text{유소년 인구(0~14세 인구)}} \times 100$

① t년 유소년 인구는 t+40년 노년 인구와 같다.
② t+20년 노년 인구는 t+40년 부양 인구의 0.5배이다.
③ 노년 부양비는 t+20년이 t년의 3배이다.
④ 유소년 부양비는 t년이 t+40년의 2배이다.
⑤ 유소년 인구와 노년 인구의 합은 t+20년이 t년과 t+40년의 2배이다.

98. ●●

다음 자료에 대한 옳은 분석만을 〈보기〉에서 있는 대로 고른 것은?

표는 갑국의 연도별 인구 관련 통계를 나타낸 것이다. 단, 40년 전 대비 부양 인구의 증가율은 t+40년과 t+80년 모두 100%이다.

구분	t년	t+40년	t+80년
부양 인구 비율(%)	50	40	64
$\dfrac{\text{유소년 부양비}}{\text{총부양비}}$	$\dfrac{3}{4}$	$\dfrac{1}{2}$	$\dfrac{1}{3}$

* 노년 부양비 = $\dfrac{\text{노년 인구(65세 이상 인구)}}{\text{부양 인구(15~64세 인구)}} \times 100$

** 유소년 부양비 = $\dfrac{\text{유소년 인구(0~14세 인구)}}{\text{부양 인구(15~64세 인구)}} \times 100$

*** 총부양비 = 유소년 부양비 + 노년 부양비

〈보 기〉

ㄱ. t+40년 부양 인구는 t년 노년 인구의 8배이다.
ㄴ. t년 유소년 인구는 t+80년 노년 인구의 0.5배이다.
ㄷ. 유소년 부양비는 t+80년이 t년의 4배이다.
ㄹ. 노년 부양비는 t년과 t+80년의 합이 t+40년과 같다.

① ㄱ, ㄴ   ② ㄴ, ㄷ   ③ ㄷ, ㄹ
④ ㄱ, ㄴ, ㄷ   ⑤ ㄴ, ㄷ, ㄹ

99.
●●●

다음 자료에 대한 분석으로 옳은 것은?

> 갑국에서 전체 인구 중 노년 인구가 차지하는 비율은 t+30년이 20%로 t년의 2배이고, 노령화 지수는 t+30년이 t+60년의 1.5배이다. 유소년 인구와 노년 인구의 합은 t년과 t+60년이 t+30년의 0.8배이다. 표는 갑국의 연도별 유소년 부양비를 나타낸 것이다.
>
> | 구분 | t년 | t+30년 | t+60년 |
> |---|---|---|---|
> | 유소년 부양비 | 50 | 20 | 25 |
>
> * 노년 부양비 $= \dfrac{\text{노년 인구(65세 이상 인구)}}{\text{부양 인구(15~64세 인구)}} \times 100$
>
> ** 유소년 부양비 $= \dfrac{\text{유소년 인구(0~14세 인구)}}{\text{부양 인구(15~64세 인구)}} \times 100$
>
> *** 노령화 지수 $= \dfrac{\text{노년 인구(65세 이상 인구)}}{\text{유소년 인구(0~14세 인구)}} \times 100$

① t년 대비 t+30년에 전체 인구는 20% 증가하였다.
② 유소년 인구와 부양 인구의 합은 t+60년이 t년보다 많다.
③ 노년 부양비는 t+30년이 t년의 2배이다.
④ 노령화 지수는 t+60년이 t년의 4배이다.
⑤ t+30년 부양 인구는 t년 전체 인구보다 많다.

100.
●●●

다음 자료에 대한 분석으로 옳은 것은?

> 갑국 t년의 유소년 부양비는 50으로 노년 부양비의 3배이다. 표는 t년의 노년 부양비 대비 t+50년과 t+100년의 노년 부양비의 비와 t년의 노령화 지수 대비 t+50년과 t+100년의 노령화 지수의 비를 나타낸 것이다. 단, t년과 t+50년 부양 인구는 동일하며, t+100년 부양 인구는 해당 인구의 1.5배이다.
>
> | 구분 | t+50년 | t+100년 |
> |---|---|---|
> | 노년 부양비의 비 | 3 | 2.4 |
> | 노령화 지수의 비 | 3 | 4.5 |
>
> * 노년 부양비 $= \dfrac{\text{노년 인구(65세 이상 인구)}}{\text{부양 인구(15~64세 인구)}} \times 100$
>
> ** 유소년 부양비 $= \dfrac{\text{유소년 인구(0~14세 인구)}}{\text{부양 인구(15~64세 인구)}} \times 100$
>
> *** 노령화 지수 $= \dfrac{\text{노년 인구(65세 이상 인구)}}{\text{유소년 인구(0~14세 인구)}} \times 100$
>
> **** 총부양비 = 유소년 부양비 + 노년 부양비

① t년 유소년 인구는 t+50년 노년 인구와 같다.
② t+50년 전체 인구는 t+100년 부양 인구의 2배이다.
③ 유소년 부양비는 t년과 t+50년이 t+100년의 2배이다.
④ 총부양비는 t년 대비 t+50년과 t+50년 대비 t+100년에 모두 증가하였다.
⑤ 유소년 인구와 부양 인구의 합은 t년과 t+100년이 같다.

101.

●●●

다음 자료에 대한 분석으로 옳은 것은?

> 표는 갑국과 을국의 인구 구조 변화를 비교한 것이다. t년 대비 t+40년에 갑국의 전체 인구는 20% 증가하였고, 을국의 전체 인구는 50% 증가하였다. 단, t년에 갑국과 을국의 전체 인구는 동일하다.

구분	t년		t+40년	
	갑국	을국	갑국	을국
부양 인구 비율(%)	50	60	60	50
노령화 지수	25	100	300	400

* 노년 부양비 $= \dfrac{\text{노년 인구(65세 이상 인구)}}{\text{부양 인구(15~64세 인구)}} \times 100$

** 유소년 부양비 $= \dfrac{\text{유소년 인구(0~14세 인구)}}{\text{부양 인구(15~64세 인구)}} \times 100$

*** 노령화 지수 $= \dfrac{\text{노년 인구(65세 이상 인구)}}{\text{유소년 인구(0~14세 인구)}} \times 100$

① t년에 갑국의 유소년 인구는 을국의 노년 인구의 3배이다.

② t+40년에 을국의 부양 인구는 갑국의 유소년 인구의 5배이다.

③ t년에 갑국의 유소년 부양비는 t+40년에 을국의 노년 부양비와 같다.

④ t+40년에 을국의 유소년 부양비는 t년에 갑국의 노년 부양비의 2배이다.

⑤ 유소년 인구와 노년 인구의 합은 갑국과 을국 모두 t+40년이 t년보다 많다.

102.

●●●

다음 자료에 대한 분석으로 옳은 것은?

> 갑국의 t+50년과 t+100년의 부양 인구는 t년의 2배이고, 노령화 지수는 t+100년이 150으로 t년의 6배, t+50년의 1.5배이다. 갑국 총인구 중 부양 인구 비율은 t년과 t+50년이 50%로 t+100년의 0.75배이다.

* 노년 부양비 $= \dfrac{\text{노년 인구(65세 이상 인구)}}{\text{부양 인구(15~64세 인구)}} \times 100$

** 유소년 부양비 $= \dfrac{\text{유소년 인구(0~14세 인구)}}{\text{부양 인구(15~64세 인구)}} \times 100$

*** 노령화 지수 $= \dfrac{\text{노년 인구(65세 이상 인구)}}{\text{유소년 인구(0~14세 인구)}} \times 100$

① t+50년의 유소년 인구는 t년의 노년 인구와 같다.

② t+100년의 유소년 인구는 t년의 부양 인구의 0.5배이다.

③ t+50년의 노년 인구는 t년에 비해 400% 증가하였다.

④ 유소년 부양비는 t+50년이 t+100년의 2배이다.

⑤ 노년 부양비는 t+100년이 t년의 2배이다.

103.

●●●

다음 자료에 대한 분석으로 옳은 것은?

> 갑국에서 노년 인구는 t+50년과 t+100년이 같고, 전체 인구 대비 노년 인구 비율은 t년이 15%로 t+50년의 75%이다. t+100년 전체 인구는 t년 부양 인구의 2배, t+50년 유소년 인구의 4배이다.

구분	t년	t+50년	t+100년
노령화 지수	60	100	300

> * 노년 부양비 = $\dfrac{\text{노년 인구(65세 이상 인구)}}{\text{부양 인구(15~64세 인구)}} \times 100$
>
> ** 유소년 부양비 = $\dfrac{\text{유소년 인구(0~14세 인구)}}{\text{부양 인구(15~64세 인구)}} \times 100$
>
> *** 노령화 지수 = $\dfrac{\text{노년 인구(65세 이상 인구)}}{\text{유소년 인구(0~14세 인구)}} \times 100$
>
> **** 피부양 인구 = 유소년 인구(0~14세 인구) + 노년 인구(65세 이상 인구)

① t년 유소년 인구와 t+100년 노년 인구는 같다.
② t+50년 부양 인구와 t년 전체 인구는 같다.
③ 피부양 인구는 t+100년이 t+50년의 1.5배이다.
④ 노년 부양비는 t+100년이 t년의 1.5배이다.
⑤ 유소년 부양비는 t+50년이 t+100년의 4배이다.

104.

●●●

다음 자료에 대한 분석으로 옳은 것은?

> 표는 갑국과 을국의 인구 관련 지표를 나타낸 것이다. 단, t년에 갑국과 을국의 총인구는 동일하며, t년 대비 t+30년의 부양 인구 증가율은 갑국이 50%, 을국이 100%이다.

구분	t년		t+30년	
	갑국	을국	갑국	을국
노년 인구 비율(%)	20	25	10	20
유소년 부양비	60	20	50	20

> * 노년 부양비 = $\dfrac{\text{노년 인구(65세 이상 인구)}}{\text{부양 인구(15~64세 인구)}} \times 100$
>
> ** 유소년 부양비 = $\dfrac{\text{유소년 인구(0~14세 인구)}}{\text{부양 인구(15~64세 인구)}} \times 100$
>
> *** 노령화 지수 = $\dfrac{\text{노년 인구(65세 이상 인구)}}{\text{유소년 인구(0~14세 인구)}} \times 100$

① t년 갑국의 유소년 인구는 을국의 노년 인구의 3배이다.
② t+30년 을국의 부양 인구는 갑국의 노년 인구의 10배이다.
③ 노년 부양비는 t+30년 을국이 t년 갑국의 2배이다.
④ 노령화 지수는 t+30년 갑국이 t년 을국의 3배이다.
⑤ 부양 인구 비율은 t년 을국과 t+30년 갑국이 같다.

105.

●●●

다음 자료에 대한 분석으로 옳은 것은?

표는 갑국과 을국의 인구 구조 변화를 비교한 것이다. t년 전체 인구는 을국이 갑국의 1.5배이고, t년 대비 t+50년에 갑국의 노년 인구는 100%, 을국의 부양 인구는 20% 증가하였다.

구분	t년		t+50년	
	갑국	을국	갑국	을국
부양 인구 비율(%)	55	50	60	45
$\dfrac{노년\ 부양비}{유소년\ 부양비}$	$\dfrac{1}{2}$	$\dfrac{2}{3}$	$\dfrac{5}{3}$	$\dfrac{7}{4}$

* 노년 부양비 = $\dfrac{노년\ 인구(65세\ 이상\ 인구)}{부양\ 인구(15\sim64세\ 인구)} \times 100$

** 유소년 부양비 = $\dfrac{유소년\ 인구(0\sim14세\ 인구)}{부양\ 인구(15\sim64세\ 인구)} \times 100$

*** 총부양비 = 유소년 부양비 + 노년 부양비

① t+50년 을국 노년 인구는 t년 갑국 유소년 인구의 2배이다.

② t년 을국 부양 인구는 t+50년 갑국 전체 인구의 0.5배이다.

③ t년 을국의 노년 부양비는 t+50년 갑국의 유소년 부양비의 2배이다.

④ t+50년 을국의 유소년 부양비는 t년 갑국의 노년 부양비와 같다.

⑤ t년 갑국의 유소년 인구와 노년 인구의 합은 을국의 유소년 인구와 같다.

106.

●●●

다음 자료에 대한 분석으로 옳은 것은?

갑국의 t+40년 유소년 인구는 t년 노년 인구의 3배이고, t년 부양 인구는 t+80년 노년 인구와 같다. t+40년 전체 인구 대비 유소년 인구 비율은 20%로 t년 전체 인구 대비 노년 인구 비율의 2배이다. 유소년 부양비는 t년이 50으로 t+80년의 1.5배이고, 노년 부양비는 t+40년이 20으로 t+80년의 0.3배이다.

* 노년 부양비 = $\dfrac{노년\ 인구(65세\ 이상\ 인구)}{부양\ 인구(15\sim64세\ 인구)} \times 100$

** 유소년 부양비 = $\dfrac{유소년\ 인구(0\sim14세\ 인구)}{부양\ 인구(15\sim64세\ 인구)} \times 100$

*** 노령화 지수 = $\dfrac{노년\ 인구(65세\ 이상\ 인구)}{유소년\ 인구(0\sim14세\ 인구)} \times 100$

**** 피부양 인구 = 유소년 인구(0~14세 인구) + 노년 인구(65세 이상 인구)

① t년 유소년 인구는 t+80년 노년 인구의 2배이다.

② t+40년 부양 인구는 t년 유소년 인구의 3배이다.

③ t+40년 유소년 부양비는 t년 노년 부양비의 2배이다.

④ 노령화 지수는 t+80년이 t년의 6배, t+40년의 3배이다.

⑤ 피부양 인구는 t+80년이 t년의 2배이다.

107.

●●●

다음 자료에 대한 분석으로 옳은 것은?

> 다음은 갑국의 인구 관련 지표에 대한 연도별 비를 나타낸 것이다. t년 전체 인구 대비 부양 인구 비율은 50%로 노년 인구 비율의 2배이며, 50년 전 대비 전체 인구의 변화율은 t+50년이 50%, t+100년이 −25%이다.

구분	유소년 부양비	노령화 지수
$\dfrac{\text{t+50년}}{\text{t년}}$	$\dfrac{6}{5}$	$\dfrac{2}{3}$
$\dfrac{\text{t+100년}}{\text{t+50년}}$	$\dfrac{5}{9}$	3

* 노년 부양비 = $\dfrac{\text{노년 인구(65세 이상 인구)}}{\text{부양 인구(15~64세 인구)}} \times 100$

** 유소년 부양비 = $\dfrac{\text{유소년 인구(0~14세 인구)}}{\text{부양 인구(15~64세 인구)}} \times 100$

*** 노령화 지수 = $\dfrac{\text{노년 인구(65세 이상 인구)}}{\text{유소년 인구(0~14세 인구)}} \times 100$

① t년 부양 인구는 t+100년 노년 인구와 같다.
② t+50년 유소년 인구는 t년 유소년 인구와 부양 인구의 합과 같다.
③ t년 노령화 지수는 t+100년 노년 부양비와 같다.
④ t+50년 유소년 부양비는 t년 노년 부양비의 2배이다.
⑤ 전체 인구 대비 부양 인구의 비율은 t+50년과 t+100년이 같다.

108.

●●●

다음 자료에 대한 분석으로 옳은 것은?

> 표는 갑국과 을국의 인구 관련 지표를 나타낸 것이다. t년 전체 인구는 갑국과 을국이 동일하며, t년 대비 t+100년 전체 인구의 증가율은 갑국이 50%, 을국이 100%이다.

구분	총부양비		노령화 지수	
	t년	t+100년	t년	t+100년
갑국	100	150	25	200
을국	100	60	100	200

* 노년 부양비 = $\dfrac{\text{노년 인구(65세 이상 인구)}}{\text{부양 인구(15~64세 인구)}} \times 100$

** 유소년 부양비 = $\dfrac{\text{유소년 인구(0~14세 인구)}}{\text{부양 인구(15~64세 인구)}} \times 100$

*** 노령화 지수 = $\dfrac{\text{노년 인구(65세 이상 인구)}}{\text{유소년 인구(0~14세 인구)}} \times 100$

**** 총부양비 = 유소년 부양비 + 노년 부양비

① t년 갑국의 부양 인구는 t+100년 을국의 유소년 인구와 같다.
② t+100년 갑국의 노년 인구는 t년 을국의 노년 인구와 같다.
③ t년 갑국의 유소년 부양비는 t+100년 을국의 노년 부양비의 2배이다.
④ t+100년 갑국의 노년 부양비는 t년 을국의 유소년 부양비와 같다.
⑤ 유소년 인구와 노년 인구의 합은 t+100년 갑국과 을국이 같다.

109.

●●●

다음 자료에 대한 분석으로 옳은 것은?

> 갑국에서 t년의 부양 인구는 t+30년의 0.5배이고, 이는 t+60년의 노년 인구와 같다. 노령화 지수는 t+30년이 100으로 t년의 4배이다. 전체 인구 대비 부양 인구 비율은 t+60년이 60%로 t년과 t+30년보다 10%p 높고, t+60년의 유소년 인구는 t년의 노년 인구와 같다.
>
> * 노년 부양비 = $\dfrac{\text{노년 인구(65세 이상 인구)}}{\text{부양 인구(15~64세 인구)}} \times 100$
>
> ** 유소년 부양비 = $\dfrac{\text{유소년 인구(0~14세 인구)}}{\text{부양 인구(15~64세 인구)}} \times 100$
>
> *** 노령화 지수 = $\dfrac{\text{노년 인구(65세 이상 인구)}}{\text{유소년 인구(0~14세 인구)}} \times 100$
>
> **** 피부양 인구 = 유소년 인구(0~14세 인구) + 노년 인구(65세 이상 인구)

① t년의 유소년 인구와 t+30년의 노년 인구는 같다.
② t+30년의 유소년 인구와 t+60년의 노년 인구는 같다.
③ 피부양 인구는 t+60년이 t년의 2배이다.
④ 유소년 부양비는 주어진 연도 중 t+30년이 가장 작고, t년이 가장 크다.
⑤ 노년 부양비는 주어진 연도 중 t+30년이 가장 크고, t년이 가장 작다.

110.

●●●

다음 자료에 대한 분석으로 옳은 것은?

> 표는 갑국의 지역별 부양 인구 비율과 노령화 지수를 나타낸 것이다. 단, 갑국은 A, B 두 지역으로만 구성된다.
>
> | 구분 | A 지역 | B 지역 | 갑국 전체 |
> |---|---|---|---|
> | 부양 인구 비율(%) | 60 | ㉠ | 66 |
> | 노령화 지수 | 100 | 50 | 70 |
>
> * 노년 부양비 = $\dfrac{\text{노년 인구(65세 이상 인구)}}{\text{부양 인구(15~64세 인구)}} \times 100$
>
> ** 유소년 부양비 = $\dfrac{\text{유소년 인구(0~14세 인구)}}{\text{부양 인구(15~64세 인구)}} \times 100$
>
> *** 노령화 지수 = $\dfrac{\text{노년 인구(65세 이상 인구)}}{\text{유소년 인구(0~14세 인구)}} \times 100$
>
> **** 총부양비 = 유소년 부양비 + 노년 부양비

① ㉠에 들어갈 값은 '75'이다.
② A 지역 유소년 인구는 B 지역 노년 인구와 같다.
③ A 지역 부양 인구는 B 지역 유소년 인구의 2배이다.
④ 노년 부양비는 A 지역이 B 지역의 2배이다.
⑤ 유소년 부양비는 B 지역이 A 지역의 2배이다.

111.

●●●

다음 자료에 대한 분석으로 옳은 것은?

> 다음은 갑국의 연도에 따른 연령별 인구에 대한 정보를 나타낸 것이다.
>
> · 유소년 부양비는 t년이 50으로 t+100년의 175%이다.
> · 부양 인구 비율은 t년과 t+50년이 50%로 같다.
> · 50년 전 대비 노령화 지수의 증가율은 t+50년이 50%, t+100년이 100%이다.
> · 노년 인구는 t+100년이 t년과 t+50년의 2배이다.
>
> * 노년 부양비 = $\dfrac{\text{노년 인구(65세 이상 인구)}}{\text{부양 인구(15~64세 인구)}}$ × 100
>
> ** 유소년 부양비 = $\dfrac{\text{유소년 인구(0~14세 인구)}}{\text{부양 인구(15~64세 인구)}}$ × 100
>
> *** 노령화 지수 = $\dfrac{\text{노년 인구(65세 이상 인구)}}{\text{유소년 인구(0~14세 인구)}}$ × 100

① 노년 부양비는 t+100년이 t년의 2배이다.
② 유소년 인구와 노년 인구의 합은 t+100년이 t+50년보다 많고, t년보다 적다.
③ t+50년 부양 인구는 t+100년 노년 인구와 같다.
④ 노년 인구 비율은 t년이 t+60년보다 낮고, t+30년보다 높다.
⑤ t년 대비 t+50년 전체 인구의 변화율은 부양 인구의 변화율과 같다.

112.

●●●

다음 자료에 대한 분석으로 옳은 것은? (단, t년 대비 t+50년에 갑국과 을국의 전체 인구는 모두 증가하였다.)

구분	t년		t+50년	
	갑국	을국	갑국	을국
총부양비	25	50	100	150
노년 부양비	10	20	70	100

* 노년 부양비 = $\dfrac{\text{노년 인구(65세 이상 인구)}}{\text{부양 인구(15~64세 인구)}}$ × 100

** 유소년 부양비 = $\dfrac{\text{유소년 인구(0~14세 인구)}}{\text{부양 인구(15~64세 인구)}}$ × 100

*** 노령화 지수 = $\dfrac{\text{노년 인구(65세 이상 인구)}}{\text{유소년 인구(0~14세 인구)}}$ × 100

**** 총부양비 = 유소년 부양비 + 노년 부양비

① t년 유소년 부양비는 을국이 갑국의 2배이다.
② 을국과 달리 갑국은 t년 대비 t+50년에 유소년 인구가 증가하였다.
③ t+50년 노령화 지수는 갑국과 을국이 같다.
④ t년 대비 t+50년에 갑국 부양 인구는 증가하였다.
⑤ t년 대비 t+50년에 을국 노년 인구의 증가율은 200% 미만이다.

113.　●●●

다음 자료에 대한 분석으로 옳은 것은? (단, A~C는 각각 유소년 인구, 부양 인구, 노년 인구 중 하나임.)

> 표는 각 연도에 따른 갑국 연령별 인구의 비를 나타낸 것이다. 단, 노령화 지수는 t+60년이 300으로 t+30년의 3배이며, t년 갑국의 부양 인구와 피부양 인구는 같다.

구분	A	B	C
$\dfrac{\text{t+30년 인구}}{\text{t년 인구}}$	$\dfrac{9}{5}$	$\dfrac{3}{2}$	1
$\dfrac{\text{t+60년 인구}}{\text{t+30년 인구}}$	$\dfrac{4}{3}$	2	$\dfrac{2}{3}$

* 노년 부양비 $= \dfrac{\text{노년 인구(65세 이상 인구)}}{\text{부양 인구(15~64세 인구)}} \times 100$

** 유소년 부양비 $= \dfrac{\text{유소년 인구(0~14세 인구)}}{\text{부양 인구(15~64세 인구)}} \times 100$

*** 노령화 지수 $= \dfrac{\text{노년 인구(65세 이상 인구)}}{\text{유소년 인구(0~14세 인구)}} \times 100$

**** 피부양 인구 = 유소년 인구(0~14세 인구) + 노년 인구(65세 이상 인구)

① t+30년 부양 인구는 t년 피부양 인구의 2배이다.
② 30년 전 대비 피부양 인구의 증가율은 t+60년이 t+30년보다 크다.
③ t년 유소년 부양비는 t+60년 노년 부양비보다 작다.
④ t+30년 노년 부양비는 t+60년 유소년 부양비의 1/2배이다.
⑤ 30년 전 대비 전체 인구의 증가율은 t+30년과 t+60년이 같다.

114.　●●●

다음 자료에 대한 옳은 분석만을 〈보기〉에서 있는 대로 고른 것은?

> t년 갑국과 을국의 전체 인구는 같고, t년 대비 t+50년 전체 인구의 증가율은 갑국이 50%, 을국이 20%이다. 표는 연도에 따른 갑국과 을국의 연령별 인구 현황을 나타낸 것이다.

구분	갑국		을국	
	t년	t+50년	t년	t+50년
부양 인구 비율(%)	60	50	55	45
노령화 지수	㉠	200	50	㉢
유소년 부양비	50	㉡	㉢	50

* 노년 부양비 $= \dfrac{\text{노년 인구(65세 이상 인구)}}{\text{부양 인구(15~64세 인구)}} \times 100$

** 유소년 부양비 $= \dfrac{\text{유소년 인구(0~14세 인구)}}{\text{부양 인구(15~64세 인구)}} \times 100$

*** 노령화 지수 $= \dfrac{\text{노년 인구(65세 이상 인구)}}{\text{유소년 인구(0~14세 인구)}} \times 100$

─────〈 보 기 〉─────

ㄱ. ㉠과 ㉡은 같고, ㉣은 ㉢의 3배보다 크다.
ㄴ. t년 갑국과 을국의 유소년 인구는 같다.
ㄷ. t+50년 을국의 유소년 부양비는 t년 갑국의 노년 부양비의 3배이다.
ㄹ. 유소년 인구와 부양 인구의 합은 t년에는 갑국이 을국보다 많고, t+50년에는 을국이 갑국보다 많다.

① ㄱ, ㄴ　　　　② ㄴ, ㄷ　　　　③ ㄷ, ㄹ
④ ㄱ, ㄴ, ㄷ　　　⑤ ㄴ, ㄷ, ㄹ

115.

●●●

다음 자료에 대한 분석으로 옳은 것은?

갑국 t년의 부양 인구(15~64세 인구)는 유소년 인구의 2배, 노년 인구의 6배이다. 표는 기간별 인구 변화 양상을 나타낸 것으로 A 기간은 t년 대비 t+30년으로, B 기간은 t+30년 대비 t+50년으로 하여 분석하였다.

구분	A 기간	B 기간
노년 인구 증가율(%)	200	100
노령화 지수 증가율(%)	350	100
노년 인구 비율 증가율(%)	100	50

* 노령화 지수 = $\dfrac{노년 인구(65세 이상 인구)}{유소년 인구(0~14세 인구)} \times 100$

〈조건〉
◦ 경제 침체 위기 정도, 세대 간 갈등 정도, 사회 지속 안정성 정도는 아래의 조건으로만 각각 판단한다.
  1. 경제 침체 위기 정도는 부양 인구 비율과 부(−)의 관계에 있다.
  2. 세대 간 갈등 정도는 노년 부양비와 정(+)의 관계에 있다.
  3. 사회 지속 안정성 정도는 유소년 인구 비율과 정(+)의 관계에 있다.

* 노년 부양비 = $\dfrac{노년 인구}{부양 인구} \times 100$

---

① A 기간에 감소한 유소년 인구는 증가한 노년 인구와 같다.
② B 기간에 증가한 부양 인구는 증가한 노년 인구와 같다.
③ 경제 침체 위기 정도는 t+30년이 t년보다 높고, t+50년보다 낮다.
④ 세대 간 갈등 정도는 A 기간에는 증가하였으나, B 기간에는 증가하지 않았다.
⑤ 사회 지속 안정성 정도는 A 기간과 B 기간에 모두 감소하였다.

116.

●●●

다음 자료에 대한 분석으로 옳은 것은?

표는 갑국과 을국의 인구 구성 변화를 나타낸 것이다. A~C는 각각 유소년 인구 비율, 부양 인구 비율, 노년 인구 비율을 나타낸 것이다. t년에 갑국과 을국의 전체 인구는 동일하며, t년 대비 t+40년에 갑국은 유소년 인구가, 을국은 부양 인구가 동일하다. 단, t년 갑국에서 유소년 부양비는 노년 부양비의 1.5배이다.

구분	갑국		을국	
	t년	t+40년	t년	t+40년
$\dfrac{B}{A-C}$	1	$\dfrac{2}{3}$	$\dfrac{1}{2}$	1
$\dfrac{C}{A}$	$\dfrac{3}{5}$	$\dfrac{1}{3}$	$\dfrac{1}{3}$	$\dfrac{1}{2}$

* 노년 부양비 = $\dfrac{노년 인구(65세 이상 인구)}{부양 인구(15~64세 인구)} \times 100$

** 유소년 부양비 = $\dfrac{유소년 인구(0~14세 인구)}{부양 인구(15~64세 인구)} \times 100$

*** 노령화 지수 = $\dfrac{노년 인구(65세 이상 인구)}{유소년 인구(0~14세 인구)} \times 100$

---

① t년 갑국의 노년 인구는 을국의 유소년 인구와 같다.
② t+40년 을국의 부양 인구는 갑국의 노년 인구와 같다.
③ t년 갑국의 유소년 부양비는 t+40년 을국의 노년 부양비와 같다.
④ t+40년 갑국의 노년 부양비는 t년 을국의 유소년 부양비와 같다.
⑤ 갑국과 을국 모두 t+40년의 노령화 지수가 t년의 노령화 지수의 2배이다.

117.

●●●●

다음 자료에 대한 분석으로 옳은 것은?

구분	t년			t+50년		
	A 지역	B 지역	갑국	A 지역	B 지역	갑국
노년 부양비	60	50	54	ⓛ	60	40
부양 인구 비율(%)	40	⊙	50	75	50	60

* 노년 부양비 = $\frac{\text{노년 인구(65세 이상 인구)}}{\text{부양 인구(15~64세 인구)}} \times 100$

** 유소년 부양비 = $\frac{\text{유소년 인구(0~14세 인구)}}{\text{부양 인구(15~64세 인구)}} \times 100$

*** 노령화 지수 = $\frac{\text{노년 인구(65세 이상 인구)}}{\text{유소년 인구(0~14세 인구)}} \times 100$

**** 갑국은 A, B 두 지역으로만 구성되며, t+50년 B 지역 전체 인구는 t년 갑국 전체 인구의 75% 임.

① ⊙은 ⓛ의 4배이다.
② t년 A 지역 부양 인구는 t+50년 B 지역 노년 인구보다 많다.
③ B 지역 노령화 지수는 t년이 t+50년의 2배이다.
④ t년 B 지역 유소년 인구와 노년 인구의 합은 t+50년 A 지역 부양 인구의 0.5배 미만이다.
⑤ 유소년 부양비는 t년 A 지역이 t+50년 B 지역의 2배 미만이다.

118.

●●●●

다음 자료에 대한 분석으로 옳은 것은?

표는 갑국의 각 지역별 유소년 인구 비율(%)과 노령화 지수를 나타낸 것이다. 단, 갑국은 A~C 지역으로만 구성된다.

구분	A 지역	B 지역	C 지역	전체
유소년 인구 비율(%)	30	25	10	20
노령화 지수	50	100	175	100

* 노년 부양비 = $\frac{\text{노년 인구(65세 이상 인구)}}{\text{부양 인구(15~64세 인구)}} \times 100$

** 유소년 부양비 = $\frac{\text{유소년 인구(0~14세 인구)}}{\text{부양 인구(15~64세 인구)}} \times 100$

*** 노령화 지수 = $\frac{\text{노년 인구(65세 이상 인구)}}{\text{유소년 인구(0~14세 인구)}} \times 100$

**** 피부양 인구 = 유소년 인구(0~14세 인구) + 노년 인구(65세 이상 인구)

① A 지역의 부양 인구는 B 지역의 유소년 인구와 같다.
② C 지역의 피부양 인구는 B 지역의 노년 인구와 같다.
③ 유소년 부양비는 B 지역이 C 지역보다 크고, A 지역보다 작다.
④ 노년 부양비는 B 지역이 C 지역보다 크고, A 지역보다 작다.
⑤ 피부양 인구는 B 지역이 A 지역의 2배이다.

119.

●●●●

다음 자료에 대한 분석으로 옳은 것은?

표는 갑국의 각 지역별 인구 구성 비율을 나타낸 것이다. 단, 갑국은 A~C 지역으로만 구성된다.

(단위 : %)

구분	A 지역	B 지역	C 지역	갑국
$\dfrac{14세 \text{ 이하 인구}}{64세 \text{ 이하 인구}} \times 100$	50	50	25	40
$\dfrac{65세 \text{ 이상 인구}}{15세 \text{ 이상 인구}} \times 100$	40	10	25	25

* 노년 부양비 $= \dfrac{\text{노년 인구(65세 이상 인구)}}{\text{부양 인구(15~64세 인구)}} \times 100$

** 유소년 부양비 $= \dfrac{\text{유소년 인구(0~14세 인구)}}{\text{부양 인구(15~64세 인구)}} \times 100$

*** 노령화 지수 $= \dfrac{\text{노년 인구(65세 이상 인구)}}{\text{유소년 인구(0~14세 인구)}} \times 100$

① A 지역의 유소년 인구와 노년 인구의 합은 갑국 전체 노년 인구와 같다.

② B 지역의 유소년 인구와 부양 인구의 합은 C 지역의 부양 인구와 같다.

③ B 지역의 유소년 부양비는 C 지역보다 크고, A 지역보다 작다.

④ C 지역의 노년 부양비는 A 지역보다 크고, B 지역보다 작다.

⑤ 노령화 지수는 A 지역과 B 지역의 합이 C 지역과 같다.

120.

●●●●

다음 자료에 대한 분석으로 옳은 것은?

표는 갑국과 을국의 인구 구성 변화를 나타낸 것이다. A~C는 각각 전체 인구 중 64세 이하 인구가 차지하는 비율, 15세 이상 인구가 차지하는 비율, 피부양 인구가 차지하는 비율 중 하나이다. t년에 갑국과 을국의 인구는 서로 같으며, 갑국과 을국의 t년 대비 t+50년 부양 인구의 증가율은 모두 50%로 동일하다. 단, t년 을국의 유소년 부양비는 60이다.

구분	t년		t+50년	
	갑국	을국	갑국	을국
$\dfrac{C}{B-A}$	3	4	2	$\dfrac{3}{2}$
$\dfrac{B}{A}$	$\dfrac{7}{4}$	$\dfrac{17}{11}$	$\dfrac{7}{5}$	$\dfrac{9}{5}$

* 노년 부양비 $= \dfrac{\text{노년 인구(65세 이상 인구)}}{\text{부양 인구(15~64세 인구)}} \times 100$

** 유소년 부양비 $= \dfrac{\text{유소년 인구(0~14세 인구)}}{\text{부양 인구(15~64세 인구)}} \times 100$

*** 피부양 인구 = 유소년 인구(0~14세 인구) + 노년 인구(65세 이상 인구)

① t년 갑국의 유소년 인구는 을국의 노년 인구와 같다.

② t+50년 을국의 피부양 인구는 갑국의 유소년 인구의 2.5배이다.

③ 유소년 부양비는 t년 갑국이 t+50년 을국의 2.5배이다.

④ 노년 부양비는 t+50년 갑국이 t년 을국의 4배이다.

⑤ t년 대비 t+50년 피부양 인구의 증가율은 을국이 갑국보다 크다.

정답

① 수와 비율의 구분

Chapter 1. 개념편

✓ 변형 문제 Test

1.

A는 뉴미디어, B는 라디오이다. (가)에는 신문의 특징이, (나)에는 텔레비전의 특징이 들어가야 한다.

ㄱ. A는 뉴미디어, B는 라디오이다.

ㄴ. (가)에는 신문의 특징인 '심층적인 정보 전달이 유리함.'이, (나)에는 텔레비전의 특징인 '시각 정보와 청각 정보를 모두 전달할 수 있음.'이 들어갈 수 있다.

ㄷ. 뉴미디어를 이용한다고 응답한 시민은 전체 시민의 95%, 텔레비전을 이용한다고 답한 시민은 전체 시민의 80%로 전자는 후자보다 많다.

오답 풀이

ㄹ. 이용률이 가장 높은 매체는 95%의 이용률이 나타난 뉴미디어, 신뢰도가 가장 높은 매체는 74점의 뉴미디어로 전자와 후자는 같다.

2

④ 2023년 디지털 TV의 보유자 수는 해당 연도 전체 인구의 92.3%, 데스크톱 컴퓨터의 보유자 수는 해당 연도 전체 인구의 70.1%로 둘 간 차이는 전체 인구의 22.2%이다. 그리고 태블릿 PC의 보유자 수는 전체 인구의 25.6%이므로 전자는 후자보다 적다.

오답 풀이

① 디지털 TV의 보유율은 2020년 → 2021년에 감소했으므로 2019년 이후 지속적으로 증가하지 않았다.

② 2022년 노트북 컴퓨터의 보유자 수는 전체 인구의 40.2%, 2019년 태블릿 PC의 보유자 수는 전체 인구의 20.1%이다. 하지만 2022년 전체 인구와 2019년 전체 인구 간 관계를 알 수 없으므로 2022년 노트북 컴퓨터 보유자 수가 2019년 태블릿 PC 보유자 수의 2배인지 여부에 대해서도 알 수 없다.

③ 주어진 기간 동안 데스크톱 컴퓨터의 보유자 비율은 지속적으로 증가했다. 하지만 주어진 기간 동안 전체 인구의 증감 여부를 알 수 없으므로 주어진 기간 동안 데스크톱 컴퓨터의 보유자 수가 지속적으로 증가하는지 여부 또한 알 수 없다.

⑤ 2021년에 데스크톱 컴퓨터의 보유자, 노트북 컴퓨터의 보유자, 태블릿 PC의 보유자가 모두 디지털 TV의 보유자에 포함되어 있을 가능성을 배제할 수 없으므로 2021년의 모든 가구가 하나 이상의 미디어 기기를 가지고 있을지 여부에 대해서도 알 수 없다.

3.

② 정보 격차 경험자 수는 농촌에서도 여성이 남성보다 많고, 도시에서도 여성이 남성보다 많다. 그리고 갑국은 농촌과 도시로만 이루어져 있으므로 정보 격차 경험자 수는 여성이 남성보다 많다.

오답 풀이

① 정보 격차 경험자 수는 중졸 이하에서는 농촌이 도시보다 많으나 고졸, 대졸 이상에서는 도시가 농촌보다 많다. 또한 여성에서는 농촌이 도시보다 많으나 남성에서는 도시가 농촌보다 많다. 따라서 정보 격차 경험자 수가 농촌이 도시보다 많은지 여부에 대해서는 알 수 없다.

③ 농촌의 정보 격차 경험자 중 중졸 이하 학력은 60%이고, 도시의 정보 격차 경험자 중 고졸 학력은 30%이다. 하지만 농촌의 정보 격차 경험자 수와 도시의 정보 격차 경험자 수가 같은지 여부는 알 수 없으므로 농촌의 중졸 이하 학력 정보 격차 경험자 수가 도시의 고졸 학력 정보 격차 경험자 수의 2배인지 여부 또한 알 수 없다.

④ 고졸 학력의 정보 격차 경험자 수 대비 대졸 이상 학력의 정보 격차 경험자 수의 비율은 농촌이 (30/25)×100% =120%, 도시가 (20/15)×100% =약 133.3%로 전자는 후자보다 낮다.

⑤ 농촌의 정보 격차 경험자 중 여성은 60%이고, 도시의 정보 격차 경험자 중 남성은 45%이다. 하지만 농촌의 정보 격차 경험자 수와 도시의 정보 격차 경험자 수가 같은지 여부는 알 수 없으므로 농촌의 여성 정보 격차 경험자 수가 도시의 남성 정보 격차 경험자 수보다 많은지 여부는 알 수 없다.

4.

남성 정규직 근로자 임금은 매년 감소했으므로 1992년, 2002년, 2012년, 2022년의 남성 정규직 근로자 평균 임금을 각각 100a, 100b, 100c, 100d로 둘 수 있으며, a 〉 b 〉 c 〉 d임을 알 수 있다.

ㄱ. 남성 비정규직 근로자의 임금은 2002년이 83b, 2012년이 82c임을 알 수 있다. 그리고 b 〉 c이므로 남성 비정규직 근로자의 임금은 2012년이 2002년보다 적은 것을 알 수 있다.

ㄴ. 주어진 연도 중 여성 정규직 노동자의 임금이 남성 비정규직 노동자의 임금보다 높은 연도는 2022년의 한 연도뿐이다.

오답 풀이

ㄷ. 1992년, 2002년, 2012년, 2022년의 여성 비정규직 근로자의 임금은 각각 40a, 43b, 46c, 49d이다.
그러나 a 〉 b 〉 c 〉 d이므로 주어진 기간 동안 여성 비정규직 근로자의 임금이 지속적으로 증가했는지 여부는 알 수 없다.

ㄹ. 여성 비정규직 근로자 임금의 10년 전과의 차액은 2002년이 |43b-40a|, 2012년이 |46c-43b|, 2022년이 |49d-46c|이다. 그러나 a, b, c, d의 정확한 대소 관계를 알 수 없으므로 여성 비정규직 근로자 임금의 10년 전과의 차액이 2002년, 2012년, 2022년이 모두 동일한지 여부는 알 수 없다.

② 변화율

✓ 변형 문제 Test

1.

③ 10년 전 대비 t+20년의 빈곤 가구 월평균 소득 증가율은 {(160-140)/140}×100% =약 14%, t+30년의 비빈곤 가구 월평균 소득 증가율은 {(840-700)/700}×100% =20%로 전자는 후자보다 낮다.

오답 풀이

① 빈곤 가구 월평균 소득 대비 비빈곤 가구 월평균 소득의 비율은 t년이 (600/120)×100% =500%, t+10년이 (660/140)×100% =약 471%로 전자는 후자보다 높다.

② 10년 전 대비 빈곤 가구 월평균 소득 증가율은 t+10년이 {(140-120)/120}×100% =약 17%, t+20년이 {(160-140)/140}×100% =약 14%로 전자는 후자와 같지 않다.

④ t+20년의 빈곤 가구 월평균 소득과 비빈곤 가구 월평균 소득의 차액은 540만 원으로, t년 비빈곤 가구 월평균 소득인 600만 원보다 작다.

⑤ 10년 전 대비 빈곤 가구 월평균 소득의 증가율은 t+10년이 {(140-120)/100}×100% =약 17%, t+20년이 {(160-140)/140}×100% =약 14%, t+30년이 {(190-160)/160}×100% =18.75%이다. 그리고 10년 전 대비 비빈곤 가구 월평균 소득의 증가율은 t+10년이 {(660-600)/600}×100% =10%, t+20년이 {(700-660)/660}×100% =약 6%, t+30년이 {(840-700)/700}×100% =20%이다. 따라서 t+30년에는 빈곤 가구 월평균 소득의 증가율보다 비빈곤 가구 월평균 소득의 증가율이 높다.

2.

1990년에 남성 근로자 평균 임금은 여성 근로자 평균 임금과 같으므로 해당 임금을 100a로 둘 수 있다.
이에 따라 2000년 남성 근로자 평균 임금을 100b로 둔다면 {(100b-100a)/100a}×100%=20%이므로 b=1.2a, 2000년 남성 근로자 평균 임금은 120a임을 알 수 있다. 그리고 2010년 남성 근로자 평균 임금을 100c로 둔다면 {(100c-120a)/120a}×100%=10%이므로 c=1.32a, 2010년 남성 근로자 평균 임금은 132a임을 알 수 있으며, 2020년 남성 근로자 평균 임금을 100d로 둔다면 {(100d-132a)/132a}×100%=25%이므로 d=1.65a, 2020년 남성 근로자 평균 임금은 165a임을 알 수 있다.

한편 2000년 여성 근로자 평균 임금을 100e로 둔다면 {(100e-100a)/100a}×100% =10%이므로 e=1.1a, 2000년 여성 근로자 평균 임금은 110a임을 알 수 있다. 그리고 2010년 여성 근로자 평균 임금을 100f로 둔다면 {(100f-110a)/110a}×100% =20%이므로 f=1.32a, 2010년 여성 근로자 평균 임금은 132a임을 알 수 있으며, 2020년 여성 근로자 평균 임금을 100g로 둔다면 {(100g-132a)/132a}×100% =15%이므로 g=1.518a, 2020년 여성 근로자 평균 임금은 151.8a임을 알 수 있다.

ㄴ. 10년 전 대비 2000년의 남성 근로자 평균 임금 증가액은 20a, 여성 근로자 평균 임금 증가액은 10a이므로 전자는 후자의 2배이다.

ㄷ. 2010년에 남성 근로자 평균 임금은 132a, 여성 근로자 평균 임금은 132a로 전자와 후자는 같다.

오답 풀이

ㄱ. 남성 근로자와 여성 근로자 모두 1990년 대비 2010년 평균 임금 상승률은 {(132a-100a)/100a}×100% =32%이므로 1990년 대비 2010년에 평균 임금이 30%가 아닌 32% 상승하였다.

ㄹ. 남성 근로자와 여성 근로자 간의 평균 임금 차이는 2000년이 10a, 2020년이 13.2a로 후자는 전자보다 크다.

3.

ㄱ. 전체 업종에서 2010년 대비 2015년 월 평균 임금의 증가율은 남성이 {(1,500-1,200)/1,200}×100% =25%, 여성이 {(1,250-1,000)/1,000}×100% =25%로 전자와 후자는 같다. (단위 : 달러)

ㄷ. 2010년 전체 업종에서 전체 월 평균 임금은 1,000 초과 1,200 미만, ○○ 업종에서 전체 월 평균 임금은 800 초과 1,000 미만이다. 따라서 2010년 전체 월 평균 임금은 전체 업종이 ○○ 업종보다 높다. 그리고 2015년 전체 업종에서 전체 월 평균 임금은 1,250 초과 1,500 미만, ○○ 업종에서 전체 월 평균 임금은 1,080 초과 1,200 미만이다. 따라서 2015년 전체 월 평균 임금은 전체 업종이 ○○ 업종보다 높다. 그리고 2020년 전체 업종에서 전체 월 평균 임금은 1,600 초과 1,800 미만, ○○ 업종에서 전체 월 평균 임금은 1,500이다. 따라서 2020년 전체 월 평균 임금은 전체 업종이 ○○ 업종보다 높고, 주어진 모든 연도에서 전체 월 평균 임금은 전체 업종이 ○○ 업종보다 높다. (단위 : 달러)

ㄹ. ○○ 업종에서 임금 성비는 2010년이 80, 2015년이 90, 2020년이 100이다. 따라서 5년 전 대비 임금 성비의 증가율은 2015년이 {(90-80)/80}×100%=12.5%, 2020년이 {(100-90)/90}×100%=약 11%이다. 따라서 ○○ 업종에서 5년 전 대비 임금 성비의 증가율은 2015년이 2020년보다 높다.

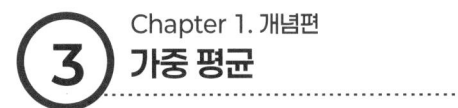
오답 풀이

ㄴ. 전체 업종에서 2020년 임금 성비는 800/9, ○○ 업종에서 2010년 임금 성비는 80으로 전자는 후자와 같지 않다.

4.

전년 대비 다문화 가정 학생 수 변화율은 t+1년이 −5.0%, t+2년이 5.0%이다. 따라서 t년 다문화 가정 학생 수를 100, t+1년 다문화 가정 학생 수를 100a, t+2년 다문화 가정 학생 수를 100b로 둔다면

$\{(100a-100)/100 \times 100\% = -5.0\%$, $a=0.95$이다.

따라서 t+1년 다문화 가정 학생 수는 95임을 알 수 있다. 그리고 $\{(100b-95)/95\} \times 100\% = 5.0\%$, $b=0.9975$이다. 따라서 t+2년 다문화 가정 학생 수는 99.75임을 알 수 있다.

⑤ t+1년과 t+2년 모두 다문화 가정 학생 중 고등학교에 재학 중인 학생의 비율은 5.6%이다. 따라서 고등학교에 재학 중인 다문화 가정 학생 수는 t+1년 95×5.6%, t+2년이 99.75×5.6%로 전자 대비 후자의 증가율은 $\{(99.75 \times 5.6\% - 95 \times 5.6\%)/95 \times 5.6\%\} \times 100\% = 5\%$이다.

오답 풀이

① 전체 학생 중 다문화 가정 학생 비율은 t년과 t+2년 모두 8.6%인데, 다문화 가정 학생 수는 t년이 100, t+2년이 99.75로 같지 않으므로 t년의 전체 학생 수는 t+2년과 같지 않다.

② 초등학교에 재학 중인 다문화 가정 학생 수는 t년이 100×78.2%=78.2, t+1년이 95×79.0%=75.05이다. 따라서 t년 대비 t+1년에 초등학교에 재학 중인 다문화 가정 학생 수는 감소하였으므로 초등학교에 재학 중인 다문화 가정 학생 수는 지속적으로 증가하지 않았다.

③ t+1년 중학교에 재학 중인 다문화 가정 학생 수는 전체 다문화 가정 학생의 15.4%, 고등학교에 재학 중인 다문화 가정 학생 수는 전체 다문화 가정 학생의 5.6%로 전자는 후자의 3배 이상이 아니다.

④ 주어진 자료만 가지고는 전체 초등학생 수를 알 수 없다. 다문화 가정 학생의 학교급별 구성비는 전체 다문화 학생 중 해당 학교급에 재학 중인 학생의 비율을 나타낸 것이지, 해당 학교급에 재학 중인 전체 학생 대비 해당 학교급에 재학 중인 다문화 학생의 비율을 나타낸 것이 아니다. 따라서 주어진 연도 중 초등학교에 재학 중인 다문화 학생 수가 전체 초등학생 수의 80%를 넘는 연도가 한 연도인지 여부는 알 수 없다.

✓ 변형 문제 Test

1.

A 종교에서 남성 신도 비율과 전체 신도 비율 간 차이는 4%이고, 여성 신도 비율과 전체 신도 비율 간 차이도 4%이다. 이에 따라 가중평균의 원리에 의해 전체 남성 인구와 전체 여성 인구는 같음을, 다시 말해 전체 남성 인구와 전체 여성 인구는 모두 2,500만 명임을 알 수 있다.

④ B 종교를 믿는 남성 신도는 2,500만 명×24%=600만 명이고, A 종교를 믿는 전체 신도는 5,000만 명×26%=1,300만 명으로 전자는 후자의 50% 이하이다.

오답 풀이

① A 종교를 믿는 남성 신도의 수는 2,500만 명×30% =750만 명이고, 여성 신도의 수는 2,500만 명×22% =550만 명으로 전자는 후자보다 많다.

② 두 종교를 동시에 믿는 사람은 없으므로 종교를 가진 인구는 전체 인구의 53%, 종교를 가지지 않은 인구는 전체 인구의 47%이다. 따라서 종교를 가진 인구는 종교를 가지지 않은 인구보다 많다.

③ A 종교를 믿는 남성 신도의 수는 2,500만 명×30% =750만 명이고, B 종교를 믿는 여성 신도의 수는 2,500만 명×30%=750만 명으로 전자는 후자보다 많지 않다.

⑤ 두 종교를 동시에 믿는 사람은 없으므로 남성에서 종교를 가진 인구는 전체 인구의 54%, 종교를 가지지 않은 인구는 전체 인구의 46%이다. 그리고 여성에서 종교를 가진 인구는 전체 인구의 52%, 종교를 가지지 않은 인구는 전체 인구의 48%이다. 따라서 남성과 여성 모두에서 종교를 가진 인구 대비 종교를 가지지 않은 인구의 비는 1 이하이다.

2.

2010년에 남자에서 내국인 근로자 임금과 전체 근로자 임금 간 차이는 200달러이고, 외국인 근로자 임금과 전체 근로자 임금 간 차이는 300달러이다. 이에 따라 가중평균의 원리에 의해 남자 내국인 근로자 수는 남자 외국인 근로자 수의 1.5배임을 알 수 있고, 전자를 300a, 후자를 200a로 둘 수 있다.

2010년에 여자에서 내국인 근로자 임금과 전체 근로자 임금 간 차이는 100달러이고, 외국인 근로자 임금과 전체 근로자 임금 간 차이는 150달러이다. 이에 따라 가중평균의 원리에 의해 여자 내국인 근로자 수는 여자 외국인 근로자 수의 1.5배임을 알 수 있고, 전자를 300b, 후자를 200b로 둘 수 있다.

2020년에 남자에서 내국인 근로자 임금과 전체 근로자 임금 간 차이는 200달러이고, 외국인 근로자 임금과 전체 근로자 임금 간 차이는 400달러이다. 이에 따라 가중평균의 원리에 의해 남자 내국인 근로자 수는 남자 외국인 근로자 수의 2배임을 알 수 있고, 전자를 200c, 후자를 100c로 둘 수 있다.

2020년에 여자에서 내국인 근로자 임금과 전체 근로자 임금 간 차이는 100달러이고, 외국인 근로자 임금과 전체 근로자 임금 간 차이는 200달러이다. 이에 따라 가중평균의 원리에 의해 여자 내국인 근로자 수는 여자 외국인 근로자 수의 2배임을 알 수 있고, 전자를 200d, 후자를 100d로 둘 수 있다.

ㄱ. 2010년 외국인 남자 근로자 임금 총액은 2,000달러×200a=400,000a달러이고, 내국인 남자 근로자 임금 총액은 2,500달러×300a=750,000a달러이다. 따라서 전자는 후자의 50% 이상이다.

ㄷ. 2010년에 내국인 남자 근로자와 외국인 남자 근로자 간 평균 임금 차는 500달러이고, 내국인 여자 근로자와 외국인 여자 근로자 간 평균 임금 차는 250달러이다. 따라서 전자 대비 후자의 비는 0.5이다. 그리고 2020년에 내국인 남자 근로자와 외국인 남자 근로자 간 평균 임금 차는 600달러이고, 내국인 여자 근로자와 외국인 여자 근로자 간 평균 임금 차는 300달러이다. 따라서 전자 대비 후자의 비는 0.5이다. 이에 따라 내국인 남자 근로자와 외국인 남자 근로자 간 평균 임금 차 대비 내국인 여자 근로자와 외국인 여자 근로자 간 평균 임금 차의 비는 2010년과 2020년이 같은 것을 알 수 있다.

오답 풀이

ㄱ. 2010년에 남자 근로자 수는 500a, 여자 근로자 수는 500b인 것을 알 수 있다. 하지만 a와 b 사이의 대소 관계를 알 수 없으므로 2010년에 남자 근로자 수와 여자 근로자 수가 같은지 여부는 알 수 없다. 그리고 2020년에 남자 근로자 수는 300c, 여자 근로자 수는 300d인 것을 알 수 있다. 하지만 c와 d 사이의 대소 관계를 알 수 없으므로 2020년에 남자 근로자 수와 여자 근로자 수가 같은지 여부는 알 수 없다.

ㄹ. 2020년 남자 근로자에서 내국인 근로자 임금 총액은 3,000달러×200c=600,000c달러이고, 외국인 근로자 임금 총액은 2,400달러×100c=240,000c달러로 전자는 후자의 2배 이상이다. 그러나 여자 근로자에서 내국인 근로자 임금 총액은 2,500달러×200d=500,000d달러이고, 외국인 근로자 임금 총액은 2,200달러×100d=220,000 달러로 전자는 후자의 2배 이상이다.

3.

(가)는 사회 보험, (나)는 공공 부조이다.
t+20년 ○○시 총인구는 t년의 1.5배이므로 전자를 300, 후자를 200으로 둘 수 있으며, t년에 (가) 수급자 비율에서 A 지역과 전체 간 차이는 0.4%이고, B 지역과 전체 간 차이는 0.4%이다. 이에 따라 가중평균의 원리에 의해 A 지역과 B 지역 전체 인구는 같은 것을, 그리고 전자와 후자는 모두 100인 것을 알 수 있다.
한편 t+20년에 (가) 수급자 비율에서 A 지역과 전체 간 차이는 0.2%이고, B 지역과 전체 간 차이는 0.4%이다. 이에 따라 가중평균의 원리에 의해 A 지역 전체 인구는 B 지역 전체 인구의 2배인 것을, 그리고 전자는 200, 후자는 100인 것을 알 수 있다.

③ t년 B 지역의 사회 보험에 해당하는 제도의 수급자 수는 100×12.0%=12이고, t+20년 A 지역의 공공 부조에 해당하는 제도의 수급자 수는 200×6.9%=13.8로 전자는 후자보다 적다.

오답 풀이

① 사회 보험과 공공 부조 중 사후 처방적 성격이 강한 것은 공공 부조이다.

② t년 A 지역의 (가) 제도 수급자 수는 100×11.4%=11.4, B 지역의 (나) 제도 수급자 수는 100×6.5%=6.5로 전자는 후자의 2배 이상이 아니다.

④ 대상자 선정에 따라 부정적 낙인이 발생할 수 있는 공공 부조의 t년 전체 지역 수급자 수는 200×6.0=12, t+20년 A 지역 수급자 수는 200×6.9=13.8로 전자는 후자보다 적다.

⑤ 상호 부조의 원리가 적용되는 사회 보험의 t년 A 지역 수급자 비율 대비 B 지역 수급자 비율의 비는 12.2/11.4, t+20년 B 지역 수급자 비율 대비 A 지역 수급자 비율의 비는 12.6/12.0으로 전자가 후자보다 크다.

4.

갑국 전체 임금 근로자 중 장애인 임금 근로자 비율은 t년이 20%, t+10년이 30%이므로 비장애인 임금 근로자 비율은 t년이 80%, t+10년이 70%이다.

t년 장애인 비정규직 비율에서 남성과 전체 간 차이는 5%이고, 여성과 전체 간 차이도 5%이므로 가중평균의 원리에 의해 남성 장애인 임금 근로자 수와 여성 장애인 임금 근로자 수는 같은 것을, 그리고 이에 따라 전자와 후자 모두 10%인 것을 알 수 있다. 한편 t년 비장애인 비정규직 비율에서 남성과 전체 간 차이는 2%이고, 여성과 전체 간 차이는 6%이므로 가중평균의 원리에 의해 남성 비장애인 임금 근로자 수는 여성 비장애인 임금 근로자 수의 3배인 것을, 그리고 이에 따라 전자는 60%, 후자는 20%인 것을 알 수 있다.

t+10년 장애인 비정규직 비율에서 남성과 전체 간 차이는 4%이고, 여성과 전체 간 차이는 8%이므로 가중평균의 원리에 의해 남성 장애인 임금 근로자 수는 여성 장애인 임금 근로자 수의 2배인 것을, 그리고 이에 따라 전자는 20%, 후자는 10%인 것을 알 수 있다. 한편 t+10년 비장애인 비정규직 비율에서 남성과 전체 간 차이는 6%이고, 여성과 전체 간 차이는 8%이므로 가중평균의 원리에 의해 여성 비장애인 임금 근로자 수는 남성 비장애인 임금 근로자 수의 0.75배인 것을, 그리고 이에 따라 전자는 30%, 후자는 40%인 것을 알 수 있다.

ㄱ. 전체 임금 근로자 대비 남성 장애인 임금 근로자의 비율은 t+10년이 20%이고, t년이 10%이므로 전자는 후자의 2배이다.

ㄴ. t년 전체 장애인 비정규직 임금 근로자의 수는 t년 전체 임금 근로자의 20%×60%=12%이고, 남성 비장애인 비정규직 임금 근로자의 수는 t년 전체 임금 근로자의 60%×24%=14.4%으로 전자는 후자보다 적다.

오답 풀이

ㄱ. t+10년 여성 장애인 비정규직 임금 근로자의 수는 전체 임금 근로자의 10%×52.0%=5.2%이고, 남성 비장애인 비정규직 임금 근로자의 수는 전체 임금 근로자의 40%×20.0%=8%로 전자는 후자보다 많지 않다.

ㄹ. 전체 임금 근로자 대비 비장애인 비정규직 임금 근로자의 비율은 t년이 전체 임금 근로자의 80%×26%=20.8%, t+10년이 70%×26%=18.2%로 후자는 전자의 1.5배가 아니다.

✓ **변형 문제 Test**

1.

t년 30대 이하에서 남성 시간당 평균 임금을 a로 둔다면 $\{(a-15)/a\}×100=25$이므로 a=20인 것을 알 수 있으며, 40대에서 남성 시간당 평균 임금을 b로 둔다면 $\{(b-20)/b\}×100=20$이므로 b=25인 것을 알 수 있고, 50대 이상에서 남성 시간당 평균 임금을 c로 둔다면 $\{(c-27)/c\}×100=25$이므로 c=36인 것을 알 수 있다. (단위 : 달러)

t+30년 30대 이하에서 남성 시간당 평균 임금을 d로 둔다면 $\{(d-18)/d\}×100=28$이므로 d=25인 것을 알 수 있으며, 40대에서 남성 시간당 평균 임금을 e로 둔다면 $\{(e-28)/e\}×100=30$이므로 e=40인 것을 알 수 있고, 50대 이상에서 남성 시간당 평균 임금을 f로 둔다면 $\{(f-32)/f\}×100=20$이므로 f=40인 것을 알 수 있다. (단위 : 달러)

ㄱ. t년의 경우 30대 이하 남성 시간당 평균 임금은 20달러, 40대 여성 시간당 평균 임금은 20달러로 전자와 후자는 같다.

ㄷ. 40대의 경우 t년 대비 t+30년 시간당 평균 임금 증가율은 남성이 $\{(40-25)/25\}×100=60\%$이며, 여성이 $\{(28-20)/20\}×100=40\%$이다. 이에 따라 전자는 후자의 1.5배인 것을 알 수 있다. (단위 : 달러)

ㄹ. 50대 이상의 경우 남성 시간당 평균 임금과 여성 시간당 평균 임금 간 차이는 t년이 9달러, t+30년이 8달러로 t년 대비 t+30년에 감소했다.

오답 풀이

ㄴ. t+30년의 경우 50대 이상 남성 시간당 평균 임금은 40달러, 30대 이하 여성 시간당 평균 임금은 18달러로 전자는 후자의 2배가 아니다.

2.

③ 여성비에 의해 A 기업의 신입 사원에서 남성 수를 $100a$로 둔다면 여성 수는 $120a$임을 알 수 있으며, 임원에서 남성 수를 $100b$로 둔다면 여성 수는 $100b$인 것을 알 수 있다. 이에 따라 성비 불균형은 신입 사원이 $\left|(100a-120a)/(100a+120a)\right|=1/11$이고, 임원이 $\left|(100b-100b)/(100b+100b)\right|=0$이다. 따라서 A 기업은 ㉠의 성비 불균형이 ㉡의 성비 불균형보다 크다.

여성비에 의해 B 기업의 신입 사원에서 남성 수를 $100c$로 둔다면 여성 수는 $80c$임을 알 수 있으며, 임원에서 남성 수를 $100d$로 둔다면 여성 수는 $90d$인 것을 알 수 있다. 이에 따라 성비 불균형은 신입 사원이 $\left|(100c-80c)/(100c+80c)\right|=1/9$이고, 임원이 $\left|(100d-90d)/(100d+90d)\right|=1/19$이다. 따라서 B 기업은 ㉠의 성비 불균형이 ㉡의 성비 불균형보다 크다.

여성비에 의해 C 기업의 신입 사원에서 남성 수를 $100e$로 둔다면 여성 수는 $100e$임을 알 수 있으며, 임원에서 남성 수를 $100f$로 둔다면 여성 수는 $80f$인 것을 알 수 있다. 이에 따라 성비 불균형은 신입 사원이 $\left|(100e-100e)/(100e+100e)\right|=0$이며, 임원이 $\left|(100f-80f)/(100f+80f)\right|=1/9$이다. 따라서 C 기업은 ㉠의 성비 불균형이 ㉡의 성비 불균형보다 작다.

여성비에 의해 D 기업의 신입 사원에서 남성 수를 $100g$로 둔다면 여성 수는 $90g$임을 알 수 있으며, 임원에서 남성 수를 $100h$로 둔다면 여성 수는 $120h$인 것을 알 수 있다. 이에 따라 성비 불균형은 신입 사원이 $\left|(100g-90g)/(100g+90g)\right|=1/19$이며, 임원이 $\left|(100h-120h)/(100h+120h)\right|=1/11$이다. 따라서 D 기업은 ㉠의 성비 불균형이 ㉡의 성비 불균형보다 작다.
따라서 A~D 기업 중 ㉠의 성비 불균형이 ㉡의 성비 불균형보다 큰 기업은 두 개다.

오답 풀이

① 각 기업 간 신입 사원 수를 비교할 수 있는 단서는 주어지지 않았으므로 t년 여성 신입 사원 수가 D 기업이 C 기업보다 많은지 여부에 대해서는 알 수 없다.

② 특정 기업의 신입 사원 수와 임원 수를 비교할 수 있는 단서는 주이지지 않았으므로 t년 여성 신입 사원 수 대비 t+20년 여성 임원 수의 비가 B 기업이 A 기업보다 큰지 여부에 대해서는 알 수 없다.

④ ㉠의 여성비를 기준으로 판단하면, B 기업과 D 기업에서 입사의 진입 장벽은 남성보다 여성에게 높으나, A 기업 외 C 기업에서도 입사의 진입 장벽은 남성보다 여성에게 높지 않은 것을 알 수 있다.

⑤ ㉡의 여성비를 기준으로 판단하면, 남성보다 여성에게 승진의 진입 장벽이 높은 기업은 B 기업, C 기업의 두 개이다.

3.

2022년에 갑국은 전체 가구의 25%가 절대적 빈곤 가구이고, 을국은 전체 가구의 30%가 절대적 빈곤 가구이며, 을국의 최저 생계비는 중위 소득의 50%였으므로 전체 가구의 30%가 상대적 빈곤 가구이다. 따라서 2022년에 갑국은 전체 가구의 25%가 생계비를 지원받는, 75%가 생계비를 지원받지 않는 가구이고 을국은 30%가 교육비를 지원받는, 70%가 교육비를 지원받지 않는 가구이다.

2023년에 갑국에서 수급 자격 상실 비율은 20%이므로 수급 자격을 상실한 가구는 전체 가구의 25%×20%=5%이고, 수급 자격 취득 비율은 20%이므로 수급 자격을 취득한 가구는 전체 가구의 75%×20%=15%이다. 따라서 2023년에 갑국은 전체 가구의 35%가 생계비를 지원받는, 65%가 생계비를 지원받지 않는 가구이다.

2023년에 을국에서 수급 자격 상실 비율은 10%이므로 수급 자격을 상실한 가구는 전체 가구의 30%×10%=3%이고, 수급 자격 취득 비율은 10%이므로 수급 자격을 취득한 가구는 전체 가구의 70%×10%=7%이다. 따라서 2023년에 갑국은 전체 가구의 34%가 교육비를 지원받는, 66%가 교육비를 지원받지 않는 가구이다.

2021년에 갑국에서 생계비를 지원받는 가구 비율을 $10a$%, 지원받지 않는 가구 비율을 $(100-10a)$%라 한다면 2022년에 갑국에서 수급 자격 상실 비율은 15%이므로 수급 자격을 상실한 가구는 전체 가구의 $10a$%×15%=$1.5a$%이고, 수급 자격 취득 비율은 10%이므로 수급 자격을 취득한 가구는 전체 가구의 $(100-10a)$%×10%=$(10-a)$%이다.

따라서 2022년 갑국에서 생계비를 지원받는 가구 비율은 $(10+7.5a)$%이고 이는 25%이므로 $a=2$임을 알 수 있다.

2021년에 을국에서 교육비를 지원받는 가구 비율을 $10b$%, 지원받지 않는 가구 비율을 $(100-10b)$%라 한다면 2022년에 을국에서 수급 자격 상실 비율은 40%이므로 수급 자격을 상실한 가구는 전체 가구의 $10b$%×40%=$4b$%이고, 수급 자격 취득 비율은 20%이므로 수급 자격을 취득한 가구는 전체 가구의 $(100-10b)$%×20%=$(20-2b)$%이다.

따라서 2022년 을국에서 교육비를 지원받는 가구 비율은 $(20+4b)$%이고 이는 30%이므로 $b=2.5$임을 알 수 있다.

ㄴ. 을국에서 2021년 대비 2022년 수급 자격을 취득한 가구는 전체 가구의 15%, 수급 자격을 상실하지 않은 가구는 전체 가구의 15%로 전자와 후자는 같다.

ㄷ. 갑국에서 2022년 대비 2023년 수급 자격을 취득한 가구는 전체 가구의 15%, 수급 자격을 상실한 가구는 전체 가구의 5%로 전자는 후자의 3배이다.

ㄹ. 수급 자격을 가진 가구의 비율은 2021년에는 갑국이 20%, 을국이 25%이고 2022년에는 갑국이 25%, 을국이 30%이며 2023년에는 갑국이 35%, 을국이 34%이다. 따라서 주어진 연도 중 수급 자격을 가진 가구의 비율이 을국보다 갑국에서 더 높은 연도는 한 연도분이다.

ㄱ. 갑국과 을국 모두에서 2021년 대비 2022년 수급 자격을
   가진 가구의 비율은 증가했다. 하지만 이를 통해서는 2021년
   대비 2022년 최저 생계비가 증가했는지 여부는 알 수 없다.

4.

갑국에서 남성 근로자 임금 총액을 $10a$로 두면 여성 근로자
임금 총액은 $8a$인 것을 알 수 있으며, 남성 근로자 수를 $10b$
로 두면 여성 근로자 수는 $8b$인 것을 알 수 있다. 이에 따라
서 전체 근로자 임금 총액 중 여성 근로자 임금 총액의 비율
은 $8a/18a=4/9$이고, 전체 근로자 중 여성 근로자의 비율은
$8b/18b=4/9$이다. 따라서 갑국의 여성 근로자 임금 차별 지
수는 $4/9/4/9=1$이다.

을국에서 남성 근로자 임금 총액을 $10c$로 두면 여성 근로자
임금 총액은 $9c$인 것을 알 수 있으며, 남성 근로자 수를
$10d$로 두면 여성 근로자 수는 $10d$인 것을 알 수 있다. 이
에 따라서 전체 근로자 임금 총액 중 여성 근로자 임금 총
액의 비율은 $9c/19c=9/19$이고, 전체 근로자 중 여성 근로
자의 비율은 $10d/20d=1/2$이다. 따라서 을국의 여성 근로
자 임금 차별 지수는 $9/19/1/2=18/19$이다.

병국에서 남성 근로자 임금 총액을 $10e$로 두면 여성 근로자
임금 총액은 $6e$인 것을 알 수 있으며, 남성 근로자 수를
$10f$로 두면 여성 근로자 수는 $7f$인 것을 알 수 있다. 이에
따라서 전체 근로자 임금 총액 중 여성 근로자 임금 총액의
비율은 $6e/16e=3/8$이고, 전체 근로자 중 여성 근로자의
비율은 $7f/17f=7/17$이다. 따라서 병국의 여성 근로자 임금
차별 지수는 $3/8/7/17=51/56$이다.

② 여성 근로자 임금 차별 지수는 갑~병국 중 갑국에서 가
   장 크고, 병국에서 가장 작다. 따라서 갑~병국 중 여성
   근로자에 대한 임금 차별은 병국에서 강하고, 갑국에서
   가장 약하다.

오답 풀이

① 갑국에서 남성 근로자 수는 $10b$, 전체 근로자 수는 $18b$
   이므로 남성 근로자 수는 전체 근로자 수의 약 0.56배로
   0.8배가 아니다.

③ 병국에서 여성 근로자 임금 총액은 $6e$, 전체 근로자 임
   금 총액은 $16e$이므로 여성 근로자 임금 총액은 전체 근
   로자 임금 총액의 0.375배로 0.4배가 아니다.

④ 갑국과 병국 간 남성 근로자 평균 임금, 여성 근로자 평
   균 임금을 비교할 수 있는 단서는 주어지지 않았으므로
   갑국에서 남성 근로자 평균 임금이 병국에서 여성 근로
   자 평균 임금보다 많은지 여부는 알 수 없다.

⑤ 을국에서 여성 근로자 평균 임금은 $9c/10d$이고, 전체
   근로자 평균 임금은 $19c/20d$이다.
   그리고 $19c/20d \times 0.9 = 171c/200d$로 $9c/10d$보다 적으
   므로 을국에서 여성 근로자 평균 임금은 전체 근로자 평
   균 임금의 0.9배보다 크다.

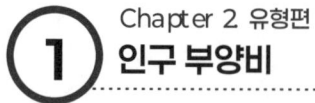

① 인구 부양비

✓ 변형 문제 Test

1.

갑국의 t년 전체 인구를 100a로 두면 0~14세 인구는 30a, 65세 이상 인구는 10a이다. 따라서 t년 15~64세 인구는 60a인 것을 알 수 있다. 그리고 t+10년 전체 인구를 100b로 두면 0~14세 인구는 20b, 65세 이상 인구는 20b이다. 따라서 t+10년 15~64세 인구는 60b인 것을 알 수 있다. 마지막으로 t+20년 전체 인구를 100c로 두면 0~14세 인구는 20c, 65세 이상 인구는 25c이다. 따라서 t+20년 15~64세 인구는 55c인 것을 알 수 있다. 위에서 구한 정보를 바탕으로 갑국의 각 연도 연령별 인구와 전체 인구를 표에 나타내면 다음과 같다.

구분	t년	t+10년	t+20년
65세 이상 인구	10a	20b	25c
15~64세 인구	60a	60b	55c
0~14세 인구	30a	20b	20c
전체 인구	100a	100b	100c

④ t+20년 유소년 부양비는 (20c/55c)×100=약 36이고, t+10년 노년 부양비는 (20b/60b)×100=약 33이다. 따라서 t+20년 유소년 부양비는 t+10년 노년 부양비보다 크다.

오답 풀이

① 각 연도 간 인구를 비교할 수 있는 정보는 자료에서 주어지지 않았으므로 0~14세 인구가 t+10년과 t+20년이 같은지 여부는 알 수 없다.

② t년 유소년 부양비는 (30a/60a)×100=50이고, t+10년 유소년 부양비는 (20b/60b)×100=100/3이다. 그리고 t년 대비 t+10년 유소년 부양비의 감소율은 −[{(100/3)−50}/50]×100%=100/3%로 50%가 아니다.

③ 노령화 지수는 t년이 (10a/30a)×100=100/3, t+10년이 (20b/20b)×100=100, t+20년이 ((25c/20c)×100=125이다. 따라서 주어진 연도 중 노령화 지수가 100 이하인 연도는 t년, t+10년의 두 연도이다.

⑤ 각 연도 간 인구를 비교할 수 있는 정보는 자료에서 주어지지 않았으므로 t년 대비 t+20년 노년 인구의 증가율은 알 수 없다. 따라서 t년 대비 t+20년 노년 인구의 증가율이 노년 부양비의 증가율보다 높은지 여부도 알 수 없다.

2.

갑국의 부양 인구는 지속적으로 증가하였으므로 2000년 부양 인구를 100a, 2010년 부양 인구를 100b, 2020년 부양 인구를 100c로 두면 a<b<c이다. 그리고 2000년 갑국의 유소년 부양비는 25, 노년 부양비는 15이므로 해당 연도 유소년 인구는 25a, 노년 인구는 15a이다. 또한 2010년 갑국의 유소년 부양비는 20, 노년 부양비는 20이므로 해당 연도 유소년 인구는 20b, 노년 인구는 20b이다. 마지막으로 2020년 갑국의 유소년 부양비는 10, 노년 부양비는 25이므로 해당 연도 유소년 인구는 10c, 노년 인구는 25c이다. 위에서 구한 정보를 바탕으로 갑국의 연도에 따른 연령별 인구와 전체 인구를 표에 나타내면 다음과 같다.

구분	2000년	2010년	2020년
노년 인구	15a	20b	25c
부양 인구	100a	100b	100c
유소년 인구	25a	20b	10c
전체 인구	140a	140b	135c

ㄱ. 2000년 노년 인구는 15a, 2010년 유소년 인구는 20b이고 a<b이므로 2000년 노년 인구는 2010년 유소년 인구보다 적다.

ㄷ. 노년 인구 100명당 부양 인구는 2010년이 (100b/20b)×100명=500명이고 2020년이 (100c/25c)×100명=400명으로 전자는 후자보다 많다.

오답 풀이

ㄴ. 2000년 유소년 인구는 25a, 2020년 노년 인구는 25c이다. 그리고 a<c이므로 2000년 유소년 인구와 2020년 노년 인구는 같지 않다.

ㄹ. 각 연도별 전체 인구는 2000년이 140a, 2010년이 140b, 2020년이 135c이다. 그러나 a<b<c이므로 주어진 연도 중 전체 인구는 2020년에서 가장 적은지 여부는 알 수 없다.

3.

갑국에서 t년과 t+10년의 유소년 인구는 같으므로 해당 인구를 20으로 둘 수 있으며, t+10년의 노년 부양비는 유소년 부양비의 125%이므로 노년 인구는 유소년 인구의 125%이며, 이에 따라 t+10년의 노년 인구는 25이다. 이때 전체 인구 대비 노년 인구의 비율은 t+10년이 25%이므로 t+10년의 전체 인구를 a로 둔다면 (25/a)×100%=25%, a=100이다. 따라서 t+10년의 부양 인구는 55임을 알 수 있다. 한편 t년 대비 t+10년에 노령화 지수는 150% 증가하였는데, t+10년의 노령화 지수는 (25/20)×100=125이므로 t년의 노령화 지수를 b로 둔다면 b×2.5=125, b=50이다. 따라서 t년의 노년 인구는 10이고, 전체 인구 대비 노년 인구의 비율은 t년이 10%이므로 t년의 전체 인구를 c로 둔다면 (10/c)×100%=10%, c=100이다. 따라서 t년의 부양 인구는 70임을 알 수 있다. 위에서 구한 정보를 바탕으로 각 연도의 연령별 인구와 전체 인구를 표에 나타내면 다음과 같다.

구분	t년	t+10년
노년 인구	10	25
부양 인구	70	55
유소년 인구	20	20
전체 인구	100	100

⑤ t+10년의 부양 인구는 55, t년의 유소년 인구와 노년 인구의 합은 30이므로 전자는 후자의 2배보다 적다.

오답 풀이

① 전체 인구는 t년이 100, t+10년이 100으로 전자는 후자의 2배가 아니다.

② t년의 노년 인구는 10, t+10년의 유소년 인구는 20으로 전자와 후자는 같지 않다.

③ t년의 유소년 부양비는 (20/70)×100=200/7이고, 노년 부양비는 (10/70)×100=100/7으로 전자와 후자는 같지 않다.

④ 유소년 인구와 노년 인구의 합은 t년이 30, t+10년이 45이므로 후자는 전자의 2배가 아니다.

4.

갑국의 t년 대비 t+50년의 전체 인구 증가율은 20%이므로 t년 전체 인구를 100, t+50년 전체 인구를 120으로 둘 수 있다. 그리고 t년 유소년 부양비는 25이므로 해당 연도 부양 인구를 4a, 유소년 인구를 a로 둘 수 있다. 그리고 t+50년 노년 인구는 t년 유소년 인구의 2배이므로 t+50년 노년 인구는 2a임을 알 수 있고, t년 전체 인구는 100, 유소년 인구와 부양 인구의 합은 5a이므로 해당 연도 노년 인구는 (100-5a)임을 알 수 있는데,
전체 인구 대비 노년 인구의 비는 t년과 t+50년이 같으므로 {(100-5a)/100}={2a/120}이고, 따라서 a=15이다. 이에 따라 갑국의 t년 부양 인구는 60, 유소년 인구는 15, 노년 인구는 25임을 알 수 있으며, 갑국의 t+50년 노년 인구는 30임을 알 수 있다. 이때 갑국의 t+50년 유소년 부양비는 20이므로 해당 연도 부양 인구를 5b, 유소년 인구를 b로 둘 수 있고, 해당 연도 전체 인구는 120이므로 6b+30=120, b=15이다. 이에 따라 갑국의 t+50년 부양 인구는 75, 유소년 인구는 15임을 알 수 있다. 위에서 구한 정보를 바탕으로 갑국의 각 연도 연령별 인구와 전체 인구를 표에 나타내면 다음과 같다.

구분	t년	t+10년
노년 인구	25	30
부양 인구	60	75
유소년 인구	15	15
전체 인구	100	120

ㄴ. t년 노년 부양비는 (25/60)×100=125/3, t+50년 노년 부양비는 (30/75)×100=40으로 전자는 후자보다 크다.

ㄹ. t년 대비 t+50년의 전체 인구의 증가율은 {(120-100)/100}×100% =20%, 부양 인구의 증가율은 {(75-60)/60}×100=20%로 전자와 후자는 같다.

오답 풀이

ㄱ. 전체 인구 대비 유소년 인구의 비율은 t년이 (25/100)×100% =25%, t+50년이 (30/120)×100% =25%로 전자는 후자보다 높지 않다.

ㄷ. 피부양 인구는 t년이 40, t+10년이 45로 전자는 후자보다 많지 않다.

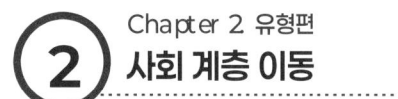

Chapter 2 유형편
② 사회 계층 이동

✓ 변형 문제 Test

1.

부모가 상층인 자녀 세대 하층 이상 인구는 전체 인구의 10%인데, 부모가 상층인 자녀 세대 중층 이상 인구 역시 전체 인구의 10%이다. 따라서 부모가 상층인 자녀 세대 하층 인구는 전체 인구의 0%이다. 또한 부모가 상층인 자녀 세대 중층 이상 인구는 전체 인구의 10%인데, 부모가 상층인 자녀 세대 상층 인구는 전체 인구의 5%이다. 따라서 부모가 상층인 자녀 세대 중층 인구는 전체 인구의 5%이다. 부모가 중층인 자녀 세대 하층 이상 인구는 전체 인구의 40%인데, 부모가 중층인 자녀 세대 중층 이상 인구는 전체 인구의 20%이다. 따라서 부모가 중층인 자녀 세대 하층 인구는 전체 인구의 20%이다. 또한 부모가 중층인 자녀 세대 중층 이상 인구는 전체 인구의 20%인데, 부모가 중층인 자녀 세대 상층 인구는 전체 인구의 5%이다. 따라서 부모가 중층인 자녀 세대 중층 인구는 전체 인구의 15%이다. 부모가 하층인 자녀 세대 하층 이상 인구는 전체 인구의 50%인데, 부모가 하층인 자녀 세대 중층 이상 인구는 전체 인구의 20%이다. 따라서 부모가 하층인 자녀 세대 하층 인구는 전체 인구의 30%이다. 또한 부모가 하층인 자녀 세대 중층 이상 인구는 전체 인구의 20%인데, 부모가 하층인 자녀 세대 상층 인구는 전체 인구의 10%이다. 따라서 부모가 하층인 자녀 세대 중층 인구는 전체 인구의 10%이다. 위에서 구한 내용을 바탕으로 갑국의 각 세대별 계층 이동 현황을 표에 나타내면 다음과 같다.

(단위 : %)

부모 / 자녀	상층	중층	하층	전체
상층	5	5	10	20
중층	5	15	10	30
하층	0	20	30	50
전체	10	40	50	100

② 부모가 상층인 자녀 세대 중층 인구는 전체 인구의 5%, 부모가 중층인 자녀 세대 상층 인구는 전체 인구의 5%로 전자와 후자는 같다.

오답 풀이

① 부모 세대와 자녀 세대의 계층 구조는 모두 피라미드형이다.

③ 부모가 하층인 자녀 세대 중층 인구는 전체 인구의 10%, 부모가 중층인 자녀 세대 하층 인구는 전체 인구의 20%로 전자와 후자는 같지 않다.

④ 세대 간 이동을 하지 않은 자녀 세대 인구는 전체 인구의 50%, 세대 간 이동을 한 자녀 세대 인구는 전체 인구의 50%로 전자는 후자보다 많지 않다.

⑤ 세대 간 상승 이동을 한 자녀 세대 인구는 전체 인구의 25%, 세대 간 하강 이동을 한 자녀 세대 인구는 전체 인구의 25%로 전자는 후자보다 많지 않다.

(단위 : %)

이동 전 / 이동 후	상층	중층	하층	전체
상층	4	16	8	28
중층	12	14	12	38
하층	4	20	10	34
전체	20	50	30	100

① 계층 이동 후 상층으로 이동한 인구는 전체 인구의 24%, 계층 이동 후 중층으로 이동한 인구는 전체 인구의 24%로 전자와 후자는 같다.

오답 풀이

② 계층 이동 후 하층으로 이동한 인구는 전체 인구의 24%, 계층을 이동하지 않은 인구는 전체 인구의 28%로 전자와 후자는 같지 않다.

③ 상층 인구는 계층 이동 전이 전체 인구의 20%, 계층 이동 후가 전체 인구의 28%로 후자는 전자에 비해 50% 증가하지 않았다.

④ 계층 이동 후 상승 이동을 한 인구는 전체 인구의 36%, 계층 이동 후 하강 이동을 한 인구는 전체 인구의 36%로 전자는 후자의 1.5배가 아니다.

⑤ 갑국의 계층 구조는 이동 전 다이아몬드형, 이동 후에도 다이아몬드형으로 나타난다.

2

계층 간 이동이 일어나기 이전에 갑국은 상층과 하층 비율의 합이 중층 비율과 같았으므로 중층 비율은 전체 인구의 50%이고, 하층 비율은 상층 비율의 1.5배이므로 하층 비율은 전체 인구의 30%, 상층 비율은 전체 인구의 20%이다. 상층에서 하층으로 이동한 인구는 계층 이동 전의 상층 인구 대비 20%이므로 해당 인구는 전체 인구의 4%인데, 이는 ▨ 한 칸과 같으므로 ▨ 한 칸은 전체 인구의 4%인 것을 알 수 있다. 이에 따라 상층에서 중층으로 이동한 인구는 전체 인구의 12%, 중층에서 하층으로 이동한 인구는 전체 인구의 20%, 중층에서 상층으로 이동한 인구는 전체 인구의 16%, 하층에서 중층으로 이동한 인구는 전체 인구의 12%, 하층에서 상층으로 이동한 인구는 전체 인구의 8%인 것을 알 수 있다. 이를 반영해 갑국의 계층 이동 현황을 표에 나타내면 다음과 같다.

(단위 : %)

이동 전 / 이동 후	상층	중층	하층	전체
상층		16	8	
중층	12		12	
하층	4	20		
전체	20	50	30	100

또한 이동 전 전체 인구 비율과 채워지지 않은 이동 후 해당 계층 인구 비율을 고려해 남은 계층 이동 현황을 모두 표에 나타내면 다음과 같다.

3.

갑국의 부모 세대 계층 구성비는 A : B : C = 5 : 1 : 4이므로 갑국의 부모 세대 A 비율은 전체 인구의 50%, B 비율은 전체 인구의 10%, C 비율은 전체 인구의 40%이다. 또한 부모 세대의 계층이 A인 자녀는 하강 이동을 할 수 없으므로 A는 하층이고, 부모 세대의 계층이 B인 자녀는 상승 이동을 할 수 없으므로 B는 상층, C는 중층이다. 따라서 갑국의 부모 세대 하층 비율은 전체 인구의 50%, 중층 비율은 전체 인구의 40%, 상층 비율은 전체 인구의 10%인 것을 알 수 있다. 부모 세대 하층 대비 부모 세대와 자녀 세대의 계층 불일치 비율은 60%이므로 부모 세대 하층 대비 부모 세대와 자녀 세대의 계층 일치 비율은 40%이다. 따라서 부모와 계층이 일치하는 자녀 세대 하층 인구 비율은 전체 인구의 20%인 것을 알 수 있다. 부모 세대 상층 대비 부모 세대와 자녀 세대의 계층 불일치 비율은 40%이므로 부모 세대 상층 대비 부모 세대와 자녀 세대의 계층 일치 비율은 60%이다. 따라서 부모와 계층이 일치하는 자녀 세대 상층 인구 비율은 전체 인구의 6%인 것을 알 수 있다. 부모 세대 중층 대비 부모 세대와 자녀 세대의 계층 불일치 비율은 50%이므로 부모 세대 중층 대비 부모 세대와 자녀 세대의 계층 일치 비율은 50%이다. 따라서 부모와 계층이 일치하는 자녀 세대 중층 인구 비율은 전체 인구의 20%인 것을 알 수 있다. 이를 반영해 갑국의 계층 이동 현황을 표에 나타내면 다음과 같다.

부모\자녀	상층	중층	하층	전체
상층	6			
중층		20		
하층			20	
전체	10	40	50	100

(단위 : %)

이때 자녀 세대 하층 대비 부모 세대와 자녀 세대의 계층 불일치 비율은 0%이므로 자녀 세대 하층 대비 부모 세대와 자녀 세대의 계층 일치 비율은 100%이다. 따라서 자녀 세대 하층 비율은 전체 인구의 20%인 것을 알 수 있다. 또한 자녀 세대 상층 대비 부모 세대와 자녀 세대의 계층 불일치 비율은 80%이므로 자녀 세대 상층 대비 부모 세대와 자녀 세대의 계층 일치 비율은 20%이다. 따라서 자녀 세대 하층 비율은 전체 인구의 30%인 것을 알 수 있다. 그리고 자녀 세대 중층 대비 부모 세대와 자녀 세대의 계층 불일치 비율은 60%이므로 자녀 세대 중층 대비 부모 세대와 자녀 세대의 계층 일치 비율은 40%이다. 따라서 자녀 세대 중층 비율은 전체 인구의 50%인 것을 알 수 있다. 이를 반영해 갑국의 계층 이동 현황을 표에 나타내면 다음과 같다.

부모\자녀	상층	중층	하층	전체
상층	6			30
중층		20		50
하층			20	20
전체	10	40	50	100

(단위 : %)

자녀 세대 하층 인구 비율은 전체 인구의 20%인데, 부모가 하층인 자녀 세대 하층 인구 비율은 전체 인구의 20%이다. 따라서 부모가 상층인 자녀 세대 하층 인구 비율과 부모가 중층인 자녀 세대 하층 인구 비율은 전체 인구의 0%이다. 이를 반영해 갑국의 계층 이동 현황을 표에 나타내면 다음과 같다.

부모\자녀	상층	중층	하층	전체
상층	6	20	4	30
중층	4	20	26	50
하층	0	0	20	20
전체	10	40	50	100

(단위 : %)

ㄱ. 세대 간 이동을 한 자녀 세대 인구는 전체 인구의 54%, 세대 간 이동을 하지 않은 자녀 세대 인구는 전체 인구의 46%로 전자는 후자보다 많다.

ㄴ. 부모가 하층인 자녀 세대 상층 인구는 전체 인구의 4%, 부모가 상층인 자녀 세대 중층 인구는 전체 인구의 4%로 전자와 후자는 같다.

오답 풀이

ㄷ. 부모가 중층인 자녀 세대 상층 인구는 전체 인구의 20%, 부모가 하층인 자녀 세대 중층 인주는 전체 인구의 26%로 전자와 후자는 같지 않다.

ㄹ. 부모가 중층인 자녀 세대 하층 인구와 부모가 상층인 자녀 세대 하층 인구는 모두 존재하지 않는다.

4.

부모 세대의 계층 구성비는 (A + B) : C = 7 : 3이므로 부모 세대의 C 구성 비율은 전체 인구의 30%이며, A 구성 비율을 전체 인구의 a%, B 구성 비율을 전체 인구의 (70-a)%로 둘 수 있다. 이때 부모 계층 대비 자녀 계층의 상대적 비는 A가 1.5이므로 자녀 세대의 A 구성 비율은 전체 인구의 1.5a%, B가 0.8이므로 자녀 세대의 B 구성 비율은 전체 인구의 (56-0.8a)%, C가 1.0이므로 자녀 세대의 C 구성 비율은 전체 인구의 30%이다. 그리고 자녀 세대의 A 구성 비율 + B 구성 비율 + C 구성 비율은 100%이므로 (86 + 0.7a)%=100%이고, 이에 따라 a=20임을 알 수 있다. 따라서 부모 세대의 A 구성 비율은 전체 인구의 20%, B 구성 비율은 전체 인구의 50%이고, 부모 세대는 피라미드형 계층 구조이므로 A는 상층, B는 하층, C는 중층인 것을 알 수 있다. 또한 자녀 세대의 A 구성 비율은 전체 인구의 30%, B 구성 비율은 전체 인구의 40%인 것을 알 수 있다. 세대 간 계층의 일치 비율은 세대 간 계층의 불일치 비율에 비해 20%p 작으므로 전체 인구의 40%이며, 부모와 계층이 A로 일치하는 자녀 수를 전체 인구의 b%로 둔다면 부모와 계층이 B로 일치하는 자녀 수는 전체 인구의 1.5b%, 부모와 계층이 C로 일치하는 자녀 수는 전체 인구의 1.5b%이고, 이에 따라 4b%=40%, b=10인 것을 알 수 있다. 따라서 부모와 계층이 상층으로 일치하는 자녀 수는 전체 인구의 10%, 부모와 계층이 하층으로 일치하는 자녀 수는 전체 인구의 15%, 부모와 계층이 중층으로 일치하는 자녀 수는 전체 인구의 15%임을 알 수 있다. 이를 반영하여 갑국의 계층 이동 현황을 표에 나타내면 다음과 같다.

부모\자녀	상층	중층	하층	전체
상층	10			30
중층		15		30
하층			15	40
전체	20	30	50	100

(단위 : %)

이때 부모가 중층 또는 하층인 자녀 세대 상층 인구는 전체 인구의 20%이고, 부모가 상층 또는 하층인 자녀 세대 중층 인구는 전체 인구의 15%인데, 자녀가 상층 또는 중층인 부모 세대 하층 인구는 전체 인구의 35%이다. 이에 따라 부모가 중층인 자녀 세대 상층 인구와 부모가 상층인 자녀 세대 중층 인구는 존재하지 않고, 부모가 하층인 자녀 세대 상층 인구는 전체 인구의 20%, 부모가 하층인 자녀 세대 중층 인구는 전체 인구의 15%이다. 이와 함께 채워지지 않은 부모 또는 자녀 해당 계층 인구 비율을 고려해 남은 계층 이동 현황을 모두 표에 나타내면 다음과 같다.

자녀 \ 부모	상층	중층	하층	전체
상층	10	0	20	30
중층	0	15	15	30
하층	10	15	15	40
전체	20	30	50	100

(단위 : %)

③ 부모 세대 계층 대비 세대 간 계층 일치 비율은 상층이 50%, 중층이 50%로 전자와 후자는 같다.

오답 풀이

① 부모가 상층인 자녀 세대 하층 인구는 전체 인구의 10%, 부모가 하층인 자녀 세대 상층 인구는 전체 인구의 20%로 전자와 후자는 같지 않다.

② 부모가 하층인 자녀 세대 중층 인구는 전체 인구의 15%, 부모가 중층인 자녀 세대 하층 인구는 전체 인구의 15%로 전자는 후자의 2배가 아니다.

④ 자녀 세대 계층 대비 세대 간 계층 일치 비율은 중층이 50%, 하층이 37.5%로 전자는 후자의 2배가 아니다.

⑤ 세대 간 상승 이동을 한 자녀 세대 인구는 전체 인구의 35%, 세대 간 하강 이동을 한 자녀 세대 인구는 전체 인구의 25%로 전자와 후자는 같지 않다.

구분	A 지역	B 지역
(가)에만 해당하는 수급자	7	16
(나)에만 해당하는 수급자	16	44
(가)와 (나) 중복 수급자	8	10
비(非)수급자	69	130

④ A 지역의 보편적 복지 이념에 기초한 사회 보험에만 해당하는 수급자 수는 16, B 지역의 선별적 복지 이념에 기초한 공공 부조에만 해당하는 수급자 수는 16으로 전자와 후자는 같다.

오답 풀이

① (가)는 공공 부조, (나)는 사회 보험이다.

② 강제 가입의 원칙이 적용되는 사회 보험에만 해당하는 수급자 비율은 A 지역이 7%, B 지역이 8%로 전자는 후자보다 낮다.

③ 사전 예방보다 사후 처방적 성격이 강한 공공 부조에만 해당하는 수급자 비율은 A 지역이 16%, B 지역이 22%로 전자는 후자보다 낮다.

⑤ 금전적 지원의 원칙이 적용되는 사회 보험 또는 공공 부조의 수급자 수는 B 지역이 70, A 지역이 31으로 전자는 후자의 2배보다 많다.

(3) Chapter 2. 유형편
 벤 다이어그램의 활용

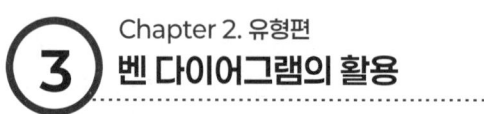

✓ 변형 문제 Test

1.

(가)는 공공 부조, (나)는 사회 보험이다.
A 지역의 (가) 수급자 비율은 전체 인구의 15%, (나) 수급자 비율은 전체 인구의 24%이고 (가)와 (나) 중복 수급자 비율은 전체 인구의 8%이므로 (가)에만 해당하는 수급자 비율은 전체 인구의 7%, (나)에만 해당하는 수급자 비율은 전체 인구의 16%임을 알 수 있다. 또한 B 지역의 (가) 수급자 비율은 전체 인구의 13%, (나) 수급자 비율은 전체 인구의 27%이고 (가)와 (나) 중복 수급자 비율은 전체 인구의 5%이므로 (가)에만 해당하는 수급자 비율은 전체 인구의 8%, (나)에만 해당하는 수급자 비율은 전체 인구의 22%임을 알 수 있다. 이때 B 지역의 전체 인구는 A 지역의 전체 인구의 2배이므로 전자를 200, 후자를 100으로 둔 뒤 각 지역의 (가), (나) 수급자 또는 비(非)수급자 비율을 표에 정리하면 다음과 같다.

2.

A는 사회 보험, B는 사회 서비스, C는 공공 부조이다.
(가) 지역의 각 수치에는 A, B, C 중복 수급 가구 비율인 4%가 포함되어 있으니
A와 B에만 해당하는 중복 수급 가구는 전체 가구의 44%, A와 C에만 해당하는 중복 수급 가구는 전체 가구의 2%,
B와 C에만 해당하는 중복 수급 가구는 전체 가구의 11%이다.
또한 (나) 지역의 각 수치에는 A, B, C 중복 수급 가구 비율인 6%가 포함되어 있으니
A와 B에만 해당하는 중복 수급 가구는 전체 가구의 48%,
A와 C에만 해당하는 중복 수급 가구는 전체 가구의 3%,
B와 C에만 해당하는 중복 수급 가구는 전체 가구의 6%이다.
이때 가중평균의 원리에 의해 (가) 지역의 전체 인구는 (나) 지역의 전체 인구의 2배인 것을 알 수 있고, 이에 따라 전자를 200, 후자를 100으로 둔 뒤 각 지역의 A, B, C 중복 수급 가구 수를 표에 나타내면 다음과 같다.

구분	(가) 지역	(나) 지역
A와 B에만 해당하는 중복 수급 가구	88	48
B와 C에만 해당하는 중복 수급 가구	22	6
A와 C에만 해당하는 중복 수급 가구	4	3
A, B, C 중복 수급 가구	8	6

ㄱ. (나) 지역에서 세 제도 중 사회 보험에 해당하는 제도만 수급하지 않는 가구 수는 6, 세 제도를 모두 수급하는 가구 수는 6으로 전자와 후자는 같다.

ㄴ. 세 제도 중 비금전적 지원의 원칙이 적용되는 사회 서비
    스만 수급하지 않는 가구 수는 (가) 지역이 4, (나) 지역
    이 3으로 전자는 후자의 2배보다 적다.

ㄷ. 세 제도 중 사후 처방적 성격이 강한 공공 부조만 수급
    하지 않는 가구 비율은 (가) 지역이 전체 가구의 44%,
    (나) 지역이 전체 가구의 48%로 전자는 후자보다 낮다.

오답 풀이

ㄹ. 세 제도를 모두 수급하는 가구의 수는 갑국 전체가 14,
    (나) 지역이 6으로 전자는 후자의 3배가 아니다.

3.

A는 공공 부조, B는 사회 보험이다.

t년 (가) 지역의 A 수급자 비율은 전체 인구의 16%, B 수
급자 비율은 전체 인구의 34%이고 A와 B 중복 수급자 비
율은 전체 인구의 8%이므로 A에만 해당하는 수급자 비율은
전체 인구의 8%, B에만 해당하는 수급자 비율은 전체 인구
의 26%이다. 또한 t년 (나) 지역의 A 수급자 비율은 전체
인구의 20%, B 수급자 비율은 전체 인구의 30%이고 A와
B 중복 수급자 비율은 전체 인구의 10%이므로 A에만 해당
하는 수급자 비율은 전체 인구의 10%, B에만 해당하는 수
급자 비율은 전체 인구의 20%이다. 이때 가중평균의 원리
에 의해 t년 (가) 지역과 (나) 지역의 전체 인구는 같으므로
해당 인구를 100으로 둘 수 있으며, 갑국의 전체 인구는 t
년에 비해 t+50년이 50% 많고 전자는 200이므로 후자는
300이며, 가중평균의 원리에 의해 t+50년 (가) 지역의 전체
인구는 (나) 지역의 전체 인구의 2배이므로 전자는 200, 후
자는 100임을 알 수 있다.

t+50년 (가) 지역의 A 수급자 비율은 전체 인구의 15%,
B 수급자 비율은 전체 인구의 36%이고 A와 B 중복 수급
자 비율은 전체 인구의 5%이므로 A에만 해당하는 수급자
비율은 전체 인구의 10%, B에만 해당하는 수급자 비율은
전체 인구의 31%이다. 또한 t+50년 (나) 지역의 A 수급자
비율은 전체 인구의 18%, B 수급자 비율은 전체 인구의
30%이고 A와 B 중복 수급자 비율은 전체 인구의 8%이므
로 A에만 해당하는 수급자 비율은 전체 인구의 10%, B에
만 해당하는 수급자 비율은 전체 인구의 22%이다. 이에 따
라 연도별 (가) 지역과 (나) 지역의 A, B 수급자 및 비(非)
수급자 수를 표에 나타내면 다음과 같다.

구분	t년		t+50년	
	(가)	(나)	(가)	(나)
A에만 해당하는 수급자	8	10	20	10
B에만 해당하는 수급자	26	20	62	22
A와 B 중복 수급자	8	10	10	8
비(非)수급자	58	60	108	60

ㄴ. t년 (나) 지역의 사회 보험에 해당하는 제도에만 해당하
    는 수급자 수는 20, t+50년 (가) 지역의 공공 부조에
    해당하는 제도에만 해당하는 수급자 수는 20으로 전자
    와 후자는 같다.

ㄷ. 사후 처방적 성격보다 사전 예방적 성격이 강한 사회 보험
    에만 해당하는 (나) 지역 수급자 수는 t년이 20, t+50년이
    22로 전자는 후자보다 적다.

ㄹ. 금전적 지원의 원칙이 적용되는 사회 보험 또는 공공 부
    조의 수급자 수는 t년 (가) 지역이 42, t+50년 (나) 지
    역이 40으로 전자는 후자보다 많다.

오답 풀이

ㄱ. 정부 재정으로 비용을 전액 충당하는 것을 원칙으로 하
    는 공공 부조에만 해당하는 (가) 지역 수급자 비율은
    t년이 전체 인구의 8%, t+50년이 전체 인구의 10%로
    전자는 후자보다 낮다.

4.

(가)는 공공 부조, (나)는 사회 보험이다.

(나) 수급자에서 가중평균의 원리에 의해 A 지역 65세 이상 인
구는 B 지역 65세 이상 인구의 2배인 것을 알 수 있으며, 전자
를 200, 후자를 100으로 둘 수 있다. 또한 (가) 수급자에서 가
중평균의 원리에 의해 ⊙은 30인 것을 알 수 있다. 65세 이상
인구 중 (가)와 (나) 중복 수급자를 제외한 (가) 수급자 비율은
B 지역이 (34 − ⓒ)%, 전체 지역이 (30 − ⓒ)%이고 이는 전체
지역 (가)와 (나) 중복 수급자 비율인 ⓒ%의 2배이므로
(30 − ⓒ)%=2ⓒ%, ⓒ=10인 것을 알 수 있다. 이에 따라
(34 − ⓒ)%=20%, ⓒ=14%임을 알 수 있다.

A 지역에서 (가) 수급자는 전체 인구의 28%, (나) 수급자는 전체
인구의 60%이고 (가)와 (나) 중복 수급자는 전체 인구의 8%이
므로 (가)에만 해당하는 수급자는 전체 인구의 20%, (나)에만
해당하는 수급자는 전체 인구의 52%임을 알 수 있으며, B 지역
에서 (가) 수급자는 전체 인구의 34%, (나) 수급자는 전체 인구
의 63%이고 (가)와 (나) 중복 수급자는 전체 인구의 14%이므로
(가)에만 해당하는 수급자는 전체 인구의 20%, (나)에만 해당하
는 수급자는 전체 인구의 49%임을 알 수 있다. 또한 전체 지역에
서 (가) 수급자는 전체 인구의 30%, (나) 수급자는 전체 인구의
61%이고 (가)와 (나) 중복 수급자는 전체 인구의 10%이므로
(가)에만 해당하는 수급자는 전체 인구의 20%, (나)에만 해당하
는 수급자는 전체 인구의 51%임을 알 수 있다. 이에 따라 A
지역, B 지역과 갑국 전체의 (가) 수급자, (나) 수급자, 비(非)수급
자 수를 표에 나타내면 다음과 같다.

구분	A 지역	B 지역	전체 지역
(가)에만 해당하는 수급자	40	20	60
(나)에만 해당하는 수급자	104	49	153
(가)와 (나) 중복 수급자	16	14	30
비(非)수급자	40	17	57

③ 사전 예방적 성격보다 사후 처방적 성격이 강한 공공 부조에만 해당하는 수급자 수는 A 지역이 40, B 지역이 20으로 전자는 후자의 2배이다.

오답 풀이

① ㉠은 30, ㉡과 ㉢의 합은 24로 전자는 후자보다 작지 않다.

② 상호 부조의 원리가 적용되는 사회 보험의 B 지역 수급자 수는 63, A 지역 수급자 수는 120으로 전자는 후자보다 많지 않다.

④ 소득 재분배 효과가 적용되는 사회 보험 또는 공공 부조의 수급자 비율은 A 지역이 전체 인구의 80%, B 지역이 전체 인구의 83%로 전자는 후자보다 높지 않다.

⑤ 공공 부조에 해당하는 제도에만 해당하는 전체 지역 수급자 수는 60, 사회 보험에 해당하는 제도의 B 지역 수급자 수는 63으로 전자는 후자보다 많지 않다.

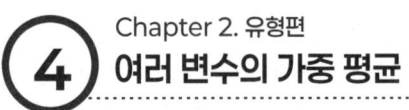

Chapter 2. 유형편
4 여러 변수의 가중 평균

✓ 변형 문제 Test

1.

(가)는 사회 보험, (나)는 공공 부조이다.
(나) 수혜자에서 가중평균의 원리에 의해 C 지역 전체 인구는 A 지역 전체 인구의 3배이다. 따라서 전자를 100, 후자를 300으로 둘 수 있다. 또한 B 지역 전체 인구를 100a로 둔다면 (가) 수혜자에서 100 × 24% + 100a × 24% + 300 × 20%=(400 + 100a) × 22%이므로   24 + 24a + 60=88 + 22a, 84 + 24a=88 + 22a, a=2인 것을 알 수 있다. 따라서 B 지역의 전체 인구는 200이다. 이를 반영해 갑국 각 지역의 전체 인구와 (가), (나) 수급자 수를 표에 정리해 나타내면 다음과 같다.

구분	A 지역	B 지역	C 지역	전체
(가) 수급자	24	48	60	132
(나) 수급자	15	24	33	72
전체 인구	100	200	300	600

② 대상자 선정에 따른 부정적 낙인이 발생할 수 있는 공공 부조의 C 지역 수급자 수는 33, A 지역 수급자 수는 15로 전자는 후자의 2배 이상이다.

오답 풀이

① 사회 보험에 해당하는 제도의 B 지역 수급자 수는 48, A 지역 수급자 수는 24로 전자와 후자는 같지 않다.

③ 선별적 복지보다 보편적 복지의 성격이 강한 사회 보험의 C 지역 수급자 수는 60, 갑국 전체 수급자 수는 132로 전자는 후자의 50% 이상이 아니다.

④ 사전 예방적 성격이 강한 사회 보험과 사후 처방적 성격이 강한 공공 부조 간 수급자 수 차이는 A 지역이 9, B 지역이 24, C 지역이 27로 A 지역과 B 지역의 합이 C 지역보다 작지 않다.

⑤ 공공 부조에 해당하는 제도의 갑국 전체 수급자 수는 72, B 지역 수급자 수는 24로 전자는 후자의 2배가 아니다.

2.

(가)는 공공 부조, (나)는 사회 보험이다.
B 지역 인구는 A 지역 인구의 2배이므로 A 지역 인구를 100, B 지역 인구를 200으로 둘 수 있으며, 추가적으로 C 지역 인구를 100a, D 지역 인구를 100d로 둘 수 있다. 이때 (가) 수급자 비율에서 100 × 6% + 200 × 5% + 100a × 6% + 100b × 7%=(300 + 100a + 100b) × 6%이므로 16 + 6a + 7b=18 + 6a + 6b이다. 따라서 b=2임을 알 수 있고, D 지역 인구는 200이다. 또한 (나) 수급자 비율에서 100 × 14% + 200 × 16% + 100a × 18% + 200 × 13%=(500 + 100a) × 15%이므로 72 + 18a=75 + 15a이다. 따라서 a=1임을 알 수 있고, C 지역 인구는 100이다. 이를 반영해 갑국 각 지역의 전체 인구와 (가), (나) 수급자 수를 표에 정리해 나타내면 다음과 같다.

구분	A 지역	B 지역	C 지역	D 지역	전체
(가)	6	10	6	14	36
(나)	14	32	18	26	90
인구	100	200	100	200	600

ㄱ. 사전 예방적 성격이 강한 사회 보험의 경우, C 지역 수급자 수는 18, A 지역 수급자 수는 14로 전자는 후자보다 많다.

ㄷ. 사회 보험에 해당하는 제도의 수급자 수 대비 공공 부조에 해당하는 제도의 수급자 수의 비는 A 지역이 3/7, B 지역이 5/16, C 지역이 1/3, D 지역이 7/13으로 A~D 지역 중 B 지역에서 가장 작다.

오답 풀이

ㄴ. 대상자 선정에 따라 부정적 낙인이 발생할 수 있는 공공 부조의 경우, B 지역 수급자 수는 10, C 지역 수급자 수는 6으로 전자는 후자보다 적지 않다.

ㄹ. 강제 가입의 원칙이 적용되는 사회 보험의 C 지역 수급자 수는 18, 그렇지 않은 공공 부조의 D 지역 수급자 수는 14로 전자는 후자보다 적지 않다.

3.

(가)는 사회 보험, (나)는 공공 부조이다.

A와 C 지역 인구는 각각 B 지역 인구의 2배이므로 A와 C 지역 인구를 각각 200, B 지역 인구를 100으로 둘 수 있다. 또한 D 지역 인구를 100a로 둘 수 있다. 이때 (가) 수급자 비율에서 $200 \times 34\% + 100 \times 39\% + 200 \times 35\% + 100a \times 37\% = (500 + 100a) \times 36\%$이므로 $177 + 37a = 180 + 36a$, $a = 3$인 것을 알 수 있다. 따라서 D 지역 전체 인구는 300이다. 또한 (나) 수급자 비율에서 $200 \times 12\% + 100 \times 12\% + 200 \times ©\% + 300 \times 10\% = 800 \times 11\%$이므로 $66 + 2© = 88$, $© = 11$임을 알 수 있다. 이를 반영해 갑국 각 지역의 전체 인구와 (가), (나) 수급자 수를 표에 정리해 나타내면 다음과 같다.

구분	A 지역	B 지역	C 지역	D 지역	전체
(가)	68	39	70	111	288
(나)	24	12	22	30	88
인구	200	100	200	300	800

⑤ 사전 예방적 성격이 강한 사회 보험의 B 지역 수급자 수는 39이고, 사후 처방적 성격이 강한 공공 부조의 A 지역 수급자 수는 24, B 지역 수급자 수는 12, C 지역 수급자 수는 22, D 지역 수급자 수는 30이므로 A~D 지역 중 사후 처방적 성격이 강한 공공 부조의 수급자 수가 사전 예방적 성격이 강한 사회 보험의 B 지역 수급자 수보다 많은 지역은 존재하지 않는다.

오답 풀이

① ㉠에는 '소득 재분배 효과가 존재함.'이 적절하나, ㉡에는 '사전 예방적 성격이 강함.'이 적절하지 않다.

② ©에 들어갈 값은 '11'으로 D 지역의 (나) 제도 수급자 비율인 10(%)보다 작지 않다.

③ 상호 부조의 원리가 적용되는 사회 보험의 B 지역 수급자 수는 39, D 지역 수급자 수는 111로 전자는 후자보다 많지 않다.

④ 선별적 복지 이념을 바탕으로 하는 공공 부조의 갑국 전체 수급자 수는 88, A 지역 수급자 수는 24로 전자는 후자의 4배 이상이 아니다.

4.

(가)는 사회 보험, (나)는 공공 부조이다.

A 지역의 (가) 수급자 수는 B 지역의 (나) 수급자 수와 같으므로 A 지역 전체 인구를 100, B 지역 전체 인구를 100a로 둔다면 $100 \times 30\% = 100a \times 15\%$, $30 = 15a$이므로 $a = 2$이다. 따라서 B 지역 전체 인구는 200인 것을 알 수 있다. 또한 C 지역 전체 인구를 100b로 둔다면 (나) 수급자에서 $100 \times 13\% + 200 \times 15\% + 100b \times 17\% = (300 + 100b) \times 15\%$이므로 $43 + 17b = 45 + 15b$이다. 따라서 $b = 1$이므로 C 지역 전체 인구는 100인 것을 알 수 있다.

또한 (가) 수급자에서 $100 \times 30\% + 200 \times 30\% + 100 \times ㉠\% = 400 \times 32\%$이므로 $90 + ㉠ = 128$, $㉠ = 38$임을 알 수 있다. 또한 (가)와 (나) 중복 수급자에서 $100 \times ㉡\% + 200 \times 5\% + 100 \times 8\% = 400 \times 6\%$이므로 $㉡ + 18 = 24$, $㉡ = 6$임을 알 수 있다. 이를 반영해 갑국 각 지역의 전체 인구와 (가), (나) 수급자 수를 표에 정리해 나타내면 다음과 같다.

구분	A 지역	B 지역	C 지역	전체
(가) 수급자	30	60	38	128
(나) 수급자	13	30	17	60
(가)와 (나) 중복 수급자	6	10	8	24
전체 인구	100	200	100	400

ㄱ. ㉠에 들어갈 값은 38, ㉡에 들어갈 값은 6으로 전자는 후자의 6배 이상이다.

ㄴ. 강제 가입의 원칙이 적용되는 사회 보험에만 해당하는 수급자 수는 A 지역이 24, C 지역이 30으로 전자는 후자보다 적다.

오답 풀이

ㄷ. 대상자 선정에 따라 부정적 낙인이 발생할 수 있는 공공 부조의 수급자 수는 A 지역이 13, B 지역이 30, C 지역이 17로 A~C 지역 중 C 지역이 아닌 B 지역이 가장 많다.

ㄹ. 금전적 지원의 원칙이 적용되는 사회 보험 또는 공공 부조의 수급자 수는 B 지역이 80, A 지역이 37로 전자는 후자의 2배 미만이 아니다.

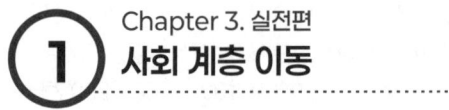
1. 정답: ②

B에서 A로의 이동과 A에서 C로의 이동은 모두 상승 이동이
므로 B는 하층, A는 중층, C는 상층이다. 이를 바탕으로 갑국
~병국의 상~하층 비율(%)을 표에 정리하면 다음과 같다.

구분	갑국	을국	병국
상층	20	50	20
중층	60	10	30
하층	20	40	50

ㄱ. 갑국의 상층 인구는 전체 인구의 20%, 하층 인구는 전
체 인구의 20%로 전자와 후자는 동일하다.
ㄷ. 갑국에서는 을국과 달리 다이아몬드형 계층 구조가 나타난다.

오답 풀이

ㄴ. 을국의 상층 인구는 전체 인구의 50%, 병국의 중층 인구
는 전체 인구의 30%로 전자와 후자는 동일하지 않다.
ㄹ. 을국에서는 병국과 달리 피라미드형 계층 구조가 나타나
지 않는다.

2. 정답: ②

t년 갑국의 중층 이상 비율은 90%, 중층 이하 비율은 70%이
므로 중층 비율은 (90+70-100)%=60%이다. 이에 따라 상층
비율은 (90-60)%=30%, 하층 비율은 (70-60)%=10%임을
알 수 있다. 또한 을국의 중층 이상 비율은 40%, 중층 이하
비율은 70%이므로 중층 비율은 (40+70-100)%=10%이다.
이에 따라 상층 비율은 (40-10)%=30%,
하층 비율은 (70-10)%=60%임을 알 수 있다.
t+30년 갑국의 중층 이상 비율은 40%, 중층 이하 비율은
90%이므로 중층 비율은 (40+90-100)%=30%이다.
이에 따라 상층 비율은 (40-30)%=10%,
하층 비율은 (90-30)%=60%임을 알 수 있다.
또한 을국의 중층 이상 비율은 80%, 중층 이하 비율은 80%이
므로 중층 비율은 (80+80-100)%=60%이다. 이에 따라 상층
비율은 (80-60)%=20%, 하층 비율은 (80-60)%=20%임을
알 수 있다. 이를 바탕으로 갑국과 을국의 연도별 상~하층 비
율(%)을 표에 정리하면 다음과 같다.

구분	t년		t+30년	
	갑국	을국	갑국	을국
상층	30	30	10	20
중층	60	10	30	60
하층	10	60	60	20

④ t+30년 을국과 달리 갑국에서 피라미드형 계층 구조가
나타난다.

오답 풀이

① t년 갑국의 상층 비율은 전체 인구의 30%, t+30년 을국의
하층 비율은 전체 인구의 20%로 전자와 후자는 같지 않다.
② t+30년 갑국의 하층 비율은 전체 인구의 60%, t년 을국의
중층 비율은 전체 인구의 10%로 전자와 후자는 같지 않다.
③ t년 갑국과 달리 을국에서 다이아몬드형이 아닌 모래시계
형 계층 구조가 나타난다.
⑤ 주어진 자료를 바탕으로는 특정 시기의 특정 국가가 폐
쇄적 계층 구조를 가지는지, 혹은 개방적 계층 구조를
가지는지 알 수 없다.

3. 정답: ④

갑국의 부모 세대에서 전체 인구 대비 상층 인구의 비율은
10%이므로 전체 인구 대비 중층 인구의 비율을 10a%로 둔다
면 전체 인구 대비 하층 인구의 비율은 (90-10a)%인 것을 알
수 있다. 이때 갑국 부모 세대 계층 인구 대비 자녀 세대 계층
인구의 상대적 비에 의해 갑국의 자녀 세대에서 전체 인구 대
비 상층 인구의 비율은 30%, 전체 인구 대비 중층 인구의 비
율은 2a%, 전체 인구 대비 하층 인구의 비율은 (135-15a)%
인 것을 알 수 있으며, 해당 비율을 모두 합하면 100%이므로
(30+2a+135-15a)%=100%, a=5이다. 따라서 갑국 부모 세
대에서 전체 인구 대비 중층 인구의 비율은 50%, 전체 인구
대비 하층 인구의 비율은 40%인 것을 알 수 있고, 갑국 자녀
세대에서 전체 인구 대비 중층 인구의 비율은 10%, 전체 인구
대비 하층 인구의 비율은 60%임을 알 수 있다.
을국의 부모 세대에서 전체 인구 대비 상층 인구의 비율은
20%이므로 전체 인구 대비 중층 인구의 비율을 10b%로
둔다면 전체 인구 대비 하층 인구의 비율은 (80-10b)%인
것을 알 수 있다. 이때 을국 부모 세대 계층 인구 대비 자
녀 세대 계층 인구의 상대적 비에 의해 을국의 자녀 세대에
서 전체 인구 대비 상층 인구의 비율은 20%, 전체 인구 대
비 중층 인구의 비율은 20b%, 전체 인구 대비 하층 인구의
비율은 (32-4b)%인 것을 알 수 있으며, 해당 비율을 모두
합하면 100%이므로 (20+20b+32-4b)%=100%, b=3이다.
따라서 을국 부모 세대에서 전체 인구 대비 중층 인구의 비율
은 30%, 전체 인구 대비 하층 인구의 비율은 50%인 것을 알
수 있고, 을국 자녀 세대에서 전체 인구 대비 중층 인구의 비율
은 60%, 전체 인구 대비 하층 인구의 비율은 20%임을 알 수
있다. 이를 바탕으로 갑국과 을국의 부모 세대와 자녀 세대 상
~하층 비율(%)을 표에 정리하면 다음과 같다.

구분	갑국		을국	
	부모 세대	자녀 세대	부모 세대	자녀 세대
상층	10	30	20	20
중층	50	10	30	60
하층	40	60	50	20

④ 갑국 자녀 세대의 상층 비율은 전체 인구의 30%, 을국 부모
세대의 중층 비율은 전체 인구의 30%으로 전자와 후자는
같다.

① 갑국에서는 부모 세대와 달리 자녀 세대에서 다이아몬드형 계층 구조가 아닌 모래시계형 계층 구조가 나타난다.
② 을국에서는 자녀 세대와 달리 부모 세대에서 모래시계형 계층 구조가 아닌 피라미드형 계층 구조가 나타난다.
③ 갑국 부모 세대의 하층 비율은 전체 인구의 40%, 을국 자녀 세대의 상층 비율은 전체 인구의 20%로 전자와 후자는 같지 않다.
⑤ 주어진 자료를 바탕으로는 특정 국가의 특정 세대가 폐쇄적 계층 구조를 가지는지, 혹은 개방적 계층 구조를 가지는지 알 수 없다.

4. 정답: ③

③ 갑국의 계층 구조가 모래시계형이라면 A는 중층, B는 하층, C는 상층이다. 이때 을국은 병국과 달리 하층 비율이 가장 높다.

오답 풀이
① A가 상층이고 C가 중층이라면 B는 하층이다. 이떼 갑국의 계층 구조는 피라미드형이나, 을국의 계층 구조는 피라미드형이 아니다.
② B가 중층이고 C가 상층이라면 A는 하층이다. 이때 병국과 을국의 계층 구조는 모두 모래시계형이 아니다.
④ 을국의 계층 구조가 다이아몬드형이라면 B는 중층이고, A, C는 각각 상층, 하층 중 하나이다. 이때 상층 비율과 하층 비율의 합은 갑국이 전체 인구의 40%, 병국이 전체 인구의 80%로 전자와 후자는 동일하지 않다.
⑤ 병국의 계층 구조가 피라미드형이라면 B는 상층, A는 중층, C는 하층이다. 이때 갑국과 을국은 모두 상층 비율이 가장 높다.

5. 정답: ③

t년 갑국에서 A + B의 비율은 80%, B + C의 비율은 70%이므로 A + 2B + C의 비율은 150%이다. 이때 A + B + C의 비율은 100%이므로 B의 비율은 50%, A의 비율은 30%, C의 비율은 20%인 것을 알 수 있다. 또한 t+20년 갑국에서 A + B의 비율은 70%, B + C의 비율은 60%이므로 A + 2B + C의 비율은 130%이다. 이때 A + B + C의 비율은 100%이므로 B의 비율은 30%, A의 비율은 40%, C의 비율은 30%인 것을 알 수 있다. t년 을국에서 A + B의 비율은 90%, B + C의 비율은 60%이므로 A + 2B + C의 비율은 150%이다. 이때 A + B + C의 비율은 100%이므로 B의 비율은 50%, A의 비율은 40%, C의 비율은 10%인 것을 알 수 있다. 또한 t+20년 을국에서 A + B의 비율은 70%, B + C의 비율은 90%이므로 A + 2B + C의 비율은 160%이다. 이때 A + B + C의 비율은 100%이므로 B의 비율은 60%, A의 비율은 10%, C의 비율은 30%인 것을 알 수 있다.

B에서 A로의 이동과 A에서 C로의 이동이 모두 상승 이동이므로 B는 하층, A는 중층, C는 상층이다. 이를 반영하여 갑국과 을국의 연도에 따른 계층별 비율(%)을 표에 나타내면 다음과 같다.

구분	갑국		을국	
	t년	t+20년	t년	t+20년
상층	20	30	10	30
중층	30	40	40	10
하층	50	30	50	60

③ t년 갑국과 을국의 계층 구조는 모두 피라미드형이다.

오답 풀이
① t년 갑국 하층 비율은 전체 인구의 50%, t+20년 을국 상층 비율은 전체 인구의 30%로 전자와 후자는 같지 않다.
② t+20년 갑국 중층 비율은 전체 인구의 40%, t년 을국 하층 비율은 전체 인구의 50%로 전자와 후자는 같지 않다.
④ t+20년 갑국과 달리 을국의 계층 구조는 다이아몬드형이 아닌 모래시계형이다.
⑤ 주어진 자료를 바탕으로는 특정 기간의 특정 국가가 폐쇄적 계층 구조를 가지는지, 혹은 개방적 계층 구조를 가지는지 알 수 없다.

6. 정답: ①

A의 '50%'와 B의 '30%'가 같은 국가의 비율이라면, 해당 국가의 C 비율은 20%가 되어야 하나 C 비율에는 20%가 존재하지 않는다. 또한 A의 '50%'와 B의 '25%'가 같은 국가의 비율이라면 해당 국가의 C 비율은 25%가 되어야 하나 C 비율에는 25%가 존재하지 않는다. 따라서 A의 '50%'와 B의 '10%'는 같은 국가의 비율이고, 해당 국가의 C 비율은 40%인 것을 알 수 있다.
A의 '60%'와 B의 '25%'가 같은 국가의 비율이라면, 해당 국가의 C 비율은 15%가 되어야 하나 C 비율에는 15%가 존재하지 않는다. 따라서 A의 '60%'와 B의 '30%'는 같은 국가의 비율이고, 해당 국가의 C 비율은 10%이다. 또한 A의 '25%'와 B의 '25%', C의 '50%'는 같은 국가의 비율이다. 이에 따라 각 국가의 계층별 비율(%)을 표에 나타내면 다음과 같다 (단, (가)~(다)는 각각 갑국, 을국, 병국 중 하나임).

구분	(가)	(나)	(다)
A	50	60	25
B	10	30	25
C	40	10	50

갑국의 계층 구조는 피라미드형이므로 (다)는 갑국이 될 수 없다. 이때 (나)가 갑국이라면 A는 하층, B는 중층, C는 상층이 되어 각 국가의 계층별 비율은 다음과 같아진다.

구분	(가)	갑국	(다)
상층	40	10	50
중층	10	30	25
하층	50	60	25

그러나 이 경우 어떠한 국가도 다이아몬드형 계층 구조를 가지지 않아 병국의 계층 구조가 다이아몬드형이라는 데 모순이다. 따라서 (가)는 갑국이고, B는 상층, C는 중층, A는 하층이고, 각 국가의 계층별 비율은 다음과 같다.

구분	갑국	(나)	(다)
상층	10	30	25
중층	40	10	50
하층	50	60	25

이때 다이아몬드형 계층 구조를 가지는 것은 (다)이므로 (다)는 병국, (나)는 을국이다. 이에 따라 을국의 계층 구조는 모래시계형인 것을 알 수 있다.

구분	갑국	을국	병국
상층	10	30	25
중층	40	10	50
하층	50	60	25

① 을국의 계층 구조는 모래시계형이다.

오답 풀이

② 상층 인구 대비 중층 인구의 비율은 갑국이 400%, 을국이 (100/3)%로 전자는 후자의 2배가 아니다.

③ 하층 인구 대비 상층 인구의 비율은 병국이 100%, 갑국이 20%로 전자는 후자의 3배가 아니다.

④ 갑국의 중층 인구 비율은 전체 인구의 40%, 병국의 상층 인구 비율은 전체 인구의 25%로 전자와 후자는 같지 않다.

⑤ 을국의 하층 인구 비율은 전체 인구의 60%, 갑국의 상층 인구 비율은 전체 인구의 10%로 전자는 후자의 2배가 아니다.

7. 정답: ②

갑국의 t년 중층 인구 비율은 상층 인구 비율의 1.5배이므로 중층 인구 비율을 30a%, 상층 인구 비율을 20a%로 둘 수 있다. 이때 갑국의 t년 중층 인구 비율은 하층 인구 비율의 0.6배이므로 t년의 하층 인구 비율은 50a%인 것을 알 수 있다. 그리고 상층, 중층, 하층 비율의 합은 100%이므로 (50a+30a+20a)%=100%, a=1인 것을 알 수 있다. 따라서 갑국의 t년 하층 인구 비율은 50%, 중층 인구 비율은 30%, 상층 인구 비율은 20%인 것을 알 수 있다.

구분	t년	t+10년	t+20년
상층	20%		
중층	30%		
하층	50%		

이때 A가 하층이라면, t+10년 갑국의 하층 비율은 100%가 되어 갑국에는 중층 또는 상층 인구가 존재하지 않는 것이 되기에 모순이다.

구분	t년	t+10년	t+20년
상층	20%		
중층	30%		
하층	50%	100%	

그리고 A가 상층이라면, t+10년 갑국의 상층 비율은 40%가 된다. 이때 B가 중층, C가 하층이라면 t+10년 갑국의 상층, 중층, 하층 비율의 합은 100%가 아니게 되어 모순이다.

구분	t년	t+10년	t+20년
상층	20%	40%	
중층	30%	22.5%	
하층	50%	25%	

그리고 B가 하층, C가 중층인 경우 역시 t+10년 갑국의 상층, 중층, 하층 비율의 합은 100%가 아니게 되어 모순이다.

구분	t년	t+10년	t+20년
상층	20%	40%	
중층	30%	15%	
하층	50%	37.5%	

따라서 A는 중층이고, t+10년 갑국의 중층 비율은 60%이다. 이때 B가 하층, C가 상층인 경우는 t+10년 갑국의 상층, 중층, 하층 비율의 합이 100%가 아니게 되어 모순이다.

구분	t년	t+10년	t+20년
상층	20%	10%	
중층	30%	60%	
하층	50%	37.5%	

따라서 B는 상층, C는 하층이고 t+10년 갑국의 상층 비율은 15%, 하층 비율은 25%이다.

구분	t년	t+10년	t+20년
상층	20%	15%	
중층	30%	60%	
하층	50%	25%	

이때 t+10년 대비 t+20년 계층별 인구 비율의 변화율에 의해 t+20년의 상층 비율은 30%, 중층 비율은 15%, 하층 비율은 55%임을 알 수 있다. 위에서 구한 정보를 바탕으로 갑국의 연도에 따른 계층별 비율(%)을 표에 정리하면 다음과 같다.

구분	t년	t+10년	t+20년
상층	20	15	30
중층	30	60	15
하층	50	25	55

② t년 중층 인구 비율은 30%, t+20년 상층 인구 비율은 30%로 전자와 후자는 같다.

오답 풀이
① A는 중층, B는 상층, C는 하층이다.
③ t+10년 하층 인구 비율은 전체 인구의 25%, t년 상층 인구 비율은 전체 인구의 20%로 전자와 후자는 같지 않다.
④ t+20년은 t+10년과 달리 다이아몬드형 계층 구조가 아닌 모래시계형 계층 구조를 가진다.
⑤ 상층 인구 비율 대비 하층 인구 비율의 비는 t년이 5/2, t+20년이 11/6으로 전자는 후자의 2배가 아니다.

8. 정답: ⑤

B에서는 상승 이동이 불가능하므로 B는 상층이며, C에서는 하강 이동이 불가능하므로 C는 하층이다. 이를 바탕으로 。한 개를 1명으로 가정해 갑국과 을국의 세대별 계층 구성 현황을 표에 나타내면 다음과 같다.

〈갑국〉

부모 / 자녀	상층	중층	하층	전체
상층	1명	0명	2명	3명
중층	3명	1명	1명	5명
하층	0명	5명	2명	7명
전체	4명	6명	5명	15명

〈을국〉

부모 / 자녀	상층	중층	하층	전체
상층	2명	2명	2명	6명
중층	1명	0명	3명	4명
하층	0명	5명	5명	10명
전체	3명	7명	10명	20명

⑤ 을국에서 부모가 하층인 자녀 세대 중층 인구는 3명, 갑국에서 부모가 상층인 자녀 세대 중층 인구는 3명으로 전자와 후자는 같다.

오답 풀이
① 갑국의 부모 세대는 자녀 세대와 달리 피라미드형 계층 구조가 아니다.
② 을국의 자녀 세대와 부모 세대는 모두 다이아몬드형 계층 구조가 아니다.
③ 갑국과 을국은 모두 부모가 상층인 자녀 세대 하층 인구가 존재하지 않는다.
④ 갑국에서 부모가 하층인 자녀 세대 상층 인구는 2명, 을국에서 부모가 중층인 자녀 세대 하층 인구는 5명으로 전자와 후자는 같지 않다.

9. 정답: ②

t년 갑국의 C/B 비는 2/5이므로 C=20a, B=50a로 둘 수 있다. 이때 A/(B-C) 비는 1이므로 A=30a인 것을 알 수 있다. 그리고 A+B+C=100%이므로 100a=100%, a=1%인 것을 알 수 있다. 그리고 t+20년 갑국의 C/B 비는 3/2이므로 C=30b, B=20b로 둘 수 있다. 이때 A/(B-C) 비는 -5이므로 A=50b인 것을 알 수 있다. 그리고 A+B+C=100%이므로 100b=100%, b=1%인 것을 알 수 있다.

t년 을국의 C/B 비는 4/5이므로 C=40c, B=50c로 둘 수 있다. 이때 A/(B-C) 비는 1이므로 A=10c인 것을 알 수 있다. 그리고 A+B+C=100% 이므로 100c=100%, c=1%인 것을 알 수 있다. 그리고 t+20년 을국의 C/B 비는 2이므로 C=20d, B=10d로 둘 수 있다. 이때 A/(B-C) 비는 -2이므로 A=20d인 것을 알 수 있다. 그리고 A+B+C=100% 이므로 50d=100%, d=2%인 것을 알 수 있다. 이에 따라 갑국과 을국의 연도별 계층 비율(%)을 표에 나타내면 다음과 같다.

구분	갑국		을국	
	t년	t+20년	t년	t+20년
A	30	50	10	40
B	50	20	50	20
C	20	30	40	40

이때 t년 갑국의 계층 구조는 피라미드형이다. 따라서 C는 상층, A는 중층, B는 하층인 것을 알 수 있고, 이에 따라 갑국과 을국의 연도별 계층 비율(%)을 표에 나타내면 다음과 같다.

구분	갑국		을국	
	t년	t+20년	t년	t+20년
상층	20	30	40	40
중층	30	50	10	40
하층	50	20	50	20

② t+20년 갑국의 하층 인구 비율은 전체 인구의 20%, t년 을국의 중층 인구 비율은 전체 인구의 10%로 전자는 후자의 2배이다.

오답 풀이
① t년 갑국의 중층 인구 비율은 전체 인구의 30%, t+20년 을국의 상층 인구 비율은 전체 인구의 40%로 전자와 후자는 같지 않다.
③ t+20년 갑국은 t년 을국과 달리 모래시계형 계층 구조를 가지지 않는다.
④ t년 상층 인구 대비 하층 인구의 비는 갑국이 5/2, 을국이 5/4로 후자는 전자의 2배가 아니다.
⑤ t+20년 중층 인구 대비 상층 인구의 비는 갑국이 3/5, 을국이 1으로 후자는 전자의 2배가 아니다.

10. 정답: ③

자녀 세대 전체 인구 대비 A 비율은 (35+ⓒ)%, 전체 인구 대비 B 비율은 (25+ⓒ)%, 전체 인구 대비 C 비율은 (15+ ⓐ)%이다. 이때 자녀 세대 상층 비율은 전체 인구의 20%, 중층 비율은 전체 인구의 50%, 하층 비율은 전체 인구의 30%이므로 C는 상층, A는 중층이 되어야 한다. 따라서 B는 하층인 것을 알 수 있고, ⓐ=5, ⓒ=15, ⓒ=5인 것을 알 수 있다. 이를 바탕으로 갑국의 세대별 계층 구성 현황을 표에 나타내면 다음과 같다.

(단위 : %)

부모\자녀	상층	중층	하층	전체
상층	5	5	10	20
중층	15	20	15	50
하층	5	5	20	30
전체	25	30	45	100

③ 부모가 하층인 자녀 세대 중층 인구는 전체 인구의 15%, 부모가 상층인 자녀 세대 하층 인구는 전체 인구의 5%로 전자는 후자의 3배이다.

오답 풀이

① ⓐ과 ⓒ의 합은 10, ⓒ은 15로 전자와 후자는 같지 않다.
② 부모 세대 상층 비율은 전체 인구의 25%, 자녀 세대 하층 비율은 전체 인구의 30%로 전자와 후자는 같지 않다.
④ 부모가 중층인 자녀 세대 상층 인구는 전체 인구의 5%, 부모가 하층인 자녀 세대 하층 인구는 전체 인구의 20%로 전자는 후자의 0.5배가 아니다.
⑤ 자녀 세대 인구 대비 계층을 대물림한 인구의 비율은 상층이 25%, 중층이 40%, 하층이 약 67%로 상~하층 중 하층이 가장 높다.

11. 정답: ④

주어진 자료를 바탕으로 갑국의 세대별 계층 구성 현황을 표에 나타내면 다음과 같다.

(단위 : %)

부모\자녀	A	B	C	전체
A	35	0	5	40
B	15	10	5	30
C	0	20	10	30
전체	50	30	20	100

이때 부모 세대의 계층 구조는 모래시계형이므로 A는 하층, B는 상층, C는 중층인 것을 알 수 있다. 이를 반영해 갑국의 세대별 계층 구성 현황을 표에 나타내면 다음과 같다.

(단위 : %)

부모\자녀	상층	중층	하층	전체
상층	10	5	15	30
중층	20	10	0	30
하층	0	5	35	40
전체	30	20	50	100

④ 부모가 상층인 자녀 세대 중층 인구는 전체 인구의 20%, 부모가 중층인 자녀 세대 인구는 전체 인구의 20%로 전자와 후자는 같다.

오답 풀이

① 자녀 세대의 계층 구조는 피라미드형이 아니다.
② 부모 세대 중층 인구 비율은 20%, 자녀 세대 상층 인구 비율은 30%로 전자와 후자는 같지 않다.
③ 부모 세대 하층 인구 비율은 20%, 자녀 세대 하층 인구 비율은 30%로 전자와 후자는 같지 않다.
⑤ 자녀가 하층인 부모 세대 중층 인구는 전체 인구의 5%, 자녀가 중층인 부모 세대 중층 인구는 전체 인구의 10%로 전자와 후자는 같지 않다.

12. 정답: ②

자녀 세대 A 중 세대 간 이동 거리가 -2 또는 2인 인구는 존재하지 않는다. 따라서 A는 중층인 것을 알 수 있다. 또한 자녀 세대 B 중 세대 간 이동 거리가 -2 또는 -1인 인구는 존재하지 않는다. 따라서 B는 상층인 것을 알 수 있고, C는 하층인 것을 알 수 있다. 이를 바탕으로 갑국의 세대별 계층 구성 현황을 표에 나타내면 다음과 같다.

(단위 : %)

부모\자녀	상층	중층	하층	전체
상층	3	10	13	26
중층	7	12	25	44
하층	5	10	15	30
전체	15	32	53	100

② 부모가 하층이 아닌 자녀 세대 하층 인구는 전체 인구의 15%, 부모가 하층인 자녀 세대 하층 인구는 전체 인구의 15%로 전자와 후자는 같다.

오답 풀이

① 부모 세대의 계층 구조는 모래시계형이 아닌 피라미드형이다.
③ 부모가 상층이 아닌 자녀 세대 상층 인구는 전체 인구의 23%, 부모가 하층인 자녀 세대 중층 인구는 전체 인구의 25%로 전자와 후자는 같지 않다.
④ 부모 세대 계층 대비 계층 대물림 인구의 비는 상층이 1/5, 중층이 3/8, 하층이 15/53으로 상층에서 가장 낮고, 중층에서 가장 높다.

⑤ 자녀 세대 계층 대비 계층 대물림 인구의 비는 상층이 3/26, 중층이 3/11, 하층이 1/2로 상층에서 가장 낮고, 하층에서 가장 높다.

13. 정답: ⑤

병이 속한 국가는 모래시계형 계층 구조가 나타난다. 따라서 A는 중층, B는 상층, C는 하층인 것을 알 수 있고, 이에 따라 각 국가별 계층 구성 현황을 표에 나타내면 다음과 같다.

(단위 : %)

구분	상층	중층	하층
갑이 속한 국가	20	30	50
을이 속한 국가	25	50	25
병이 속한 국가	30	10	60
정이 속한 국가	50	20	30

또한 갑~정의 부모의 계층, 30년 전 본인 계층, 현재 본인 계층을 표에 나타내면 다음과 같다.

구분	갑	을	병	정
부모의 계층	하층	상층	중층	상층
30년 전 본인 계층	중층	하층	하층	중층
현재 본인 계층	상층	상층	중층	하층

⑤ 병의 부모의 계층은 중층, 현재 본인 계층은 중층이다. 반면 정의 부모의 계층은 상층, 현재 본인 계층은 하층이다. 따라서 병과 달리 정은 세대 간 하강 이동을 하였다.

오답 풀이

① 갑이 속한 국가는 피라미드형 계층 구조, 을이 속한 국가는 다이아몬드형 계층 구조가 나타난다. 따라서 갑이 속한 국가는 을이 속한 국가에 비해 사회 통합에 불리한 계층 구조가 나타난다.

② 정이 속한 국가는 피라미드형 계층 구조가 나타나지 않는다.

③ 갑의 30년 전 본인 계층은 중층, 현재 본인 계층은 상층이다. 그리고 을의 30년 전 본인 계층은 하층, 현재 본인 계층은 상층이다. 따라서 갑과 을은 모두 세대 내 상승 이동을 하였다.

④ 을의 30년 전 본인 계층은 하층, 현재 본인 계층은 상층이다. 그리고 병의 30년 전 본인 계층은 하층, 현재 본인 계층은 중층이다. 따라서 을과 병은 모두 세대 간 하강 이동을 하지 않았다.

14. 정답: ②

주어진 자료를 바탕으로 음영 한 칸을 한 명으로 가정해 갑국과 을국의 세대별 계층 구성 현황을 표에 나타내면 다음과 같다.

〈갑국〉

부모＼자녀	상층	중층	하층	전체
상층	5명	3명	4명	12명
중층	2명	9명	2명	13명
하층	4명	3명	5명	12명
전체	11명	15명	11명	37명

〈을국〉

부모＼자녀	상층	중층	하층	전체
상층	3명	2명	3명	8명
중층	6명	3명	6명	15명
하층	3명	2명	3명	8명
전체	12명	7명	12명	31명

② 을국에서 부모가 중층인 자녀 세대 하층 인구는 2명, 갑국에서 부모가 하층인 자녀 세대 중층 인구는 2명으로 전자와 후자는 같다.

오답 풀이

① 갑국에서 부모가 상층인 자녀 세대 중층 인구는 2명, 을국에서 부모가 하층인 자녀 세대 상층 인구는 3명으로 전자와 후자는 같지 않다.

③ 갑국에서 부모가 중층인 자녀 세대 인구는 15명, 을국에서 본인이 상층인 자녀 세대 인구는 8명으로 전자와 후자는 같지 않다.

④ 을국에서 본인이 하층인 자녀 세대 인구는 8명, 갑국에서 본인이 상층인 자녀 세대 인구는 12명으로 전자와 후자는 같지 않다.

⑤ 갑국에서 부모의 계층을 대물림한 자녀 세대 인구는 상층이 5명, 중층이 9명, 하층이 5명으로 상~하층 중 중층에서 가장 많다.

15. 정답: ③

자녀 세대 상층의 계층 세습률은 40%이므로 자녀 세대 상층 인구 중 부모의 계층을 세습한 인구는 전체 인구의 25%×40%=10%이다. 그리고 자녀 세대 중층의 계층 세습률은 60%이므로 자녀 세대 중층 인구 중 부모의 계층을 세습한 인구는 전체 인구의 25%×60%=15%이고, 자녀 세대 하층의 계층 세습률은 40%이므로 자녀 세대 하층 인구 중 부모의 계층을 세습한 인구는 전체 인구의 50%×40%=20%이다. 이에 따라 갑국의 세대별 계층 구성 현황을 표에 나타내면 다음과 같다.

(단위 : %)

부모 \ 자녀	상층	중층	하층	전체
상층	10			25
중층		15		25
하층			20	50
전체	30	50	20	100

이때 부모가 하층인 자녀 세대 인구는 전체 인구의 20%인데, 자녀 세대 하층 인구 중 부모의 계층을 세습한 인구가 전체 인구의 20%이므로 부모가 하층인 자녀 세대 상층 인구와 부모가 하층인 자녀 세대 중층 인구는 모두 존재하지 않는다. 이를 반영하여 갑국의 세대별 계층 구성 현황을 표에 나타내면 다음과 같다.

(단위 : %)

부모 \ 자녀	상층	중층	하층	전체
상층	10	15	0	25
중층	10	15	0	25
하층	10	20	20	50
전체	30	50	20	100

③ 부모가 상층인 중층 자녀 인구는 전체 인구의 10%, 부모가 상층인 하층 자녀 인구는 전체 인구의 10%로 전자와 후자는 같다.

오답 풀이

① 부모와 계층이 일치하지 않는 자녀 인구는 전체 인구의 55%, 부모와 계층이 일치하는 자녀 인구는 전체 인구의 45%로 전자는 후자보다 많다.

② 세대 간 하강 이동을 한 자녀 인구는 전체 인구의 40%, 세대 간 상승 이동을 한 자녀 인구는 전체 인구의 15%로 전자는 후자의 3배가 아니다.

④ 부모가 중층인 상층 자녀 인구는 전체 인구의 15%, 부모가 중층인 하층 자녀 인구는 전체 인구의 20%로 전자와 후자는 같지 않다.

⑤ 부모 세대 계층 인구 대비 부모와 계층이 일치하는 자녀 인구의 비율은 상층이 약 33%, 중층이 30%, 하층이 100%로 하층이 가장 높고, 중층이 가장 낮다.

16. 정답: ①

자녀 세대 A 인구 중에서는 하강 이동을 경험한 인구가 존재하지 않고, B 인구 중에서는 상승 이동을 경험한 인구가 존재하지 않는다. 반면 C 인구 중에서는 하강 이동을 경험한 인구와 상승 이동을 경험한 인구가 모두 존재한다. 따라서 A는 상층, B는 하층, C는 중층인 것을 알 수 있다.

자녀 세대 상층 인구 중 상승 이동을 경험한 인구는 전체 인구의 40%이므로 세대 간 이동을 경험하지 않은 인구, 즉 부모와 계층이 일치하는 인구는 전체 인구의 60%임을 알 수 있다. 따라서 전체 인구 중 해당 인구 비율은 30%×60%=18%임을 알 수 있다. 또한 자녀 세대 하층 인구 중 하강 이동을 경험한 인구는 전체 인구의 20%이므로 세대 간 이동을 경험하지 않은 인구, 즉 부모와 계층이 일치하는 인구는 전체 인구의 80%임을 알 수 있다. 따라서 전체 인구 중 해당 인구 비율은 30%×80%=24%임을 알 수 있다. 그리고 자녀 세대 중층 인구 중 상승 이동을 경험한 인구는 전체 인구의 45%, 하강 이동을 경험한 인구는 전체 인구의 15%이므로 세대 간 이동을 경험하지 않은 인구, 즉 부모와 계층이 일치하는 인구는 전체 인구의 40%임을 알 수 있다. 따라서 전체 인구 중 부모의 계층이 하층인 자녀 세대 중층 인구 비율은 40%×45%=18%, 부모의 계층이 중층인 자녀 세대 중층 인구 비율은 40%×40%=16%, 부모의 계층이 상층인 자녀 세대 중층 인구 비율은 40%×15%=6%임을 알 수 있다. 이를 바탕으로 갑국의 세대별 계층 구성 현황을 표에 나타내면 다음과 같다.

(단위 : %)

부모 \ 자녀	상층	중층	하층	전체
상층	18			30
중층	6	16	18	40
하층			24	30
전체	30	20	50	100

또한 부모가 상층인 자녀 세대 인구 비율과 부모가 하층인 자녀 세대 인구 비율을 고려해 갑국의 세대별 계층 구성 현황을 완성하여 표에 나타내면 다음과 같다.

(단위 : %)

부모 \ 자녀	상층	중층	하층	전체
상층	18	4	8	30
중층	6	16	18	40
하층	6	0	24	30
전체	30	20	50	100

① 세대 간 상승 이동을 한 자녀 세대 인구는 전체 인구의 30%, 세대 간 하강 이동을 한 자녀 세대 인구는 전체 인구의 12%로 전자는 후자의 2.5배이다.

오답 풀이
② 부모가 하층인 인구 중 세대 간 이동을 한 자녀 세대 인구는 전체 인구의 26%, 부모가 상층인 인구 중 세대 간 이동을 한 자녀 세대 인구는 전체 인구의 12%로 전자는 후자의 2배가 아니다.

③ 부모 세대 계층 대비 계층을 대물림한 자녀 세대 인구의 비율은 상층이 60%, 중층이 80%, 하층이 48%로 중층이 가장 높고, 하층이 가장 낮다.

④ 부모가 중층인 자녀 세대 상층 인구는 전체 인구의 4%, 부모가 상층인 자녀 세대 하층 인구는 전체 인구의 6%로 전자와 후자는 같지 않다.

⑤ 부모가 하층인 자녀 세대 중층 인구는 전체 인구의 18%, 부모가 상층인 자녀 세대 중층 인구는 전체 인구의 6%로 전자는 후자의 3배가 아니다.

17. 정답: ①

A에서 C로의 이동과 C에서 B로의 이동은 모두 상승 이동이므로 A는 하층, C는 중층, B는 상층인 것을 알 수 있다. 따라서 갑국의 부모 세대 상층 비율은 전체 인구의 30%, 중층 비율은 전체 인구의 40%, 하층 비율은 전체 인구의 30%인 것을, 자녀 세대 상층 비율은 전체 인구의 20%, 중층 비율은 전체 인구의 30%, 하층 비율은 전체 인구의 50%인 것을 알 수 있다.

이때 부모 세대 하층에서 자녀 세대 상층으로 이동한 인구는 자녀 세대 상층 전체 인구의 25%이므로 자녀 세대 전체 인구의 20%×25%=5%, 부모 세대 중층에서 자녀 세대 상층으로 이동한 인구는 자녀 세대 상층 전체 인구의 25%이므로 자녀 세대 전체 인구의 20%×25%=5%, 부모 세대 중층에서 자녀 세대 하층으로 이동한 인구는 자녀 세대 하층 전체 인구의 40%이므로 자녀 세대 전체 인구의 50%×40%=20%이다. 이를 바탕으로 갑국의 세대별 계층 구성 현황을 표에 나타내면 다음과 같다.

(단위 : %)

부모 자녀	상층	중층	하층	전체
상층		5	5	20
중층				30
하층		20		50
전체	30	40	30	100

또한 부모가 중층인 자녀 세대 인구 비율과 자녀 세대 상층 인구 비율을 고려해 갑국의 세대별 계층 구성 현황을 완성하여 표에 나타내면 다음과 같다.

(단위 : %)

부모 자녀	상층	중층	하층	전체
상층	10	5	5	20
중층		15		30
하층		20		50
전체	30	40	30	100

이때 자녀 세대 전체 인구 중 부모와 계층이 일치하는 비율은 50%이다. 따라서 부모와 계층이 일치하는 자녀 세대 하층 인구는 전체 인구의 25%이다.

(단위 : %)

부모 자녀	상층	중층	하층	전체
상층	10	5	5	20
중층		15		30
하층		20	25	50
전체	30	40	30	100

그리고 부모가 하층인 자녀 세대 인구 비율, 자녀 세대 하층 인구 비율, 부모가 상층인 자녀 세대 인구 비율을 고려해 갑국의 세대별 계층 구성 현황을 완성하여 표에 나타내면 다음과 같다.

(단위 : %)

부모 자녀	상층	중층	하층	전체
상층	10	5	5	20
중층	15	15	0	30
하층	5	20	25	50
전체	30	40	30	100

① 부모가 중층인 상층 자녀 인구는 전체 인구의 5%, 부모가 상층인 하층 자녀 인구는 전체 인구의 5%로 전자와 후자는 같다.

오답 풀이

② 부모가 중층인 하층 자녀 인구는 전체 인구의 20%, 부모가 상층인 중층 자녀 인구는 전체 인구의 15%로 전자와 후자는 같지 않다.

③ 부모 세대 계층 인구 대비 부모와 계층이 일치하는 자녀 세대 계층 인구의 비는 상층이 1/3, 중층이 3/8로 전자와 후자는 같지 않다.

④ 부모와 계층이 일치하는 자녀 세대 계층 인구는 하층이 전체 인구의 25%, 상층이 전체 인구의 10%로 전자는 후자의 2배가 아니다.

⑤ 세대 간 하강 이동을 한 자녀 세대 인구는 전체 인구의 40%, 세대 간 상승 이동을 한 자녀 세대 인구는 전체 인구의 10%로 전자는 후자의 2배가 아니다.

18. 정답: ②

갑국 t년의 중층 인구는 상층 인구의 3배, 하층 인구의 0.5배이다. 따라서 t년의 상층 인구는 전체 인구의 10%, 중층 인구는 전체 인구의 30%, 하층 인구는 전체 인구의 60%임을 알 수 있다.

② B 시기에 전체 인구 수는 증가하고 하층 인구 비율은 변화가 없으며, 중층 인구 대비 상층 인구 비율은 감소할 것이므로 해당 시기 중층 인구 비율은 증가하고, 상층 인구 비율은 감소할 것이다. 따라서 해당 시기 전체 인구 수와 중층 인구 비율은 모두 증가하므로 중층 인구 수가 증가할 것임을 알 수 있다.

오답 풀이

① A 시기에 전체 인구 수는 감소할 것이다. 이에 따라 해당 시기 상층 인구 수가 증가할 것인지 여부는 알 수 없다.

③ 반례) t+30년의 상층 인구가 전체 인구의 20%, 중층 인구가 전체 인구의 30%, 하층 인구가 전체 인구의 50%인 경우 A 시기의 계층별 인구 변화 양상 예측에 부합하나, 해당 연도는 모래시계형 계층 구조가 아니다.

④ 반례) t+30년의 상층 인구가 전체 인구의 20%, 중층 인구가 전체 인구의 30%, 하층 인구가 전체 인구의 50%이고 t+50년의 상층 인구가 전체 인구의 10%, 중층 인구가 전체 인구의 40%, 하층 인구가 전체 인구의 50%인 경우 B 시기의 계층별 인구 변화 양상 예측에 부합하나, 해당 연도는 다이아몬드형 계층 구조가 아니다.

⑤ B 시기 전체 인구 수는 증가할 것이며, 하층 인구 비율은 변화가 없을 것이다. 따라서 해당 시기 하층 인구 수는 증가할 것임을 알 수 있다.

19. 정답: ③

부모 세대의 상층 + 중층 비는 7, 중층 + 하층 비는 8이다. 이에 따라 상층 + 중층 비율을 70a%로 둔다면 하층 비율은 (100-70a)%임을 알 수 있다. 그리고 중층 + 하층 비율은 80a%이므로 상층 비율은 (100-80a)%임을 알 수 있다. 따라서 상층 + 하층 비율은 (200-150a)%인데, 이는 50a와 같으므로 200-150a=50a, 200a=200, a=1임을 알 수 있다. 따라서 부모 세대의 상층 비율은 20%, 중층 비율은 50%, 하층 비율은 30%임을 알 수 있다.

자녀 세대의 상층 + 중층 비는 5, 중층 + 하층 비는 9이다. 이에 따라 상층 + 중층 비율을 50b%로 둔다면 하층 비율은 (100-50b)%임을 알 수 있다. 그리고 중층 + 하층 비율은 90b%이므로 상층 비율은 (100-90b)%임을 알 수 있다. 따라서 상층 + 하층 비율은 (200-140b)%인데, 이는 60b와 같으므로 200-140b=60b, 200b=200, b=1임을 알 수 있다. 따라서 자녀 세대의 상층 비율은 10%, 중층 비율은 40%, 하층 비율은 50%임을 알 수 있다.

이때 부모 세대 상층 대비 계층 일치 비율은 50%이다. 따라서 부모가 상층인 자녀 세대 인구 중 부모와 계층이 일치하는

인구 비율은 20%×50%=10%임을 알 수 있다. 또한 부모 세대 중층 대비 계층 일치 비율은 32%이므로 부모가 중층인 자녀 세대 인구 중 부모와 계층이 일치하는 인구 비율은 50%×32%=16%임을 알 수 있으며, 부모 세대 하층 대비 계층 일치 비율은 40%이므로 부모가 하층인 자녀 세대 인구 중 부모와 계층이 일치하는 인구 비율은 30%×40%=12%임을 알 수 있다. 이에 따라 세대별 계층 구성 현황을 표에 나타내면 다음과 같다.

(단위 : %)

부모\자녀	상층	중층	하층	전체
상층	10			10
중층		16		40
하층			12	50
전체	20	50	30	100

이때 자녀 세대 상층 인구는 전체 인구의 10%인데, 자녀 세대 상층 인구 중 부모의 계층을 세습한 인구가 전체 인구의 10%이므로 부모가 중층인 자녀 세대 상층 인구와 부모가 하층인 자녀 세대 상층 인구는 모두 존재하지 않는다. 이를 반영하여 갑국의 세대별 계층 구성 현황을 표에 나타내면 다음과 같다.

(단위 : %)

부모\자녀	상층	중층	하층	전체
상층	10	0	0	10
중층		16		40
하층			12	50
전체	20	50	30	100

그리고 부모가 중층인 자녀 세대 인구 비율, 부모가 하층인 자녀 세대 인구 비율, 자녀 세대 중층 인구 비율, 자녀 세대 하층 인구 비율을 고려해 세대별 계층 구성 현황을 완성하여 표에 나타내면 다음과 같다.

(단위 : %)

부모\자녀	상층	중층	하층	전체
상층	10	0	0	10
중층	6	16	18	40
하층	4	34	12	50
전체	20	50	30	100

ㄷ. 부모가 중층인 자녀 세대 상층 인구와 부모가 하층인 자녀 세대 상층 인구는 모두 존재하지 않는다.

ㄹ. 자녀 세대 계층 대비 세대 간 계층 일치 비율은 상층이 100%, 중층이 40%, 하층이 24%로 상층이 가장 높고, 하층이 가장 낮다.

오답 풀이

ㄱ. 자녀 세대의 상층 비율은 전체 인구의 10%, 부모 세대의 상층 비율은 전체 인구의 20%로 전자와 후자는 같지 않다.

ㄴ. 부모가 하층인 자녀 세대 중층 비율은 전체 인구의 18%, 부모가 상층인 자녀 세대 하층 비율은 전체 인구의 4%로 전자는 후자의 4배가 아니다.

ㄹ. 자녀 세대 중층 대물림 인구는 전체 인구의 20%, 자녀 세대 상층 인구는 전체 인구의 20%로 전자와 후자는 같다.

오답 풀이

ㄱ. 부모 세대 계층 대비 계층 대물림 자녀 인구 비율은 상층이 50%, 중층이 50%, 하층이 30%로 하층이 가장 높지 않다.

20. 정답: ⑤

자녀 세대 중층 대물림 인구 대비 상층 대물림 인구 비율은 25%이다. 따라서 중층 대물림 인구 비율을 a%로 둔다면 상층 대물림 인구 비율은 0.25a%임을 알 수 있다. 또한 자녀 세대 중층 대물림 인구 대비 하층 대물림 인구 비율은 75%이다. 따라서 하층 대물림 인구 비율은 0.75a%임을 알 수 있다.

(단위 : %)

부모 자녀	상층	중층	하층	전체
상층	0.25a			20
중층		a		50
하층			0.75a	30
전체	10	40	50	100

이때 중층 이동 인구는 전체 인구의 (50-a)%, 상층 이동 인구는 전체 인구의 (20-0.25a)%, 하층 이동 인구는 전체 인구의 (30-0.75a)%이다. 그리고 중층 이동 인구 대비 상층 이동 인구 비율과 하층 이동 인구 비율은 모두 50%이므로 50-a=40-0.5a=60-1.5a이다. 따라서 a=20임을 알 수 있다.

(단위 : %)

부모 자녀	상층	중층	하층	전체
상층	5			20
중층		20		50
하층			15	30
전체	10	40	50	100

그리고 부모가 상층인 중층 자녀는 존재하지 않는다. 이에 따라 부모가 상층인 자녀 세대 인구 비율, 자녀 세대 하층 인구 비율, 부모가 중층인 자녀 세대 인구 비율, 자녀 세대 상층 인구 비율을 고려해 갑국의 세대별 계층 구성 현황을 완성하여 표에 나타내면 다음과 같다.

(단위 : %)

부모 자녀	상층	중층	하층	전체
상층	5	10	5	20
중층	0	20	30	50
하층	5	10	15	30
전체	10	40	50	100

ㄴ. 부모가 하층인 자녀 세대 상층 인구는 전체 인구의 5%, 부모가 상층인 자녀 세대 하층 인구는 전체 인구의 5%로 전자와 후자는 같다.

ㄷ. 부모가 중층인 자녀 세대 상층 인구는 전체 인구의 10%, 부모가 충층인 자녀 세대 하층 인구는 전체 인구의 10%로 전자와 후자는 같다.

21. 정답: ⑤

□ 한 개를 한 명으로 둘 때, 을국 자녀 세대 A는 14명, B는 4명, C는 12명이다. 이때 을국 자녀 세대의 계층 구조는 피라미드형 계층 구조이므로 A는 하층, B는 상층, C는 중층인 것을 알 수 있다. 이를 바탕으로 갑국과 을국의 세대별 계층 구성 현황을 표에 나타내면 다음과 같다.

〈갑국〉

부모 자녀	상층	중층	하층	전체
상층	2명	1명	2명	5명
중층	2명	8명	5명	15명
하층	1명	4명	5명	10명
전체	5명	13명	12명	30명

〈을국〉

부모 자녀	상층	중층	하층	전체
상층	1명	1명	2명	4명
중층	2명	6명	4명	12명
하층	3명	8명	3명	14명
전체	6명	15명	9명	30명

⑤ 을국에서 부모가 하층인 자녀 세대 중층 인구는 4명, 갑국에서 부모가 중층인 자녀 세대 하층 인구는 4명으로 전자와 후자는 같다.

오답 풀이

① 갑국의 자녀 세대 계층 구조와 부모 세대 계층 구조는 모두 다이아몬드형 계층 구조이다.

② 갑국의 부모 세대 하층 인구수는 12명, 을국의 부모 세대 중층 인구수는 15명으로 전자와 후자는 같지 않다.

③ 을국에서 자녀 세대 인구 대비 계층 대물림 인구 비는 상층이 1/6, 중층이 2/5, 하층이 1/3으로 중층이 가장 높다. 그러나 갑국에서도 자녀 세대 인구 대비 계층 대물림 인구 비는 상층이 2/5, 중층이 8/13, 하층이 5/12로 중층이 가장 높다.

④ 갑국에서 부모가 중층인 자녀 세대 상층 인구는 1명, 을국에서 부모가 상층인 자녀 세대 중층 인구는 2명으로 전자와 후자는 같지 않다.

22. 정답: ⑤

갑국 자녀 세대 A, B와 달리 C에서 세대 간 이동 거리가 2인 사람은 존재하지 않는다. 따라서 C는 중층이다. 이때 A가 상층, B가 하층일 경우, 표에 나타난 세대 간 이동 거리를 고려하여 갑국의 세대별 계층 구성 현황을 나타내면 다음과 같다.

(단위 : %)

부모 자녀	상층	중층	하층	전체
상층	20	5	5	30
중층		25		40
하층	10	5	15	30
전체				100

이때 부모가 상층인 자녀 중 세대 간 이동 거리가 1인 인구와 2인 인구는 동일하므로 부모가 상층인 중층 자녀는 전체 인구의 10%이다. 이에 자녀 세대 중층 인구 비율을 고려해 갑국의 세대별 계층 구성 현황을 완성하여 표에 나타내면 다음과 같다.

(단위 : %)

부모 자녀	상층	중층	하층	전체
상층	20	5	5	30
중층	10	25	5	40
하층	10	5	15	30
전체	40	35	25	100

그러나 이 경우 부모 세대가 피라미드형 계층 구조인 것에 모순이다. 따라서 A는 하층, B는 상층인 것을 알 수 있으며, 표에 나타난 세대 간 이동 거리를 고려하여 갑국의 세대별 계층 구성 현황을 나타내면 다음과 같다.

(단위 : %)

부모 자녀	상층	중층	하층	전체
상층	15	5	10	30
중층		25		40
하층	5	5	20	30
전체				100

이때 부모가 상층인 자녀 중 세대 간 이동 거리가 1인 인구와 2인 인구는 동일하므로 부모가 상층인 중층 자녀는 전체 인구의 5%이다. 이에 자녀 세대 중층 인구 비율을 고려해 갑국의 세대별 계층 구성 현황을 완성하여 표에 나타내면 다음과 같다.

(단위 : %)

부모 자녀	상층	중층	하층	전체
상층	15	5	10	30
중층	5	25	10	40
하층	5	5	20	30
전체	25	35	40	100

⑤ 부모 세대 계층 인구 대비 계층을 대물림한 자녀 세대 계층 인구의 비는 상층이 3/5, 중층이 5/7, 하층이 1/2로 중층이 가장 크고, 하층이 가장 작다.

오답 풀이

① 부모 세대 중층 비율은 전체 인구의 35%, 자녀 세대 상층 비율은 전체 인구의 30%로 전자와 후자는 같지 않다.

② 자녀 세대 하층 비율은 전체 인구의 30%, 부모 세대 상층 비율은 전체 인구의 25%로 전자와 후자는 같지 않다.

③ 상승 이동한 자녀 세대 상층 인구는 전체 인구의 15%, 하강 이동한 자녀 세대 하층 인구는 전체 인구의 10%로 전자와 후자는 같지 않다.

④ 상승 이동한 자녀 세대 중층 인구는 전체 인구의 10%, 하강 이동한 자녀 세대 중층 인구는 전체 인구의 5%로 전자와 후자는 같지 않다.

23. 정답: ⑤

t-50년 B/A+C는 1/9이므로 B는 10%, A+C는 90%이다. C/A는 2이므로 C는 60%, A는 30%이다. t-25년 B/A+C는 3/7이므로 B는 30%, A+C는 70%이다. C/A는 5/2이므로 C는 50%, A는 20%이다. t년 B/A+C는 3/7이므로 B는 30%, A+C는 70%이다. C/A는 2/5이므로 C는 20%, A는 50%이다. t-50년은 피라미드형 계층 구조를 가지므로 t-50년 A~C 중 가장 낮은 비율을 차지하는 B는 상층, 가장 높은 비율을 차지하는 C는 하층이다. 이를 바탕으로 연도별 계층 비율(%)을 표에 나타내면 다음과 같다.

(단위 : %)

구분	t-50년	t-25년	t년
상층	10	30	30
중층	30	20	50
하층	60	50	20

⑤ 무의 부모 계층은 상층, 25년 전 계층은 하층, 현재 계층은 하층이다. 무는 세대 내 이동을 하지 않았고 상층에서 하층으로 세대 간 이동만 하였다.

오답 풀이

① t-25년 중층 비율은 20%, t년 하층 비율은 20%이다.

② t-25년은 모래시계형, t년은 다이아몬드형 계층 구조이다.

③ 갑의 25년 전 계층은 상층, 현재 계층은 중층으로 세대 내 하강 이동을 하였고, 을의 부모 계층은 중층, 현재 계층은 상층으로 세대 간 상승 이동을 하였다.

④ 병의 부모 계층은 상층, 현재 계층은 중층으로 세대 간 하강 이동을 하였고, 정의 25년 전 계층은 중층, 현재 계층은 상층으로 세대 내 상승 이동을 하였다.

24. 정답: ⑤

부모와 자녀의 계층이 일치하는 자녀 비율을 바탕으로 표에 나타내면 다음과 같다.

(단위 : %)

자녀＼부모	상층	중층	하층	전체
상층	10			
중층		20		
하층			25	
전체				100

자녀 세대 상층의 계층 불일치 비율은 60%이므로, 계층 일치 비율은 40%이다. 상층에서 상층으로 대물림된 자녀는 전체 자녀 중 10%이므로, 상층 자녀의 비율은 25%라는 것을 알 수 있다. 자녀 세대 하층의 계층 불일치 비율은 0%이므로, 계층 일치 비율은 100%이다. 하층에서 하층으로 대물림된 자녀는 전체 자녀 중 25%이므로, 하층 자녀의 비율은 25%이다. 전체 자녀에서 상층 자녀와 하층 자녀를 제외한 비율은 50%이므로, 중층 자녀의 비율은 50%이다.

(단위 : %)

자녀＼부모	상층	중층	하층	전체
상층	10			25
중층		20		50
하층			25	25
전체				100

부모가 중층인 자녀 세대 상층 비율과 부모 세대 상층 비율은 부모가 상층인 자녀 세대 중층 비율의 3배이다. 부모가 상층인 자녀 세대 중층 비율을 a%라고 둔다면 다음과 같다.

(단위 : %)

자녀＼부모	상층	중층	하층	전체
상층	10	3a		25
중층	a	20		50
하층	0	0	25	25
전체	3a			100

부모 세대 상층 인구는 3a%이고 이는 10+a%와 같다. 따라서, a=5임을 알 수 있다. 이를 바탕으로 갑국의 세대별 계층 구성 현황을 완성하여 표에 나타내면 다음과 같다.

(단위 : %)

자녀＼부모	상층	중층	하층	전체
상층	10	15	0	25
중층	5	20	25	50
하층	0	0	25	25
전체	15	35	50	100

③ 세대 간 상승 이동 비율은 40%이고, 세대 간 하강 이동 비율은 5%이다.

오답 풀이

① 자녀 세대 계층은 전체 자녀 인구 중 50%이고, 부모 세대 중층에서 자녀 세대 중층으로 대물림된 자녀는 전체 자녀 인구 중 20%이다. 따라서, 자녀 세대 계층 대비 계층 불일치 비율은 60%이다.

② 부모 세대 계층 구조는 피라미드형 계층 구조이고 자녀 세대 계층 구조는 다이아몬드형 계층 구조이다.

④ 부모가 중층인 상층 자녀 인구는 전체 자녀 인구 중 15%이고 부모가 하층인 중층 자녀 인구는 전체 자녀 인구 중 25%이다.

⑤ 부모 세대 계층 대비 일치 자녀 인구 비율은 상층이 약 66%, 중층이 약 57%, 하층이 50%로 상층이 가장 높고, 하층이 가장 낮다.

25. 정답: ④

부모 세대에서 A의 계층 구성 비율은 전체 인구의 30%이므로 B와 C의 계층 구성 비율의 합은 전체 인구의 70%이다. 부모 세대에서 B의 계층 구성 비율은 a%라고 둔다면, C의 계층 구성 비율은 70-a%이다. 부모 세대 해당 계층 대비 자녀 세대 해당 계층의 상대적 비를 통해 자녀 세대의 계층 구성 비율을 나타내면 A의 계층 구성 비율은 45%, B의 계층 구성 비율은 a%, C의 계층 구성 비율은 49-0.7a%이다. 자녀 세대 전체 계층 구성 비율의 합은 100%이므로, a=20임을 알 수 있다. 부모 세대의 계층 구조는 피라미드형이므로, B는 상층, C는 하층이다. 이를 바탕으로 부모 세대와 자녀 세대의 계층 구성 비율을 표로 나타내면 다음과 같다.

(단위 : %)

자녀＼부모	상층	중층	하층	전체
상층				20
중층				45
하층				35
전체	20	30	50	100

부모 세대 상층 대비 부모와 자녀의 계층 불일치 비율은 50%이므로, 부모 세대 상층에서 자녀 세대 상층으로 대물림된 인구는 전체 자녀 중 10%이다. 부모 세대 중층 대비 부모와 자녀의 계층 불일치 비율은 40%이므로, 부모 세대 중층에서 자녀 세대 중층으로 대물림된 인구는 전체 자녀 중 18%이다. 부모 세대 하층 대비 부모와 자녀의 계층 불일치 비율은 34%이므로, 부모 세대 하층에서 자녀 세대 하층으로 대물림된 인구는 전체 자녀 중 33%이다.

(단위 : %)

자녀＼부모	상층	중층	하층	전체
상층	10			20
중층		18		45
하층			33	35
전체	20	30	50	100

부모가 상층인 자녀 세대 중층 인구를 a%라 둔다면 다음과 같다.

(단위 : %)

부모 / 자녀	상층	중층	하층	전체
상층	10	20-a	a-10	20
중층	a	18	27-a	45
하층	10-a	a-8	33	35
전체	20	30	50	100

비율은 음의 값이 될 수 없으므로, a=10임을 알 수 있다. 이를 바탕으로 갑국의 세대별 계층 구성 현황을 완성하여 표에 나타내면 다음과 같다.

(단위 : %)

부모 / 자녀	상층	중층	하층	전체
상층	10	10	0	20
중층	10	18	17	45
하층	0	2	33	35
전체	20	30	50	100

④ 부모가 중층인 상층 자녀 인구는 전체 자녀 중 10%, 부모가 상층인 중층 자녀 인구는 전체 자녀 중 10%로 같다.

오답 풀이

① 자녀 세대의 계층 구조는 다이아몬드형 계층 구조이다.

② 자녀 세대 계층 대비 계층 대물림 비율은 상층이 50%, 중층이 40%, 하층이 약 94%이다. 따라서, 하층이 가장 높고 중층이 가장 낮다.

③ 부모 세대 계층 대비 계층 대물림 비율은 상층이 50%, 중층이 60%, 하층이 66%이다. 따라서, 하층이 가장 높고 상층이 가장 낮다.

⑤ 부모가 하층인 중층 자녀 인구는 전체 자녀 중 17%이고, 부모가 중층인 하층 자녀 인구는 전체 자녀 중 2%이다.

26. 정답: ⑤

부모 세대 상층 비율과 자녀 세대 하층 비율을 a%라고 둔다면, 부모 세대 하층 비율과 자녀 세대 중층 비율은 2.5a%이다. 이때 부모 세대 부모 세대 중층 비율은 100-3.5a%이고 자녀 세대 상층 비율은 100-3.5a%이다. 중층 비율과 상층 비율 간 차이는 부모 세대는 a%와 100-3.5a%의 차이이고, 자녀 세대는 100-3.5%와 2.5%의 차이이다. 이 차이는 자녀 세대가 부모 세대의 2배이므로, a=20임을 알 수 있다. 이를 바탕으로 부모 세대와 자녀 세대의 계층 구성 비율을 표로 나타내면 다음과 같다.

(단위 : %)

부모 / 자녀	상층	중층	하층	전체
상층				30
중층				50
하층				20
전체	20	30	50	100

자녀 세대 상층 대비 부모와 자녀의 계층 일치 비율은 40%이므로, 전체 자녀 중 부모 세대 상층에서 자녀 세대 상층으로 대물림된 자녀는 12%이다. 자녀 세대 중층 대비 부모와 자녀의 계층 일치 비율은 20%이므로, 전체 자녀 중 부모 세대 중층에서 자녀 세대 중층으로 대물림된 자녀는 10%이다. 자녀 세대 하층 대비 부모와 자녀의 계층 일치 비율은 30%이므로, 전체 자녀 중 부모 세대 하층에서 자녀 세대 하층으로 대물림된 자녀는 6%이다.

(단위 : %)

부모 / 자녀	상층	중층	하층	전체
상층	12			30
중층		10		50
하층			6	20
전체	20	30	50	100

부모가 하층인 자녀 세대 상층 인구와 부모가 상층인 자녀 세대 하층 인구를 a%라고 둔다면, 다음과 같다.

(단위 : %)

부모 / 자녀	상층	중층	하층	전체
상층	12	18-a	a	30
중층	8-a	10	44-a	50
하층	a	2+a	6	20
전체	20	30	50	100

자녀 세대 하층의 비율은 20%이므로, a=6임을 알 수 있다. 이를 바탕으로 갑국의 세대별 계층 구성 현황을 완성하여 표에 나타내면 다음과 같다.

(단위 : %)

부모 / 자녀	상층	중층	하층	전체
상층	12	12	6	30
중층	2	10	38	50
하층	6	8	6	20
전체	20	30	50	100

ㄴ. 부모가 중층인 자녀 세대 하층 인구는 전체 자녀 중 8%이고, 부모가 상층인 자녀 세대 중층 인구는 전체 자녀 중 2%이다.

ㄷ. 부모 세대 해당 계층 대비 부모와 자녀의 계층 일치 비율은 상층이 60%, 중층이 약 33%, 하층이 3%이다. 따라서, 상층이 가장 높고, 하층이 가장 낮다.

ㄹ. 세대 간 상승 이동을 한 자녀 인구는 전체 자녀 중 56%이고, 세대 간 하강 이동을 한 자녀 인구는 전체 자녀 중 16%이다.

오답 풀이
ㄱ. 부모 세대는 피라미드형 계층 구조이고, 자녀 세대는 다이아몬드형 계층 구조이다.

27. 정답: ②

부모 세대 B/A+C는 1/4이므로 B는 20%이고, A+C는 80%이다. 부모 세대 C/A는 1이므로 A는 40%, C는 40%이다. 자녀 세대 B/A+C는 3/7이므로 B는 30%이고, A+C는 70%이다. 자녀 세대 C/A는 2/5이므로 A는 50%, C는 20%이다. B는 자녀보다 계층이 낮은 비율이 0%이므로 상층, C는 자녀보다 계층이 높은 비율이 0%이므로 하층이다. 이를 바탕으로 부모 세대와 자녀 세대의 계층 구성 비율을 표로 나타내면 다음과 같다.

(단위 : %)

부모 자녀	상층	중층	하층	전체
상층				30
중층				50
하층				20
전체	20	40	40	100

부모 세대 상층 중 자녀보다 계층이 높은 비율은 50%이므로 부모 세대 상층에서 자녀 세대 상층으로 대물림된 자녀는 전체 자녀 중 10%이다. 부모 세대 중층 중 자녀보다 계층이 높은 비율은 15%이므로 부모 세대 중층에서 자녀 세대 하층으로 하강 이동한 자녀는 전체 자녀 중 6%이다. 부모 세대 중층 중 자녀보다 계층이 낮은 비율은 25%이므로 부모 세대 중층에서 자녀 세대 상층으로 상승 이동한 자녀는 전체 자녀 중 10%이다. 부모 세대 하층 중 자녀보다 계층이 낮은 비율은 75%이므로 부모 세대 하층에서 자녀 세대 하층으로 대물림된 비율은 전체 자녀 중 10%이다. 이를 바탕으로 갑국의 세대별 계층 구성 현황을 완성하여 표에 나타내면 다음과 같다.

(단위 : %)

부모 자녀	상층	중층	하층	전체
상층	10	10	10	30
중층	6	24	20	50
하층	4	6	10	20
전체	20	40	40	100

② 중층 부모를 둔 상층 자녀는 전체 자녀 중 10%, 하층 부모를 둔 상층 자녀는 전체 자녀 중 10%로 같다.

오답 풀이
① 부모 세대는 피라미드형 계층 구조가 아니고, 자녀 세대는 다이아몬드형 계층 구조이다.
③ 상층 부모를 둔 중층 자녀는 전체 자녀 중 6%, 중층 부모를 둔 하층 자녀는 전체 자녀 중 6%이다.
④ 부모의 계층을 대물림한 자녀 세대 계층별 인구는 전체 자녀 중 상층이 10%, 중층이 24%, 하층이 10%로 중층이 하층의 2.4배이다.
⑤ 자녀 세대 계층 대비 부모의 계층을 대물림한 자녀 수의 비율은 상층이 약 33%, 중층이 48%, 하층이 50%이다.

28. 정답: ④

부모 세대 A-B는 -10%, B-C는 10%이므로 A:B:C는 30:40:30이다. 자녀 세대 A-B는 -5%, B-C는 15%이므로 A:B:C는 35:40:25이다. 자녀 세대 계층 대비 계층 이동 비율에서 A는 상승 이동으로 나타날 수 없는 계층이므로 하층, C는 하강 이동으로 나타날 수 없는 계층이므로 상층인 것을 알 수 있다. 이를 바탕으로 부모 세대와 자녀 세대의 계층 구성 비율을 표로 나타내면 다음과 같다.

(단위 : %)

부모 자녀	상층	중층	하층	전체
상층				25
중층				40
하층				35
전체	30	40	30	100

자녀 세대 상층 대비 상승 이동 비율은 76%이므로 부모 세대 상층에서 자녀 세대 상층으로 대물림된 비율은 전체 자녀 중 6%이다. 자녀 세대 중층 대비 상승 이동 비율은 25%이므로, 부모 세대 하층에서 자녀 세대 중층으로 상승 이동한 자녀의 비율은 전체 자녀 중 10%이다. 자녀 세대 중층 대비 하강 이동 비율은 25%이므로, 부모 세대 상층에서 자녀 세대 중층으로 하강 이동한 자녀의 비율은 전체 자녀 중 10%이다. 자녀 세대 하층 대비 하강 이동 비율은 60%이므로, 부모 세대 하층에서 자녀 세대 하층으로 대물림된 비율은 전체 자녀 중 14%이다. 이를 바탕으로 갑국의 세대별 계층 구성 현황을 완성하여 표에 나타내면 다음과 같다.

(단위 : %)

부모 자녀	상층	중층	하층	전체
상층	6	13	6	25
중층	10	20	10	40
하층	14	7	14	35
전체	30	40	30	100

ㄱ. 부모 세대와 자녀 세대의 중층 비율은 40%로 같다.

ㄴ. 부모가 하층인 자녀 세대 상층 인구는 전체 자녀 중 6%이고 부모가 중층인 자녀 세대 하층 인구는 전체 자녀 중 7%이다.
ㄷ. 부모가 중층인 자녀 세대 상층 인구는 저네 자녀 중 13%이고 부모가 상층인 자녀 세대 중층 인구는 전체 자녀 중 10%이다.

오답 풀이
ㄹ. 부모 세대 계층 대비 부모와 자녀 간 계층 일치 비율은 상층이 20%, 중층이 50%, 하층이 약 47%이다.

29. 정답: ④

부모 세대에서 C의 비율을 $3a$%라 둔다면, B의 비율은 $5a$%, A의 비율은 $2a$%이므로 $a=10$임을 알 수 있다. 부모 세대 A는 20%이고, 부모 세대 계층 대비 자녀 세대와의 계층 일치 비율이 85%이므로, 전체 자녀 중 부모 세대 A에서 자녀 세대 A로 대물림된 자녀는 17%이다. 자녀 세대 계층 대비 부모 세대와의 계층 불일치 비율은 66%이므로, 자녀 세대 A의 비율은 50%이다. 부모 세대 B는 50%이고, 부모 세대 계층 대비 자녀 세대와의 계층 일치 비율이 18%이므로, 전체 자녀 중 부모 세대 B에서 자녀 세대 B로 대물림된 자녀는 9%이다. 자녀 세대 계층 대비 부모 세대 계층 불일치 비율은 70%이므로, 자녀 세대 B의 비율은 30%이다. 부모 세대 C는 20%이고, 부모 세대 계층 대비 자녀 세대와의 계층 일치 비율이 40%이므로, 전체 자녀 중 부모 세대 C에서 자녀 세대 C로 대물림된 자녀는 12%이다. 자녀 세대 계층 대비 부모 세대 계층 불일치 비율은 40%이므로, 자녀 세대 C의 비율은 20%이다. 갑국 자녀 세대는 피라미드형 계층 구조를 가지므로 A는 하층, B는 중층, C는 상층임을 알 수 있다. 이를 바탕으로 부모 세대와 자녀 세대의 계층 구성 비율을 표로 나타내면 다음과 같다.

(단위 : %)

부모 / 자녀	상층	중층	하층	전체
상층	12			20
중층		9		30
하층			17	50
전체	30	50	20	100

부모가 상층인 자녀 세대 중층 인구를 a%라고 둔다면 다음과 같다.

(단위 : %)

부모 / 자녀	상층	중층	하층	전체
상층	12	26-a	-18+a	20
중층	a	9	21-a	30
하층	18-a	15+a	17	50
전체	30	50	20	100

비율은 음의 값이 될 수 없으므로, $a=18$임을 알 수 있다. 이를 바탕으로 갑국의 세대별 계층 구성 현황을 완성하여 표에 나타내면 다음과 같다.

(단위 : %)

부모 / 자녀	상층	중층	하층	전체
상층	12	8	0	20
중층	18	9	3	30
하층	0	33	17	50
전체	30	50	20	100

ㄱ. 부모 세대 상층 비율은 30%이고, 자녀 세대 중층 비율은 30%이다.
ㄴ. 부모가 상층인 자녀 세대 중층 비율은 18%, 부모가 하층인 자녀 세대 중층 비율은 3%이다.
ㄷ. 부모가 중층인 자녀 세대 하층 비율은 33%, 부모가 하층인 자녀 세대 하층 비율은 17%이다.

오답 풀이
ㄹ. 세대 간 하강 이동을 한 자녀 세대 인구는 51%, 세대 간 상승 이동을 한 자녀 세대 인구는 11%이다.

30. 정답: ②

자녀 세대에서 A의 비율은 30%이므로 부모 세대에서 A의 비율은 15%이다. 자녀 세대에서 B의 비율을 a%라고 둔다면 부모 세대에서 B의 비율은 $2.5a$%이다. 자녀 세대에서 C의 비율을 $70-a$%라고 둔다면 부모 세대에서 C의 비율은 $49-0.7a$%이다. $64+1.8a$%는 100%가 나와야하므로 $a=20$임을 알 수 있다. 부모 세대에서 A의 비율은 15%, B의 비율은 50%, C의 비율은 35%이다. 부모 세대는 피라미드형 계층 구조이므로 A는 상층, B는 하층, C는 중층이다. 이를 바탕으로 부모 세대와 자녀 세대의 계층 구성 비율을 표로 나타내면 다음과 같다.

(단위 : %)

부모 / 자녀	상층	중층	하층	전체
상층				30
중층				50
하층				20
전체	15	35	50	100

세대 간 계층의 불일치 비율과 일치 비율은 같으므로 계층이 대물림된 자녀는 전체 자녀 중 50%이다. 부모와 계층이 일치하는 자녀 수의 비는 A:B:C=1:1:3이므로 상층에서 상층으로 대물림된 자녀는 전체 자녀 중 10%, 중층에서 중층으로 대물림된 자녀는 전체 자녀 중 30%, 하층에서 하층으로 대물림된 자녀는 전체 자녀 중 10%이다. 부모가 상층인 자녀 세대 중층 인구를 a%라고 둔다면 다음과 같다.

（단위 : %）

부모 자녀	상층	중층	하층	전체
상층	10	-a	20+a	30
중층	a	30	20-a	50
하층	5-a	5+a	10	20
전체	15	35	50	100

비율은 음의 값이 될 수 없으므로, a=0임을 알 수 있다. 이를 바탕으로 갑국의 세대별 계층 구성 현황을 완성하여 표에 나타내면 다음과 같다.

（단위 : %）

부모 자녀	상층	중층	하층	전체
상층	10	0	20	30
중층	0	30	20	50
하층	5	5	10	20
전체	15	35	50	100

② 하층 부모를 둔 상층 자녀는 20%, 하층 부모를 둔 중층 자녀는 20%로 같다.

오답 풀이

① 갑국의 자녀 세대는 다이아몬드형 계층 구조이다.

③ 중층 부모를 둔 하층 자녀는 5%, 상층 부모를 둔 하층 자녀는 5%이다.

④ 자녀 세대 계층 대비 부모와 계층이 일치하는 자녀 수의 비율은 상층이 약 33%, 중층이 60%, 하층이 50%로 중층이 가장 높고 상층이 가장 낮다.

⑤ 부모 세대 계층 대비 부모와 계층이 일치하는 자녀 수의 비율은 상층이 약 67%, 중층이 약 86%, 하층이 20%로 중층이 가장 높고 하층이 가장 낮다.

31. 정답: ②

부모 세대 C/A+B는 1/9이므로 C는 10%, A+B는 90%이다. 부모 세대 B+C/A는 3/2이므로 A는 40%, B+C는 60%이다. 자녀 세대 C/A+B는 3/7이므로 C는 30%, A+B는 70%이다. 자녀 세대 B+C/A는 1이므로 A는 50%, B+C는 50%이다. 갑국의 부모 세대는 피라미드형 계층 구조를 가지므로 A는 중층, B는 하층, C는 상층이다. 이를 바탕으로 부모 세대와 자녀 세대의 계층 구성 비율을 표로 나타내면 다음과 같다.

（단위 : %）

부모 자녀	상층	중층	하층	전체
상층				30
중층				50
하층				20
전체	10	40	50	100

자녀 세대 상층에서 부모와 계층이 일치하는 사람 대비 일치하지 않는 사람의 비는 2이므로 부모 세대 상층에서 자녀 세대 상층으로 대물림된 사람은 전체 자녀 중 10%이다. 자녀 세대 중층에서 부모와 계층이 일치하는 사람 대비 일치하지 않는 사람의 비는 1이므로 부모 세대 중층에서 자녀 세대 중층으로 대물림된 사람은 전체 자녀 중 25%이다. 자녀 세대 하층에서 부모와 계층이 일치하는 사람 대비 일치하지 않는 사람의 비는 0.25이므로 부모 세대 하층에서 자녀 세대 하층으로 대물림된 사람은 전체 자녀 중 16%이다. 이를 바탕으로 갑국의 세대별 계층 구성 현황을 완성하여 표에 나타내면 다음과 같다.

（단위 : %）

부모 자녀	상층	중층	하층	전체
상층	10	11	9	30
중층	0	25	25	50
하층	0	4	16	20
전체	10	40	50	100

ㄴ. 부모와 계층이 일치하지 않는 자녀 세대 상층 인구는 20%이고 부모가 상층인 자녀 세대 인구는 10%이다.

ㄷ. 부모가 상층인 자녀 세대 중층 인구와 부모가 상층인 자녀 세대 하층 인구는 모두 없다.

오답 풀이

ㄱ. 자녀 세대 상층 비율은 30%, 부모 세대 중층 비율은 40%이다.

ㄹ. 자녀 세대 인구 중 세대 간 상승 이동을 한 인구는 전체 자녀 중 45%, 자녀 세대 인구 중 세대 간 하강 이동을 한 인구는 전체 자녀 중 4%이다.

32. 정답: ③

부모 세대 A:(B+C)는 1:1이므로 A는 50%, B+C는 50%이다. 부모 세대 C:(A+B)는 1:4이므로 C는 20%, A+B는 80%이다. 자녀 세대 A:(B+C)는 1:4이므로 A는 20%, B+C는 80%이다. 자녀 세대 C:(A+B)는 1:1이므로 C는 50%, A+B는 50%이다. 부모 세대 B는 부모 세대 해당 계층 대비 자녀보다 계층이 높은 비율이 존재하지 않는 계층이므로 하층이고, 부모 세대 C는 부모 세대 해당 계층 대비 자녀보다 계층이 낮은 비율이 존재하지 않는 계층이므로 상층이다. 이를 바탕으로 부모 세대와 자녀 세대의 계층 구성 비율을 표로 나타내면 다음과 같다.

（단위 : %）

부모 자녀	상층	중층	하층	전체
상층				50
중층				20
하층				30
전체	20	50	30	100

부모 세대 상층에서 자녀보다 계층이 높은 비율은 40%이므로 부모 세대 상층에서 자녀 세대 상층으로 대물림된 자녀는 전체 자녀 중 12%이다. 부모 세대 중층에서 자녀보다 계층이 높은 비율은 6%이므로 부모 세대 중층에서 자녀 세대 하층으로 이동한 자녀는 전체 자녀 중 3%이다. 부모 세대 중층에서 자녀보다 계층이 낮은 비율은 64%이므로 부모 세대 중층에서 자녀 세대 상층으로 이동한 자녀는 전체 자녀 중 32%이다. 부모 세대 하층에서 자녀보다 계층이 낮은 비율은 20%이므로 부모 세대 하층에서 자녀 세대 하층으로 대물림된 자녀는 전체 자녀 중 24%이다. 이를 바탕으로 갑국의 세대별 계층 구성 현황을 완성하여 표에 나타내면 다음과 같다.

(단위 : %)

부모 자녀	상층	중층	하층	전체
상층	12	32	6	50
중층	5	15	0	20
하층	3	3	24	30
전체	20	50	30	100

③ 부모가 중층인 자녀 세대 하층 인구는 3%, 부모가 상층인 자녀 세대 하층 인구는 3%로 같다.

오답 풀이

① 부모 세대는 자녀 세대와 달리 다이아몬드형 계층 구조이다.

② 부모 세대 상층 비율은 20%, 자녀 세대 하층 비율은 30%이다.

④ 부모가 하층인 자녀 세대 중층 인구는 존재하지 않고, 부모가 상층인 자녀 세대 중층 인구는 5%이다.

⑤ 자녀 세대 계층 대비 계층 대물림 인구 비율은 상층이 24%, 중층이 75%, 하층이 80%로 하층이 가장 높고, 상층이 가장 낮다.

33. 정답: ①

자녀 세대 B는 세대 간 하강 이동으로 존재할 수 없는 계층이므로 상층이고, 자녀 세대 A는 세대 간 이동 거리가 2인 자녀가 존재하지 않으므로 중층이다. 자녀 세대에서 A와 C의 비율은 B의 비율의 2배이므로 자녀 세대 A는 40%, C는 40%, B는 20%이다. 자녀 세대 상층에서 세대 간 이동 거리가 1인 인구 비율은 30%이므로 전체 자녀 중 6%, 세대 간 이동 거리가 2인 인구 비율은 30%이므로 전체 자녀 중 6%이다. 자녀 세대 중층에서 세대 간 이동 거리가 1인 인구 비율은 50%이므로 전체 자녀 중 20%이다. 자녀 세대 하층에서 세대 간 이동 거리가 1인 인구 비율은 35%이므로 전체 자녀 중 14%, 세대 간 이동 거리가 2인 인구 비율은 25%이므로 전체 자녀 중 10%이다. 자녀 세대 중층에서 세대 간 하강 이동한 인구 비율은 30%이므로 부모 세대 상층에서 자녀 세대 중층으로 이동한 자녀는 전체 자녀 중 12%

이다. 이를 바탕으로 갑국의 세대별 계층 구성 현황을 완성하여 표에 나타내면 다음과 같다.

(단위 : %)

부모 자녀	상층	중층	하층	전체
상층	8	6	6	20
중층	12	20	8	40
하층	10	14	16	40
전체	30	40	30	100

① 부모가 상층인 자녀 세대 중층 인구는 12%, 부모가 중층인 자녀 세대 상층 인구는 6%이다.

오답 풀이

② 부모가 중층인 자녀 세대 하층 인구는 14%, 부모가 하층인 자녀 세대 중층 인구는 8%이다.

③ 자녀 세대 인구 중 부모와 계층이 일치하는 인구는 44%, 일치하지 않는 인구는 56%이다.

④ 세대 간 하강 이동을 한 자녀 세대 인구는 36%, 세대 간 상승 이동을 한 자녀 세대 인구는 20%이다.

⑤ 부모 세대 계층 대비 계층을 대물림한 자녀 세대 인구의 비율은 상층이 약 27%, 중층이 50%, 하층이 약 53%로 하층이 가장 높고, 상층이 가장 낮다.

34. 정답: ②

부모 세대 상층/중층+하층은 1/4이므로 상층은 20%, 중층+하층은 80%이다. 자녀 세대 하층/상층+중층은 1/3이므로 하층은 25%, 상층+중층은 75%이다. 부모 세대 상층에서 부모와 자녀의 계층 일치 비율은 50%이므로 부모 세대 상층에서 자녀 세대 상층으로 대물림된 자녀는 전체 자녀 중 10%이다. 자녀 세대 상층에서 자녀 계층 대비 부모와 자녀의 계층 불일치 비율은 60%이므로 자녀 세대 상층 인구는 25%이다. 자녀 세대 중층에서 부모와 자녀의 계층 불일치 비율은 64%이므로 부모 세대 중층에서 자녀 세대 중층으로 대물림된 자녀는 전체 자녀 중 18%이다. 자녀 세대 하층에서 부모와 자녀의 계층 불일치 비율은 20%이므로 부모 세대 하층에서 자녀 세대 하층으로 대물림된 자녀는 전체 자녀 중 20%이다. 부모 세대 하층에서 부모와 자녀의 계층 일치 비율은 40%이므로 부모 세대 하층은 50%이다. 부모 세대 중층에서 부모와 자녀의 계층 일치 비율은 60%이다. 부모 세대 상층:중층:하층은 20:30:50이고, 자녀 세대 상층:중층:하층은 25:50:25이다. 따라서, ㉠은 '1', ㉡은 '1/3', ㉢은 '60'이다. 자녀 세대 상층 인구 중 부모가 중층인 인구는 하층인 인구의 2배이므로 부모 세대 중층에서 자녀 세대 상층으로 이동한 인구는 전체 자녀 중 10%, 부모 세대 하층에서 자녀 세대 상층으로 이동한 인구는 전체 자녀 중 5%이다. 이를 바탕으로 갑국의 세대별 계층 구성 현황을 완성하여 표에 나타내면 다음과 같다.

부모 / 자녀	상층	중층	하층	전체
상층	10	10	5	25
중층	7	18	25	50
하층	3	2	20	25
전체	20	30	50	100

(단위 : %)

② ㉢은 '60'이다.

오답 풀이

① ㉠은 '1', ㉡은 '1/3'이다.

③ 부모와 계층이 일치하지 않는 자녀 인구는 52%, 일치하는 자녀 인구는 48%이다.

④ 부모가 하층인 자녀 세대 상층 인구는 5%, 부모가 상층인 자녀 세대 하층 인구는 3%이다.

⑤ 부모가 중층인 자녀 세대 상층 인구는 10%, 부모가 중층인 자녀 세대 하층 인구는 2%이다.

35. 정답: ①

자녀 세대 B는 세대 간 하강 이동으로 나타날 수 없는 계층이므로 상층, 자녀 세대 C는 세대 간 상승 이동으로 나타날 수 없는 계층이므로 하층이다. 갑국 자녀 세대에서 ■는 20개이므로, ■ 하나당 전체 자녀 중 5%를 의미한다. 갑국 부모 세대에서 중층 인구와 상층 인구는 같으므로 부모 중층은 45%가 되어야 한다. 이를 바탕으로 갑국의 세대별 계층 구성 현황을 완성하여 표에 나타내면 다음과 같다.

(단위 : %)

부모 / 자녀	상층	중층	하층	전체
상층	5	15	0	20
중층	5	20	25	50
하층	0	10	20	30
전체	10	45	45	100

을국 부모 세대에서 상층 인구와 하층 인구는 같으므로 부모 상층과 하층은 모두 30%가 되어야 한다. 이를 바탕으로 을국의 세대별 계층 구성 현황을 완성하여 표에 나타내면 다음과 같다.

(단위 : %)

부모 / 자녀	상층	중층	하층	전체
상층	10	20	0	30
중층	5	20	15	40
하층	15	0	15	30
전체	30	40	30	100

① 갑국에서 부모가 중층인 자녀 세대 상층 인구는 15%, 을국에서 부모가 하층인 자녀 세대 중층 인구는 15%로 같다.

오답 풀이

② 을국에서 부모가 상층인 자녀 세대 하층 인구는 15%, 갑국에서 부모가 중층인 자녀 세대 하층 인구는 10%이다.

③ 갑국에서 자녀 세대 중층 인구 대비 계층 대물림 인구의 비율은 40%, 자녀 세대 상층 인구 대비 계층 대물림 인구의 비율은 25%이다.

④ 을국에서 부모 세대 중층 인구 대비 계층 대물림 인구의 비율은 50%, 부모 세대 하층 인구 대비 계층 대물림 인구의 비율은 50%이다.

⑤ 갑국에서 부모 세대의 상층 인구 비율은 10%, 을국에서 자녀 세대 하층 인구 비율은 30%이다.

36. 정답: ③

(가) 사회의 부모 세대 A+B는 50%이고 B+C는 80%이므로 A:B:C는 20:30:50이다. (가) 사회의 자녀 세대 A+B는 60%이고 B+C는 90%이므로 A:B:C는 10:50:40이다. (나) 사회의 부모 세대 A+B는 70%이고 B+C는 80%이므로 A:B:C는 20:50:30이다. (나) 사회의 자녀 세대 A+B는 60%이고 B+C는 80%이므로 A:B:C는 20:40:40이다. (가) 사회의 자녀 세대는 피라미드형 계층 구조이므로 A는 상층, B는 하층, C는 중층이다. (가) 사회의 부모 세대 상층은 20%이고 부모 세대 상층 인구 대비 부모와 계층이 일치하는 자녀 세대 계층 인구 비율은 50%이므로 부모 세대 상층에서 자녀 세대 상층으로 대물림된 자녀는 전체 자녀 중 10%이다. (가) 사회의 부모 세대 중층은 50%이고 부모 세대 중층 인구 대비 부모와 계층이 일치하는 자녀 세대 계층 인구 비율은 40%이므로 부모 세대 중층에서 자녀 세대 중층으로 대물림된 자녀는 전체 자녀 중 20%이다. (가) 사회의 부모 세대 하층은 30%이고 부모 세대 하층 인구 대비 부모와 계층이 일치하는 자녀 세대 계층 인구 비율은 60%이므로 부모 세대 하층에서 자녀 세대 하층으로 대물림된 자녀는 전체 자녀 중 18%이다. 이를 바탕으로 (가) 사회의 세대별 계층 구성 현황을 완성하여 표에 나타내면 다음과 같다.

(단위 : %)

부모 / 자녀	상층	중층	하층	전체
상층	10	0	0	10
중층	8	20	12	40
하층	2	30	18	50
전체	20	50	30	100

(나) 사회의 부모 세대 상층은 20%이고 부모 세대 상층 인구 대비 부모와 계층이 일치하는 자녀 세대 계층 인구 비율은 85%이므로 부모 세대 상층에서 자녀 세대 상층으로 대물림된 자녀는 전체 자녀 중 17%이다. (나) 사회의 부모 세대 중층의 비율은 30%이고 부모 세대 중층 인구 대비 부모와 계층이 일치하는 자녀 세대 계층 인구 비율은 10%이므로 부모 세대 중층에서 자녀 세대 중층으로 대물림된 자녀

는 전체 자녀 중 3%이다. (나) 사회의 부모 세대 하층의 비율은 50%이고 부모 세대 하층 인구 대비 부모와 계층이 일치하는 자녀 세대 계층 인구 비율은 20%이므로 부모 세대 하층에서 자녀 세대 하층으로 대물림된 자녀는 전체 자녀 중 10%이다. 부모 세대 상층에서 자녀 세대 중층으로 이동한 자녀의 비율을 a%라 둔다면 다음과 같다.

(단위 : %)

부모 자녀	상층	중층	하층	전체
상층	17	-a	3+a	20
중층	a	3	37-a	40
하층	3-a	27+a	10	40
전체	20	30	50	100

비율은 음의 값이 될 수 없으므로, a=0임을 알 수 있다. 이를 바탕으로 (나) 사회의 세대별 계층 구성 현황을 완성하여 표에 나타내면 다음과 같다.

(단위 : %)

부모 자녀	상층	중층	하층	전체
상층	17	0	3	20
중층	0	3	37	40
하층	3	27	10	40
전체	20	30	50	100

③ (가) 사회에서 부모가 하층인 자녀 세대 중층 인구 비율은 12%, (나) 사회에서 부모가 상층인 자녀 세대 하층 인구 비율은 3%이다.

오답 풀이

① (가) 사회의 부모 세대 중층 인구 비율은 50%, (나) 사회의 자녀 세대 중층 인구 비율은 40%이다.
② (나) 사회의 자녀 세대만 피라미드형 계층 구조를 가진다.
④ (나) 사회에서 부모가 하층인 자녀 세대 하층 인구 비율은 10%, (가) 사회에서 부모가 상층인 자녀 세대 중층 인구 비율은 8%이다.
⑤ (가) 사회는 자녀 세대 인구 중 부모와 계층이 일치하지 않는 인구가 52%, (나) 사회는 자녀 세대 인구 중 부모와 계층이 일치하지 않는 인구가 70%이다.

37. 정답: ②

세대 내 이동으로 자녀 세대 A는 최소 40명, B는 최소 15명, C는 최소 15명이 된다. 세대 간 이동으로 자녀 세대 A는 최소 25명, B는 최소 25명, C는 최소 15명이 된다. 현재 계층이 상층인 사람은 30명, 중층인 사람은 20명, 하층인 사람은 50명이므로 A는 하층, B는 상층, C는 중층이다. 이를 바탕으로 갑국의 세대별 계층 구성 현황을 완성하여 표에 나타내면 다음과 같다.

(단위 : 명)

부모 자녀	상층	중층	하층	전체
상층	5	15	10	30
중층	5	5	10	20
하층	15	10	25	50
전체	25	30	45	100

(단위 : 명)

부모 자녀	상층	중층	하층	전체
상층	15	10	5	30
중층	10	5	5	20
하층	15	25	10	50
전체	40	40	20	100

② 상층에서 하층으로 세대 간 이동한 사람의 수는 15명, 현재 계층이 상층인 사람의 수는 30명이다.

오답 풀이

① 중층에서 하층으로 세대 내 이동한 사람의 수는 25명, 부모가 중층인 사람의 수는 40명이다.
③ 상층에서 세대 내 이동을 하지 않은 사람의 수는 25명, 하층에서 세대 간 이동을 한 사람의 수는 20명이다.
④ 중층에서 세대 간 이동을 한 사람의 수는 25명, 하층에서 세대 내 이동을 하지 않은 사람의 수는 10명이다.
⑤ 최초 계층이 중층인 사람의 수는 40명, 부모 계층이 중층인 사람의 수는 30명이다.

38. 정답: ④

현재 계층 A:B:C를 a:b:c라고 둔다면, [예측 1]의 경우 A:B:C는 0.6a:2b:c이고 [예측 2]의 경우 A:B:C는 0.9a:0.5b:1.5c이다. 현재 계층과 [예측 1], [예측 2]의 상층, 중층, 하층 비율의 합은 100%이므로 a는 20%, b는 30%, c는 50%이다. A는 하강 이동이 불가능한 계층이므로 하층, B는 상승 이동이 불가능한 계층이므로 상층이다. 현재 계층 상층은 20%이고 [예측 1]에서 하강 이동할 것으로 예측되는 인구 비율은 35%이므로 현재 계층 상층에서 상층으로 유지될 것으로 예측하는 인구는 전체 인구 대비 13%이다. 현재 계층 중층은 30%이고 [예측 1]에서 상승 이동할 것으로 예측되는 인구 비율은 40%이므로 현재 계층 중층에서 상층으로 이동할 것으로 예측하는 인구는 전체 인구 대비 12%이고, 하강 이동할 것으로 예측되는 인구의 비율은 20%이므로 현재 계층 중층에서 하층으로 이동할 것으로 예측하는 인구는 전체 인구 대비 6%이다. 현재 계층 하층은 50%이고 [예측 1]에서 상승 이동할 것으로 예측되는 인구 비율은 60%이므로 현재 계층 하층에서 하층으로 유지될 것으로 예측하는 인구는 30%이다. 이를 바탕으로 [예측 1]대로 될 경우 세대별 계층 구성 현황을 완성하여 표에 나타내면 다음과 같다.

예측 \ 현재	상층	중층	하층	전체
상층	13	12	15	40
중층	3	12	15	30
하층	4	6	20	30
전체	20	30	50	100

(단위 : %)

현재 계층 상층은 20%이고 [예측 2]에서 하강 이동할 것으로 예측되는 인구 비율은 90%이므로 현재 계층 상층에서 상층으로 유지될 것으로 예측하는 인구는 전체 인구 대비 2%이다. 현재 계층 중층은 30%이고 [예측 2]에서 상승 이동할 것으로 예측되는 인구 비율은 20%이므로 현재 계층 중층에서 상층으로 이동할 것으로 예측하는 인구는 전체 인구 대비 6%이고, 하강 이동할 것으로 예측되는 인구의 비율은 40%이므로 현재 계층 중층에서 하층으로 이동할 것으로 예측하는 인구는 12%이다. 현재 계층 하층은 50%이고 [예측 2]에서 상승 이동할 것으로 예측되는 인구 비율은 50%이므로 현재 계층 하층에서 하층으로 유지될 것으로 예측하는 인구는 25%이다. 이를 바탕으로 [예측 2]대로 될 경우 세대별 계층 구성 현황을 완성하여 표에 나타내면 다음과 같다.

(단위 : %)

예측 \ 현재	상층	중층	하층	전체
상층	2	6	2	10
중층	10	12	23	45
하층	8	12	25	45
전체	20	30	50	100

④ [예측 1]에서 상층으로 이동할 것으로 예측되는 현재 계층이 중층인 인구는 12%, [예측 2]에서 상층으로 이동할 것으로 예측되는 현재 계층이 중층인 인구는 12%로 같다.

오답 풀이

① [예측 1]에서의 상층 비율은 40%, [예측 2]에서의 중층 비율은 45%이다.
② 현재는 [예측 2]와 달리 피라미드형 계층 구조이다.
③ [예측 1]에서 하층으로 이동할 것으로 예측되는 현재 계층이 상층인 인구는 4%, [예측 2]에서 상층으로 이동할 것으로 예측되는 현재 계층이 중층인 인구는 6%이다.
⑤ [예측 1]에서 상승 이동을 할 것으로 예측되는 인구는 42%, 하강 이동을 할 것으로 예측되는 인구는 13%이다. [예측 2]에서 상승 이동을 할 것으로 예측되는 인구는 31%, 하강 이동을 할 것으로 예측되는 인구는 30%이다.

39. 정답: ①

갑국 부모 세대 B+C/A+B는 7/5이고 B+C/A+C는 7/8이므로 A:B:C는 3:2:5이다. 갑국 자녀 세대 B+C/A+B는 6/7이고 B+C/A+C는 6/7이므로 A:B:C는 6/7이다. 을국 부모 세대 B+C/A+B는 5/6이고 B+C/A+C는 5/9이므로 A:B:C는 5:1:4이다. 을국 자녀 세대 B+C/A+B는 5/8이고 B+C/A+C는 5/7이므로 A:B:C는 5:3:2이다. 갑국 부모 세대는 피라미드형 계층 구조를 가지므로 B는 상층, A는 중층, C는 하층이다. 갑국의 부모 세대 상층은 20%이고 부모와 자녀의 계층 불일치 비율은 60%이므로 부모 세대 상층에서 자녀 세대 상층으로 대물림된 자녀는 전체 자녀 중 8%이다. 부모 세대 중층은 30%이고 부모와 자녀의 계층 불일치 비율은 20%이므로 부모 세대 중층에서 자녀 세대 중층으로 대물림된 자녀는 전체 자녀 중 24%이다. 부모 세대 하층은 50%이고 부모와 자녀의 계층 불일치 비율은 76%이므로 부모 세대 하층에서 자녀 세대 하층으로 대물림된 자녀는 전체 자녀 중 12%이다. 부모 세대 상층에서 자녀 세대 중층으로 이동한 자녀의 비율을 a%라 둔다면 다음과 같다.

(단위 : %)

자녀 \ 부모	상층	중층	하층	전체
상층	8	-a	22+a	30
중층	a	24	16-a	40
하층	12-a	6+a	12	30
전체	20	30	50	100

비율은 음의 값이 될 수 없으므로, a=0임을 알 수 있다. 이를 바탕으로 갑국의 세대별 계층 구성 현황을 완성하여 표에 나타내면 다음과 같다.

(단위 : %)

자녀 \ 부모	상층	중층	하층	전체
상층	8	0	22	30
중층	0	24	16	40
하층	12	6	12	30
전체	20	30	50	100

을국의 부모 세대 상층은 10%이고 부모와 자녀의 계층 불일치 비율은 40%이므로 부모 세대 상층에서 자녀 세대 상층으로 대물림된 자녀는 전체 자녀 중 6%이다. 부모 세대 중층은 50%이고 부모와 자녀의 계층 불일치 비율은 36%이므로 부모 세대 중층에서 자녀 세대 중층으로 대물림된 자녀는 전체 자녀 중 32%이다. 부모 세대 하층은 40%이고 부모와 자녀의 계층 불일치 비율은 50%이므로 부모 세대 하층에서 자녀 세대 하층으로 대물림된 자녀는 전체 자녀 중 20%이다. 이를 바탕으로 을국의 세대별 계층 구성 현황을 완성하여 표에 나타내면 다음과 같다.

(단위 : %)

자녀＼부모	상층	중층	하층	전체
상층	6	18	6	30
중층	4	32	14	50
하층	0	0	20	20
전체	10	50	40	100

① 갑국의 중층 부모를 둔 하층 자녀 인구 비율은 6%, 을국의 하층 부모를 둔 상층 자녀의 인구는 6%로 같다.

오답 풀이

② 을국의 상층 부모를 둔 중층 자녀 인구 비율은 4%, 갑국의 상층 부모를 둔 하층 자녀 인구 비율은 12%이다.

③ 갑국에서 부모와 계층이 일치하는 자녀 인구는 44%, 을국에서 부모와 계층이 일치하는 자녀 인구는 58%이다.

④ 갑국에서 자녀 세대 계층 대비 부모와 자녀의 계층 일치 비율은 상층이 약 27%, 중층이 60%, 하층이 40%로 중층이 가장 높다. 을국에서 자녀 세대 계층 대비 부모와 자녀의 계층 일치 비율은 상층이 20%, 중층이 64%, 하층이 100%로 하층이 가장 높다.

⑤ 상층 부모를 둔 중층 자녀 인구는 갑국과 달리 을국에서 존재한다.

40. 정답: ①

(가) 사회 부모 세대의 A 대비 B는 0.5이고 B 대비 C는 2이므로 A:B:C는 2:1:2이다. (나) 사회 부모 세대의 A 대비 B는 2.0이고 B 대비 C는 1.5이므로 A:B:C는 5:2:3이다. B에서 A로의 이동과 A에서 C로의 이동은 모두 하강 이동이므로 A는 중층, B는 상층, C는 하층이다. (가) 사회에서 부모 상층 비율은 20%이고 부모 세대 계층 대비 자녀와 계층 일치 비율은 40%이므로 부모 세대 상층에서 자녀 세대 상층으로 대물림된 비율은 전체 자녀 중 8%이다. 자녀 세대 상층 대비 부모와 계층 불일치 비율은 68%이므로 자녀 세대 상층 인구는 25%이다. 부모 세대 중층 비율은 40%이고 부모 세대 계층 대비 자녀와 계층 일치 비율은 30%이므로 부모 세대 중층에서 자녀 세대 중층으로 대물림된 자녀는 전체 자녀 중 12%이다. 자녀 세대 중층 대비 부모와 계층 불일치 비율은 52%이므로 자녀 세대 중층 인구는 25%이다. 부모 세대 하층 비율은 40%이고 부모 세대 계층 대비 자녀와 계층 일치 비율은 25%이므로 부모 세대 하층에서 자녀 세대 하층으로 대물림된 자녀는 전체 자녀 중 10%이다. 자녀 세대 하층은 50%이므로 자녀 세대 하층에서 부모와 계층 불일치 비율은 80%이다. 부모 세대 상층에서 자녀 세대 중층으로 이동한 자녀의 비율을 a%라 둔다면 다음과 같다.

(단위 : %)

자녀＼부모	상층	중층	하층	전체
상층	8	-a	17+a	25
중층	a	12	13-a	25
하층	12-a	28+a	10	50
전체	20	40	40	100

비율은 음의 값이 될 수 없으므로, a=0임을 알 수 있다. 이를 바탕으로 (가) 사회의 세대별 계층 구성 현황을 완성하여 표에 나타내면 다음과 같다.

(단위 : %)

자녀＼부모	상층	중층	하층	전체
상층	8	0	17	25
중층	0	12	13	25
하층	12	28	10	50
전체	20	40	40	100

(나) 사회에서 부모 상층 비율은 20%이고 부모 세대 계층 대비 자녀와 계층 일치 비율은 50%이므로 부모 세대 상층에서 자녀 세대 상층으로 대물림된 비율은 전체 자녀 중 10%이다. 자녀 세대 상층 대비 부모와 계층 불일치 비율은 75%이므로 자녀 세대 상층 인구는 40%이다. 부모 세대 하층 비율은 30%이고 부모 세대 계층 대비 자녀와 계층 일치 비율은 60%이므로 부모 세대 하층에서 자녀 세대 하층으로 대물림된 자녀는 전체 자녀 중 18%이다. 자녀 세대 하층에서 부모와 계층 불일치 비율은 55%이므로 자녀 세대 하층 인구는 40%이다. 자녀 세대 중층 비율은 20%이고 자녀 세대 계층 대비 부모와 계층 불일치 비율은 0%이므로 부모 세대 중층에서 자녀 세대 중층으로 대물림된 비율은 전체 자녀 중 20%이다. 부모 세대 중층은 50%이므로 부모 세대 계층 대비 자녀와 계층 일치 비율은 40%이다. 부모 세대 상층에서 자녀 세대 중층으로 이동한 자녀의 비율을 a%라 둔다면 다음과 같다.

(단위 : %)

자녀＼부모	상층	중층	하층	전체
상층	10	18-a	12+a	40
중층	a	20	-a	20
하층	10-a	12+a	18	40
전체	20	50	30	100

비율은 음의 값이 될 수 없으므로, a=0임을 알 수 있다. 이를 바탕으로 (나) 사회의 세대별 계층 구성 현황을 완성하여 표에 나타내면 다음과 같다.

부모\자녀	상층	중층	하층	전체
상층	10	18	12	40
중층	0	20	0	20
하층	10	12	18	40
전체	20	50	30	100

(단위 : %)

① ㉠은 '40', ㉡은 '80'이다.

오답 풀이

② 상층 부모를 둔 하층 자녀의 비율은 (가) 사회가 12%, (나) 사회가 10%이다.

③ 중층 부모를 둔 하층 자녀의 비율은 (가) 사회가 28%, (나) 사회가 12%이다.

④ 부모와 계층이 일치하는 자녀는 (가) 사회가 30%, (나) 사회가 48%이다.

⑤ (가) 사회에서 세대 간 상승 이동한 자녀는 30%, 세대 간 하강 이동한 자녀는 40%이다. (나) 사회에서 세대 간 상승 이동한 자녀는 30%, 세대 간 하강 이동한 자녀는 22%이다.

② 사회 보장 제도

41. 정답: ②

A는 공공 부조, B는 사회 보험, C는 사회 서비스이다. t년 갑국의 전체 인구를 200명이라고 둔다면, t+20년 갑국의 전체 인구는 300명, t+40년 갑국의 전체 인구는 400명이다. 이를 바탕으로 갑국의 연도에 따른 제도별 수혜자 수를 표에 정리하면 다음과 같다.

(단위 : 명)

구분	t년	t+20년	t+40년
A 수급자	24	30	60
B 수급자	72	120	128
C 수급자	40	54	96

② t+40년 공공 부조(A) 수급자 수는 60명, t년 사회 서비스(C) 수급자 수는 40명이다.

오답 풀이

① t+20년 사회 보험(B) 수급자 수는 120명, t년 사회 서비스(C) 수급자 수는 40명이다.
③ 사전 예방적 성격이 가장 강한 제도는 사회 보험(B)이다. 사회 보험(B) 수급자 수는 t년에 72명, t+20년에 120명, t+40년에 128명이다.
④ 보편적 복지의 이념을 바탕으로 하는 제도는 사회 보험(B)이고, 민간 부문도 복지 제공에 참여할 수 있는 제도는 사회 서비스(C)이다. t년 사회 보험(B) 수급자 수는 72명, t+40년 사회 서비스(C) 수급자 수는 96명이다.
⑤ 정부가 비용 전액을 부담하는 제도는 공공 부조(A)이고, 강제 가입을 원칙으로 하는 제도는 사회 보험(B)이다. t+40년 공공 부조(A) 수급자 수는 60명, t+20년 사회 보험(B) 수급자 수는 120명이다.

42. 정답: ④

(가)는 사회 보험, (나)는 사회 서비스, (다)는 공공 부조이다. (나) 제도의 갑국 수급자 비율은 10%, A 지역 수급자 비율은 14%, B 지역 수급자 비율은 8%이므로 A 지역과 B 지역의 인구비는 1:2이다. A 지역 인구를 100명으로 둔다면, B 인구는 200명이고 갑국 인구는 300명이다. (가) 제도의 갑국 수급자 수는 60명이고 A 지역 수급자 수는 18명이므로 B 지역 수급자 수는 42명이다. B 지역의 인구는 200명이므로 B 지역의 (가) 제도 수급자 비율은 21%이다. (다) 제도의 갑국 수급자 수는 21명이고 B 지역 수급자 수는 12명이므로 A 지역 수급자 수는 9명이다. A 지역의 인구는 100명이므로 A 지역의 (다) 제도 수급자 비율은 9%이다. 이를 바탕으로 갑국의 지역에 따른 제도별 수혜자 수를 표에 정리하면 다음과 같다.

(단위 : 명)

구분	A 지역	B 지역	갑국
(가)	18	42	60
(나)	14	16	30
(다)	9	12	21

④ 사전 예방적 성격이 강한 제도는 사회 보험(가)이고 사후 처방적 성격이 강한 제도는 공공 부조(다)이다. B 지역 사회 보험(가) 수급자 수는 42명, A 지역 공공 부조(다) 수급자 수는 9명이다.

오답 풀이

① ⊙은 '21', ⓒ은 '9'이다.
② A 지역 사회 보험(가) 수급자 수는 18명, B 지역 공공 부조(다) 수급자 수는 12명이다.
③ A 지역 사회 서비스(나) 수급자 수는 14명, B 지역 사회 서비스(나) 수급자 수는 16명이다.
⑤ 비금전적 지원의 원칙이 적용되는 제도는 사회 서비스(나)이고, 상호 부조의 원리가 적용되는 제도는 사회 보험(가)이다. 갑국 전체 사회 서비스(나) 수급자 수는 30명, A 지역 사회 보험(가) 수급자 수는 18명이다.

43. 정답: ③

(가)는 사회 보험, (나)는 공공 부조이다. A 지역의 중복 수급자 비율은 10%, B 지역의 중복 수급자 비율은 5%이다. A, B 지역의 중복 수급자 수는 같으므로 A 지역과 B 지역의 인구비는 1:2이다. A 지역의 전체 인구를 100명이라 둔다면, B 지역의 전체 인구는 200명이다. A 지역에서 공공 부조만 수급받는 인구는 중복 수급자 수와 같으므로 ⓒ은 공공 부조, ⊙은 사회 보험이라는 것을 알 수 있다. 이를 바탕으로 갑국의 지역에 따른 제도별 수혜자 수를 표에 정리하면 다음과 같다.

(단위 : 명)

구분	A 지역	B 지역
⊙ 수급자	45	100
ⓒ 수급자	20	30
중복 수급자	10	10

ㄷ. 소득 재분배 효과가 상대적으로 큰 제도는 공공 부조(나)이다. 공공 부조(나)에만 해당하는 수급자 수는 A 지역이 10명, B 지역이 20명이다.
ㄹ. 비(非)수급자 비율은 A 지역이 45%, B 지역이 40%이다.

오답 풀이

ㄱ. ⊙은 '(가)', ⓒ은 '(나)'이다.
ㄴ. A 지역의 사회 보험(가) 수급자 수는 45명, B 지역의 사회 보험(가)에만 해당하는 수급자 수는 90명이다.

44. 정답: ④

(가)는 공공 부조, (나)는 사회 보험이다. t년 (가) 제도의 A 지역 수급자 비율은 6.4%, B 지역 수급자 비율은 7%, 갑국 전체 수급자 비율은 6.7%이다. t년 갑국 전체 수급자 비율에서 A 지역 수급자 비율과의 차이는 0.3%p, B 지역 수급자 비율과의 차이는 0.3%p로 같으므로 A 지역과 B 지역 t년 A 지역과 B 지역의 인구비는 1:1이다. t+10년 (가) 제도의 A 지역 수급자 비율은 7.2%, B 지역 수급자 비율은 6.9%, 갑국 전체 수급자 비율은 7.1%이다. t+10년 갑국 전체 수급자 비율에서 A 지역 수급자 비율과의 차이는 0.1%p, B 지역 수급자 비율과의 차이는 0.2%p이므로 t+10년 A 지역과 B 지역의 인구비는 2:1이다. t년과 t+10년의 갑국 전체 인구는 동일하므로 t년 A 지역 인구를 300명으로 둔다면 t년 B 지역 인구는 300명, t+10년 A 지역 인구는 400명, t+10년 B 지역 인구는 200명이다. 이를 바탕으로 갑국의 연도와 지역에 따른 제도별 수혜자 수를 표에 정리하면 다음과 같다.

(단위 : 명)

구분	t년		t+10년	
	(가)	(나)	(가)	(나)
A 지역	19.2	51.6	28.8	62
B 지역	21	49.8	13.8	32.2
갑국 전체	20.1	50.7	42.6	94.2

ㄱ. t년 공공 부조(가) 수급자 수는 A 지역이 19.2명, B 지역이 21명이다.

ㄴ. t+10년 사회 보험(나) 수급자 수는 A 지역이 62명, B 지역이 32.2명이다.

ㄷ. 사후 처방적 성격이 강한 제도는 공공 부조(가)이고 사전 예방적 성격이 강한 제도는 사회 보험(나)이다. t년 A 지역 공공 부조(가) 수급자 수는 19.2명, t+10년 B 지역 사회 보험(나) 수급자 수는 32.2명이다.

오답 풀이

ㄹ. 선별적 복지의 원칙이 적용되는 제도는 공공 부조(가)이다. t+10년 공공 부조(가) 갑국 수급자 수는 42.6명, t년 사회 보험(나) A 지역 수급자 수는 51.6명이다.

45. 정답: ③

(가)는 사회 보험, (나)는 공공 부조이다. (나) 수급자 비율은 갑국 전체 지역이 46%, A 지역이 50%, B 지역이 40%이다. 갑국 전체 지역 수급자 비율에서 A 지역 수급자 비율과의 차이는 4%p, B 지역 수급자 비율과의 차이는 6%p이므로 t+10년 A 지역과 B 지역의 인구비는 3:2이다. A 지역 인구를 300명으로 둔다면, B 지역 인구는 200명, 전체 지역 인구는 500명이다. (가) 수급자 수는 B 지역이 40명, 전체 지역이 85명이므로 A 지역은 45명이다. A 지역 인구는 300명이므로 A 지역의 (가) 수급자 비율은 15%이다. 중복 수급자 수는 A 지역이 15명, 전체 지역이 35명이므로 B 지역은 20명이다. B 지역 인구

는 200명이므로 B 지역의 중복 수급자 비율은 10%이다. 이를 바탕으로 갑국의 지역에 따른 제도별 수혜자 수를 표에 정리하면 다음과 같다.

(단위 : 명)

구분	A 지역	B 지역	갑국
(가) 수급자	45	40	85
(나) 수급자	150	80	230
중복 수급자	15	20	35

③ 사후 처방적 성격이 강한 제도는 공공 부조(나), 사전 예방적 성격이 강한 제도는 사회 보험(가)이다. B 지역 공공 부조(나) 수급자 수는 80명, 전체 지역 사회 보험(가) 수급자 수는 85명이다.

오답 풀이

① ㉠은 '15', ㉡은 '10'이다.

② A 지역에서 사회 보험(가) 수급자 수는 45명, B 지역에서 공공 부조(나)에만 해당하는 수급자 수는 60명이다.

④ 강제 가입을 원칙으로 하는 제도는 사회 보험(가)이다. 사회 보험(가)에만 해당하는 B 지역 수급자 비율은 10%, 공공 부조(나)에만 해당하는 A 지역 수급자 비율은 45%이다.

⑤ 비(非)수급자 수는 A 지역이 120명, B 지역이 100명이다.

46. 정답: ①

A는 사회 보험, B는 공공 부조이다. t년 A 제도 전체 수급자 비율은 18.6%, 남성 수급자 비율은 18.2%, 여성 수급자 비율은 19%이다. 전체 수급자 비율에서 남성 수급자 비율과의 차이는 0.4%p, 여성 수급자 비율과의 차이는 0.4%p로 같으므로 남성과 여성의 인구비는 1:1이다. t+20년 A 제도 전체 수급자 비율은 13%, 남성 수급자 비율은 12.5%, 여성 수급자 비율은 14%이다. 전체 수급자 비율에서 남성 수급자 비율과의 차이는 0.5%p, 여성 수급자 비율과의 차이는 1%p이므로 남성과 여성의 인구비는 2:1이다. t+20년의 갑국 전체 인구는 t년의 갑국 전체 인구의 1.5배이므로 t년 남성 인구를 100명이라 둔다면 t년 여성 인구는 100명, t+20년 남성 인구는 200명, t+20년 여성 인구는 100명이다. 이를 바탕으로 갑국의 연도와 성별에 따른 제도별 수혜자 수를 표에 정리하면 다음과 같다.

(단위 : 명)

구분		남성	여성	전체
t년	A 제도	18.2	19	37.2
	B 제도	8.2	7.8	16
t+20년	A 제도	25	14	39
	B 제도	12	5.4	17.4

① t+20년 사회 보험(A) 수급자 수는 남성이 25명, 여성이 14명이다.

오답 풀이

② t년 공공 부조(B) 남성 수급자 수는 8.2명, 여성 수급자 수는 7.8명이다.

③ 강제 가입 원칙이 적용되는 제도는 사회 보험(A)이다. t년 사회 보험(A) 남성 수급자 수는 18.2명, t+20년 사회 보험(A) 여성 수급자 수는 14명이다.

④ 사후 처방적 성격이 강한 제도는 공공 부조(B)이다. t년 공공 부조(B) 여성 수급자 수는 7.8명, t+20년 공공 부조(B) 남성 수급자 수는 12명이다.

⑤ 수혜자 비용 부담 원칙이 적용되는 제도는 사회 보험(A)이다. t년 사회 보험(A) 여성 수급자 수는 19명, t+20년 공공 부조(B) 남성 수급자 수는 12명이다.

47. 정답: ③

A는 공공 부조, B는 사회 보험이다. (가) 지역에서 A 또는 B 수급자 비율은 64%이므로 비(非)수급자 비율은 36%이다. A 수급자 비율은 24%이므로 B 수급자에만 해당하는 비율은 40%이다. (가) 지역에서 B 수급자 중 A 비(非)수급자 수의 비율은 80%이므로 A, B 중복 수급자 비율은 10%이다. (나) 지역에서 A 또는 B 수급자 비율은 72%이므로 비(非)수급자 비율은 28%이다. A 수급자 비율은 18%이므로 B 수급자에만 해당하는 비율은 54%이다. (나) 지역에서 B 수급자 중 A 비(非)수급자 수의 비율은 90%이므로 A, B 중복 수급자 비율은 6%이다. 중복 수급자 수는 (가) 지역과 (나) 지역이 같으므로 (가) 지역의 전체 인구를 300명이라고 둔다면, (나) 지역의 전체 인구는 500명이다. 이를 바탕으로 갑국의 지역에 따른 제도별 수혜자 수를 표에 정리하면 다음과 같다.

(단위 : 명)

구분	(가) 지역	(나) 지역
A에만 해당하는 수혜자	42	60
B에만 해당하는 수혜자	120	270
A, B 중복 수혜자	30	30
비(非)수혜자	108	140

③ 선별적 복지의 성격이 강한 제도는 공공 부조(A)이다. 공공 부조(A)에만 해당하는 수급자 수는 (가) 지역이 42명, (나) 지역이 60명이다.

오답 풀이

① 사회 보험(B)에 해당하는 제도의 수급자 비율은 (가) 지역이 50%, (나) 지역이 60%이다.

② 중복 수급자 비율은 (가) 지역이 10%, (나) 지역이 6%이다.

④ 보편적 복지의 성격이 강한 제도는 사회 보험(B)이다. 사회 보험(B)에만 해당하는 수급자 수는 (가) 지역이 120명, (나) 지역이 270명이다.

⑤ 정부 재정으로 비용을 전액 충당하는 것을 원칙으로 하는 제도는 공공 부조(A)이다. 공공 부조(A)의 수급자 수는 (가) 지역이 72명, (나)지역이 90명이다.

48. 정답: ②

(가)는 공공 부조, (나)는 사회 보험이다. t년 비(非)수급자 비율은 50%이므로 (가) 또는 (나) 수급자 비율은 50%이다. (가) 수급자 비율은 18%, (나) 수급자 비율은 42%이므로 중복 수급자 비율은 10%이다. t+30년 비(非)수급자 비율은 37%이므로 (가) 또는 (나) 수급자 비율은 63%이다. (가) 수급자 비율은 15%, (나) 수급자 비율은 53%이므로 중복 수급자 비율은 5%이다. 중복 수급자 수는 t년과 t+30년이 동일하므로 갑국의 t년 전체 인구를 100명이라 둔다면 t+30년 전체 인구는 200명이다. 이를 바탕으로 갑국의 연도에 따른 제도별 수혜자 수를 표에 정리하면 다음과 같다.

(단위 : 명)

구분	t년	t+30년
(가)에만 해당하는 수혜자	8	20
(나)에만 해당하는 수혜자	32	96
(가), (나) 중복 수혜자	10	10
비(非)수혜자	50	74

② 사후 처방적 성격이 강한 제도는 공공 부조(가)이다. 공공 부조(가)에만 해당하는 수급자 수는 t년에 8명, t+30년에 20명이다.

오답 풀이

① 사전 예방적 성격이 강한 제도는 사회 보험(나)이다. 사회 보험(나)에만 해당하는 수급자 수는 t년에 32명, t+30년에 96명이다.

③ 소득 재분배 효과가 가장 큰 제도는 공공 부조(가)이다. t+30년 공공 부조(가) 수급자 수는 30명, t년 사회 보험(나)에만 해당하는 수급자 수는 32명이다.

④ 상호 부조의 원리를 바탕으로 하는 제도는 사회 보험(나)이다. 사회 보험(나)에만 해당하는 t+30년 수급자 수는 96명, t년 전체 인구는 100명이다.

⑤ 중복 수급자 비율은 t년이 10%, t+30년이 5%이다.

49. 정답: ④

(가)는 공공 부조, (나)는 사회 보험이다. A 지역의 중복 수급자 비율은 7%이고, (가) 수급자 중 (나) 수급자 비율은 35%이므로 (가) 수급자 비율은 20%이다. 비(非)수급자 비율은 47%이므로 (나)에만 해당하는 수급자 비율은 33%이다. B 지역의 중복 수급자 비율은 6%이고, (가) 수급자 중 (나) 수급자 비율은 60%이므로 (가) 수급자 비율은 10%이다. 비(非)수급자 비율은 56%이므로 (나)에만 해당하는 수급자 비율은 33%이다. 전체 인구는 A 지역이 B 지역의 2배이므로 B 지역 인구를 100명으로 둔다면 A 지역 인구는 200명이다. 이를 바탕으로 갑국의 지역에 따른 제도별 수혜자 수를 표에 정리하면 다음과 같다.

구분	A 지역	B 지역
(가)에만 해당하는 수혜자	26	4
(나)에만 해당하는 수혜자	66	34
(가), (나) 중복 수혜자	14	6
비(非)수혜자	94	56

(단위 : 명)

④ 보편적 복지의 성격이 강한 제도는 사회 보험(나)이다. 사회 보험(나)에만 해당하는 수급자 비율은 A 지역이 33%, B 지역이 34%이다.

오답 풀이

① 공공 부조(가)에 해당하는 제도의 수급자 비율은 A 지역이 20%, B 지역이 10%이다.

② 사회 보험(나)에 해당하는 제도의 수급자 비율은 A 지역이 40%, B 지역이 40%이다.

③ 선별적 복지의 성격이 강한 제도는 공공 부조(가)이다. 공공 부조(가)에만 해당하는 수급자 수는 A 지역이 26명, B 지역이 4명이다.

⑤ (가), (나) 중 한 가지 제도에만 해당하는 수급자 비율은 A 지역이 46%, B 지역이 38%이다.

50. 정답: ③

A는 사회 보험, B는 공공 부조이다. t년 A 수급자 비율은 갑국 전체가 43.4%, (가) 지역이 42.8%, (나) 지역이 44.0%이다. 갑국 전체와 (가) 지역의 차이는 0.6%p, (나) 지역의 차이는 0.6%p로 같으므로 (가) 지역과 (나) 지역의 인구비는 1:1이다. t+20년 A 수급자 비율은 갑국 전체가 49.6%, (가) 지역이 48.0%, (나) 지역이 50.0%이다. 갑국 전체와 (가) 지역의 차이는 1.6%p, (나) 지역의 차이는 0.4%p이므로 (가) 지역과 (나) 지역의 인구비는 1:4이다. 갑국의 t년과 t+20년 전체 인구는 같으므로 t년 (가) 지역 인구를 100명이라 둔다면, t년 (나) 지역 인구는 100명, t+20년 (가) 지역 인구는 40명, t+20년 (나) 지역 인구는 160명이다. 이를 바탕으로 갑국의 연도와 지역에 따른 제도별 수혜자 수를 표에 정리하면 다음과 같다.

(단위 : 명)

구분		A 수급자	B 수급자
t년	(가) 지역	42.8	12.5
	(나) 지역	44	13.5
	갑국 전체	86.8	26
t+20년	(가) 지역	19.2	6.08
	(나) 지역	80	25.92
	갑국 전체	99.2	32

ㄴ. (나) 지역 공공 부조(B) 수급자 수는 t년에 13.5명, t+20년에 25.92명이다.

ㄹ. 선별적 복지의 성격이 강한 제도는 공공 부조(B)이고 보편적 복지의 성격이 강한 제도는 사회 보험(A)이다. t+20년 (가) 지역 공공 부조(B) 수급자 수는 6.08명, t년 (나) 지역 사회 보험(A) 수급자 수는 44명이다.

오답 풀이

ㄱ. (가) 지역 사회 보험(A) 수급자 수는 t년에 42.8명, t+20년에 19.2명이다.

ㄷ. 사전 예방적 성격이 강한 제도는 사회 보험(A)이고 사후 처방적 성격이 강한 제도는 공공 부조(B)이다. t년 (가) 지역 사회 보험(A) 수급자 수는 42.8명, t+20년 (나) 지역 공공 부조(B) 수급자 수는 25.92명이다.

51. 정답: ④

(가)는 공공 부조, (나)는 사회 보험이다. (가) 제도의 전체 수급자 비율은 8%. A 지역 수급자 비율은 8%, B 지역 수급자 비율은 9%, C 지역 수급자 비율은 6%이다. 전체와 A 지역의 수급자 비율은 8%로 동일하므로 B 지역과 C 지역 수급자 비율의 평균은 8%가 되어야 한다. 전체와 수급자 비율의 차이는 B 지역이 1%p이고 C 지역이 2%p이므로 B 지역과 C 지역의 인구비는 2:1이다. (나) 제도의 전체 수급자 비율은 25%, A 지역의 수급자 비율은 24%, B 지역과 C 지역의 수급자 비율은 26%로 동일하다. 전체와 수급자 비율의 차이는 A 지역이 1%p, B 지역과 C 지역이 1%p로 같으므로 A 지역의 인구 수는 B 지역과 C 지역의 인구 수의 합과 동일하다. 따라서, 갑국의 A 지역, B 지역, C 지역의 인구비는 3:2:1이다. C 지역의 인구 수를 100명이라 둔다면, A 지역의 인구 수는 300명, B 지역의 인구 수는 200명이다. 이를 바탕으로 갑국의 지역에 따른 제도별 수혜자 수를 표에 정리하면 다음과 같다.

(단위 : 명)

구분	A 지역	B 지역	C 지역	전체
(가)	24	18	6	48
(나)	72	52	26	150

④ 강제 가입의 원칙이 적용되는 제도는 사회 보험(나)이다. B 지역 사회 보험(나) 수급자 수는 52명, 공공 부조(가) 갑국 전체 수급자 수는 48명이다.

오답 풀이

① 공공 부조(가) 수급자 수는 A 지역이 24명, 갑국 전체가 48명이다.

② 사회 보험(나) 수급자 수는 B 지역이 52명, C 지역이 26명이다.

③ 선별적 복지의 성격이 강한 제도는 공공 부조(가)이고 보편적 복지의 성격이 강한 제도는 사회 보험(나)이다. A 지역 공공 부조(가) 수급자 수는 24명, C 지역 사회 보험(나) 수급자 수는 26명이다.

⑤ 정부 재정으로 비용을 전액 충당하는 것을 원칙으로 하는 제도는 공공 부조(가)이다. B 지역 공공 부조(가) 수급자 수는 18명, C 지역 사회 보험(나) 수급자 수는 26명이다.

52. 정답: ①

(가)는 공공 부조, (나)는 사회 보험이다. A 지역에서 (가)에만 해당하는 수급자는 8%, (나)에만 해당하는 수급자는 25%, 비(非)수급자는 62%이므로 중복 수급자는 5%이다. B 지역에서 (가)에만 해당하는 수급자는 6%, (나)에만 해당하는 수급자는 32%, 비(非)수급자는 54%이므로 중복 수급자는 8%이다. C 지역에서 (가)에만 해당하는 수급자는 5%, (나)에만 해당하는 수급자는 37%, 비(非)수급자는 48%이므로 중복 수급자는 10%이다. 중복 수급자 수는 A~C 지역이 모두 같으므로 A 지역 인구 수를 800명으로 둔다면, B 지역 인구 수는 500명, C 지역 인구 수는 400명이다. 이를 바탕으로 갑국의 지역에 따른 제도별 수혜자 수를 표에 정리하면 다음과 같다.

(단위 : 명)

구분	A 지역	B 지역	C 지역
(가)에만 해당하는 수급자	64	30	20
(나)에만 해당하는 수급자	200	160	148
(가), (나) 중복 수급자	40	40	40
비(非)수급자	496	270	192

① 공공 부조(가) 수급자 수는 A 지역이 104명, C 지역이 60명이다.

오답 풀이

② 사회 보험(나) 수급자 수는 A 지역이 240명, B 지역이 200명이다.
③ 강제 가입의 원칙이 적용되는 제도는 사회 보험(나)이다. A 지역의 사회 보험(나) 수급자 수는 240명, C 지역의 전체 인구는 400명이다.
④ 사후 처방적 성격이 강한 제도는 공공 부조(가)이다. 공공 부조(가) 수급자 수는 B 지역이 70명, C 지역이 60명이다.
⑤ 중복 수급자 비율은 A 지역이 5%, C 지역이 10%이다.

53. 정답: ⑤

(가)는 공공 부조, (나)는 사회 서비스, (다)는 사회 보험이다. (가) 수급자 비율은 갑국 전체가 15%, A 지역이 15%, B 지역이 12%, C 지역이 16%이다. 갑국 전체와 A 지역이 같으므로 B 지역과 C 지역의 수급자 비율 평균은 갑국 전체 수급자 비율인 15%가 되어야 한다. 갑국 전체 수급자 비율과의 차이는 B 지역이 3%p, C 지역이 1%p이므로 B 지역과 C 지역의 인구비는 1:3이다. (나) 수급자 비율은 갑

국 전체가 24%, A 지역과 B 지역이 21%로 같고, C 지역이 27%이다. 갑국 전체 수급자 비율과의 차이는 A 지역과 B 지역은 3%p, C 지역은 3%p이므로 A 지역과 B 지역의 인구 수의 합은 C 지역의 인구 수와 동일하다. 따라서, A 지역, B 지역, C 지역의 인구비는 2:1:3이다. B 지역 인구 수를 100명으로 둔다면, A 지역 인구 수는 200명, C 지역 인구 수는 300명이다. (다) 수급자 수는 A 지역이 88명, C 지역이 165명, 갑국 전체가 300명이므로 B 지역은 47명이다. B 지역의 인구 수는 100명이므로 B 지역의 (다) 수급자 비율은 47%이다. 이를 바탕으로 갑국의 지역에 따른 제도별 수혜자 수를 표에 정리하면 다음과 같다.

(단위 : 명)

구분	A 지역	B 지역	C 지역	갑국 전체
(가) 수급자	30	12	48	90
(나) 수급자	42	21	81	144
(다) 수급자	88	47	165	300

⑤ 국가와 지방 자치 단체가 비용 전액을 부담하는 제도는 공공 부조(가)이고 사전 예방적 성격이 강한 제도는 사회 보험(다)이다. C 지역의 공공 부조(가) 수급자 수는 48명, B 지역의 사회 보험(다) 수급자 수는 47명이다.

오답 풀이

① ㉠은 '47'이다.
② 사회 서비스(나) 수급자 수는 A 지역이 42명, B 지역이 21명이다.
③ 보편적 복지의 이념을 바탕으로 하는 제도는 사회 보험(다)이고, 선별적 복지의 이념을 바탕으로 하는 제도는 공공 부조(가)이다. A 지역의 사회 보험(다) 수급자 수는 88명, 갑국 전체의 공공 부조(가) 수급자 수는 90명이다.
④ 강제 가입을 원칙으로 하는 제도는 사회 보험(다)이고 민간 부문도 복지 제공에 참여할 수 있는 제도는 사회 서비스(나)이다. C 지역의 사회 보험(다) 수급자 수는 165명, 갑국 전체의 사회 서비스(나) 수급자 수는 144명이다.

54. 정답: ②

(가)는 공공 부조, (나)는 사회 보험, (다)는 사회 서비스이다.
ㄴ. 선별적 복지 이념에 기초한 제도는 공공 부조(가)이고 보편적 복지 이념에 기초한 제도는 사회 보험(나)이다. 공공 부조(가) 수급자 수 대비 사회 보험(나) 수급자 수의 비는 t년이 3, t+20년이 약 2.96이다.
ㄷ. 의무 가입의 원칙이 적용되는 제도는 사회 보험(나)이고 비금전적 지원의 원칙이 적용되는 제도는 사회 서비스(다)이다. t년 대비 t+20의 수급자 수 증가율은 사회 보험(나)이 사회 서비스(다)보다 크다.

오답 풀이

ㄱ. 연도별 인구 수의 조건이 없으므로 알 수 없다.

ㄹ. 금전적 지원의 원칙이 적용되는 제도는 공공 부조(가)와 사회 보험(나)이다. 공공 부조(가)와 사회 보험(나)에 하나라도 해당하는 수급자 비율은 t년에는 최소 36%, 최대 48%이고 t+20년에는 최소 40%, 최대 53.5%이다.

55. 정답: ②

(가)는 공공 부조, (나)는 사회 보험이다.

(가) 제도 수급자 비율은 A 지역이 5%, B 지역이 6%, C 지역이 7%, D 지역이 5%, 전체가 6%이다. B 지역의 수급자 비율과 전체 수급자 비율은 6%로 같으므로 A 지역, C 지역, D 지역 수급자 비율의 평균은 6%이다. A 지역과 D 지역 수급자 비율은 5%이고 C 지역 수급자 비율은 7%이다. C 지역 인구는 A 지역 인구의 2배이므로 A 지역, C 지역, D 지역 인구비는 1:2:1이다.

(나) 제도 수급자 비율은 A 지역이 40%, B 지역이 15%, C 지역이 10%, D 지역이 30%, 전체가 20%이다. A 지역, C 지역, D 지역 수급자 비율의 평균은 22.5%이고 B 지역의 수급자 비율은 15%이므로 A 지역, C 지역, D 지역 인구 수의 합과 B 지역 인구 수의 비는 2:1이다. 따라서, A 지역 인구를 100명이라 둔다면, B 지역 인구는 200명, C 지역 인구는 200명, D 지역 인구는 100명이다. 이를 바탕으로 갑국의 지역에 따른 제도별 수혜자 수를 표에 정리하면 다음과 같다.

(단위 : 명)

구분	A 지역	B 지역	C 지역	D 지역	전체
(가)	5	12	14	5	36
(나)	40	30	20	30	120

② 수급자 선정에 따른 부정적 낙인이 발생할 수 있는 제도는 공공 부조(가)이다. 공공 부조(가) 수급자 수는 A 지역이 5명, D 지역이 5명이다.

오답 풀이

① 상호 부조의 원리가 적용되는 제도는 사회 보험(나)이다. 사회 보험(나) 수급자 수는 B 지역이 30명, D 지역이 30명이다.

③ 사전 예방적 성격이 강한 제도는 사회 보험(나)이고 사후 처방적 성격이 강한 제도는 공공 부조(가)이다. D 지역 사회 보험(나) 수급자 수는 30명, B 지역 공공 부조(가) 수급자 수는 12명이다.

④ 선별적 복지 성격이 강한 제도는 공공 부조(가)이고 보편적 복지 성격이 강한 제도는 사회 보험(나)이다. 공공 부조(가) 전체 수급자 수는 36명, A 지역 사회 보험(나) 수급자 수는 40명이다.

⑤ 공공 부조(가) 수급자 수는 A 지역이 5명, D 지역이 5명이고 사회 보험(나) 수급자 수는 C 지역이 20명이다.

56. 정답: ③

A는 공공 부조, B는 사회 보험이다. t년에 A에만 해당하는 수급자는 12%, B에만 해당하는 수급자는 33%, 비(非)수급자는 45%이므로 중복 수급자는 10%이다. 중복 수급자 비율은 t년이 t+20년의 2배이므로 t+20년의 중복 수급자 비율은 5%이고 A에만 해당하는 수급자는 8%, 비(非)수급자는 53%이므로 B에만 해당하는 수급자는 34%이다. 중복 수급자 수는 t년과 t+20년이 동일하므로 갑국의 t년 인구를 100명으로 둔다면 t+20년 인구는 200명이다. 이를 바탕으로 갑국의 연도에 따른 제도별 수혜자 수를 표에 정리하면 다음과 같다.

(단위 : 명)

구분	t년	t+20년
A에만 해당하는 수혜자	12	16
B에만 해당하는 수혜자	33	68
A, B 중복 수혜자	10	10
비(非)수혜자	45	106

③ 정부 재정으로 비용을 전액 충당하는 것을 원칙으로 하는 제도는 공공 부조(A)이다. 공공 부조(A) 수급자 수는 t년이 22명, t+20년이 26명이다.

오답 풀이

① ㉠은 '34'이다.

② 보편적 복지의 성격이 강한 제도는 사회 보험(B)이다. 사회 보험(B)의 수급자 비율은 t년이 43%, t+20년이 39%이다.

④ 선별적 복지의 성격이 강한 제도는 공공 부조(A)이다. 공공 부조(A)의 수급자 비율은 t년이 22%, t+20년이 13%이다.

⑤ 상호 부조의 원리가 적용되는 제도는 사회 보험(B)이다. 사회 보험(B)의 t년 수급자 수는 43명, 공공 부조(A)의 t+20년 수급자 수는 26명이다.

57. 정답: ③

(가)는 사회 보험, (나)는 공공 부조이다. (나) 제도의 수급자 비율은 A 지역이 10%, B 지역이 15%, C 지역이 12%, 갑국 전체가 12%이다. C 지역과 갑국 전체의 (나) 제도 수급자 비율을 같으므로 A 지역과 B 지역 수급자 비율의 평균은 12%이다. (나) 제도의 갑국 전체 수급자 비율과 차이는 A 지역이 2%p, B 지역이 3%p이므로 A 지역과 B 지역의 인구비는 3:2이다. B 지역 사회 보험(가) 수급자 수는 A 지역 공공 부조(나) 수급자 수의 2배이므로 ㉠은 '30'이다. (가) 제도의 수급자 비율은 갑국 전체가 36%, A 지역이 38%, B 지역이 30%, C 지역이 42%이므로 A 지역, B 지역, C 지역의 인구비는 3:2:1이다. C 지역 인구를 100명이라 둔다면 A 지역 인구는 300명, B 지역 인구는 200명, 갑국 전체 인구는 600명이다. 이를 바탕으로 갑국의 지역에 따른 제도별 수혜자 수를 표에 정리하면 다음과 같다.

구분	A 지역	B 지역	C 지역	갑국 전체
(가)	114	60	42	216
(나)	30	30	12	72

(단위 : 명)

③ 상호 부조의 원리가 적용되는 제도는 사회 보험(가)이다. B 지역 사회 보험(가) 수급자 수는 60명, 갑국 전체 공공 부조(나) 수급자 수는 72명이다.

오답 풀이

① ㉠은 '30'이다.

② C 지역 사회 보험(가) 수급자 수는 42명, A 지역 공공 부조(나) 수급자 수는 30명이다.

④ 사전 예방적 성격이 강한 제도는 사회 보험(가)이고 사후 처방적 성격이 강한 제도는 공공 부조(나)이다. A 지역 사회 보험(가) 수급자 수는 114명, C 지역 공공 부조(나) 수급자 수는 12명이다.

⑤ 선별적 복지 이념에 기초한 제도는 공공 부조(나)이다. B 지역 공공 부조(나) 수급자 수는 30명, C 지역 전체 인구는 100명이다.

58. 정답: ②

A는 사회 보험, B는 공공 부조이다. 전체 인구는 (가) 지역이 (나) 지역의 1.5배이므로 (나) 지역의 인구를 200명이라 둔다면 (가) 지역의 인구는 300명이다. (가) 지역은 전체 인구의 60%가 사회 보장 제도의 수급자이고 (나) 지역은 전체 인구의 80%가 사회 보장 제도의 수급자이므로 사회 보장 수급자의 수는 (가) 지역이 180명, (나) 지역이 160명이다. (가) 지역에서 A에만 해당하는 수급자는 60%, B에만 해당하는 수급자는 20%이므로 중복 수급자는 20%이고 (나) 지역에서 A에만 해당하는 수급자는 65%, B에만 해당하는 수급자는 15%, 중복 수급자는 20%이다. 이를 바탕으로 갑국의 지역에 따른 제도별 수혜자 수를 표에 정리하면 다음과 같다.

(단위 : 명)

구분	(가) 지역	(나) 지역
A에만 해당하는 수급자	108	104
B에만 해당하는 수급자	36	24
A B 중복 수급자	36	32
비(非)수급자	120	40

② 수급 대상자에 대한 부정적 낙인이 발생할 수 있는 제도는 공공 부조(B)이다. 갑국 전체 공공 부조(B) 수급자 수는 128명, (가) 지역 비(非)수급자 수는 120명이다.

오답 풀이

① 전체 인구 중 A, B 중복 수급자 수는 (가) 지역이 36명, (나) 지역이 32명이다.

③ 수혜자 비용 부담의 원칙이 적용되는 제도는 사회 보험(A)이다. 사회 보험(A) 수급자 수는 (가) 지역이 144명, (나) 지역이 136명이다.

④ 최저 생활의 보장을 목적으로 하는 제도는 공공 부조(B)이다. 공공 부조(B)의 수급자 비율은 (가) 지역이 24%, (나) 지역이 28%이다.

⑤ 상호 부조의 원리를 바탕으로 하는 제도는 사회 보험(A)이다. 사회 보험에만 해당하는 수급자 수는 (가) 지역이 108명, (나) 지역이 104명이다.

59. 정답: ②

A는 사회 보험, B는 공공 부조이다. (가) 지역에서 A 수급자 비율은 전체 인구가 12%, 빈곤 인구가 32%, 비(非)빈곤 인구가 7%이다. 전체 인구와 A 수급자 비율 차이는 빈곤 인구가 20%p, 비(非)빈곤 인구가 5%p이므로 (가) 지역에서 빈곤 인구와 비(非)빈곤 인구의 인구비는 1:4이다. B 수급자 비율은 전체 인구가 60%, 비빈곤 인구가 62%이므로 빈곤 인구는 52%가 되어야 한다. (나) 지역에서 B 수급자 비율은 전체 인구가 72%, 빈곤 인구가 81%, 비(非)빈곤 인구가 69%이다. 전체 인구와 A 수급자 비율 차이는 빈곤 인구가 9%p, 비(非)빈곤 인구가 3%p이므로 (나) 지역에서 빈곤 인구와 비(非)빈곤 인구의 인구비는 1:3이다. A 수급자 비율은 전체 인구가 15%, 비(非)빈곤 인구가 9%이므로 빈곤 인구는 33%가 되어야 한다. 전체 인구는 (가) 지역이 (나) 지역의 2배이므로 (나) 지역의 전체 인구를 100명이라 둔다면, (가) 지역 빈곤 인구는 40명, (가) 지역 비(非)빈곤 인구는 160명, (나) 지역 빈곤 인구는 25명, (나) 지역 비(非)빈곤 인구는 75명이다. 이를 바탕으로 갑국의 지역에 따른 제도별 수혜자 수를 표에 정리하면 다음과 같다.

(단위 : 명)

구분		A 수급자	B 수급자
(가) 지역	전체 인구	24	120
	빈곤 인구	12.8	20.8
	비(非)빈곤 인구	11.2	99.2
(나) 지역	전체 인구	15	72
	빈곤 인구	8.25	20.25
	비(非)빈곤 인구	6.75	51.75

② 사전 예방적 성격이 강한 제도는 사회 보험(B)이고 사후 처방적 성격이 강한 제도는 공공 부조(A)이다. 사회 보험(B)의 (나) 지역 빈곤 인구 수급자는 20.25명, 공공 부조(A)의 (가) 지역 비(非)빈곤 인구 수급자는 11.2명이다.

① ㉠은 '52', ㉡은 '33'이다.

③ 부정적 낙인이 발생할 수 있는 제도는 공공 부조(A)이다. 공공 부조(A)의 빈곤 인구 수급자 수는 (가) 지역이 12.8명, (나) 지역이 8.25명이다.

④ 상호 부조의 원리가 적용되는 제도는 사회 보험(B)이다. 사회 보험(B)의 비(非)빈곤 인구 수급자는 (가) 지역이 99.2명, (나) 지역이 51.75명이다.

⑤ 강제 가입 원칙이 적용되는 제도는 사회 보험(B)이다. (나) 지역 사회 보험(B)의 빈곤 인구 수급자 수는 20.25명, (가) 지역 공공 부조(A)의 전체 인구 수급자 는 24명이다.

60. 정답: ⑤

A는 공공 부조, B는 사회 보험이다. t년에 전체 인구 중 비(非)수급자는 40%이므로 전체 인구 중 A와 B 중 하나라도 해당하는 인구는 60%이다. t년 A 수급자 중 B 비(非)수급자는 50%, B 수급자 중 A 비(非)수급자는 80%이므로 t년 A 수급자를 a%라 둔다면 A에만 해당하는 수급자는 a%, B에만 해당하는 수급자는 4a%이다. 6a%는 60%이므로 a=10임을 알 수 있다. t+50년에 전체 인구 중 비(非)수급자는 44%이므로 전체 인구 중 A와 B 중 하나라도 해당하는 인구는 56%이다. t+50년 A 수급자 중 B 비(非)수급자는 40%, B 수급자 중 A 비(非)수급자는 75%이므로 t+50년 수급자를 3a%라 둔다면 A에만 해당하는 수급자는 2a%, B에만 해당하는 수급자는 9a%이다. 14a%는 56%이므로 a=4임을 알 수 있다. 갑국의 t년 대비 t+50년 전체 인구 증가율은 20%이므로 갑국의 t년 전체 인구를 500명으로 둔다면 t+50년 전체 인구는 600명이다. 이를 바탕으로 갑국의 연도에 따른 제도별 수혜자 수를 표에 정리하면 다음과 같다.

(단위 : 명)

구분	t년	t+50년
A에만 해당하는 수급자	50	48
B에만 해당하는 수급자	200	216
A B 중복 수급자	50	72
비(非)수급자	200	264

⑤ t년 대비 t+50년 전체 인구 증가율은 20%, t년 대비 t+50년 중복 수급자 증가율은 44%이다.

① 전체 인구 중 사회 보험(B)에 해당하는 제도의 수급자 비율은 t년에 50%, t+50년에 48%이다.

② 선별적 복지의 성격이 강한 제도는 공공 부조(A)이다. 공공 부조(A)에만 해당하는 수급자 수는 t년에 50명, t+50년에 48명이다.

③ 보편적 복지의 성격이 강한 제도는 사회 보험(B)이다. 사회 보험(B)에만 해당하는 수급자 수는 t년에 200명, t+50년에 216명이다.

④ 상호 부조의 원리가 적용되는 제도는 사회 보험(B)이고 수급 대상자에 대한 부정적 낙인이 발생할 수 있는 제도는 공공 부조(A)이다. t년 사회 보험(B)에만 해당하는 수급자 수는 200명, t+50년 공공 부조(A) 수급자 수는 120명이다.

61. 정답: ①

A는 공공 부조, B는 사회 보험이다. t년에는 A만 해당하는 수급자 비율은 12%, B만 해당하는 수급자 비율은 45%, 비(非)수급자 비율은 35%이므로 중복 수급자 비율은 8%이다. t년 대비 t+50년의 수급자 비율 차이는 A 수급자가 -5%, B 수급자가 7%, 중복 수급자가 2%이다. t년 A 수급자 비율은 20%이므로 t+50년 A 수급자 비율은 15%이고 t년 B 수급자 비율은 53%이므로 t+50년 B 수급자 비율은 60%이며 t년 중복 수급자 비율은 8%이므로 t+50년 중복 수급자 비율은 10%이다. t년 대비 t+50년 갑국 전체 인구는 20% 증가하였으므로 t년 갑국 전체 인구를 500명으로 둔다면 t+50년 갑국 전체 인구는 600명이다. 이를 바탕으로 갑국의 연도에 따른 제도별 수혜자 수를 표에 정리하면 다음과 같다.

(단위 : 명)

구분	t년	t+50년
A에만 해당하는 수급자	60	30
B에만 해당하는 수급자	225	300
A B 중복 수급자	40	60
비(非)수급자	175	210

① 중복 수급자 수는 t년이 40명, t+50년이 60명이다.

② 부정적 낙인이 발생할 수 있는 제도는 공공 부조(A)이다. 공공 부조(A)에만 해당하는 수급자 비율은 t년이 12%, t+50년이 5%이다.

③ 강제 가입의 원칙이 적용되는 제도는 사회 보험(B)이다. 사회 보험(B)의 수급자 수는 t년이 265명, t+50년이 360명이다.

④ 사후 처방적 성격이 강한 제도는 공공 부조(A)이고 사전 예방적 성격이 강한 제도는 사회 보험(B)이다. t+50년 공공 부조(A) 수급자 수는 100명, t년 사회 보험(B)에만 해당하는 수급자 수는 225명이다.

⑤ 비(非)수급자 수는 t년이 175명, t+50년이 210명이다.

62. 정답: ②

(가)는 사회 보험, (나)는 공공 부조이다. (나) 수급자 비율은 A 지역이 15%, B 지역이 16%, C 지역이 19%, 전체 지역이 16%이므로 A 지역과 C 지역 (나) 수급자 비율의 평균은 16%가 나와야 한다. 전체 지역 (나) 수급자 비율과 A 지역

(나) 수급자 비율의 차이는 1%p, C 지역 (나) 수급자 비율의 차이는 3%p이므로 A 지역과 C 지역의 인구비는 3:1이다. 전체 인구는 B 지역이 C 지역의 2배이므로 C 지역의 인구를 100명으로 둔다면 A 지역 인구는 300명, B 지역 인구는 200명이다. (가) 수급자 수는 전체 지역이 150명, A 지역이 72명, C 지역이 22명이므로 B 지역은 56명이다. B 지역 인구는 200명이므로 B 지역 (가) 수급자 비율은 28%이다. (가)와 (나) 중복 수급자 수는 전체 지역이 48명, A 지역이 18명, B 지역이 20명이므로 C 지역은 10명이다. C 지역 인구는 100명이므로 C 지역 (나) 수급자 비율은 10%이다. 이를 바탕으로 갑국의 지역에 따른 제도별 수혜자 수를 표에 정리하면 다음과 같다.

(단위 : 명)

구분	A 지역	B 지역	C 지역
(가)에만 해당하는 수급자	54	36	12
(나)에만 해당하는 수급자	27	12	9
(가), (나) 중복 수급자	18	20	10
비(非)수급자	201	132	69

② 금전적 지원을 원칙으로 하는 제도는 사회 보험(가)과 공공 부조(나)이다. 금전적 지원을 원칙으로 하는 제도의 수급자 비율은 A 지역이 33%, B 지역이 34%이다.

오답 풀이

① ㉠은 '28', ㉡은 '10'이다.
③ 사전 예방적 성격이 강한 제도는 사회 보험(가)이다. 사회 보험(가)에만 해당하는 수급자 수는 A 지역이 54명, C 지역이 12명이다.
④ 사후 처방적 성격이 강한 제도는 공공 부조(나)이고 강제 가입 원칙이 적용되는 제도는 사회 보험(가)이다. A 지역 공공 부조(나) 수급자 수는 45명, 전체 지역 사회 보험(가) 수급자 수는 150명이다.
⑤ 보편적 복지 성격이 강한 제도는 사회 보험(가)이고 선별적 복지 성격이 강한 제도는 공공 부조(나)이다. B 지역 사회 보험(가) 수급자 수는 56명, C 지역에서 공공 부조(나)에만 해당하는 수급자 수는 9명이다.

63. 정답: ②

(가)는 사회 보험, (나)는 공공 부조이다. A 지역에서 (나) 수급자는 10%, 중복 수급자는 5%, 비(非)수급자는 50%이므로 (가) 수급자는 45%이다. B 지역에서 (가) 수급자는 53%, (나) 수급자는 20%, 비(非)수급자는 42%이므로 중복 수급자는 15%이다. C 지역에서 (가) 수급자는 55%, (나) 수급자는 18%, 중복 수급자는 10%이므로 비(非)수급자는 37%이다. C 지역 비(非)수급자 중 탈락자는 C 지역 전체 인구 중 21%이므로 C 지역 비(非)탈락자는 C 지역 전체 인구 중 16%이다. A~C 지역의 중복 수급자 수는 동일하므로 A 지역 인구를 600명으로 둔다면 B 지역 인구는 200명, C 지역 인구는 300명이다.

이를 바탕으로 갑국의 지역에 따른 제도별 수혜자 수를 표에 정리하면 다음과 같다.

(단위 : 명)

구분		A 지역	B 지역	C 지역
(가)에만 해당하는 수급자		240	76	135
(나)에만 해당하는 수급자		30	10	24
(가), (나) 중복 수급자		30	30	30
비(非)수급자	탈락자	120	30	63
	비(非)탈락자	180	54	48

② 수급 대상자에 대한 부정적 낙인이 발생할 수 있는 제도는 공공 부조(나)이다. 공공 부조(나)에만 해당하는 수급자 수는 A 지역이 30명, B 지역이 10명이다.

오답 풀이

① ㉠은 '45', ㉡은 '15', ㉢은 '16'이다.
③ 강제 가입의 원칙이 적용되는 제도는 사회 보험(가)이다. 사회 보험(가)에만 해당하는 수급자 비율은 A 지역이 40%, C 지역이 45%이다.
④ A 지역의 탈락자 수는 120명, B 지역의 중복 수급자 수는 30명이다.
⑤ 상호 부조의 원리가 적용되는 제도는 사회 보험(가)이다. C 지역 사회 보험(가) 수급자 수는 165명, B 지역 공공 부조(나) 수급자 수는 40명이다.

64. 정답: ③

A는 사회 보험, B는 공공 부조이다. 중복 수급자 비율은 t년에 10%, t+20년에 15%이다. t년 대비 t+20년 중복 수급자 비율은 80% 증가하였으므로 t년 전체 인구를 500명이라고 둔다면 t+20년 전체 인구는 600명이다. A만 해당하는 수급자 비율은 t년에 40%, t+20년에 ㉠-15%이다. t년 대비 t+20년에 A만 해당하는 수급자 수는 35% 증가하였으므로 ㉠은 '60'이다. B만 해당하는 수급자 비율은 t년에 10%, t+20년에 10%이다. t년 대비 t+20년에 전체 인구는 20% 증가하였으므로 B만 해당하는 수급자 수도 20% 증가하였다. 이를 바탕으로 갑국의 연도에 따른 제도별 수혜자 수를 표에 정리하면 다음과 같다.

(단위 : 명)

구분	t년	t+20년
A에만 해당하는 수급자	200	270
B에만 해당하는 수급자	50	60
A B 중복 수급자	50	90
비(非)수급자	200	180

③ 대상자에 대한 부정적 낙인이 발생할 수 있는 제도는 공공 부조(B)이다. 공공 부조(B) 수급자 수는 t년이 100명, t+20년이 150명이다.

① ㉠은 '50', ㉡은 '20'이다.
② 수혜자 비용 부담 원칙이 적용되는 제도는 사회 보험(A)이다. 사회 보험의 수급자 수는 t년이 250명, t+20년이 360명이다.
④ 사전 예방적 성격이 강한 제도는 사회 보험(A)이고 사후 처방적 성격이 강한 제도는 공공 부조(B)이다. 사회 보험(A)에만 해당하는 t년 수급자 수는 200명, 공공 부조(B) t+20년 수급자 수는 150명이다.
⑤ 보편적 복지의 원칙이 적용되는 제도는 사회 보험(A)이다. 전체 인구 중 사회 보험(A)에만 해당하는 수급자 비율은 t년이 40%, t+20년이 45%이다.

65. 정답: ③

(가)는 공공 부조, (나)는 사회 보험이다. (나) 수급자 비율은 전체 지역이 66%, A 지역이 64%, B 지역이 70%이다. (나) 수급자 비율의 차이는 전체 지역과 A 지역이 2%p, B 지역이 4%p이므로 A 지역과 B 지역의 인구비는 2 : 1이다. B 지역의 인구를 100명으로 둔다면 A 지역의 인구는 200명이다. (가) 수급자 수는 전체 지역이 66명, A 지역이 48명이므로 B 지역은 18명이다. B 지역의 전체 인구는 100명이므로 B 지역 (나) 수급자 비율은 18%이다. (가)와 (나) 중복 수급자를 제외한 (가) 수급자 수는 A 지역이 48-2㉡명, B 지역이 12명, 전체 지역이 66-3㉢이다. 48-2㉡=12이므로 ㉡은 '18', ㉢은 '14'이다. 이를 바탕으로 갑국의 지역에 따른 제도별 수혜자 수를 표에 정리하면 다음과 같다.

구분	A 지역	B 지역	전체 지역
(가)에만 해당하는 수급자	12	12	24
(나)에만 해당하는 수급자	92	64	156
(가), (나) 중복 수급자	36	6	42
비(非)수급자	60	18	78

③ 보편적 복지의 성격이 강한 제도는 사회 보험(나)이다. B 지역 사회 보험(나) 수급자 수는 70명, 갑국 전체 공공 부조(가) 수급자 수는 66명이다.

① ㉠은 '18', ㉡은 '18', ㉢은 '14'이다.
② 선별적 복지의 성격이 강한 제도는 공공 부조(가)이다. 공공 부조(가) 수급자 수는 A 지역이 48명, B 지역이 18명이다.
④ 금전적 지원을 원칙으로 하는 제도는 공공 부조(가)와 사회 보험(나)이다. 공공 부조(가)와 사회 보험(나) 중 하나라도 해당하는 수급자 비율은 A 지역이 70%, B 지역이 82%이다.
⑤ 공공 부조(가)에 해당하는 제도의 수급자를 제외한 사회 보험(나)에 해당하는 제도의 수급자 수는 전체 지역이 156명, B 지역이 64명이다.

66. 정답: ④

A는 사회 보험, B는 공공 부조이다. A와 B의 중복 수급자 수는 (다) 지역이 (가) 지역의 2배이므로 (가) 지역 인구를 100명이라 둔다면 (다) 지역 인구는 200명이다. B 수급자 비율은 (가) 지역이 22%, (나) 지역이 16%, (다) 지역이 25%, 전체 지역이 20%이므로 (가) 지역과 (다) 지역의 평균은 24%이다. 전체 지역과 (가) 지역과 (다) 지역 평균의 차이는 전체 지역과 (나) 지역의 차이와 같으므로 (나) 지역의 인구는 (가) 지역과 (다) 지역의 인구를 합한 것과 같다. A 수급자 수는 (가) 지역이 30명, (나) 지역이 108명, (다) 지역이 66명이므로 전체 지역은 204명이다. 전체 지역의 인구는 600명이므로 전체 지역 A 수급자 비율은 34%이다. A와 B 중복 수급자 수는 (가) 지역이 6명, (다) 지역이 12명, 전체 지역이 48명이므로 (나) 지역이 30명이다. (나) 지역의 인구는 300명이므로 (나) 지역 A와 B 중복 수급자 비율은 10%이다. 이를 바탕으로 갑국의 지역에 따른 제도별 수혜자 수를 표에 정리하면 다음과 같다.

(단위 : 명)

구분	(가) 지역	(나) 지역	(다) 지역
A에만 해당하는 수급자	24	78	54
B에만 해당하는 수급자	16	18	38
A B 중복 수급자	6	30	12
비(非)수급자	54	174	96

④ 선별적 복지의 성격이 강한 제도는 공공 부조(B)이고, 보편적 복지의 성격이 강한 제도는 사회 보험(A)이다. 공공 부조(B)에만 해당하는 (나) 지역 수급자 수는 18명, 사회 보험(A)에만 해당하는 (가) 지역 수급자 수는 24명이다.

① ㉠은 '34', ㉡은 '10'이다.
② 수급 대상자에 대한 부정적 낙인이 발생할 수 있는 제도는 공공 부조(B)이다. 공공 부조(B) 수급자 수는 (가) 지역이 22명, (나) 지역이 48명이다.
③ 수혜자 비용 부담 원칙이 적용되는 제도는 사회 보험(A)이다. 사회 보험(A)에만 해당하는 수급자 비율은 (나) 지역이 26%, (다) 지역이 27%이다.
⑤ 비(非)수급자 비율은 (가) 지역이 54%, (나) 지역이 58%, (다) 지역이 48%이다.

67. 정답: ③

A는 사회 보험, B는 공공 부조, C는 사회 서비스이다. A에만 해당하는 수혜자, B에만 해당하는 수혜자, C에만 해당하는 수혜자, A B에만 해당하는 수혜자, B, C에만 해당하는 수혜자, A C에만 해당하는 수혜자, A, B, C 중복 수혜자, 비(非)수혜자 비율의 합은 100%이므로 t년 비(非)수혜자의 비율은 26%, t+30년 A에만 해당하는 수혜자의 비율은

24%이다. 갑국의 전체 인구는 t+30년이 t년의 2배이므로 t년 전체 인구를 100명으로 둔다면 t+30년 전체 인구는 200명이다. 이를 바탕으로 갑국의 연도에 따른 제도별 수혜자 수를 표에 정리하면 다음과 같다.

(단위 : 명)

구분	t년	t+30년
A에만 해당하는 수혜자	30	48
B에만 해당하는 수혜자	12	16
C에만 해당하는 수혜자	10	24
A, B에만 해당하는 수혜자	8	20
B, C에만 해당하는 수혜자	5	16
A, C에만 해당하는 수혜자	6	8
A, B, C 중복 수혜자	3	12
비(非)수혜자	26	56

③ 최저 생활 보장을 목적으로 하는 제도는 공공 부조(B)이다. 공공 부조(B)에만 해당하는 수혜자 수는 t년이 12명, t+30년이 16명이다.

오답 풀이
① 비금전적 지원을 원칙으로 하는 제도는 사회 서비스(C)이다. 사회 서비스(C) 수혜자 비율은 t년이 24%, t+30년이 30%이다.
② 상호 부조의 원리를 바탕으로 하는 제도는 사회 보험(A)이다. 사회 보험(A)에만 해당하는 수혜자 수는 t년에 30명, t+30년에 48명이다.
④ 금전적 지원의 원칙이 적용되는 제도는 사회 보험(A)과 공공 부조(B)이다. 사회 보험(A)과 공공 부조(B) 중 하나라도 해당하는 수혜자 비율은 t년에 64%, t+30년에 60%이다.
⑤ 두 가지 제도에만 해당하는 수혜자 수는 t년에 19명, t+30년에 44명이다.

68. 정답: ④

(가)는 공공 부조, (나)는 사회 보험이다.
(나)에만 해당하는 수급자에서 가중평균의 원리에 의해 A 지역과 C 지역의 전체 인구가 같음을 알 수 있으며, 해당 인구를 100으로 둘 수 있다. 또한 B 지역의 전체 인구를 $100a$로 둘 수 있다.
B 지역의 (가)에만 해당하는 수급자 비율은 전체 인구의 10%, (나)에만 해당하는 수급자 비율은 전체 인구의 32%이고 비(非)수급자 비율은 전체 인구의 50%이므로 (가)와 (나) 중복 수급자 비율은 전체 인구의 8%임을 알 수 있다. 또한 C 지역의 (가)에만 해당하는 수급자 비율은 전체 인구의 15%, (나)에만 해당하는 수급자 비율은 전체 인구의 34%이고 비(非)수급자 비율은 전체 인구의 46%이므로 (가)와 (나) 중복 수급자 비율은 전체 인구의 5%임을 알 수 있다. 이에 따라 B 지역의 (나) 수급자 수는 전체 인구의 40%이므로 $40a$이며, C 지역의 (가) 수급자 수는 전체 인

구의 20%이므로 20이다. 이때 전자와 후자는 같으므로 $40a=20$, $a=0.5$임을, 이에 따라 B 지역의 전체 인구는 50임을 알 수 있다.
(가)에만 해당하는 수급자에서 A 지역의 수는 10, B 지역의 수는 5, C 지역의 수는 15이다. 이에 따라 갑국 전체의 (가)에만 해당하는 수급자 수는 30임을 알 수 있다. 그리고 갑국 전체의 인구는 250이므로 ㉠에 들어갈 값은 $(30/250)×100(\%)=12(\%)$임을 알 수 있다. 또한 비(非)수급자에서 A 지역의 수는 ㉡, B 지역의 수는 25, C 지역의 수는 46, 갑국 전체의 수는 120이다. 이에 따라 ㉡ + 25 + 46=120, ㉡=49임을 알 수 있다. 이에 따라 A~C 지역과 갑국의 전체 인구와 (가), (나) 수급자 수를 표에 나타내면 다음과 같다.

구분	A 지역	B 지역	C 지역	갑국
(가) 수급자	21	9	20	50
(나) 수급자	41	20	39	100
(가)와 (나) 중복 수급자	11	4	5	20
전체 인구	100	50	100	250

④ 선별적 복지 이념에 기초한 공공 부조의 A 지역 수급자 수는 21, B 지역 수급자 수는 9로 전자는 후자의 2배보다 많다.

오답 풀이
① ㉡에 들어갈 수는 49, ㉠에 들어갈 수는 12로 전자는 후자의 4배 미만이 아니다.
② 공공 부조에 해당하는 제도의 A 지역 수급자 수는 21, 사회 보험에 해당하는 제도의 B 지역 수급자 수는 20으로 전자는 후자보다 적지 않다.
③ 강제 가입의 원칙이 적용되는 사회 보험의 B 지역 수급자 비율은 전체 인구의 40%, C 지역 수급자 비율은 전체 인구의 39%로 전자는 후자보다 낮지 않다.
⑤ (가)와 (나) 중복 수급자 비율은 A 지역이 전체 인구의 11%, B 지역이 전체 인구의 8%, C 지역이 전체 인구의 5%로 B 지역이 A 지역보다 낮고, C 지역보다 높다.

69. 정답: ⑤

A는 공공 부조, B는 사회 서비스, C는 사회 보험이다.
3중 수혜자 비율은 전체 인구의 3%이고, 이는 A, C의 혜택을 모두 받는 사람 수와 B, C의 혜택을 모두 받는 사람 수의 0.5배이므로 A, C의 혜택만을 모두 받는 사람 수와 B, C의 혜택만을 모두 받는 사람 수는 모두 전체 인구의 3%임을 알 수 있다. 또한 2중 수혜자 비율은 전체 인구의 8%이므로 A, B의 혜택만을 모두 받는 사람 수는 전체 인구의 2%임을 알 수 있다. 이때 A 수혜자 비율은 전체 인구의 13%이므로 A의 혜택만을 받는 사람 수는 전체 인구의 5%임을, B 수혜자 비율은 전체 인구의 22%이므로 B의 혜택만을 받는 사람 수는 전체 인구의 14%임을, C 수혜자 비

율은 전체 인구의 64%이므로 C의 혜택만을 받는 사람 수는 전체 인구의 55%임을 알 수 있다. 이에 따라 갑국 전체 인구를 100명으로 둔 뒤 각 제도의 수혜자 수를 표에 나타내면 다음과 같다.

(단위 : 명)

구분	갑국
A에만 해당하는 수혜자	5
B에만 해당하는 수혜자	14
C에만 해당하는 수혜자	55
A, B에만 해당하는 수혜자	2
B, C에만 해당하는 수혜자	3
A, C에만 해당하는 수혜자	3
A, B, C 중복 수혜자	3
비(非)수혜자	15

⑤ 중복 수혜자 중 상호 부조의 원리가 적용되는 사회 보험의 혜택을 받는 사람 수는 9명, 비(非)수혜자 수는 15명으로 전자는 후자보다 적다.

오답 풀이

① 사회 보험의 혜택만을 받는 사람 수는 55명, 공공 부조의 혜택을 받는 사람 수는 13명으로 전자는 후자의 3배가 아니다.

② 중복 수혜자 수는 11명, 민간 부문도 복지 제공에 참여할 수 있는 사회 서비스의 혜택만을 받는 사람 수는 14명으로 전자와 후자는 같지 않다.

③ 비(非)수혜자 수는 15명, 사회 서비스의 혜택을 받는 사람 수는 22명으로 전자와 후자는 같지 않다.

④ 중복 수혜자 중 소득 재분배 효과가 가장 큰 공공 부조의 혜택을 받는 사람 수는 8명, 2중 수혜자의 수는 8명으로 전자는 후자보다 많지 않다.

70. 정답: ③

(가)는 사회 보험, (나)는 공공 부조이다. (나) 수급자 비율은 A 지역이 8%, B 지역이 12%, C 지역이 18%, 전체 지역이 12%이다. (나) 수급자 비율은 B 지역과 전체 지역이 같으므로 A 지역과 C 지역의 평균은 12%이다. 전체 지역 (나) 수급자 비율과 A 지역의 차이는 4%p, 전체 지역 (나) 수급자 비율과 C 지역의 차이는 6%p이므로 A 지역과 C 지역의 인구비는 3:2이다. (나) 제도에만 해당하는 수급자 비율은 A 지역이 4%, B 지역이 6%, C 지역이 18-ⓒ%이고 (나) 제도에만 해당하는 수급자 수는 A 지역:B 지역: C 지역=2:1:3이므로 A 지역과 B 지역, C 지역의 인구비는 3:1:2이다. B 지역 인구 수를 100명으로 둔다면, A 지역 인구 수는 300명, C 지역 인구 수는 200명이다. (가) 수급자 수는 B 지역이 30명, C 지역이 60명, 전체 지역이 198명이므로 A 지역은 108명이다. A 지역 인구 수는 300명이므로 A 지역 (가) 수급자 비율은 36%이다. 이를 바탕으로 갑국의 지역에 따른 제도별 수혜자 수를 표에 정리하면 다음과 같다.

(단위 : 명)

구분	A 지역	B 지역	C 지역
(가)에만 해당하는 수급자	96	24	42
(나)에만 해당하는 수급자	12	6	18
(가), (나) 중복 수급자	12	6	18
비(非)수급자	180	64	122

③ 사전 예방적 성격이 강한 제도는 사회 보험(가)이고 사후 처방적 성격이 강한 제도는 공공 부조(나)이다. 사회 보험(가)에만 해당하는 B 지역 수급자 수는 24명, 공공 부조(나)에 해당하는 A 지역 수급자 수는 24명이다.

오답 풀이

① ⑦은 '36', ⓒ은 '9', ⓒ은 '6'이다.

② 소득 재분배 효과가 더 큰 제도는 공공 부조(나)이다. 공공 부조(나)의 수급자 수는 A 지역이 24명, C 지역이 36명이다.

④ 수익자 비용 부담 원칙이 적용되는 제도는 사회 보험(가)이다. 사회 보험(가)에만 해당하는 수급자 수는 B 지역이 24명, C 지역이 42명이다.

⑤ 금전적 지원의 원칙이 적용되는 제도는 사회 보험(가)과 공공 부조(나)이다. 사회 보험(가)과 공공 부조(나) 중 하나라도 해당하는 수급자 수는 C 지역이 78명, 갑국 전체가 234명이다.

71. 정답: ②

A는 사회 서비스, B는 공공 부조, C는 사회 보험이다. A 수혜자 중 B 수혜자는 25%, B 수혜자 중 A 수혜자는 40%이므로 A, B 중복 수혜자를 2a%라 둔다면, A에만 해당하는 수혜자는 6a%, B에만 해당하는 수혜자는 3a%이다. 3중 수혜자 수와 A, B만 중복 수혜하는 인구 수는 동일하므로, 3중 수혜자는 a%, A, B만 중복 수혜하는 인구는 a%이다. B 수혜자 중 C 수혜자는 40%, C 수혜자 중 B 수혜자는 20%이므로 B, C 중복 수혜자를 2a%라 둔다면, B에만 해당하는 수혜자는 3a%, C에만 해당하는 수혜자는 8a%이다. C 수혜자 중 A 수혜자는 30%이므로 A, C 중복 수혜자를 3a%라 둔다면, C에만 해당하는 수혜자는 7a%, A에만 해당하는 수혜자는 5a%이다. 따라서, A 수혜자 중 C 수혜자는 37.5%이다. A, C를 중복 수혜하는 인구 수와 비(非)수혜자 수는 동일하므로 비(非)수혜자 수는 3a%이다. A에만 해당하는 수혜자, B에만 해당하는 수혜자, C에만 해당하는 수혜자, A, B에만 해당하는 수혜자, B, C에만 해당하는 수혜자, A, C에만 해당하는 수혜자, A, B, C 중복 수혜자, 비(非)수혜자 비율의 합은 100%이므로 a=5임을 알 수 있다. 이를 바탕으로 갑국의 전체 인구가 100명일 때, 갑국의 제도별 수혜자 수를 표에 정리하면 다음과 같다.

구분	갑국
A에만 해당하는 수혜자	20
B에만 해당하는 수혜자	10
C에만 해당하는 수혜자	30
A, B에만 해당하는 수혜자	5
B, C에만 해당하는 수혜자	5
A, C에만 해당하는 수혜자	10
A, B, C 중복 수혜자	5
비(非)수혜자	15

(단위 : 명)

② 수급자 선정에 따른 부정적 낙인이 발생할 수 있는 제도는 공공 부조(B)이다. 공공 부조(B)에만 해당하는 수혜자 수는 10명, 사회 보험(C), 사회 서비스(A)에 해당하는 제도만 중복 수혜하는 인구 수는 10명이다.

오답 풀이

① ㉠은 '37.5'이고 사회 서비스(A)의 수혜자 비율은 40%이다.

③ 강제 가입의 원칙이 적용되는 제도는 사회 보험(C)이다. 2중 수혜자 수는 20명, 사회 보험(C)에만 해당하는 수혜자 수는 30명이다.

④ 민간 부문도 복지 제공의 당사자가 될 수 있는 제도는 사회 서비스(A)이고 사후 처방적 성격이 강한 제도는 공공 부조(B)이다. 사회 서비스(A)에만 해당하는 수혜자 수는 20명, 공공 부조(B) 수혜자 수는 25명이다.

⑤ 3중 수혜자 수는 5명, 비(非)수혜자 수는 15명이다.

구분	갑국
A에만 해당하는 수혜자	13
B에만 해당하는 수혜자	50
C에만 해당하는 수혜자	11
A, B에만 해당하는 수혜자	6
B, C에만 해당하는 수혜자	9
A, C에만 해당하는 수혜자	3
A, B, C 중복 수혜자	4
비(非)수혜자	4

(단위 : 명)

① 2중 수혜자 수는 18명, 공공 부조의 혜택만을 받는 사람 수는 11명으로 전자는 후자보다 많다.

오답 풀이

② 3중 수혜자 수는 4명, 사회 서비스의 혜택만을 받는 사람 수는 13명으로 전자는 후자의 0.5배가 아니다.

③ 강제 가입의 원칙이 적용되는 사회 보험에만 해당하는 수혜자 수는 50명, 사후 처방적 성격이 강한 공공 부조의 수혜자 수는 27명으로 전자는 후자의 2배 이상이 아니다.

④ 민간 부문도 복지 제공에 참여할 수 있는 사회 서비스의 수혜자 수는 26명, 두 가지 이상의 제도의 혜택을 받는 사람 수는 22명으로 전자는 후자보다 적지 않다.

⑤ 한 가지 제도의 혜택만을 받는 사람 수는 74명, 사전 예방적 성격이 강한 사회 보험의 수혜자 수는 69명으로 전자는 후자보다 적지 않다.

72. 정답: ①

A는 사회 서비스, B는 사회 보험, C는 공공 부조이다.

3중 수혜자 수를 전체 인구의 a%로 둔다면 A와 B에만 해당하는 중복 수혜자의 비율은 전체 인구의 (10-a)%, B와 C에만 해당하는 중복 수혜자의 비율은 전체 인구의 (13-a)%, A와 C에만 해당하는 중복 수혜자의 비율은 전체 인구의 (7-a)%이다. 또한 3중 수혜자 수와 비(非)수혜자 수는 같으므로 후자는 전체 인구의 a%임을 알 수 있다. 이때 A에만 해당하는 수혜자 수를 전체 인구의 b%로 둔다면 B에만 해당하는 수혜자 수는 전체 인구의 (63-b)%이며, C에만 해당하는 수혜자 수는 전체 인구의 (-2+b)%이다. 이때 A와 C 단독 수혜자 비율은 전체 인구의 24%이므로 (-2+2b)%=24%, b=13임을 알 수 있다. 또한 전체 인구는 100%이므로 (104-a)%=100%, a=4임을 알 수 있다. 이를 바탕으로 갑국의 전체 인구가 100명일 때, 갑국의 제도별 수혜자 수를 표에 정리하면 다음과 같다.

73. 정답: ④

(가)는 공공 부조, (나)는 사회 보험이다. t년 갑국의 전체 인구 중 (가) 제도의 수급자 비율은 15%이므로 비(非)수급자의 비율은 85%이다. (가) 제도의 t+1년 수급 진입 비율은 20%, 수급 이탈 비율은 40%이므로 t년 (가) 제도의 수급자 15% 중 60%인 9%가 수급을 유지하였고 t년 (가) 제도의 비(非)수급자 85% 중 20%인 17%가 수급자가 되었으므로 (가) 제도의 t+1년 수급자 비율은 26%, 비(非)수급자의 비율은 74%이다. (가) 제도의 t+2년 수급 진입 비율은 5%, 수급 이탈 비율은 50%이므로 t+1년 (가) 제도의 수급자 26% 중 50%인 13%가 수급을 유지하였고 t+1년 (가) 제도의 비(非)수급자 74% 중 5%인 3.7%가 수급자가 되었으므로 (가) 제도의 t+2년 수급자 비율은 16.7%, 비(非)수급자의 비율은 83.3%이다. t년 갑국의 전체 인구 중 (나) 제도의 수급자 비율은 30%이므로 비(非)수급자의 비율은 70%이다. (나) 제도의 t+1년 수급 진입 비율은 30%, 수급 이탈 비율은 10%이므로 t년 (나) 제도의 수급자 30% 중 90%인 27%가 수급을 유지하였고 t년 (나) 제도의 비(非)수급자 70% 중 30%인 21%가 수급자가 되었으므로 (나) 제도의 t+1년 수급자 비율은 48%, 비(非)수급자의 비율은 52%이다. (나) 제도의 t+2년 수급 진입 비율은 20%,

수급 이탈 비율은 40%이므로 t+1년 (나) 제도의 수급자 48% 중 60%인 28.8%가 수급을 유지하였고 t+1년 (나) 제도의 비(非)수급자 52% 중 20%인 10.4%가 수급자가 되었으므로 (나) 제도의 t+2년 수급자 비율은 39.2%, 비(非)수급자의 비율은 60.8%이다. 제시된 기간 동안 인구 변동은 없으므로 t년 갑국 전체 인구를 100명이라 둔다면, t+1년과 t+2년의 갑국 전체 인구는 100명이다. 이를 바탕으로 갑국의 연도에 따른 제도별 수혜자 수를 표에 정리하면 다음과 같다.

(단위 : 명)

구분	(가) 제도	(나) 제도
t년	15	30
t+1년	26	48
t+2년	16.7	39.2

④ 직전 연도와 달리 공공 부조(가) 수급자가 된 사람 수는 t+1년에 17명, t+2년에 3.7명이다.

오답 풀이

① 선별적 복지의 성격이 강한 제도는 공공 부조(가)이다. 공공 부조(가) 수급자 비율은 t년에 15%, t+2년에 16.7%이다.

② 보편적 복지의 성격이 강한 제도는 사회 보험(나)이다. 사회 보험(나) 비(非)수급자 비율은 t+1년이 52%, t+2년이 60.8%이다.

③ 직전 연도와 달리 해당 연도에 사회 보험(나)에 해당하는 제도의 비(非)수급자가 된 사람 수는 t+1년에 3명, t+2년에 19.2명이다.

⑤ 사전 예방적 성격이 강한 제도는 사회 보험(나)이고 사후 처방적 성격이 강한 제도는 공공 부조(가)이다. 사회 보험(나)과 공공 부조(가) 수급자 비율의 합은 t년이 45%, t+1년이 74%, t+2년이 55.9%이다.

74. 정답: ④

A는 공공 부조, B는 사회 보험이다. (가) 지역 A 수급자 중 B 수급자의 비율은 50%, B 수급자 중 A 수급자의 비율은 20%이므로 중복 수급자를 2a%라고 둔다면, A에만 해당하는 수급자는 2a%, B에만 해당하는 수급자는 8a%이다. (나) 지역 B 수급자 중 A 수급자의 비율은 40%이고 B 수급자 중 A 수급자의 비율은 (가) 지역과 (나) 지역이 전체 지역과의 차이가 같으므로 B 수급자는 (가) 지역과 (나) 지역이 같다. (가) 지역의 B 수급자는 10a%이므로 (나) 지역의 중복 수급자는 4a%, B에만 해당하는 수급자는 6a%이다. 전체 지역 A 수급자 중 B 수급자는 60%인 것을 통해 (나) 지역에서 A에만 해당하는 수급자의 비율은 2a%라는 것을 알 수 있고, (나) 지역의 A 또는 B 수급자는 50%이므로 (나) 지역의 비(非)수급자의 비율은 12a%이다. A 또는 B 수급자는 (나) 지역에서 12a%, (가) 지역에서 12a%이므로 (가) 지역의 비(非)수급자 비율은 4a%이다. 이를 바탕으로 갑국의 전체 인구가 40a명일 때, 지역에 따른 제도별 수혜자 수를 표에 정리하면 다음과 같다.

(단위 : 명)

구분	(가) 지역	(나) 지역	전체
A에만 해당하는 수급자	2a	2a	4a
B에만 해당하는 수급자	8a	6a	14a
A, B 중복 수급자	2a	4a	6a
비(非)수급자	4a	12a	16a

④ 선별적 복지의 성격이 강한 제도는 공공 부조(A)이다. 공공 부조(A)에만 해당하는 제도의 수급자 수는 (나) 지역이 2a명, (가) 지역 중복 수급자 수는 2a명이다.

오답 풀이

① ㉠은 '100/3', ㉡은 '75'이다.

② 사회 보험(B) 수급자 비율은 (가) 지역이 10/16, (나) 지역이 10/24이다.

③ 공공 부조(A) 수급자 수는 (가) 지역이 4a명, (나) 지역이 6a명이다.

⑤ 보편적 복지의 성격이 강한 제도는 사회 보험(B)이다. (가) 지역 사회 보험(B) 수급자 수는 10a명, (나) 지역 전체 인구는 24a명이다.

75. 정답: ①

(가)는 공공 부조, (나)는 사회 보험이다. (가) 수급자 중 (나) 수급자 비율은 갑국 전체가 38%, A 지역이 50%, B 지역이 30%이다. 갑국 전체 (가) 수급자 중 (나) 수급자 비율과 A 지역의 차이는 12%p, B 지역의 차이는 8%p이므로 A 지역과 B 지역의 (가) 수급자의 인구비는 2:3이다. (가) 수급자 비율은 갑국 전체가 25%, A 지역이 20%이므로 B 지역은 30%이고 갑국과 을국의 인구는 동일하다. 따라서, A 지역의 (나) 수급자 비율은 40%이다. 이를 바탕으로 A 지역과 B 지역의 인구가 각각 100명일 때, 갑국의 지역에 따른 제도별 수혜자 수를 표에 정리하면 다음과 같다.

(단위 : 명)

구분	A 지역	B 지역	전체
(가)에만 해당하는 수급자	10	21	31
(나)에만 해당하는 수급자	30	41	71
(가), (나) 중복 수급자	10	9	19
비(非)수급자	50	29	79

ㄱ. ㉠은 '30', ㉡은 '40'이다.

ㄴ. 금전적 지원을 원칙으로 하는 제도는 공공 부조(가)와 사회 보험(나)이다. 공공 부조(가)와 사회 보험(나) 중 하나라도 해당되는 수급자 수는 A 지역이 50명, B 지역이 71명이다.

오답 풀이

ㄷ. 선별적 복지의 성격이 강한 제도는 공공 부조(가)이다. 공공 부조(가)에만 해당하는 수급자 수는 A 지역이 10명, B 지역이 21명이다.

ㄹ. 보편적 복지의 성격이 강한 제도는 사회 보험(나)이다. 사회 보험(나)에만 해당하는 수급자 수는 A 지역이 30명, B 지역이 41명이다.

76. 정답: ③

(가)는 사회 보험, (나)는 공공 부조, (다)는 사회 서비스이다. A 지역에서 (가)~(다) 중복 수급자 비율은 3%이므로 (가), (나)에만 해당하는 수급자는 4%, (나), (다)에만 해당하는 수급자는 5%, (가), (다)에만 해당하는 수급자는 2%이다. (가) 수급자는 16%, (나) 수급자는 15%, (다) 수급자는 13%이므로 (가)에만 해당하는 수급자는 7%, (나)에만 해당하는 수급자는 3%, (다)에만 해당하는 수급자는 3%이다. B 지역에서 (가)~(다) 중복 수급자 비율은 5%이므로 (가), (나)에만 해당하는 수급자는 2%, (나), (다)에만 해당하는 수급자는 3%, (가), (다)에만 해당하는 수급자는 2%이다. (가) 수급자는 19%, (나) 수급자는 14%, (다) 수급자는 16%이므로 (가)에만 해당하는 수급자는 10%, (나)에만 해당하는 수급자는 4%, (다)에만 해당하는 수급자는 6%이다. 전체 인구는 A 지역이 B 지역의 2배이므로 B 지역 전체 인구를 100명이라 둔다면, A 지역 전체 인구는 200명이다. 이를 바탕으로 갑국의 지역에 따른 제도별 수혜자 수를 표에 정리하면 다음과 같다.

(단위 : 명)

구분	A 지역	B 지역
(가)에만 해당하는 수급자	14	10
(나)에만 해당하는 수급자	6	4
(다)에만 해당하는 수급자	6	6
(가), (나)에만 해당하는 수급자	8	2
(나), (다)에만 해당하는 수급자	10	3
(가), (다)에만 해당하는 수급자	4	2
(가), (나), (다) 중복 수급자	6	5
비(非)수급자	146	68

③ 민간 부문도 복지 제공에 참여할 수 있는 제도는 사회 서비스(다)이다. 사회 서비스(다)의 혜택만을 받는 사람 수는 A 지역이 6명, B 지역이 6명이다.

오답 풀이

① 중복 수급자 중 사회 보험(가)의 혜택을 받는 사람 수는 A 지역이 18명, B 지역이 9명이다.

② 중복 수급자 중 사회 서비스(다)의 혜택을 받는 사람 비율은 A 지역이 10%, B 지역이 10%이다.

④ 강제 가입의 원칙이 적용되는 제도는 사회 보험(가)이다. 사회 보험(가)의 혜택만을 받는 사람 수는 A 지역이 14명, B 지역이 10명이다.

⑤ 소득 재분배 효과가 가장 큰 제도는 공공 부조(나)이다. 공공 부조(나)의 혜택만을 받는 사람 수는 A 지역이 6명, B 지역이 4명이다.

77. 정답: ⑤

A는 공공 부조, B는 사회 보험, C는 사회 서비스이다. t년에 A 수혜자 비율은 25%이고, B 중복 수혜자 비율은 48%, C 중복 수혜자 비율은 32%이므로 A, B 중복 수혜자 비율은 12%, A, C 중복 수혜자 비율은 8%이다. t년에 B 수혜자 비율은 50%이고, A 중복 수혜자 비율은 24%, C 중복 수혜자 비율은 16%이므로 A, B 중복 수혜자 비율은 12%, B, C 중복 수혜자 비율은 8%이다. t년에 C 수혜자 비율은 20%이고, A 중복 수혜자는 40%이므로 A, C 중복 수혜자 비율은 8%이다. B, C 중복 수혜자 비율은 8%이므로 C 수혜자 20% 중 B 중복 수혜자는 40%이다. t+50년에 B 수혜자 비율은 50%이고, A 중복 수혜자 비율은 20%, C 중복 수혜자 비율은 30%이므로 A, B 중복 수혜자 비율은 10%, B, C 중복 수혜자 비율은 15%이다. t+50년에 C 수혜자 비율은 40%이고, A 중복 수혜자 비율은 25%, B 중복 수혜자 비율은 30%이므로 A, C 중복 수혜자 비율은 10%, B, C 중복 수혜자 비율은 12%이다. t+50년에 A 수급자 비율은 20%이고, B 중복 수혜자의 비율은 40%이므로 A, B 중복 수혜자 비율은 8%이다. A, C 중복 수혜자 비율은 10%이므로 A 수혜자 20% 중 C 중복 수혜자는 50%이다. t년과 t+50년의 A~C 중복 수혜자 비율은 6%이며, 이를 바탕으로 갑국의 연도에 따른 제도별 수혜자 비율을 표에 정리하면 다음과 같다.

(단위 : %)

구분	t년	t+50년
A에만 해당하는 수혜자	11	8
B에만 해당하는 수혜자	36	26
C에만 해당하는 수혜자	10	24
A, B에만 해당하는 수혜자	6	2
B, C에만 해당하는 수혜자	2	6
A, C에만 해당하는 수혜자	2	4
A, B, C 중복 수혜자	6	6
비(非)수혜자	27	24

⑤ 사전 예방적 성격이 강한 제도는 사회 보험(B)이다. t년 사회 보험(B)에만 해당하는 수급자 비율은 36%, t+50년 두 가지 이상 제도에 해당하는 수급자 비율은 18%이다.

오답 풀이

① ㉠은 '50', ㉡은 '40'이다.

② 사후 처방적 성격이 강한 제도는 공공 부조(A)이다. 공공 부조(A)에만 해당하는 수급자 비율은 t년이 11%, t+50년이 8%이다.

③ 민간 부문도 복지 제공에 참여할 수 있는 제도는 사회 서비스(C)이다. 사회 서비스(C)에만 해당하는 수급자 비율은 t년이 10%, t+50년이 24%이다.

④ 금전적 지원의 원칙이 적용되는 제도는 공공 부조(A)와 사회 보험(B)이다. 공공 부조(A)와 사회 보험(B) 중 하나라도 해당되는 수급자 비율은 t년이 63%, t+50년이 52%이다.

78. 정답: ①

(가)는 공공 부조, (나)는 사회 보험이다. A 지역의 (나) 수급자 수는 (가) 수급자의 3배이므로 갑국 전체 (가) 수급자와 (나) 수급자의 비율은 2:5이다. (가)에만 해당하는 수급자 수는 A 지역이 C 지역의 2배이므로 갑국 전체 (가) 수급자를 600명이라 둔다면, 갑국 전체 (나) 수급자는 1,500명, 갑국 전체 중복 수급자는 300명이다. A 지역에서 (가) 또는 (나) 수급자 수는 170명이고, 수급자 비율은 51%이므로 A 지역 전체 인구는 1,000명이다. B 지역에서 (가) 또는 (나) 수급자 수는 960명이고, 수급자 비율은 64%이므로 B 지역 전체 인구는 1,500명이다. C 지역에서 (가) 또는 (나) 수급자 수는 330명이고, 수급자 비율은 66%이므로 C 지역 전체 인구는 500명이다. 이를 바탕으로 갑국의 지역에 따른 제도별 수혜자 비율을 표에 정리하면 다음과 같다.

(단위 : 명)

구분	A 지역	B 지역	C 지역
(가)에만 해당하는 수급자	60	210	30
(나)에만 해당하는 수급자	360	600	240
(가), (나) 중복 수급자	90	150	60
비(非)수급자	490	540	170

① 사후 처방적 성격이 강한 제도는 공공 부조(가)이다. 공공 부조(가)에만 해당하는 수급자 수는 A 지역이 60명, B 지역이 210명이다.

오답 풀이

② 사전 예방적 성격이 강한 제도는 사회 보험(나)이다. 사회 보험(나)에만 해당하는 수급자 수는 B 지역이 600명, C 지역이 240명이다.

③ 보편적 복지의 성격이 강한 제도는 사회 보험(나)이고 선별적 복지의 성격이 강한 제도는 공공 부조(가)이다. C 지역 사회 보험(나) 수급자 수는 300명, B 지역 공공 부조(가) 수급자 수는 360명이다.

④ 수혜자 비용 부담의 원칙이 적용되는 제도는 사회 보험(나)이다. 사회 보험(나)에만 해당하는 C 지역 수급자 수는 240명, 공공 부조(가)에만 해당하는 A 지역 수급자 수는 60명이다.

⑤ 상호 부조의 원리가 적용되는 제도는 사회 보험(나)이다. 사회 보험(나)의 B 지역 수급자 수는 750명, C 지역 전체 인구는 500명이다.

79. 정답: ①

A는 공공 부조, B는 사회 서비스, C는 사회 보험이다. 비(非)수혜자 t년이 8%, t+50년이 12%이고 3중 수혜자 대비 비(非)수혜자의 비는 t년이 2, t+50년이 3이므로 3중 수혜자는 t년이 4%이고, t+50년이 4%이다. A, B 혜택을 모두 받는 사람 수 대비 3중 수혜자의 비율은 t년이 40%, t+50년이 50%이므로 A, B 혜택만을 받는 수혜자의 비율은 t년이 6%, t+50년이 4%이다. 2중 수혜자의 비율은 t년이 21%, t+50년이 13%이므로 A, C 혜택만을 받는 수혜자의 비율과 B, C 혜택만을 받는 수혜자의 비율의 합은 t년이 15%, t+50년이 9%이다. t년과 t+50년 모두에서 A, C만의 혜택을 모두 받는 사람 수는 B, C만의 혜택을 모두 받는 사람 수의 2배이므로 A, C 혜택만을 받는 수혜자의 비율은 t년이 10%, t+50년이 6%이며, B, C 혜택만을 받는 수혜자의 비율은 t년이 5%, t+50년이 3%이다. 갑국의 t+50년 전체 인구는 t년 전체 인구의 2배이므로 갑국의 t년 전체 인구를 100명으로 둔다면, t+50년 전체 인구는 200명이다. 이를 바탕으로 갑국의 연도에 따른 제도별 수혜자 수를 표에 정리하면 다음과 같다.

(단위 : 명)

구분	t년	t+50년
A에만 해당하는 수혜자	10	32
B에만 해당하는 수혜자	9	14
C에만 해당하는 수혜자	48	96
A, B에만 해당하는 수혜자	6	8
B, C에만 해당하는 수혜자	5	6
A, C에만 해당하는 수혜자	10	12
A, B, C 중복 수혜자	4	8
비(非)수혜자	8	24

① 강제 가입의 원칙이 적용되는 제도는 사회 보험(C)이다. 사회 보험(C)의 혜택만을 받는 사람 수는 t년이 48명, t+50년이 96명이다.

오답 풀이

② 3중 수혜자 수는 t년이 4명, t+50년이 8명이다.

③ t년에 공공 부조(A)의 혜택만을 받는 사람 수는 10명, t+50년에 사회 서비스(B)의 혜택만을 받는 사람 수는 14명이다.

④ 수급 대상자에 대한 부정적 낙인이 발생할 수 있는 제도는 공공 부조(A)이다. t년에 2개 이상의 제도의 혜택을 받는 사람 수는 25명, t+50년에 공공 부조(A)의 혜택만을 받는 사람 수는 32명이다.

⑤ t년에 비(非)수급자 수는 8명, t+50년에 공공 부조(A), 사회 보험(C)만의 혜택을 모두 받는 사람 수는 12명이다.

80. 정답: ②

(가)는 사회 보험, (나)는 공공 부조이다.

(가) 수급자 중 (나) 수급자 비율에서 가중평균의 원리에 의해 (가) 수급자 수는 A 지역이 C 지역의 2배임을 알 수 있으며, 이에 따라 A 지역의 (가) 수급자 수를 200, C 지역의 (가) 수급자 수를 100으로 둘 수 있다. 또한 B 지역의 (가) 수급자 수를 100a로 둘 수 있다. 이때 (가) 수급자 중 (나) 수급자 비율은 A 지역이 15%, B 지역이 20%, C 지역이 30%이므로 (가)와 (나) 중복 수급자 수는 A 지역이 30, B 지역이 20a, C 지역이 30임을 알 수 있으며, (가)에만 해당하는 수급자 수는 A 지역이 170, B 지역이 80a, C 지역이 70임을 알 수 있다. 이때 (나) 수급자 중 (가) 수급자 비율은 A 지역이 75%, B 지역이 50%, C 지역이 75%이므로 (나)에만 해당하는 수급자 수는 A 지역이 10, B 지역이 20a, C 지역이 10임을 알 수 있다.

또한 (나) 수급자 중 (가) 수급자 비율은 갑국이 70%이므로 {(30+20a+30)/(40+40a+40)}×100%=70%, 80a=40이므로 a=1/2이다. 이에 따라 B 지역의 (가)에만 해당하는 수급자 수는 40, (가)와 (나) 중복 수급자 수는 10, (나)에만 해당하는 수급자 수는 10임을 알 수 있다. 이때 전체 인구 중 중복 수급자 비율은 A 지역이 전체 인구의 10%이므로 A 지역의 전체 인구는 300이며, C 지역이 전체 인구의 5%이므로 C 지역의 전체 인구는 600이다. 그리고 B 지역의 전체 인구를 100b로 둘 수 있는데, 전체 인구 중 중복 수급자 비율은 갑국이 전체 인구의 7%이므로 {(30+10+30)/(300+100b+600)}×100%=7%, b=1임을 알 수 있다. 따라서 B 지역의 전체 인구는 100임을 알 수 있으며, ㉠에 들어갈 값은 (10/100)×100(%)=10(%)임을 알 수 있다. 이에 따라 A~C 지역의 (가), (나) 수급자 수와 전체 인구를 표에 정리하면 다음과 같다.

구분	A 지역	B 지역	C 지역
(가) 수급자	200	50	100
(나) 수급자	40	20	40
(가)와 (나) 중복 수급자	30	10	30
전체 인구	300	100	600

② ㉡에 들어갈 값은 '10'이다.

오답 풀이

① ㉠에는 '소득 재분배 효과가 나타남'이 적절하나, ㉡에는 '비금전적 지원의 원칙이 적용됨.'이 적절하지 않다.

③ 전체 인구 중 부정적 낙인이 발생할 수 있는 공공 부조의 수혜자 비율은 B 지역이 전체 인구의 20%, C 지역이 전체 인구의 약 7%로 전자는 후자보다 낮지 않다.

④ 강제 가입의 원칙이 적용되는 사회 보험에만 해당하는 수급자 수는 A 지역이 170, C 지역이 70으로 전자는 후자의 2배가 아니다.

⑤ 금전적 지원의 원칙이 적용되는 공공 부조 또는 사회 보험의 수급자 수는 A 지역이 210, B 지역이 60, C 지역이 110으로 C 지역이 B 지역보다 많고, A 지역보다 적다.

3 인구부양비

81. 정답: ①

갑국의 전체 인구는 t+30년이 t년의 2배이므로 t년 전체 인구를 100명이라 둔다면, t+30년 전체 인구는 200명이다. 전체 인구 중 유소년 인구의 비율은 t년이 30%, t+30년이 10%이므로 유소년 인구는 t년이 30명, t+30년이 20명이다. 노년 부양비는 t년이 40, t+30년이 50이므로 부양 인구는 t년이 50명, t+30년이 120명, 노년 인구는 t년이 20명, t+30년이 60명이다. 이를 바탕으로 연도에 따른 갑국의 인구 구조에 대한 표를 작성하면 다음과 같다.

(단위 : 명)

구분	t년	t+30년
노년 인구	20	60
부양 인구	50	120
유소년 인구	30	20
전체 인구	100	200

① t+30년 노년 인구는 60명, t년 유소년 인구는 30명이다.

오답 풀이

② 유소년 부양비는 t년이 60(=30/50×100), t+30년이 약 16.7(=20/120×100)이다.

③ 총부양비는 t년이 100(=50/50×100), t+30년이 약 66.7(=80/120×100)이다.

④ 유소년 인구와 노년 인구의 합은 t년이 50명, t+30년이 80명이다.

⑤ 전체 인구 중 노년 인구의 비율은 t년이 20%, t+30년이 30%이다.

82. 정답: ⑤

노년 인구 비율은 t년이 25%, t+50년이 37.5%이다. t년 유소년 부양비는 25이므로 t년 부양 인구는 60%, 유소년 인구는 15%이다. t년 부양 인구는 t+50년 노년 인구와 같으므로 t년과 t+50년의 전체 인구비는 5:8이다. t년의 전체 인구를 500명이라 둔다면, t+50년의 전체 인구는 800명이다. 유소년 인구와 노년 인구의 합은 t년 대비 t+50년에 2배로 증가하였으므로 t+50년 부양 인구는 400명, 유소년 인구는 100명이다. 이를 바탕으로 연도에 따른 갑국의 인구 구조에 대한 표를 작성하면 다음과 같다.

(단위 : 명)

구분	t년	t+50년
노년 인구	125	300
부양 인구	300	400
유소년 인구	75	100
전체 인구	500	800

ㄴ. t년 대비 t+50년 노년 인구 증가율은 140%(=175/125×100)이다.

ㄷ. 노년 부양비는 t년이 약 41.7(=125/300×100), t+50년이 75(=300/400×100)이다.

ㄹ. 총부양비는 t년이 약 66.7(=200/300×100), t+50년이 100(=400/400×100)이다.

오답 풀이

ㄱ. t년 대비 t+50년 유소년 인구 증가율은 약 33.3%(=25/75×100)이다.

83. 정답: ④

전체 인구 대비 노년 인구는 t년이 10%, t+30년이 20%이다. t년의 유소년 부양비는 80, t+30년의 유소년 부양비는 100/3이므로 부양 인구 비율은 t년이 50%, t+30년이 60%이고 유소년 인구 비율은 t년이 40%, t+30년이 20%이다. t년 대비 t+30년의 노년 인구 증가율은 200%이므로 갑국의 t년 전체 인구를 100명으로 둔다면, t+30년 전체 인구는 150명이다. 이를 바탕으로 연도에 따른 갑국의 인구 구조에 대한 표를 작성하면 다음과 같다.

(단위 : 명)

구분	t년	t+30년
노년 인구	10	30
부양 인구	50	90
유소년 인구	40	30
전체 인구	100	150

④ 노년 부양비는 t년이 20(=10/50×100), t+30년이 약 33.3(=20/60×100)이다.

오답 풀이

① t년 유소년 인구는 40명, t+30년 노년 인구는 30명이다.

② t년 대비 t+30년 부양 인구의 증가율은 80%(=40/50×100), 전체 인구의 증가율은 50%(=50/100×100)이다.

③ 전체 인구 대비 부양 인구 비율은 t년이 50%(=50/100×100), t+30년이 60%(=90/150×100)이다.

⑤ 유소년 인구는 t년이 40명, t+30년이 30명이다.

84. 정답: ④

갑국의 전체 인구 중 유소년 인구 비율은 t년이 25%, t+50년이 20%이다. 갑국의 유소년 인구는 t년과 t+50년이 동일하므로 갑국의 t년 전체 인구를 400명으로 둔다면, t+50년 전체 인구는 500명이다. 노년 부양비는 t년이 25, t+50년이 100이므로 부양 인구는 t년이 240명, t+50년이 200명이고 노년 인구는 t년이 60명, t+50년이 200명이다. 이를 바탕으로 연도에 따른 갑국의 인구 구조에 대한 표를 작성하면 다음과 같다.

(단위 : 명)

구분	t년	t+50년
노년 인구	60	200
부양 인구	240	200
유소년 인구	100	100
전체 인구	400	500

④ 총부양비는 t년이 약 66.7(=160/240×100), t+50년이 150(=300/200×100)이다. t년 대비 t+50년 총부양비의 증가율은 125%(=83.3/66.7×100)이다.

오답 풀이

① t+50년 노년 인구는 200명, t년 유소년 인구는 100명이다.
② 유소년 부양비는 t년이 약 41.7(=100/240×100), t+50년이 50(=100/200×100)이다.
③ 노령화 지수는 t년이 60(=60/100×100), t+50년이 200(=200/100×100)이다. t년 대비 t+50년 노령화 지수 증가율은 약 233.3%(=140/60×100)이다.
⑤ 유소년 인구와 노년 인구의 합은 t년이 160명, t+50년이 300명이다.

85. 정답: ②

t+50년 전체 인구 대비 유소년 인구 비율은 20%이고 유소년 부양비는 40이므로 전체 인구 대비 부양 인구 비율은 50%, 전체 인구 대비 노년 인구 비율은 30%이다. t+50년 총부양비는 100이고 총부양비는 t+50년이 t년의 1.5배이므로 t년 총부양비는 200/3이다. t년에 부양 인구:피부양 인구는 3:2이므로 전체 인구 대비 부양 인구 비율은 60%이다. t년 전체 인구 대비 유소년 인구 비율은 20%이므로 전체 인구 대비 노년 인구 비율은 20%이다. 갑국의 t년과 t+50년의 노년 인구는 같으므로 갑국의 t년 전체 인구를 300명으로 둔다면, t+50년 전체 인구는 200명이다. 이를 바탕으로 연도에 따른 갑국의 인구 구조에 대한 표를 작성하면 다음과 같다.

(단위 : 명)

구분	t년	t+50년
노년 인구	60	60
부양 인구	180	100
유소년 인구	60	40
전체 인구	300	200

ㄱ. t년 유소년 인구는 60명, t+50년 노년 인구는 60명이다.
ㄷ. t년 대비 t+50년 유소년 인구의 감소율은 약 33.3%(=20/60×100), 전체 인구의 감소율은 약 33.3%(=100/300×100)이다.

오답 풀이

ㄴ. 노년 부양비는 t년이 약 33.3(=60/180×100), t+50년이 60(=60/100×100)이다.
ㄹ. 유소년 인구와 부양 인구의 합은 t년이 240명, t+50년이 140명이다.

86. 정답: ①

제시된 모든 연도의 부양 인구는 동일하므로 모든 연도의 부양 인구를 100명으로 둔다면, 노년 인구는 t년이 15명, t+25년이 24명, t+50년이 36명이고 유소년 인구는 t년이 25명, t+25년이 24명, t+50년이 24명이다. 이를 바탕으로 연도에 따른 갑국의 인구 구조에 대한 표를 작성하면 다음과 같다.

(단위 : 명)

구분	t년	t+25년	t+50년
노년 인구	15	24	36
부양 인구	100	100	100
유소년 인구	25	24	24
전체 인구	140	148	160

① 유소년 부양비는 t+25년이 24(=24/100×100), t+50년이 24(=24/100×100)이다.

오답 풀이

② 유소년 인구와 노년 인구의 합은 t년이 40명, t+50년이 60명이다.
③ 전체 인구 대비 노년 인구의 비율은 t년이 약 10.7%(=15/140×100), t+50년이 22.5%(=36/160×100)이다.
④ 25년 전 대비 노년 인구의 증가율은 t+25년이 60%(=9/15×100), t+50년이 50%(=12/24×100)이다.
⑤ 전체 인구는 t년이 140명, t+25년이 148명, t+50년이 160명이다.

87. 정답: ⑤

t년 갑국의 전체 인구 중 유소년 인구의 비율은 25%이고 t년 갑국의 노년 부양비는 25이므로 노년 인구의 비율은 15%, 부양 인구의 비율은 60%이다. t+50년 갑국의 전체 인구 중 노년 인구의 비율은 30%이고 t+50년 갑국의 노년 부양비는 60이므로 부양 인구의 비율은 50%, 유소년 인구의 비율은 20%이다. t년에 비해 t+50년 갑국의 부양 인구는 20% 증가하였으므로 t년 갑국의 인구를 500명으로 둔다면, t+50년 갑국의 인구는 720명이다. 이를 바탕으로 연도에 따른 갑국의 인구 구조에 대한 표를 작성하면 다음과 같다.

구분	t년	t+50년
노년 인구	75	216
부양 인구	300	360
유소년 인구	125	144
전체 인구	500	720

(단위 : 명)

⑤ 유소년 부양비는 t년이 약 41.7(=125/300×100), t+50년이 40(=144/360×100)이다.

오답 풀이

① t년 부양 인구는 300명, t+50년 노년 인구는 216명이다.
② t+50년 유소년 인구는 144명, t년 노년 인구는 75명이다.
③ 노령화 지수는 t년이 60(=75/125×100), t+50년이 150(216/144×100)이다.
④ 총부양비는 t년이 약 66.7(=200/300×100), t+50년이 100(=360/360×100)이다.

88. 정답: ⑤

t년 노년 인구에 대한 유소년 인구의 비는 4, 부양 인구의 비는 5이므로 t년 전체 인구를 100명이라 둔다면, 노년 인구는 10명, 유소년 인구는 40명, 부양 인구는 50명이다. 30년 전 대비 t+30년 부양 인구 증가율은 60%이므로 t+30년 부양 인구는 80명이다. t+30년 노년 인구에 대한 부양 인구의 비는 4이므로 노년 인구는 20명이다. t+30년 노년 인구에 대한 유소년 인구의 비는 1이므로 유소년 인구는 20명이다. 30년 전 대비 t+60년 부양 인구의 증가율은 25%이므로 t+60년 부양 인구는 100명이다. t+60년 노년 인구에 대한 부양 인구의 비는 2.5이므로 노년 인구는 40명이다. t+60년 노년 인구에 대한 유소년 인구의 비는 0.5이므로 유소년 인구는 20명이다. 이를 바탕으로 연도에 따른 갑국의 인구 구조에 대한 표를 작성하면 다음과 같다.

(단위 : 명)

구분	t년	t+30년	t+60년
노년 인구	10	20	40
부양 인구	50	80	100
유소년 인구	40	20	20
전체 인구	100	120	160

⑤ 피부양 인구는 t년이 50명, t+30년 40명, t+60년이 60명이다.

오답 풀이

① t년 부양 인구는 50명, t+30년 피부양 인구는 40명이다.
② t+60년 노년 인구는 40명, t년 피부양 인구는 50명이다.
③ t년 유소년 부양비는 80(=40/50×100), t+30년 노년 부양비는 25(=20/80×100)이다.
④ t+60년 노년 부양비는 40(=40/100×100), t+30년 유소년 부양비는 25(=20/80×100)이다.

89. 정답: ①

t년 갑국의 노년 인구 비율은 10%이고 유소년 부양비는 50이므로 t년 갑국의 부양 인구 비율은 60%, 유소년 인구 비율은 30%이다. t+30년 갑국의 노년 인구 비율은 30%이고 유소년 부양비는 40이므로 t+30년 갑국의 부양 인구 비율은 50%, 유소년 인구 비율은 20%이다. t+60년 갑국의 노년 인구 비율은 25%이고 유소년 부양비는 20이므로 t+60년 갑국의 부양 인구 비율은 62.5%, 유소년 인구 비율은 12.5%이다. 갑국의 전체 인구는 t년 대비 t+30년에 50% 증가하였고, t년 대비 t+60년에 20% 감소하였으므로 t년 갑국의 전체 인구를 500명으로 둔다면 t+30년 갑국의 전체 인구는 750명, t+60년 갑국의 전체 인구는 600명이다. 이를 바탕으로 연도에 따른 갑국의 인구 구조에 대한 표를 작성하면 다음과 같다.

(단위 : 명)

구분	t년	t+30년	t+60년
노년 인구	50	225	150
부양 인구	250	375	375
유소년 인구	200	150	75
전체 인구	500	750	600

① t년 노년 인구는 50명, t+60년 유소년 인구는 75명이다.

오답 풀이

② 유소년 인구와 부양 인구의 합은 t년이 450명, t+30년이 525명이다.
③ 노년 부양비는 t년이 20(=50/250×100), t+30년이 60(=225/375×100), t+60년이 40(=150/375×100)이다.
④ 총부양비는 t+30년이 100(=375/375×100), t+60년이 60(=225/375×100)이다.
⑤ 부양 인구 비율은 t년이 50%, t+30년이 50%, t+60년이 62.5%이다.

90. 정답: ⑤

t년 전체 인구 중 부양 인구의 비율은 50%이다. 노년 부양비는 50, 노령화 지수는 100이므로 t년 전체 인구 중 노년 인구의 비율은 25%, 유소년 인구의 비율은 25%이다. t+100년에 전체 인구 중 부양 인구의 비율은 50%이고 A 시나리오의 경우 노령화 지수는 25이므로 전체 인구 중 노년 인구의 비율은 10%, 유소년 인구의 비율은 40%이다. B 시나리오의 경우 노년 부양비는 80이므로 전체 인구 중 노년 인구의 비율은 40%, 유소년 인구의 비율은 10%이다. A 시나리오의 경우 노년 부양비는 20으로 t년 대비 60% 감소하고, B 시나리오의 경우 노령화 지수는 400으로 t년 대비 300% 증가한다. t년 대비 t+100년에 전체 인구의 증가율은 50%이므로 t년 전체 인구를 200명으로 둔다면, t+100년 전체 인구는 300명이다. 이를 바탕으로 연도에 따른 갑국의 인구 구조에 대한 표를 작성하면 다음과 같다.

| | | (단위 : 명) |
| 구분 | t년 | t+100년 | |
		A	B
노년 인구	50	30	120
부양 인구	100	150	150
유소년 인구	50	120	30
전체 인구	200	300	300

⑤ 부양 인구와 유소년 인구의 합은 A가 270명, B가 180명이다.

오답 풀이

① ⊙은 '60', ⓒ은 '300'이다.

② 노년 인구는 현재가 50명, A가 30명이다.

③ 유소년 인구는 현재가 50명, B가 30명이다.

④ 유소년 부양비는 A가 80(=120/150×100), B가 20(=30/150×100)이다.

91. 정답: ②

t년에 피부양 인구는 부양 인구와 같으므로 t년 전체 인구 중 부양 인구의 비율은 50%이다. t년 노년 부양비는 40이므로 t년 전체 인구 중 노년 인구의 비율은 20%, 유소년 인구의 비율은 30%이다. t년에 전체 인구 중 노년 인구가 차지하는 비율은 t+100년에 전체 인구 중 유소년 인구가 차지하는 비율의 2배이므로, t+100년에 전체 인구 중 유소년 인구의 비율은 10%이다. t+100년 노년 부양비는 50이므로 t+100년에 전체 인구 중 부양 인구의 비율은 60%, 노년 인구의 비율은 30%이다. t년 대비 t+100년에 유소년 인구의 변화율은 -50%이므로 t년 전체 인구를 200명으로 둔다면, t+100년 전체 인구는 300명이다. 이를 바탕으로 연도에 따른 갑국의 인구 구조에 대한 표를 작성하면 다음과 같다.

| | | (단위 : 명) |
구분	t년	t+100년
노년 인구	40	90
부양 인구	100	180
유소년 인구	60	30
전체 인구	200	300

② t년 대비 t+100년에 부양 인구는 부양 인구는 80%(=80/100×100) 증가하였다.

오답 풀이

① t년 대비 t+100년에 노년 인구는 125%(=50/40×100) 증가하였다.

③ 유소년 부양비는 t년이 60(=60/100×100), t+100년이 약 16.7(=30/180×100)이다.

④ 노령화 지수는 t년이 약 66.7(=40/60×100), t+100년이 300(=90/30×100)이다.

⑤ t년 대비 t+100년에 피부양 인구의 증가율은 20%(=20/100×100)이다.

92. 정답: ①

t년, t+20년, t+40년의 부양 인구를 각각 100a명, 100b명, 100c명이라 둔다면 노년 인구는 t년이 15a명, t+20년이 18b명, t+40년이 25c명, 유소년 인구는 t년이 25a명, t+20년이 24b명, t+40년이 25c명이다. 부양 인구는 주어진 기간 동안 지속적으로 감소하였으므로 a는 b보다 크고, b는 c보다 크다. 이를 바탕으로 연도에 따른 갑국의 인구 구조에 대한 표를 작성하면 다음과 같다.

| | | | (단위 : 명) |
구분	t년	t+20년	t+40년
노년 인구	15a	18b	25c
부양 인구	100a	100b	100c
유소년 인구	25a	24b	25c
전체 인구	140a	142b	150c

① 유소년 인구 대비 부양 인구의 비율은 t년이 4, t+20년이 25/6이므로 t년 대비 t+20년에 부양 인구의 변화율보다 유소년 인구의 변화율이 크다.

오답 풀이

② 전체 인구 대비 노년 인구의 비율은 t년이 약 10.7%(=15/140×100), t+20년이 약 12.7%(=18/142×100)이다.

③ t+20년과 t+40년에 20년 전 대비 전체 인구의 증감은 알 수 없다.

④ t+20년 대비 t+40년에 유소년 인구와 노년 인구의 증감은 알 수 없다.

⑤ 전체 인구 대비 부양 인구의 비율은 t년에 약 71.4%(=100/140×100), t+20년에 약 70.4%(=100/142×100), t+40년에 약 66.7%(=100/150×100)이다.

93. 정답: ③

t년 갑국의 전체 인구 중 부양 인구 비율은 50%이고 노년 부양비:유소년 부양비는 1:4이므로 노년 인구, 부양 인구, 유소년 인구의 인구비는 1:5:4이다. t+20년에 전체 인구 중 부양 인구 비율은 60%이고 노년 부양비:유소년 부양비는 1:1이므로 노년 인구, 부양 인구, 유소년 인구의 인구비는 2:6:2이다. t+40년에 전체 인구 중 부양 인구 비율은 54%이고 노년 부양비:유소년 부양비는 15:8이므로 노년 인구, 부양 인구, 유소년 인구의 인구비는 15:27:8이다. 20년 전 대비 부양 인구 증가율은 t+20년이 80%, t+40년이 20%이므로 t년 전체 인구를 200명으로 둔다면, t+20년 전체 인구는 300명, t+40년 전체 인구는 400명이다.

이를 바탕으로 연도에 따른 갑국의 인구 구조에 대한 표를 작성하면 다음과 같다.

(단위 : 명)

구분	t년	t+20년	t+40년
노년 인구	20	60	120
부양 인구	100	180	216
유소년 인구	80	60	64
전체 인구	200	300	400

③ 20년 전 대비 노년 인구의 증가율은
　　t+20년이 200%(=40/20×100),
　　t+40년이 100%(=60/60×100)이다.

오답 풀이
① t년 유소년 인구는 80명, t+40년 노년 인구는 120명이다.
② t+20년 부양 인구는 180명, t년 전체 인구는 200명이다.
④ 유소년 인구와 부양 인구의 합은 t년이 180명, t+40년이 280명이다.
⑤ 피부양 인구는 t년이 100명, t+20년이 120명, t+40년이 184명이다.

94. 정답: ②
갑국의 t년 유소년 부양비는 80, 노령화 지수는 25이므로 노년 인구:부양 인구:유소년 인구는 1:5:4이다. 갑국의 t+50년 유소년 부양비는 50, 노령화 지수는 75이므로 노년 인구:부양 인구:유소년 인구는 3:8:4이다. t년 대비 t+50년 전체 인구는 1.5배로 증가하였으므로 t년 전체 인구를 100명으로 둔다면, t+50년 전체 인구는 150명이다. 을국의 t년 유소년 부양비는 50, 노령화 지수는 100이므로 노년 인구:부양 인구:유소년 인구는 1:2:1이다. 을국의 t+50년 유소년 부양비는 40, 노령화 지수는 150이므로 노년 인구:부양 인구:유소년 인구는 3:5:2이다. t년 대비 t+50년 전체 인구는 1.5배로 증가하였고 t년에 갑국과 을국의 전체 인구는 동일하므로 을국의 t년 전체 인구는 100명, t+50년 전체 인구는 150명이다. 이를 바탕으로 연도에 따른 갑국과 을국의 인구 구조에 대한 표를 작성하면 다음과 같다.

(단위 : 명)

구분	갑국		을국	
	t년	t+50년	t년	t+50년
노년 인구	10	30	25	45
부양 인구	50	80	50	75
유소년 인구	40	40	25	30
전체 인구	100	150	100	150

② 을국 전체 인구 중 노년 인구가 차지하는 비율은
　　t년에 25%(=25/100×100),
　　t+50년에 30%(=45/150×100)이다.

오답 풀이
① 갑국 전체 인구 중 노년 인구가 차지하는 비율은
　　t년에 10%(=10/100×100),
　　t+50년에 20%(=30/150×100)이다.
③ t년의 갑국 유소년 인구는 40명,
　　t+50년 을국 노년 인구는 45명이다.
④ t+50년의 갑국 부양 인구는 80명,
　　t년의 을국 전체 인구는 100명이다.
⑤ 유소년 인구와 노년 인구의 합은 갑국에서 t년에 50명,
　　t+50년에 70명, 을국에서 t년에 50명,
　　t+50년에 75명이다.

95. 정답: ③
갑국 t년의 유소년 인구는 부양 인구의 0.5배이고 노년 인구의 3배이므로 t년 노년 인구:부양 인구:유소년 인구는 1:6:3이다. t년 대비 t+30년에 전체 인구 중 유소년 인구 비율은 변화가 없고 전체 인구 중 노년 인구 비율은 증가하였으므로 증가한 노년 인구만큼 부양 인구는 감소한다. 따라서, 유소년 부양비는 증가한다. t+30년 대비 t+50년에 전체 인구 중 노년 인구 비율은 감소하고 유소년 부양비는 변화 없으므로 감소한 노년 인구만큼 부양 인구와 유소년 인구는 증가하고 부양 인구와 유소년 인구의 증가율은 같다. 이를 바탕으로 t년 갑국의 전체 인구가 100명인 경우, 연도에 따른 갑국의 인구 구조에 대한 표를 작성하면 다음과 같다.

(단위 : 명)

구분	t년	t+30년	t+50년
노년 인구	10	10보다 큼	알 수 없음
부양 인구	60	60보다 작음	알 수 없음
유소년 인구	30	30	30보다 큼
전체 인구	100	100	100

③ t년 대비 t+30년 노년 부양비는 증가하였다.

오답 풀이
① ㉠은 '증가', ㉡은 '증가'이다.
② 부양 인구는 A 시기에 감소하였고, B 시기에 증가하였다.
④ t년 대비 t+50년에 잠재 성장 가능성의 증감은 알 수 없다.
⑤ 피부양 인구는 A 시기에는 증가하였고, B 시기에는 감소하였다.

96. 정답: ②

t년 갑국의 유소년 인구 비율은 30%이고 노년 부양비는 40이므로 부양 인구 비율은 50%, 노년 인구 비율은 20%이다. t+50년의 갑국 유소년 인구 비율은 10%이고 노년 부양비는 50이므로 부양 인구 비율은 60%, 노년 인구 비율은 30%이다. t년 을국의 유소년 인구 비율은 40%이고 노년 부양비는 20이므로 부양 인구 비율은 50%, 노년 인구 비율은 10%이다. t+50년의 을국 유소년 인구 비율은 20%이고 노년 부양비는 100이므로 부양 인구 비율은 40%, 노년 인구 비율은 40%이다. t년 대비 t+50년에 갑국의 유소년 인구는 50% 감소하였고, 을국의 유소년 인구는 변하지 않았으므로 t년 갑국의 전체 인구를 200a명으로 둔다면, t+50년 갑국의 전체 인구는 300a명이고 t년 을국의 전체 인구를 100b명으로 둔다면, t+50년 을국의 전체 인구는 200b명이다. 이를 바탕으로 연도에 따른 갑국과 을국의 인구 구조에 대한 표를 작성하면 다음과 같다.

(단위 : 명)

구분	갑국		을국	
	t년	t+50년	t년	t+50년
노년 인구	40a	90a	10b	80b
부양 인구	100a	180a	50b	80b
유소년 인구	60a	30a	40b	40b
전체 인구	200a	300a	100b	200b

② t+50년 노령화 지수는 갑국이 300(=90a/30a×100), 을국이 200(80b/40b×100)이다.

오답 풀이

① t년 갑국의 유소년 부양비는 60(=60a/100a×100), t+50년 을국의 노년 부양비는 100(=80b/80b×100)이다.
③ 갑국과 을국의 인구비에 관한 정보가 제시되어 있지 않으므로 알 수 없다.
④ t년 대비 t+50년 노년 인구의 증가율은 갑국이 125%(=50a/40a×100), 을국이 700%(=70b/10b×100)이다.
⑤ 갑국과 을국의 인구비에 관한 정보가 제시되어 있지 않으므로 알 수 없다.

97. 정답: ①

t+40년 노령화 지수는 300이므로 t+20년 노령화 지수는 150, t년 유소년 부양비는 50이다. t년 유소년 인구 비율은 30%이므로 부양 인구 비율은 60%, 노년 인구 비율은 10%이다. t+20년 부양 인구는 50%이므로 노년 인구 비율은 30%, 유소년 인구 비율은 20%이다. t+40년 노년 인구는 25%이므로 부양 인구는 200/3%, 유소년 인구는 25/3%이다. 갑국의 전체 인구는 t년 대비 t+20년에 50% 증가하였고, t+20년 대비 t+40년에 20% 감소하였으므로 t년 갑국의 전체 인구를 500명으로 둔다면, 갑국의 전체 인구는 t+20년이 750명, t+40년이 600명이다.

이를 바탕으로 연도에 따른 갑국의 인구 구조에 대한 표를 작성하면 다음과 같다.

(단위 : 명)

구분	t년	t+20년	t+40년
노년 인구	50	225	150
부양 인구	300	375	400
유소년 인구	150	150	50
전체 인구	500	750	600

① t년 유소년 인구는 150명, t+40년 노년 인구는 150명이다.

오답 풀이

② t+20년 노년 인구는 225명, t+40년 부양 인구는 400명이다.
③ 노년 부양비는 t년이 약 16.7(=50/300×100), t+20년은 60(=225/375×100)이다.
④ 유소년 부양비는 t년이 50(=150/300×100), t+40년이 12.5(=50/400×100)이다.
⑤ 유소년 인구와 노년 인구의 합은 t년이 200명, t+20년이 375명, t+40년이 200명이다.

98. 정답: ①

t년 부양 인구 비율은 50%이고 총부양비 대비 유소년 부양비는 3/4이므로 피부양 인구 비율은 50%이고 유소년 인구:노년 인구는 3:1이다. 따라서, t년 유소년 인구 비율은 37.5%, 노년 인구 비율은 12.5%이다. t+40년 부양 인구 비율은 40%이고 총부양비 대비 유소년 부양비는 1/2이므로 피부양 인구 비율은 60%이고 유소년 인구:노년 인구는 1:1이다. 따라서, t+40년 유소년 인구 비율은 30%, 노년 인구 비율은 30%이다. t+80년 부양 인구 비율은 64%이고 총부양비 대비 유소년 부양비는 1/3이므로 피부양 인구 비율은 36%이고 유소년 인구:노년 인구는 1:2이다. 따라서, t+80년 유소년 인구 비율은 12%, 노년 인구 비율은 24%이다. 40년 전 대비 부양 인구의 증가율은 t+40년과 t+80년 모두 100%이므로 t년 갑국 전체 인구를 200명으로 둔다면, 갑국 전체 인구는 t+40년에 500명, t+80년에 625명이다. 이를 바탕으로 연도에 따른 갑국의 인구 구조에 대한 표를 작성하면 다음과 같다.

(단위 : 명)

구분	t년	t+40년	t+80년
노년 인구	25	150	150
부양 인구	100	200	400
유소년 인구	75	150	75
전체 인구	200	500	625

ㄱ. t+40년 부양 인구는 200명, t년 노년 인구는 25명이다.
ㄴ. t년 유소년 인구는 75명, t+80년 노년 인구는 150명이다.

오답 풀이

ㄷ. 유소년 부양비는 t년이 75(=75/100×100), t+80년이 18.75(=75/400×100)이다.

ㄹ. 노년 부양비는 t년이 25(=25/100×100), t+40년이 75(=150/200×100), t+80년이 37.5(=150/400×100)이다.

99. 정답: ②

전체 인구 중 노년 인구가 차지하는 비율은 t년이 10%, t+30년이 20%이다. 유소년 부양비는 t년이 50, t+30년이 20이므로, 전체 인구 중 부양 인구가 차지하는 비율은 t년이 60%, t+30년이 200/3%이고 유소년 인구가 차지하는 비율은 t년이 30%, t+30년이 40/3%이다. 노령화 지수는 t+30년이 150이므로 t+60년이 100이다. t+60년 유소년 부양비는 25, 노령화 지수는 100이므로 노년 인구:부양 인구:유소년 인구는 1:4:1이다. 유소년 인구와 노년 인구의 합은 t년과 t+60년이 t+30년의 0.8배이므로 t년 전체 인구:t+30년 전체 인구:t+60년 전체 인구=10:15:12이다. t년 전체 인구를 200명으로 둔다면, t+30년 전체 인구는 300명, t+60년 전체 인구는 240명이다. 이를 바탕으로 연도에 따른 갑국의 인구 구조에 대한 표를 작성하면 다음과 같다.

(단위 : 명)

구분	t년	t+30년	t+60년
노년 인구	20	60	40
부양 인구	120	200	160
유소년 인구	60	40	40
전체 인구	200	300	240

② 유소년 인구와 부양 인구의 합은 t년이 180명, t+60년이 200명이다.

오답 풀이

① 전체 인구는 t년이 200명, t+30년이 300명이다. t년 대비 전체 인구는 50%(=100/200×100) 증가하였다.

③ 노년 부양비는 t년이 약 16.7(=20/120×100), t+30년이 30(=60/200×100)이다.

④ 노령화 지수는 t년이 약 33.3(=20/60×100), t+60년이 100(=40/40×100)이다.

⑤ t+30년 부양 인구는 200명, t년 전체 인구는 200명이다.

100. 정답: ①

갑국의 t년 유소년 부양비는 50, 노년 부양비는 50/3이므로 t년 전체 인구 중 노년 인구는 10%, 부양 인구는 60%, 유소년 인구는 30%이다. t년 노년 부양비는 50/3이므로 t+50년 노년 부양비는 50, t+100년 노년 부양비는 40이다. t년 노령화 지수는 100/3이므로 t+50년 노령화 지수는 100, t+100년 노령화 지수는 150이다. 갑국의 t+50년 노년 부양비는 50, 노령화 지수는 100이므로 t+50년 전체 인구 중 노년 인구는 25%, 부양 인구는 50%, 유소년 인구는 25%이다. 갑국의 t+100년 노년 부양비는 40, 노령화 지수는 150이므로 t+100년 전체 인구 중 노년 인구는 24%, 부양 인구는 60%, 유소년 인구는 16%이다. t년과 t+50년의 부양 인구는 동일하고 t+100년 부양 인구는 t년과 t+50년 부양 인구의 1.5배이므로 t년 전체 인구를 500명으로 둔다면, t+50년 전체 인구는 600명, t+100년 전체 인구는 750명이다. 이를 바탕으로 연도에 따른 갑국의 인구 구조에 대한 표를 작성하면 다음과 같다.

(단위 : 명)

구분	t년	t+50년	t+100년
노년 인구	50	150	180
부양 인구	300	300	450
유소년 인구	150	150	120
전체 인구	500	600	750

① t년 유소년 인구는 150명, t+50년 노년 인구는 150명이다.

오답 풀이

② t+50년 전체 인구는 600명, t+100년 부양 인구는 450명이다.

③ 유소년 부양비는 t년이 50(=150/300×100), t+50년이 50(=150/300×100), t+100년이 약 26.7(=120/450×100)이다.

④ 총부양비는 t년이 약 66.7(=200/300×100), t+50년이 100(=300/300×100), t+100년이 약 66.7(=300/450×100)이다.

⑤ 유소년 인구와 부양 인구의 합은 t년이 450명, t+100년이 570명이다.

101. 정답: ③

갑국에서 t년 전체 인구 중 부양 인구 비율은 50%이고 노령화 지수는 25이므로 전체 인구 중 노년 인구 비율은 10%, 유소년 인구 비율은 40%이다. 갑국에서 t+40년 부양 인구 비율은 60%이고 노령화 지수는 300이므로 전체 인구 중 노년 인구 비율은 30%, 유소년 인구 비율은 10%이다. 을국에서 t년 전체 인구 중 부양 인구 비율은 60%이고 노령화 지수는 100이므로 전체 인구 중 노년 인구 비율은 20%, 유소년 인구 비율은 20%이다. 을국에서 t+40년 부양 인구 비율은 50%이고 노령화 지수는 400이므로 전체 인구 중 노년 인구 비율은 40%, 유소년 인구 비율은 10%이다. t년 갑국과 을국의 전체 인구는 동일하고 t년 대비 t+40년에 갑국의 전체 인구는 20% 증가하였고, 을국의 전체 인구는 50% 증가하였으므로 t년 갑국과 을국의 전체 인구를 100명으로 둔다면, t+40년 갑국의 전체 인구는 120명, 을국의 전체 인군느 150명이다. 이를 바탕으로 연도에 따른 갑국과 을국의 인구 구조에 대한 표를 작성하면 다음과 같다.

(단위 : 명)

구분	갑국		을국	
	t년	t+40년	t년	t+40년
노년 인구	10	36	20	60
부양 인구	50	72	60	75
유소년 인구	40	12	20	15
전체 인구	100	120	100	150

③ t년에 갑국의 유소년 부양비는 80(=40/50×100), t+40년에 을국의 노년 부양비는 80(=60/75×100)이다.

오답 풀이

① t년에 갑국의 유소년 인구는 40명, 을국의 노년 인구는 20명이다.
② t+40년에 을국의 부양 인구는 75명, 갑국의 유소년 인구는 12명이다.
④ t+40년에 을국의 유소년 부양비는 20(=15/75×100), t년에 갑국의 노년 부양비는 20(=10/50×100)이다.
⑤ 갑국의 유소년 인구와 노년 인구의 합은 t년이 50명, t+40년이 48명이고 을국의 유소년 인구와 노년 인구의 합은 t년이 40명, t+40년이 75명이다.

102. 정답: ③

갑국의 전체 인구 중 부양 인구 비율은 t년과 t+50년이 50%이고 t+100년이 200/3%이다. 노령화 지수는 t+100년이 150, t년이 25, t+50년이 100이다. t년 전체 인구 중 부양 인구 비율은 50%, 노령화 지수는 25이므로 전체 인구 중 노년 인구 비율은 10%, 유소년 인구 비율은 40%이다. t+50년 전체 인구 중 부양 인구 비율은 50%, 노령화 지수는 100이므로 전체 인구 중 노년 인구 비율은 25%, 유소년 인구 비율은 25%이다. t+100년 전체 인구 중 부양 인구 비율은 200/3%, 노령화 지수는 150이므로 전체 인구 중 노년 인구 비율은 20%, 유소년 인구 비율은 40/3%이다. t+50년과 t+100년의 부양 인구는 t년의 2배이므로 t년 갑국 전체 인구를 200명으로 둔다면, 갑국 전체 인구는 t+50년이 400명, t+100년이 300명이다. 이를 바탕으로 연도에 따른 갑국의 인구 구조에 대한 표를 작성하면 다음과 같다.

(단위 : 명)

구분	t년	t+50년	t+100년
노년 인구	20	100	60
부양 인구	100	200	200
유소년 인구	80	100	40
전체 인구	200	400	300

③ t년의 노년 인구는 20명, t+50년의 노년 인구는 100명이다. t+50년의 노년 인구는 t년에 비해 400%(=80/20×100) 증가하였다.

오답 풀이

① t+50년의 유소년 인구는 100명, t년의 노년 인구는 20명이다.
② t+100년의 유소년 인구는 40명, t년의 부양 인구는 100명이다.
④ 유소년 부양비는 t+50년이 50(=100/200×100), t+100년이 20(=40/200×100)이다.
⑤ 노년 부양비는 t년이 20(=20/100×100), t+100년이 30(=60/200×100)이다.

103. 정답: ④

전체 인구 대비 노년 인구 비율은 t년이 15%, t+50년이 20%이다. t년 노령화 지수는 60, t+30년 노령화 지수는 100이므로 전체 인구 대비 유소년 인구 비율은 t년이 25%, t+50년이 20%이고 전체 인구 대비 부양 인구 비율은 t년이 60%, t+50년이 60%이다. t년 부양 인구의 2배는 t+50년 유소년 인구의 4배이므로 t년 갑국 전체 인구를 200명으로 둔다면, t+50년 갑국 전체 인구는 300명이다. 갑국에서 노년 인구는 t+50년과 t+100년이 같으므로 t+100년 노년 인구는 60명이고 t+100년 전체 인구는 t년 부양 인구의 2배이므로 t+100년 전체 인구는 240명이다. t+100년 노령화 지수는 300이므로 유소년 인구는 20명이고 부양 인구는 160명이다. 이를 바탕으로 연도에 따른 갑국의 인구 구조에 대한 표를 작성하면 다음과 같다.

(단위 : 명)

구분	t년	t+50년	t+100년
노년 인구	30	60	60
부양 인구	120	180	160
유소년 인구	50	60	20
전체 인구	200	300	240

④ 노년 부양비는 t년이 25(=30/120×100), t+100년이 37.5 (=60/160×100)이다.

오답 풀이
① t년 유소년 인구는 50명, t+100년 노년 인구는 60명이다.
② t+50년 부양 인구는 180명, t년 전체 인구는 200명이다.
③ 피부양 인구는 t+50년이 120명, t+100년이 80명이다.
⑤ 유소년 부양비는 t+50년이 약 33.3(=60/180×100), t+100년이 12.5(=20/160×100)이다.

104. 정답: ②

갑국의 t년 노년 인구 비율은 20%이고 유소년 부양비는 60이므로 부양 인구 비율은 50%, 유소년 인구 비율은 30%이다. 갑국의 t+30년 노년 인구 비율은 10%이고 유소년 부양비는 50이므로 부양 인구 비율은 60%, 유소년 인구 비율은 30%이다. 을국의 t년 노년 인구 비율은 25%이고 유소년 부양비는 20이므로 부양 인구 비율은 62.5%, 유소년 인구 비율은 12.5%이다. 을국의 t+30년 노년 인구 비율은 20%, 유소년 부양비는 20이므로 부양 인구 비율은 200/3%, 유소년 인구 비율은 40/3%이다. t년에 갑국과 을국의 총인구는 동일하며, t년 대비 t+30년의 부양 인구 증가율은 갑국이 50%, 을국이 100%이므로 t년 갑국의 전체 인구를 400명으로 둔다면, t년 을국의 전체 인구는 400명, t+30년 갑국의 전체 인구는 500명, t+30년 을국의 전체 인구는 750명이다. 이를 바탕으로 연도에 따른 갑국과 을국의 인구 구조에 대한 표를 작성하면 다음과 같다.

(단위 : 명)

구분	갑국		을국	
	t년	t+30년	t년	t+30년
노년 인구	80	50	100	150
부양 인구	200	300	250	500
유소년 인구	120	150	50	100
전체 인구	400	500	400	750

② t+30년 을국의 부양 인구는 500명, 갑국의 노년 인구는 50명이다.

오답 풀이
① t년 갑국의 유소년 인구는 120명, 을국의 노년 인구는 100명이다.
③ 노년 부양비는 t+30년 을국이 30(=150/500×100), t년 갑국이 40(=80/200×100)이다.
④ 노령화 지수는 t+30년 갑국이 약 33.3(=50/150×100), t년 을국이 200(=100/50×100)이다.
⑤ 부양 인구 비율은 t년 을국이 62.5%(=250/400×100), t+30년 갑국이 60%(=300/500×100)이다.

105. 정답: ⑤

갑국의 t년 부양 인구 비율은 55%이고 노년 인구:유소년 인구는 1:2이므로 노년 인구 비율은 15%, 유소년 인구 비율은 30%이다. 갑국의 t+50년 부양 인구 비율은 60%이고 노년 인구:유소년 인구는 5:3이므로 노년 인구 비율은 25%, 유소년 인구 비율은 15%이다. 을국의 t년 부양 인구 비율은 50%이고 노년 인구:유소년 인구는 2:3이므로 노년 인구 비율은 20%, 유소년 인구 비율은 30%이다. 을국의 t+50년 부양 인구 비율은 45%이고 노년 인구:유소년 인구는 7:4이므로 노년 인구 비율은 35%, 유소년 인구 비율은 20%이다. t년 전체 인구는 을국이 갑국의 1.5배이고, t년 대비 t+50년에 갑국의 노년 인구는 100%, 을국의 부양 인구는 20% 증가하였으므로 t년 갑국의 전체 인구를 200명으로 둔다면, t년 을국의 전체 인구는 300명, t+50년 갑국의 전체 인구는 240명, t+50년 을국의 전체 인구는 400명이다. 이를 바탕으로 연도에 따른 갑국과 을국의 인구 구조에 대한 표를 작성하면 다음과 같다.

(단위 : 명)

구분	갑국		을국	
	t년	t+50년	t년	t+50년
노년 인구	30	60	60	140
부양 인구	110	144	150	180
유소년 인구	60	36	90	80
전체 인구	200	240	300	400

⑤ t년 갑국의 유소년 인구와 노년 인구의 합은 90명, 을국의 유소년 인구는 90명이다.

오답 풀이
① t+50년 을국 노년 인구는 140명, t년 갑국 유소년 인구는 60명이다.
② t년 을국 부양 인구는 150명, t+50년 갑국 전체 인구는 240명이다.
③ t년 을국의 노년 부양비는 40(=60/150×100), t+50년 갑국의 유소년 부양비는 25(=36/144×100)이다.
④ t+50년 을국의 유소년 부양비는 약 44.4(=80/180×100), t년 갑국의 노년 부양비는 약 27.3(=30/110×100)이다.

106. 정답: ④

t+40년 전체 인구 대비 유소년 인구 비율은 20%, t년 전체 인구 대비 노년 인구 비율은 10%이다. t년 유소년 부양비는 50이므로 전체 인구 대비 부양 인구는 60%, 유소년 인구는 30%이다. t+40년 노년 부양비는 20이므로 전체 인구 대비 노년 인구는 40/3%, 부양 인구는 200/3%이다. t+40년 유소년 인구는 t년 노년 인구의 3배이므로 t년 갑국 전체 인구를 200명으로 둔다면, t+40년 갑국 전체 인구는 300명이다. t년 부양 인구는 t+80년 노년 인구와 같으므로 t+80년 노년 인구는 120명이고 t+80년 노년 부양비는 200/3이므로 부양 인구는

180명이다. t+80년 유소년 부양비는 100/3이므로 유소년 인구는 60명이다. 이를 바탕으로 연도에 따른 갑국의 인구 구조에 대한 표를 작성하면 다음과 같다.

(단위 : 명)

구분	t년	t+40년	t+80년
노년 인구	20	40	120
부양 인구	120	200	180
유소년 인구	60	60	60
전체 인구	200	300	360

④ 노령화 지수는 t년이 약 33.3(=20/60×100), t+40년이 약 66.6(=40/60×100), t+80년이 200(120/60×100)이다.

오답 풀이
① t년 유소년 인구는 60명, t+80년 노년 인구는 120명이다.
② t+40년 부양 인구는 200명, t년 유소년 인구는 60명이다.
③ t+40년 유소년 부양비는 30(=60/200×100), t년 노년 부양비는 약 16.7(=20/120×100)이다.
⑤ 피부양 인구는 t년이 80명, t+80년이 180명이다.

107. 정답: ⑤

t년 전체 인구 대비 부양 인구 비율은 50%, 노년 인구 비율은 25%, 유소년 인구 비율은 25%이므로 유소년 부양비는 50, 노령화 지수는 100이다. 유소년 부양비는 t+50년이 60, t+100년이 100/3이고 노령화 지수는 t+50년이 200/3, t+100년이 200이다. 따라서, t+50년 전체 인구 대비 노년 인구 비율은 20%, 부양 인구 비율은 50%, 유소년 인구 비율은 30%이고 t+100년 전체 인구 대비 노년 인구 비율은 100/3%, 부양 인구 비율은 50%, 유소년 인구 비율은 50/3%이다. 50년 전 대비 전체 인구의 변화율은 t+50년이 50%, t+100년이 −25%이므로 t년 전체 인구를 800명으로 둔다면, t+50년 전체 인구는 1,200명, t+100년 전체 인구는 900명이다. 이를 바탕으로 연도에 따른 갑국의 인구 구조에 대한 표를 작성하면 다음과 같다.

(단위 : 명)

구분	t년	t+50년	t+100년
노년 인구	200	240	300
부양 인구	400	600	450
유소년 인구	200	360	150
전체 인구	800	1,200	900

⑤ 전체 인구 대비 부양 인구의 비율은
t+50년이 50%(=600/1,200×100),
t+100년이 50%(=450/900×100)이다.

오답 풀이
① t년 부양 인구는 400명, t+100년 노년 인구는 300명이다.
② t+50년 유소년 인구는 360명, t년 유소년 인구와 부양 인구의 합은 600명이다.

③ t년 노령화 지수는 100(=200/200×100), t+100년 노년 부양비는 약 66.7(=300/450×100)이다.
④ t+50년 유소년 부양비는 60(=360/600×100), t년 노년 부양비는 50(=200/400×100)이다.

108. 정답: ③

갑국의 t년 총부양비는 100이고 노령화 지수는 25이므로 전체 인구 대비 노년 인구 비율은 10%, 부양 인구 비율은 50%, 유소년 인구 비율은 40%이다. 갑국의 t+100년 총부양비는 150이고 노령화 지수는 200이므로 전체 인구 대비 노년 인구 비율은 40%, 부양 인구 비율은 40%, 유소년 인구 비율은 20%이다. 을국의 t년 총부양비는 100이고 노령화 지수는 100이므로 전체 인구 대비 노년 인구 비율은 25%, 부양 인구 비율은 50%, 유소년 인구 비율은 25%이다. 을국의 t+100년 총부양비는 60, 노령화 지수는 200이므로 전체 인구 대비 노년 인구 비율은 25%, 부양 인구 비율은 62.5%, 유소년 인구 비율은 12.5%이다. t년 전체 인구는 갑국과 을국이 동일하며, t년 대비 t+100년 전체 인구의 증가율은 갑국이 50%, 을국이 100%이므로 갑국의 t년 전체 인구를 100명으로 둔다면, 을국의 t년 전체 인구는 100명, 갑국의 t+100년 전체 인구는 150명, 을국의 t+100년 전체 인구는 200명이다. 이를 바탕으로 연도에 따른 갑국과 을국의 인구 구조에 대한 표를 작성하면 다음과 같다.

(단위 : 명)

구분	갑국		을국	
	t년	t+100년	t년	t+100년
노년 인구	10	60	25	50
부양 인구	50	60	50	125
유소년 인구	40	30	25	25
전체 인구	100	150	100	200

③ t년 갑국의 유소년 부양비는 80(=40/50×100), t+100년 을국의 노년 부양비는 40(=50/125×100)이다.

오답 풀이
① t년 갑국의 부양 인구는 50명, t+100년 을국의 유소년 인구는 25명이다.
② t+100년 갑국의 노년 인구는 60명, t년 을국의 노년 인구는 25명이다.
④ t+100년 갑국의 노년 부양비는 100(=60/60×100), t년 을국의 유소년 부양비는 50(=25/50×100)이다.
⑤ 유소년 인구와 노년 인구의 합은 t+100년 갑국이 90명, 을국이 75명이다.

109. 정답: ②

갑국의 노령화 지수는 t+30년이 100이고 t년이 25이다. 전체 인구 대비 부양 인구 비율은 t+60년이 60%, t년과 t+30년이 50%이다. t년 노령화 지수는 25이고 전체 인구 대비 부양 인구 비율은 50%이므로 전체 인구 대비 노년 인구 비율은 10%, 유소년 인구 비율은 40%이다. t+30년 노령화 지수는 100이고 전체 인구 대비 부양 인구 비율은 50%이므로 전체 인구 대비 노년 인구 비율은 25%, 유소년 인구 비율은 25%이다. t년의 부양 인구는 t+30년의 0.5배이므로 t년 전체 인구가 200명이라면 t+30년 전체 인구는 400명이다. t년의 부양 인구는 100명으로 이는 t+60년의 노년 인구와 같다. t+60년의 유소년 인구는 t년의 노년 인구인 20명이며, 전체 인구 대비 부양 인구 비율은 t+60년이 60%이므로 t+60년의 부양 인구는 180명이다. 이를 바탕으로 연도에 따른 갑국의 인구 구조에 대한 표를 작성하면 다음과 같다.

(단위 : 명)

구분	t년	t+30년	t+60년
노년 인구	20	100	100
부양 인구	100	200	180
유소년 인구	80	100	20
전체 인구	200	400	300

② t+30년의 유소년 인구는 100명, t+60년의 노년 인구는 100명이다.

오답 풀이
① t년의 유소년 인구는 80명, t+30년의 노년 인구는 100명이다.
③ 피부양 인구는 t년이 100명, t+60년이 120명이다.
④ 유소년 부양비는 t년이 80(=80/100×100), t+30년이 50(=100/200×100), t+60년이 약 11.1(=20/180×100)이다.
⑤ 노년 부양비는 t년이 20(=20/100×100), t+30년이 50(=100/200×100), t+60년이 약 55.6(=100/180×100)이다.

110. 정답: ③

A 지역의 부양 인구 비율은 60%이고 노령화 지수는 100이므로 노년 인구 비율은 20%, 유소년 인구 비율은 20%이다. 갑국 전체 노령화 지수와 A 지역, B 지역 노령화 지수의 차이는 각각 30%p, 20%p이므로 A 지역과 B 지역의 유소년 인구비는 2:3이다. A 지역의 인구를 100명으로 둔다면, B 지역의 유소년 인구는 30명이고 노년 인구는 15명이다. B 지역의 부양 인구 수를 a명으로 둔다면, 갑국 전체 인구는 145+a명, 갑국 전체 부양 인구는 60+a명이다. 갑국 전체 부양 인구 비율은 66%이므로 a=70임을 알 수 있다. 이를 바탕으로 연도에 따른 갑국의 인구 구조에 대한 표를 작성하면 다음과 같다.

(단위 : 명)

구분	A 지역	B 지역	갑국 전체
노년 인구	20	15	35
부양 인구	60	105	165
유소년 인구	20	30	50
전체 인구	100	150	250

③ A 지역 부양 인구는 60명, B 지역 유소년 인구는 30명이다.

오답 풀이
① ㉠은 '70'이다.
② A 지역 유소년 인구는 20명, B 지역 노년 인구는 15명이다.
④ 노년 부양비는 A 지역이 약 33.3(=20/60×100), B 지역이 약 14.3(=15/105×100)이다.
⑤ 유소년 부양비는 A 지역이 약 33.3(=20/60×100), B 지역이 약 28.6(=30/105×100)이다.

111. 정답: ⑤

갑국의 t년 유소년 부양비는 50, t+100년 유소년 부양비는 200/7이다. t년 유소년 부양비는 50, 부양 인구 비율은 50%이므로 노년 인구 비율은 25%, 유소년 인구 비율은 25%이다. t년 노령화 지수는 100이므로 t+50년 노령화 지수는 150, t+100년 노령화 지수는 300이다. t+50년 노령화 지수는 150이고 부양 인구 비율은 50%이므로 노년 인구 비율은 30%, 유소년 인구 비율은 20%이다. 노년 인구는 t년과 t+50년이 같으므로 t년 전체 인구를 600명으로 둔다면, t+50년 전체 인구는 500명이다. t+100년의 노년 인구는 t년의 2배이므로 300명이고 유소년 부양비는 200/7이므로 부양 인구는 350명, 유소년 인구는 100명임을 알 수 있다. 이를 바탕으로 연도에 따른 갑국의 인구 구조에 대한 표를 작성하면 다음과 같다.

(단위 : 명)

구분	t년	t+50년	t+100년
노년 인구	150	150	300
부양 인구	300	250	350
유소년 인구	150	100	100
전체 인구	600	500	750

⑤ t년 대비 t+50년 전체 인구의 변화율은 약 16.7% (=100/600×100), 부양 인구의 변화율은 약 16.7% (=50/300×100)이다.

오답 풀이
① 노년 부양비는 t년이 50(=150/300×100), t+100년이 약 85.7(=300/350×100)이다.
② 유소년 인구와 노년 인구의 합은 t년이 300명, t+50년이 250명, t+100년이 400명이다.

③ t+50년 부양 인구는 250명,
t+100년 노년 인구는 300명이다.
④ 노년 인구 비율은 t년이 25%(=150/600×100),
t+50년이 30%(=150/500×100),
t+100년이 40%(=300/750×100)이다.

112. 정답: ①

갑국의 t년 총부양비는 25, 노년 부양비는 10이므로 갑국 전체 인구 대비 노년 인구는 8%, 부양 인구는 80%, 유소년 인구는 12%이다. 갑국의 t+50년 총부양비는 100, 노년 부양비는 70이므로 갑국 전체 인구 대비 노년 인구는 35%, 부양 인구는 50%, 유소년 인구는 15%이다. 을국의 t년 총부양비는 50, 노년 부양비는 20이므로 을국 전체 인구 대비 노년 인구는 40/3%, 부양 인구는 200/3%, 유소년 인구는 20%이다. 을국의 t+50년 총부양비는 150, 노년 부양비는 100이므로 을국 전체 인구 대비 노년 인구는 40%, 부양 인구는 40%, 유소년 인구는 20%이다. t년 대비 t+50년에 갑국과 을국의 전체 인구는 모두 증가하였으므로 t년 갑국의 전체 인구를 100a, t년 을국의 전체 인구를 300b, t+50년 갑국의 전체 인구를 100c, t+50년 을국의 전체 인구를 300d라 둔다면 c는 a보다 크고, d는 b보다 크다. 이를 바탕으로 연도에 따른 갑국과 을국의 인구 구조에 대한 표를 작성하면 다음과 같다.

(단위 : 명)

구분	갑국		을국	
	t년	t+50년	t년	t+50년
노년 인구	8a	35c	40b	120d
부양 인구	80a	50c	200b	120d
유소년 인구	12a	15c	60b	60d
전체 인구	100a	100c	300b	300d

① t년 유소년 부양비는 갑국이 15(=12a/180a×100), 을국이 30(=60b/200b×100)이다.

오답 풀이

② t+50년에 갑국과 을국의 전체 인구는 모두 증가하였으므로 갑국와 을국의 유소년 인구는 모두 증가하였다.
③ t+50년 노령화 지수는
갑국이 약 233.3(=35c/15c×100),
을국이 200(=120d/60d×100)이다.
④ t년 대비 t+50년에 갑국 부양 인구의 증감은 알 수 없다.
⑤ t년 대비 t+50년에 을국 노년 인구의 증가율은 200% 이상이다.

113. 정답: ②

A의 t+30년 인구/t년 인구는 9/5, t+60년 인구/t+30년 인구는 4/3이므로 t년 인구:t+30년 인구:t+60년 인구는 5:9:12이다. B의 t+30년 인구/t년 인구는 3/2, t+60년 인구/t+30년 인구는 2이므로 t년 인구:t+30년 인구:t+60년 인구는 2:3:6이다. C의 t+30년 인구/t년 인구는 1, t+60년 인구/t+30년 인구는 2/3이므로 t년 인구:t+30년 인구:t+60년 인구는 3:3:2이다. 노령화 지수는 t+60년이 300, t+30년이 100이므로 노년 인구는 B, 유소년 인구는 C가 되어야 한다. t년 갑국의 전체 인구를 100명으로 둔다면, 갑국의 전체 인구는 t+30년이 150명, t+60년이 200명이다. 이를 바탕으로 연도에 따른 갑국의 인구 구조에 대한 표를 작성하면 다음과 같다.

(단위 : 명)

구분	t년	t+30년	t+60년
노년 인구	20	30	60
부양 인구	50	90	120
유소년 인구	30	30	20
전체 인구	100	150	200

② 30년 전 대비 피부양 인구 증가율은
t+30년이 20%(=10/50×100),
t+60년이 약 33.3%(=20/60×100)이다.

오답 풀이

① t+30년 부양 인구는 90명, t년 피부양 인구는 50명이다.
③ t년 유소년 부양비는 60(=30/50×100), t+60년 노년 부양비는 50(=60/120×100)이다.
④ t+30년 노년 부양비는 약 33.3(=30/90×100), t+60년 유소년 부양비는 약 16.7(=20/120×100)이다.
⑤ 30년 전 대비 전체 인구 증가율은
t+30년이 50%(=50/100×100),
t+60년이 약 33.3%(=50/150×100)이다.

114. 정답: ②

갑국의 t년 부양 인구 비율은 60%이고 유소년 부양비는 50이므로 유소년 인구 비율은 30%, 노년 인구 비율은 10%이다. t년 노령화 지수는 100/3이므로 ㉠은 '100/3'이다. 갑국의 t+50년 부양 인구 비율은 50%이고 노령화 지수는 200이므로 노년 인구 비율은 100/3%, 유소년 인구 비율은 50/3%이다. 유소년 부양비는 100/3이므로 ㉡은 '100/3'이다. 을국의 t년 부양 인구 비율은 55%이고 노령화 지수는 50이므로 노년 인구 비율은 15%, 유소년 인구 비율은 30%이다. 유소년 부양비는 600/11이므로 ㉢은 '600/11'이다. 을국의 t+50년 부양 인구 비율은 45%이고 유소년 부양비는 500이므로 노년 인구 비율은 32.5%, 유소년 인구 비율은 22.5%이다. 노령화 지수는 1,300/9이므로 ㉣은 '1,300/9'이다. t년 갑국과 을국의 전체 인구는 같고, t년 대비 t+50년 전체 인구의 증가율은 갑국이 50%, 을국이 20%이므로 t년 갑국의 전체 인구를 500명으로 둔다면, t+50년 갑국의 전체 인구는 750명, t년 을국의 전체 인구는 500명, t+50년 을국의 전체 인구는 600명이다. 이를 바탕으로 연도에 따른 갑국과 을국의 인구 구조에 대한 표를 작성하면 다음과 같다.

(단위 : 명)

구분	갑국		을국	
	t년	t+50년	t년	t+50년
노년 인구	50	250	75	195
부양 인구	300	375	275	270
유소년 인구	150	125	150	135
전체 인구	500	750	500	600

ㄴ. t년 갑국의 유소년 인구는 150명, 을국의 유소년 인구는 150명이다.

ㄷ. t+50년 을국의 유소년 부양비는 50(=135/270×100), t년 갑국 노년 부양비는 약 16.7(=50/300×100)이다.

오답 풀이

ㄱ. ㉠은 '100/3', ㉡은 '100/3', ㉢은 '600/11', ㉣은 '1,300/9'이다.

ㄹ. 유소년 인구와 부양 인구의 합은 t년에는 갑국이 200명, 을국이 225명, t+50년에는 갑국이 375명, 을국이 330명이다.

115. 정답: ⑤

갑국 t년의 부양 인구는 유소년 인구의 2배, 노년 인구의 6배이므로 전체 인구 중 노년 인구의 비율은 10%, 부양 인구의 비율은 60%, 유소년 인구의 비율은 30%이다.

t년 갑국의 전체 인구를 100명으로 둔다면, t년 대비 t+30년에 노년 인구는 200% 증가하였으므로 t+30년 노년 인구는 30명이다. t년 대비 t+30년에 노년 인구의 비율은 100% 증가하였으므로 t+30년 전체 인구는 150명이다. t년 대비 t+30년 노령화 지수는 350% 증가하였으므로 부양 인구는 100명, 유소년 인구는 20명이다. t+30년 대비 t+50년에 노년 인구는 100% 증가하였으므로 t+50년 노년 인구는 60명이다. t+30년 대비 t+50년에 노년 인구 비율은 50% 증가하였으므로 t+50년 전체 인구는 200명이다. t+30년 대비 t+50년 노령화 지수는 100% 증가하였으므로 t+50년 부양 인구는 120명, 유소년 인구는 20명이다. 이를 바탕으로 연도에 따른 갑국의 인구 구조에 대한 표를 작성하면 다음과 같다.

(단위 : 명)

구분	t년	t+30년	t+50년
노년 인구	10	30	60
부양 인구	60	100	120
유소년 인구	30	20	20
전체 인구	100	150	200

⑤ 유소년 인구 비율은 t년이 30%(=30/100×100), t+30년이 약 13.3%(=20/150×100), t+50년이 10%(=20/200×100)이다.

오답 풀이

① t년 대비 t+30년에 감소한 유소년 인구는 10명, 증가한 노년 인구는 20명이다.

② t+30년 대비 t+50년에 증가한 부양 인구는 20명, 증가한 노년 인구는 30명이다.

③ 부양 인구의 비율은 t년이 60%(=60/100×100), t+30년이 약 66.7%(=100/150×100), t+50년이 60%(=120/200×100)이다.

④ 노년 부양비는 t년이 약 16.7(=10/60×100), t+30년이 30(=30/100×100), t+50년이 50(=60/120×100)이다.

116. 정답: ①

갑국 t년 B/A−C는 1, C/A는 3/5이므로 A:B:C는 5:2:3이다. 갑국 t+40년 B/A−C는 2/3, C/A는 1/3이므로 A:B:C는 9:4:3이다. 을국 t년 B/A−C는 1/2, C/A는 1/3이므로 A:B:C는 3:1:1이다. 을국 t+40년 B/A−C는 1, C/A는 1/2이므로 A:B:C는 2:1:1이다. t년 갑국에서 유소년 부양비는 노년 부양비의 1.5배이므로 유소년 인구는 C, 노년 인구는 B가 되어야 한다. t년 대비 t+40년에 갑국은 유소년 인구가 동일하므로 t년 갑국 전체 인구를 100명으로 둔다면, t년 을국 전체 인구는 100명, t+40년 갑국 전체 인구는 160명이다. t년 대비 t+40년 을국은 부양 인구가 동일하므로 t+40년 을국 전체 인구는 120명이다. 이를 바탕으로 연도에 따른 갑국과 을국의 인구 구조에 대한 표를 작성하면 다음과 같다.

(단위 : 명)

구분	갑국		을국	
	t년	t+40년	t년	t+40년
노년 인구	20	40	20	30
부양 인구	50	90	60	60
유소년 인구	30	30	20	30
전체 인구	100	160	100	120

① t년 갑국의 노년 인구는 20명, 을국의 유소년 인구는 20명이다.

② t+40년 을국의 부양 인구는 60명,
　갑국의 노년 인구는 40명이다.

③ t년 갑국의 유소년 부양비는 60(=30/50×100),
　t+40년 을국의 노년 부양비는 50(=30/60×100)이다.

④ t+40년 갑국의 노년 부양비는 약 44.4(=40/90×100),
　t년 을국의 유소년 부양비는 약 33.3(=20/60×100)이다.

⑤ 갑국 노령화 지수는 t년에 약 66.7(=20/30×100),
　t+40년에 약 133.3(=40/30×100),
　을국 노령화 지수는 t년에 100(=20/20×100),
　t+40년에 100(=30/30×100)이다.

117. 정답: ③

t+50년 갑국 부양 인구 비율은 60%이고 A 지역, B 지역과 부양 인구 비율의 차이는 각각 15%p, 10%p이므로 t+50년 A 지역과 B 지역 전체 인구는 2:3이다. t+50년 갑국 전체 인구를 500명으로 둔다면, A 지역 인구는 200명, B 지역 인구는 300명이다. 부양 인구 비율은 A 지역이 75%, B 지역이 50%이므로 부양 인구는 A 지역이 150명, B 지역이 150명이다. B 지역의 노년 부양비는 60이므로 노년 인구는 90명이고 갑국의 노년 부양비는 40이므로 노년 인구는 120명이다. A 지역의 노년 인구는 30명이 나와야 하므로 노년 부양비는 20이다. t+50년 B 지역 전체 인구는 t년 갑국 전체 인구의 75%이므로 t년 갑국 전체 인구는 400명이다. t년 갑국 부양 인구 비율은 50%이므로 부양 인구는 200명이고 노년 부양비는 54이므로 노년 인구는 108명, 유소년 인구는 92명이다. t년 A 지역의 노년 부양비는 60이고 부양 인구 비율은 40%이므로 A 지역의 노년 인구 비율은 24%, 유소년 인구 비율은 36%이다. t년 갑국의 노년 부양비는 54이고 A 지역, B 지역과 노년 부양비의 차이는 각각 6, 4이므로 A 지역과 B 지역의 부양 인구는 2:3이다. t년 갑국 부양 인구는 200명이므로 A 지역의 부양 인구는 80명, B 지역의 부양 인구는 120명이다. A 지역의 부양 인구 비율은 40%이므로 A 지역 인구는 200명, B 지역의 인구는 200명이다. t년 B 지역의 부양 인구 비율은 60%이므로 ㉠은 '60'이다.
이를 바탕으로 연도에 따른 갑국의 인구 구조에 대한 표를 작성하면 다음과 같다.

(단위 : 명)

구분	A 지역		B 지역	
	t년	t+50년	t년	t+50년
노년 인구	48	30	60	90
부양 인구	80	150	120	150
유소년 인구	72	20	20	60
전체 인구	200	200	200	300

③ B 지역 노령화 지수는 t년이 300(=60/20×100),
　t+50년이 150(=90/60×100)이다.

① ㉠은 '60', ㉡은 '20'이다.

② t년 A 지역 부양 인구는 80명,
　t+50년 B 지역 노년 인구는 90명이다.

④ t년 B 지역 유소년 인구와 노년 인구의 합은 80명,
　t+50년 A 지역 부양 인구는 150명이다.

⑤ 유소년 부양비는 t년 A 지역이 90(=72/80×100),
　t+50년 B 지역이 40(=60/150×100)이다.

118. 정답: ③

갑국의 노령화 지수는 100이고 B 지역의 노령화 지수도 100이므로 A 지역과 C 지역을 합하여 계산한 노령화 지수도 100이 나와야 한다. 전체 노령화 지수인 100과 A 지역, C 지역의 차이는 각각 50, 75이므로 A 지역과 C 지역의 유소년 인구비는 3:2이다. A 지역의 전체 인구를 100이라 둔다면, C 지역의 전체 인구는 200명이다. B 지역의 전체 인구를 100a명이라 둔다면, 노년 인구는 25a명, 부양 인구는 50a명, 유소년 인구는 25a명임을 알 수 있다. 갑국 전체 유소년 인구 비율은 20%이고 갑국 전체 유소년 인구는 50+25a명, 갑국 전체 인구는 300+100a명이므로 a=2임을 알 수 있다. 이를 바탕으로 지역에 따른 갑국의 인구 구조에 대한 표를 작성하면 다음과 같다.

(단위 : 명)

구분	A 지역	B 지역	C 지역
노년 인구	15	50	35
부양 인구	55	100	145
유소년 인구	30	50	20
전체 인구	100	200	200

③ 유소년 부양비는 A 지역이 약 54.5(=30/55×100),
　B 지역이 50(=50/100×100),
　C 지역이 약 13.8(=20/145×100)이다.

① A 지역의 부양 인구는 55명,
　B 지역의 유소년 인구는 50명이다.

② C 지역의 피부양 인구는 55명,
　B 지역의 노년 인구는 50명이다.

④ 노년 부양비는 A 지역이 약 27.3(=15/55×100),
　B 지역이 50(=50/100×100),
　C 지역이 약 24.1(=35/145×100)이다.

⑤ 피부양 인구는 A 지역이 45명, B 지역이 100명이다.

119. 정답: ①

A 지역은 14세 이하 인구/64세 이하 인구×100이 50이고 65세 이상 인구/15세 이상 인구×100이 40이므로 노년 인구:부양 인구:유소년 인구는 2:3:3이다. B 지역은 14세 이하 인구/64세 이하 인구×100이 50이고 65세 이상 인구/15세 이상 인구×100이 10이므로 노년 인구:부양 인구:유소년 인구는 1:9:9이다. C 지역은 14세 이하 인구/64세 이하 인구×100이 25이고 65세 이상 인구/15세 이상 인구×100이 25이므로 노년 인구:부양 인구:유소년 인구는 1:3:1이다. 14세 이하 인구/64세 이하 인구×100은 갑국 전체가 40, A 지역과 B 지역이 50, C 지역이 25이므로 14세 이하 인구비는 A 지역+B 지역:C 지역이 3:2이다. 65세 이상 인구/15세 이상 인구×100은 갑국 전체가 25, A 지역이 40, B 지역이 10, C 지역이 25이므로 A 지역과 B 지역의 15세 이상 인구비는 1:1이다. A 지역의 15세 이상 인구를 100명으로 둔다면, A 지역의 노년 인구는 40명, 부양 인구는 60명, 유소년 인구는 60명이고 B 지역의 노년 인구는 10명, 부양 인구는 90명, 유소년 인구는 90명이다. A 지역과 B 지역 64세 이하 인구의 합은 300명이므로 C 지역 64세 이하 인구는 200명이다. C 지역의 부양 인구:유소년 인구는 3:1이므로 부양 인구는 150명, 유소년 인구는 50명, 노년 인구는 50명이다. 이를 바탕으로 지역에 따른 갑국의 인구 구조에 대한 표를 작성하면 다음과 같다.

(단위 : 명)

구분	A 지역	B 지역	C 지역
노년 인구	40	10	50
부양 인구	60	90	150
유소년 인구	60	90	50
전체 인구	160	190	250

① A 지역의 유소년 인구와 노년 인구의 합은 100명, 갑국 전체 노년 인구는 100명이다.

오답 풀이

② B 지역의 유소년 인구와 부양 인구의 합은 180명, C 지역의 부양 인구는 150명이다.

③ A 지역의 유소년 부양비는 100(=60/60×100), B 지역의 유소년 부양비는 100(=90/90×100), C 지역의 유소년 부양비는 약 33.3(=50/150×100)이다.

④ A 지역의 노년 부양비는 약 66.7(=40/60×100), B 지역의 노년 부양비는 약 11.1(=10/90×100), C 지역의 노년 부양비는 약 33.3(=50/150×100)이다.

⑤ 노령화 지수는 A 지역이 약 66.7(=40/60×100), B 지역이 약 11.1(=10/90×100), C 지역이 100(=50/50×100)이다.

120. 정답: ③

t년 갑국에서 C/B-A는 3, B/A는 7/4이므로 A:B:C는 4:7:9이다. t+50년 갑국에서 C/B-A는 2, B/A는 7/5이므로 A:B:C는 5:7:4이다. t년 을국에서 C/B-A는 4, B/A는 17/11이므로 A:B:C는 11:17:24이다. t+50년 을국에서 C/B-A는 3/2, B/A는 9/5이므로 A:B:C는 5:9:6이다. t년 을국에서 A:B:C는 11:17:24이므로 전체 인구를 26a명으로 둔다면, 노년 인구, 부양 인구, 유소년 인구는 각각 15a명, 9a명, 2a명 중 하나이다. t년 을국의 유소년 부양비는 60이므로 유소년 인구:부양 인구는 3:5이다. 따라서, 유소년 인구는 9a명, 부양 인구는 15a명, 노년 인구는 2a명이므로 A는 피부양 인구가 차지하는 비율, B는 15세 이상 인구가 차지하는 비율, C는 64세 이하가 차지하는 비율이다. 따라서, 노년 인구:부양 인구:유소년 인구는 t년 갑국이 1:6:3, 을국이 2:15:9, t+50년 갑국이 4:3:1, 을국이 4:5:1이다. t년에 갑국과 을국의 인구는 서로 같으며, 갑국과 을국의 t년 대비 t+50년 부양 인구의 증가율은 50%로 동일하므로 t년 갑국의 인구를 2,600명으로 둔다면, 을국의 인구는 2,600명, t+50년 갑국의 인구는 6,240명, 을국의 인구는 4,500명이다.

이를 바탕으로 연도에 따른 갑국과 을국의 인구 구조에 대한 표를 작성하면 다음과 같다.

(단위 : 명)

구분	갑국		을국	
	t년	t+50년	t년	t+50년
노년 인구	260	3,120	200	1,800
부양 인구	1,560	2,340	1,500	2,250
유소년 인구	780	780	900	450
전체 인구	2,600	6,240	2,600	4,500

③ 유소년 부양비는 t년 갑국이 50(=780/1,560×100), t+50년 을국이 20(=450/2,250×100)이다.

오답 풀이

① t년 갑국의 유소년 인구는 780명, 을국의 노년 인구는 200명이다.

② t+50년 을국의 피부양 인구는 2,250명, 갑국의 유소년 인구는 780명이다.

④ 노년 부양비는 t+50년 갑국이 약 133.3(=3,120/2,340×100), t년 을국이 약 13.3(=200/1,500×100)이다.

⑤ t년 대비 t+50년 피부양 인구의 증가율은 갑국이 275%(=2,860/1,040×100), 을국이 약 104.5%(=1,150/1,100×100)이다.